Modelle betrieblicher Arbeitnehmerbeteiligung

Schriften zum Arbeitsrecht und Wirtschaftsrecht

Herausgegeben von Abbo Junker

Band 91

PL ACADEMIC RESEARCH

Tom Christopher Pröstler

Modelle betrieblicher Arbeitnehmerbeteiligung

Ein historisch-europäischer Rechtsvergleich zwischen Deutschland und dem Vereinigten Königreich

PL ACADEMIC RESEARCH

Bibliografische Information der Deutschen Nationalbibliothek
Die Deutsche Nationalbibliothek verzeichnet diese Publikation in der DeutschenNationalbibliografie; detaillierte bibliografische Daten sind im Internet über http://dnb.d-nb.de abrufbar.

Zugl.: Berlin, Humboldt-Univ., Diss., 2014

Gedruckt auf alterungsbeständigem,
säurefreiem Papier.

11
ISSN 1433-4666
ISBN 978-3-631-65955-7 (Print)
E-ISBN 978-3-653-05376-0 (E-Book)
DOI 10.3726/ 978-3-653-05376-0

PL Academic Research ist ein Imprint der Peter Lang GmbH.

Peter Lang – Frankfurt am Main · Bern · Bruxelles · New York · Oxford · Warszawa · Wien

Diese Publikation wurde begutachtet.

www.peterlang.com

für
Alexander Crolow
meinen besten Freund, der viel zu früh von uns gegangen ist

Vorwort

Betriebliche Arbeitnehmerbeteiligung ist ein zentrales Gestaltungselement betrieblicher Interaktion zwischen Arbeitnehmern und Arbeitgeber. Über einen europäischen Minimalkonsens hinaus ist sie auch heute in den Mitgliedsstaaten der Europäischen Union sehr unterschiedlich ausgestaltet. Deutschland mit seiner ausgeprägten, gesetzlich festgelegten betrieblichen Mitbestimmung und das Vereinigte Königreich in dem gesetzlich festgelegte Beteiligung weitgehend fehlt, bilden dabei traditionell die augenscheinlichen Gegenpole. Die historische Entstehung betrieblicher Arbeitnehmerbeteiligung, gerade auch aus rechtswissenschaftlicher Perspektive, ist indes bisher wenig erforscht.

Diese Arbeit macht sich daran einen Beitrag zu der rechtshistorischen Aufarbeitung der Ursprünge und Frühformen der betrieblichen Beteiligung in Europa zu leisten. Um den zu behandelnden Stoff dabei nicht uferlos werden zu lassen, ist die historische Untersuchung auf Deutschland und das Vereinigte Königreich und auch hier auf vier historische Modelle betrieblicher Beteiligung beschränkt. Durch die Voranstellung einer Zusammenfassung der heutigen rechtlichen Ausgangslage, sowie eines umfassenden historischen Überblicks zur betrieblichen Beteiligung in Deutschland, dem Vereinigten Königreich und der Europäischen Union sind die einzelnen Modelle in den größeren Kontext eingebettet. Im Ergebnis zeigt sich, dass die europäischen Gegenpole betrieblicher Arbeitnehmerbeteiligung in Deutschland und dem Vereinigten Königreich gar nicht so weit auseinander liegen, wie sie scheinen.

Diese Arbeit hat der Juristischen Fakultät der Humboldt-Universität zu Berlin als Dissertation vorgelegen und ist auf dem Stand September 2013. Mein Dank gilt meiner Betreuerin und Erstgutachterin Professor Dr. Christine Windbichler, die mir stets mit Unterstützung und wichtigen Hinweisen zur Seite stand, sowie meinem Zweitgutachter Professor Dr. Rainer Schröder, der mir gerade während der Themen- und Verlagssuche wertvolle Hilfe zuteil werden ließ. Weiter danke ich ganz herzlich Professor Dr. Abbo Junker für die Aufnahme meiner Arbeit in seine Schriftenreihe.

Diese Arbeit wäre nicht möglich gewesen ohne meine Eltern, Peter und Angelika Pröstler, die mich während der gesamten Zeit bestärkt haben und gerade auch in der Endphase der Arbeit durch Korrekturlesen tatkräftig unterstützt haben. Mein weiterer Dank gilt Christina Stogov und Hülya Kaya für ihrer wichtigen Hinweise und wiederum für das Korrekturlesen des Manuskripts.

Schließlich danke ich der Friedrich-Ebert-Stiftung e.V. die mich während der Erstellung dieser Arbeit gefördert hat.

München, Februar 2015 Tom Christopher Pröstler

Inhaltsverzeichnis

A. Einleitung

Wenige Themen stellen die Mitgliedstaaten der Europäischen Union vor so große Einigungsschwierigkeiten wie die Beteiligung der Arbeitnehmer in Betrieben und Unternehmen. Nicht nur das Europäische Primärrecht ist davon betroffen, sondern besonders das Sekundärrecht. Das Konfliktpotenzial wirkt sich dabei weit über das klassische Arbeitsrecht hinaus aus. Die Europäische Aktiengesellschaft ist hierfür ein prägnantes Beispiel.[1] Die Idee zur Schaffung einer supranationalen, europäischen Gesellschaftsform kam schon in der Gründungsphase der Europäischen Gemeinschaft auf. Dennoch entwickelte sich dieses Projekt zum „längsten Gesetzgebungsverfahren der Europäischen Union".[2] Insgesamt dauerte der Entstehungsprozess von den ersten Entwürfen bis zur Umsetzung in europäisches Recht über dreißig Jahre. Erst auf dem Reformgipfel von Nizza im Jahr 2000 konnte der Rechtsetzungsprozess durch einen Kompromiss zum Abschluss gebracht werden. Es wurde eine Verhandlungslösung gewählt, die in ähnlicher Form schon in der Europäischen Betriebsräterichtlinie[3] enthalten war. Die gesellschaftsrechtlichen Normen, mit Ausnahme der Unternehmensmitbestimmung, wurden dabei in einer Verordnung[4] geregelt, während die Fragen der Arbeitnehmerbeteiligung in eine Richtlinie[5] ausgelagert wurden.[6] Für die Gesetzgebung der Mitgliedstaaten und für Unternehmen, die die Europäische Aktiengesellschaft als Rechtsform wählen, ergibt sich durch den Kompromiss eine hohe gestalterische Flexibilität.[7] Eine einheitliche Regelung der Arbeitnehmerbeteiligung in der Europäischen Aktiengesellschaft wurde hingegen – auch

---

1 *Fleischer,* Archiv für die civilistische Praxis 2004, S. 502, 533; *Fuchs/Marhold,* Europäisches Arbeitsrecht, S. 324 ff.; *Riesenhuber,* Europäisches Arbeitsrecht, S. 518.

2 *Thoma/Leuering,* Neue Juristische Wochenschrift 2002, S. 1449, 1449.

3 Richtlinie 94/45/EG des Rates vom 22. September 1994 über die Einsetzung eines Europäischen Betriebsrats oder die Schaffung eines Verfahrens zur Unterrichtung und Anhörung der Arbeitnehmer in gemeinschaftsweit operierenden Unternehmen und Unternehmensgruppen, Amtsblatt Nr. L 254 vom 30.09.1994, S. 64.

4 Verordnung (EG) 2157/2001 des Rates 8. Oktober 2001 über das Statut der Europäischen Gesellschaft (SE), Amtsblatt Nr. L 294 vom 10.11.2001, S. 1.

5 Richtlinie 2001/86/EG des Rates vom 8. Oktober 2001 zur Ergänzung des Statuts der Europäischen Gesellschaft hinsichtlich der Beteiligung der Arbeitnehmer, Amtsblatt Nr. L 294 vom 10.11.2001, S. 22.

6 *Fleischer,* Archiv für die civilistische Praxis 2004, S. 502, 534.

7 *Köstler,* Deutsches Steuerrecht 2005, S. 745, 750.

zugunsten der unterschiedlichen Rechtstraditionen in den Mitgliedstaaten – aufgegeben.[8]

Innerhalb der Europäischen Union bilden die Positionen der Bundesrepublik Deutschland und des Vereinigten Königreichs zu Fragen der Arbeitnehmerbeteiligung traditionell die jeweiligen Gegenpole. Während Deutschland im europäischen – und weltweiten – Vergleich eines der ausgeprägtesten gesetzlichen Arbeitnehmerbeteiligungssysteme hat,[9] existiert im Vereinigten Königreich nur ein Minimum an gesetzlich festgelegter Arbeitnehmerbeteiligung.[10] Von außen betrachtet scheinen die beiden Positionen unvereinbar weit auseinander zu liegen. Die Suche nach Lösungen für diesen Gegensatz hat in den Europäischen Gemeinschaften regelmäßig zur Flexibilisierung aller Ansätze zur europaweiten Arbeitnehmerbeteiligung geführt. Eine Angleichung und Vereinheitlichung der Arbeitnehmerbeteiligung konnte so nur unzureichend verwirklicht werden oder wurde ganz aufgegeben.[11]

Vordergründig bestehen zwischen der Bundesrepublik Deutschland und dem Vereinigten Königreich auf dem Gebiet der betrieblichen Arbeitnehmerbeteiligung kaum Schnittmengen. Bei einer genaueren Betrachtung stellt sich dieses Bild differenzierter dar. Trotz der geringen gesetzlichen Regelungsdichte zur Arbeitnehmerbeteiligung gibt und gab es im Vereinigten Königreich seit Beginn der Industrialisierung eine ganze Reihe von Arbeitnehmerbeteiligungsmodellen, bei weitem beruhten nicht alle auf gesetzlichen Normen. Einige sind auf Druck der Arbeitnehmer und ihrer Gewerkschaften entstanden, andere sind freiwillig von Arbeitgebern eingeführt worden und wieder andere waren das Ergebnis politischer und gesellschaftlicher Impulse. Hier liegt die erste Ähnlichkeit zur Entwicklung der Arbeitnehmerbeteiligung in Deutschland. Denn auch in Deutschland gab es auf dem Weg zur heutigen Betriebsverfassung eine ganze Reihe von Arbeitnehmerbeteiligungsmodellen, die teilweise direkte Vorläufer des heutigen Systems waren, teilweise aber weitgehend für sich standen. Wie im Vereinigten Königreich waren in Deutschland die Gründe für die Einführung der Beteiligungsmodelle mannigfaltig. Insgesamt gemein ist ihnen, dass sie für

---

8 Erwägungsgrund (5) SE-RL.

9 *Brox/Rüthers/Henssler,* Arbeitsrecht, S. 288, 291; *Kommission Mitbestimmung (BDA/BDI),* Mitbestimmung Modernisieren, S. 1, 7; *Niedenhoff,* Mitbestimmung in der Bundesrepublik Deutschland, S. 28.

10 *Bryson/Freeman,* What voice do British workers want?, in: *Freeman/Boxall/Haynes,* What Workers Say, S. 72 ff; *Mävers,* Die Mitbestimmung der Arbeitnehmer in der Europäischen Aktiengesellschaft, S. 67.

11 *Thoma/Leuering,* Neue Juristische Wochenschrift 2002, S. 1449, 1454.

verschiedene Fragestellungen, unter verschiedenen historischen und politischen Rahmenbedingungen, verschiedene Antworten gegeben haben.

Die Antworten reichen von in einzelnen Betrieben durch Fabrikordnungen verordneter, in betrieblichen Vereinbarungen ausgehandelter oder in Konfrontation erstrittener Beteiligung über von der Politik vorgeschlagenen oder geförderten Beteiligungsmodellen bis hin zu gesetzlich bestimmten und verbindlich vorgeschriebenen Beteiligungs- und Mitbestimmungssystemen. Beispiele der ersten Kategorie sind die Arbeiter- und Fabrikausschüsse des späten 19. und frühen 20. Jahrhunderts, die in beiden Ländern bestanden, aber auch die noch heute bestehenden Shop Stewards der britischen Gewerkschaften. Zur zweiten Kategorie zählen die Whitley Councils, die im Vereinigten Königreich zum Ende des Ersten Weltkriegs Verbreitung fanden, sowie die ab dem Zweiten Weltkrieg entstandenen *Joint Consultative Committees.* Früheste Vertreter der dritten Kategorie sind die im Deutschen Kaiserreich eingeführten Bergarbeiterausschüsse und die Arbeiterausschüsse des Vaterländischen Hilfsdienstgesetzes von 1916. Weitere Beispiele sind die Betriebsräte der Weimarer Republik und die bundesrepublikanische Betriebsverfassung nach den Gesetzen von 1952 und 1976. Es bleiben die Arbeitnehmerbeteiligungsmodelle der Europäischen Union. Sie beruhen auf einer gesetzlichen Grundlage, gestatten aber ein sehr großes Maß an Freiraum und Flexibilität. Damit entziehen sie sich einer eindeutigen Einordnung in die gerade genannten Kategorien. So verschieden die Beteiligungsmodelle selbst waren, sind die Erfahrungen, die die Betriebsparteien und die weiteren Akteure wie Staat oder Gewerkschaften mit ihnen gemacht haben. Manche Beteiligungsmodelle bestanden nur wenige Jahre, während andere bis heute existieren. Teilweise wurden die Modelle von den Akteuren als Bereicherung und Fortschritt angesehen, teilweise stießen sie auf Ablehnung einer oder mehrerer Seiten.

Diese Arbeit will die historischen Erfahrungen systematisch aufarbeiten und sie damit einer Verwendung in Gegenwart und Zukunft zugänglich machen. Es wird untersucht, warum und wie die verschiedenen betrieblichen Arbeitnehmerbeteiligungsmodelle entstanden sind. Je zwei Arbeitnehmerbeteiligungsmodelle aus Deutschland und dem Vereinigten Königreich werden detailliert betrachtet, während in einem Überblick über die historischen Entwicklungen auch weitere Modelle Eingang in die Arbeit finden. Parallelen, Verbindungen und Unterschiede zwischen den verschiedenen vergangenen und bestehenden Beteiligungsmodellen, insbesondere zwischen ihren rechtlichen Fundamenten und Ausgestaltungen, werden dargestellt und analysiert. Auf der Grundlage dieser Untersuchung werden sodann Schlussfolgerungen und Anregungen für die betriebliche Arbeitnehmerbeteiligung in Deutschland, dem Vereinigten Königreich und der Europäischen Union präsentiert.

I. Problemstellung

Die Frage der betrieblichen Arbeitnehmerbeteiligung, ihrer konkreten rechtlichen und praktischen Ausgestaltung, ihrer Vor- und Nachteile ist seit jeher ein politisches und gesellschaftliches Dauerthema. Ende der 1990er bis Anfang der 2000er Jahre befand es sich das letzte Mal im Fokus verstärkter Aufmerksamkeit. Damals stand zum einen die Modernisierung des Betriebsverfassungsgesetzes (BetrVG) an, zum anderen wurde auf europäischer Ebene die schon oben erwähnte SE-Beteiligungsrichtlinie beschlossen.[12] Beide Prozesse haben Resonanz in den Parteien, den Interessenverbänden und der Gesellschaft hervorgerufen. Die Arbeitgeberverbände und Gewerkschaften haben sich zu den konkreten Reformprojekten und zur Arbeitnehmerbeteiligung im Allgemeinen positioniert. Es wurden Diskussionspapiere erstellt und Beschlüsse gefasst. In weitgehender Übereinstimmung wird eine Entbürokratisierung und größere Praxisnähe der Beteiligungsmodelle befürwortet.[13] Die Positionen der Parteien und Verbände zu den Reformen und der Zukunft der betrieblichen Beteiligung gehen aber dennoch weit auseinander. Auf der einen Seite fordert der Deutsche Gewerkschaftsbund eine Ausweitung der im Betriebsverfassungsgesetz niedergelegten Mitbestimmungs- und Beteiligungsrechte der Betriebsräte und strebt auch auf europäischer Ebene nach stärkeren, gesetzlich bestimmten Formen betrieblicher Beteiligung und Mitbestimmung.[14] So soll die strukturelle Überlegenheit der Arbeitgeber auf der betrieblichen Ebene ausgeglichen und den Arbeitnehmern eine effektive und zuverlässige Beteiligung gesichert werden. Auf der anderen Seite wollen die Arbeitgeberverbände eine weitgehende Flexibilisierung der Arbeitnehmerbeteiligung.[15] Sie fordern, auch auf der nationalen Ebene Verhandlungsmöglichkeiten nach dem europäischen Vorbild einzuführen. Den Unternehmen

---

12 Gesetz zur Reform des Betriebsverfassungsgesetzes vom 23. Juli 2001, BGBl. I, S. 1852; Richtlinie 2001/86/EG des Rates vom 8. Oktober 2001 zur Ergänzung des Statuts der Europäischen Gesellschaft hinsichtlich der Beteiligung der Arbeitnehmer, Amtsblatt Nr. L 294 vom 10.11.2001, S. 22.

13 *Deutscher Gewerkschaftsbund,* Beschluss DGB-Kongress Mai 2006, S. 8; *Kommission Mitbestimmung (BDA/BDI),* Mitbestimmung Modernisieren, S. 45; *Kommission Mitbestimmung (BS/HBS),* Mitbestimmung und neue Unternehmenskulturen, S. 2 f.

14 *Deutscher Gewerkschaftsbund,* Beschluss DGB-Kongress Mai 2006, S. 8 ff.

15 *Kommission Mitbestimmung (BDA/BDI),* Mitbestimmung Modernisieren, S. 45 ff.

und ihren Arbeitnehmern soll so die Schaffung optimal auf die Verhältnisse in einzelnen Unternehmen zugeschnittener Beteiligungsmodelle ermöglicht werden.

Während die deutschen Arbeitgeberverbände die betriebliche Mitbestimmung im Grundsatz nicht in Frage stellen,[16] besteht dieser Konsens auf europäischer Ebene nicht im gleichen Maße.[17] Gerade die britischen, aber auch einige Arbeitgeberverbände der neueren Mitgliedstaaten der Europäischen Union, stehen dem gesamten Konzept einer betrieblichen Arbeitnehmerbeteiligung kritisch bis ablehnend gegenüber. Sie sehen insbesondere ihre unternehmerische Entscheidungsprärogative bedroht.[18] Auch unter nichtdeutschen Gewerkschaften gibt es teilweise Vorbehalte gegen betriebliche Beteiligungsmodelle. Es wird befürchtet, innerbetriebliche Beteiligung könnte zur Konkurrenz für die außerbetriebliche Beteiligung durch Gewerkschaften werden und von der Arbeitgeberseite gegen die Gewerkschaften instrumentalisiert werden.[19]

Trotz der vorhandenen Vorbehalte ist die Frage der betrieblichen Arbeitnehmerbeteiligung für die Europäische Union sehr relevant. Eine der zentralen Ideen der Union ist es, einen alle Mitgliedstaaten umfassenden Binnenmarkt zu schaffen. In diesem Binnenmarkt soll ein möglichst freier und ungehinderter Austausch von Waren, Dienstleistungen und Wissen stattfinden. Arbeitnehmer, Arbeitgeber und Investoren sollen sich möglichst frei zwischen den Mitgliedstaaten bewegen können. Ein wichtiges Element zur Schaffung dieses europäischen Binnenmarktes ist die Vereinheitlichung, Anpassung und Abstimmung der für ihn geltenden Gesetze und Regeln. In den letzten Jahrzehnten hat dabei das Arbeitsrecht als Teil dieser Regeln zunehmend Aufmerksamkeit erhalten.[20] Gerade im Bereich der Arbeitnehmerbeteiligung hat sich in diesem Zusammenhang, wie bereits beschrieben, erhebliches Konfliktpotential zwischen den Mitgliedstaaten aufgetan.

---

16 *Kommission Mitbestimmung (BDA/BDI)*, Mitbestimmung Modernisieren, S. 1.

17 *Mävers*, Die Mitbestimmung der Arbeitnehmer in der Europäischen Aktiengesellschaft, S. 87 ff.

18 *Lorber*, The International Journal of Comparative Labour Law and Industrial Relations 2003, S. 297, 306 f.

19 *Däubler/Kittner/Klebe/Wedde*, BetrVG, § 18 EBRG Rn. 13; *Gamillscheg*, Kollektives Arbeitsrecht, S. 1178; *Lorber*, The International Journal of Comparative Labour Law and Industrial Relations 2003, S. 297, 307; *Wedderburn*, Industrial Law Journal 1997, S. 1, 6.

20 *Henssler*, Arbeitsrecht der Europäischen Union, in: *Henssler/Braun*, Arbeitsrecht in Europa, S. 4.

Die europäischen Richtlinien zur Arbeitnehmerbeteiligung der 1990er und 2000er Jahre haben insofern einen großen Schritt für das europäische Arbeitsrecht und damit auch den gemeinsamen Wirtschaftsraum bedeutet. Dennoch können sie nur ein Übergangsstadium darstellen: Zu wenig tragen sie zu einer wirklichen Harmonisierung bei.[21] Vor dem europäischen Gesetzgeber liegt die Aufgabe, sich von dem nunmehr bestehenden Minimalkonsens zu lösen und echte (Mindest-)Standards für die Arbeitnehmerbeteiligung in der Europäischen Union zu setzen. Die zukünftigen Regeln müssen ein sowohl funktionsfähiges als auch für alle Mitgliedstaaten akzeptables System der betrieblichen Beteiligung schaffen, das wissenschaftlich und praktisch auf einer soliden Basis steht und das Ergebnis einer breiten gesellschaftlichen Debatte ist.[22] Dabei müssen neben den Gegebenheiten der heutigen globalisierten Wirtschaft die Traditionen und historischen Erfahrungen der verschiedenen Mitgliedstaaten Berücksichtigung finden. Insgesamt wird ein solcher Konsens nicht allein auf der europäischen Ebene zu erreichen sein. Vielmehr wird es auch in den einzelnen Mitgliedstaaten zu einem Umdenken, teilweise auch zu gesetzlichen Reformen, kommen müssen.

Doch auch für die Betriebsparteien kann sich die Aufgabe stellen, eine betriebliche Arbeitnehmerbeteiligung neu zu schaffen oder ein vorhandenes Beteiligungsmodell anzupassen. Denn solange eine weitere Angleichung der betrieblichen Beteiligung nicht erfolgt ist, müssen Arbeitnehmer und Arbeitgeber in der Europäischen Union die durch die europäischen Richtlinien gewährten Gestaltungsspielräume ausfüllen.

Dies gilt insbesondere im Vereinigten Königreich, in dem die Minimalregelungen der Europäischen Richtlinien weitestgehend gesetzliche Norm geworden sind. Die britischen Gesetze verlangen daher im Ergebnis eine aktive Gestaltung betrieblicher Beteiligungsmodelle von den Betriebsparteien.

Aber auch die deutsche Betriebsverfassung gibt unter bestimmten Voraussetzungen Anreize zur Schaffung – ergänzender – betrieblicher Beteiligungsmodelle. Erstens kann es für international operierende deutsche Unternehmen und Konzerne durch die starke inländische Beteiligungskultur wünschenswert und sinnvoll sein, auch für ihre ausländischen Arbeitnehmer Beteiligung möglich zu machen. Das trifft auf Beteiligungssysteme in ausländischen Betrieben deutscher Arbeitgeber genauso zu wie auf die Schaffung zentraler, unternehmens- bzw. konzernweiter Beteiligungsmodelle, in denen die in- und ausländischen

---

21 So auch *Henssler*, Arbeitsrecht der Europäischen Union, in: *Henssler/Braun*, Arbeitsrecht in Europa, S. 5.

22 *Henssler*, Arbeitsrecht der Europäischen Union, in: *Henssler/Braun*, Arbeitsrecht in Europa, S. 55.

Arbeitnehmer vertreten sind. Die Einführung solcher Beteiligungsmodelle kann auf unternehmerischen Erwägungen beruhen, dem Druck der Arbeitnehmer geschuldet oder gesetzlich – beispielsweise durch die einschlägigen europäischen Richtlinien – geboten sein. Zweitens lässt das Betriebsverfassungsgesetz selbst Gestaltungsräume frei. Denn § 3 des Betriebsverfassungsgesetzes gibt den Tarifparteien auch für rein deutsche Betriebe die Möglichkeit gewisse Abweichungen von den gesetzlichen Regelungen zu vereinbaren.[23] Drittens schließlich können Beteiligungsmodelle deutschen – und anderen europäischen – Arbeitgebern helfen, ihre *Corporate Social Responsibility* gegenüber den Arbeitnehmern ihrer ausländischen Zulieferer und Produzenten wahrzunehmen. Die Arbeitgeber können ihre Geschäftspartner auf die Einführung von Mindestbeteiligungsstandards verpflichten und ihnen bei der Einführung zur Seite stehen. Antrieb für solche Maßnahmen sind in diesen Fällen entweder die eigenen ethischen Richtlinien oder aber der Druck der Verbraucher, der branchenabhängig mehr oder weniger stark ist.

Insgesamt können Arbeitgeber und Arbeitnehmer in Deutschland und dem Vereinigten Königreich aus vielerlei Gründen vor der Aufgabe stehen, geeignete Beteiligungsmodelle für ihre Unternehmen und Betriebe zu finden. In vielen Fällen wird die optimale Beteiligung für ein konkretes Unternehmen oder einen einzelnen Betrieb von den gesetzlichen (Auffang-)Regelungen abweichen. Dann stellt sich für die Betriebsparteien die Frage, welche Wege überhaupt gangbar sind. Sie müssen für die konkreten Umstände passende und funktionsfähige Beteiligungsmodelle entwickeln, bei denen keine der beiden Parteien übervorteilt wird. Aufgrund des geringen Alters der europäischen Richtlinien, aber auch der erweiterten Abweichungsmöglichkeit des § 3 Betriebsverfassungsgesetz, ist der direkt auf den Einfluss dieser Normen zurückgehende Erfahrungsschatz noch gering. Insofern müssen sich die Betriebsparteien in einer ihnen teilweise unbekannten Materie zurechtfinden, um nicht ein disfunktionales oder gar schädigendes Beteiligungssystem zu schaffen.

Diese Arbeit möchte die aufgezeigten Probleme aufgreifen und für ihre Lösung kreative Ansätze und Orientierungshilfen entwickeln. Dabei sollen die Erfahrungen der Vergangenheit, wie oben dargestellt, fruchtbar gemacht werden. Die Arbeit will sowohl ein Beitrag zum wissenschaftlichen als auch zum gesellschaftlichen Diskurs sein. Darüber hinaus werden Anregungen für die rechtliche sowie praktische Weiterentwicklung der betrieblichen Arbeitnehmerbeteiligung

23 Hierzu siehe unten B. II. 2.2.

in Deutschland, dem Vereinigten Königreich und der Europäischen Union insgesamt gegeben.

II. Grundlagen und Methode

Bezüglich Thema und Ansatz der Arbeit sind in mehrfacher Hinsicht Klarstellungen und Eingrenzungen notwendig. Diese betreffen die angewandte Arbeitsmethode des Rechtsvergleichs, die von einer rechtshistorischen Herangehensweise unterschieden werden muss. Außerdem beziehen sie sich auf die in der Untersuchung angelegten Kriterien und verwendeten Begriffe. Im Folgenden werden daher die Grundlagen und die Methode der Arbeit erläutert.

1. Rechtsvergleichung

Bei der Arbeit handelt es sich um einen historisch-internationalen Rechtsvergleich. Auf der einen Achse werden die Entwicklung der betrieblichen Arbeitnehmerbeteiligung in den letzten einhundertfünfzig Jahren, auf der anderen Achse die Entwicklungen in Deutschland und dem Vereinigten Königreich miteinander verglichen.[24] Diese Methode wird sowohl für den geschichtlichen Aufriss als auch für den Vergleich der vier ausgewählten Beteiligungsmodelle angewandt.

Der Rechtsvergleich orientiert sich an dem funktionalen Ansatz[25] und erfolgt im Bereich der Beteiligungsmodelle anhand von Untersuchungskriterien.[26] Dabei wird vorrangig das Begriffspaar „Verfahren und Institutionen" verwendet und daneben auf weitere, kleinteilige Kriterien abgestellt. Alle Untersuchungskriterien sind aufgrund ihrer funktionalen Bedeutung ausgewählt worden. Sie dienen dazu, Aspekte der Beteiligung auch dann vergleichbar zu machen, wenn sie juristisch-organisatorisch verschiedenartig ausgestaltet sind, aber dennoch den gleichen Sinn und Zweck verfolgen, beziehungsweise zu denselben Erfolgen führen.

---

24 Zu diesem methodischen Ansatz sowie zum allgemeinen Verhältnis zwischen Rechtsvergleichung und Rechtsgeschichte siehe *Neumayer*, Grundriß der Rechtsvergleichung, in: *Grasmann/David/Jauffret-Spinosi*, Einführung in die grossen Rechtssysteme der Gegenwart, S. 18 ff.

25 Grundlegend zur Methode des funktionalen Rechtsvergleichs siehe *Neumayer*, Grundriß der Rechtsvergleichung, in: *Grasmann/David/Jauffret-Spinosi*, Einführung in die grossen Rechtssysteme der Gegenwart, S. 31 ff.; *Zweigert/Kötz*, Einführung in die Rechtsvergleichung auf dem Gebiete des Privatrechts, S. 33 ff.

26 Dazu sogleich.

Durch die rechtsvergleichende Arbeitsmethode wird der Untersuchungsstoff handhabbar gemacht. Die Arbeit betrachtet sich daher nicht als eine originär rechtshistorische Arbeit. Es wird in vielen Bereichen auf eine geschichtswissenschaftliche Arbeitsweise verzichtet. Vielmehr werden sowohl im historischen Überblick als auch in der Analyse der verschiedenen Beteiligungsmodelle primär die vorhandenen literarischen Sekundärquellen genutzt. Ergänzt werden diese durch eine Reihe ebenfalls literarischer Primärquellen sowie anderer Originaldokumente. Anhand dieser Quellen wird ein Bild der geschichtlichen Ereignisse und der einzelnen Beteiligungsmodelle entworfen, um diese dann rechtsvergleichend in Bezug zueinander zu setzen.

2. Untersuchungskriterien

Mit der Arbeit wird die Verschiedenartigkeit der untersuchten Beteiligungsmodelle aufgezeigt, dargestellt und nutzbar gemacht. Dies erfolgt anhand von Kriterien, durch die die Beteiligungsmodelle vergleichbar gemacht und in Bezug zu einander gesetzt werden. Ihre Stärken und Schwächen, Vor- und Nachteile können so herausgearbeitet, aufgezeigt und ins Verhältnis gesetzt werden.

Grundlage der Untersuchung ist dabei die Einteilung in institutionelle Elemente und Verfahrenselemente. Das Begriffspaar leitet sich aus den Beteiligungsrichtlinien der Europäischen Union ab. Hier existiert mit der Institution eines Europäischen bzw. SE-Betriebsrats auf der einen und der Möglichkeit zur Schaffung eines anderweitigen Beteiligungsverfahrens auf der anderen Seite ein Gegensatz zwischen Institution und Verfahren. Auch bei den untersuchten Beteiligungsmodellen sollen daher die institutionellen Elemente und die Verfahrenselemente herausgearbeitet und ihr Einfluss auf das Gesamtkonzept des jeweiligen Beteiligungsmodells sowie ihre internen Wechselwirkungen bestimmt werden.

Der in der Arbeit zugrunde gelegte Institutionenbegriff ist enger gefasst, als dies in seiner klassischen Verwendung in den Sozial- oder Politikwissenschaften der Fall ist.[27] Eine Institution wird demnach als eine dauerhafte, in Regeln erstarkte soziale Ordnung verstanden, die mit Durchsetzungsmechanismen versehen ist und darüber hinaus einen gewissen Grad an Verkörperung erfahren hat. Neben den Satz an Regeln muss also ein Körper treten, der auf Dauer dazu angelegt ist, Akteur, Repräsentant und Funktionsträger dieser Ordnung zu sein.

Ein Verfahren ist ebenfalls ein Satz von Regeln. Allerdings ist hier nicht der juristische Begriff des gerichtlichen Verfahrens gemeint. Vielmehr sind Regeln

27 Zu diesem siehe die Zusammenfassung bei *Jansen*, Der neue Institutionalismus, S. 1 ff. m.w.N.

gemeint, die zwar ebenfalls dauerhaft feststehen, aber lediglich einen Prozess definieren, in dem Handlungen und Interaktionen ablaufen, ohne dabei die Akteure genauer zu bestimmten oder sie einer dauerhaften Verkörperung zuzuführen. Ein Verfahren bildet daher nicht notwendig eine eigene Ordnung, sondern kann auch lediglich Prozess zur Herstellung einer solchen Ordnung sein.

Beide Begriffe sind kombinierbar. So kann ein Verfahren vorgesehen sein, um eine Institution erst zu schaffen. Gleichzeitig kann sich eine bereits bestehende Institution Verfahren bedienen, um zu agieren. Insofern weisen alle untersuchten Beteiligungsmodelle sowohl institutionelle Elemente als auch Verfahrenselemente auf.

Neben die Analyse der Beteiligungsmodelle anhand des Begriffspaars Institution und Verfahren tritt eine Gegenüberstellung der untersuchten Beteiligungsmodelle anhand weiterer, kleinteiliger Untersuchungskriterien. Erstens gehören zu diesen Kriterien die Gründe für die Einführung des Beteiligungsmodells. Die historischen Gegebenheiten, unter denen die Einführung stattfand, finden ebenso Beachtung wie die gesellschaftlichen und politischen Konzepte, auf denen sie beruhte. Zweites Kriterium ist die Art und Weise, wie die Arbeitnehmerbeteiligung eingeführt und umgesetzt wurde. Auf die Initiatoren der Einführung wird in diesem Zusammenhang besonders eingegangen. Drittens wird die konkrete Ausgestaltung der Arbeitnehmerbeteiligung einschließlich ihrer rechtlichen Grundlage, ihrer Form und den in ihr behandelten Themen betrachtet. Besonderes Augenmerk wird auf die juristische Ausgestaltung und Absicherung der Arbeitnehmerbeteiligung, vom bloßen Informationsgebot bis hin zum vollen Mitbestimmungsrecht, gelegt. Schließlich werden Tragweite und Nachhaltigkeit der Beteiligungsmodelle als Untersuchungskriterium herangezogen. Mit Hilfe dieses Kriteriums wird aufgezeigt, was zur Funktionsfähigkeit von manchen und zum Scheitern von anderen Beteiligungsmodellen geführt hat.

Eine Einordnung und Bewertung der verschiedenen Beteiligungsmodelle ist nicht ohne ihren jeweiligen historischen Kontext möglich. Daher ist der Untersuchung der vier Beteiligungsmodelle ein Aufriss der Geschichte der betrieblichen Arbeitnehmerbeteiligung in Deutschland und dem Vereinigten Königreich vorangestellt. Notwendigerweise ist dieser Aufriss möglichst eng an der Untersuchungsmaterie orientiert. Er konzentriert sich deshalb auf die betriebliche Beteiligung, während die Entwicklung der überbetrieblichen Beteiligung durch Gewerkschaften und Tarifverträge außen vor bleibt. Im Unterschied zu den wenigen anderen rechtshistorischen Abhandlungen zur Entstehung der betrieblichen Arbeitnehmerbeteiligung erfolgt zudem eine klare Abgrenzung zur Entwicklung der Unternehmensmitbestimmung sowie der Beteiligung an

Gewinn und Unternehmensträger.[28] Ein allgemeines Geschichtsverständnis des Lesers wird dabei vorausgesetzt. Der historische Überblick hilft aber nicht nur die untersuchten Beteiligungsmodelle in den geschichtlichen Ablauf einzuordnen, sondern ermöglicht gleichzeitig die Einbeziehung nicht eingehend untersuchter Beteiligungsmodelle in die Arbeit und die Darstellung nie umgesetzter Konzepte betrieblicher Arbeitnehmerbeteiligung. Insofern geht er über die reine Darstellung der zeithistorischen Abläufe hinaus und stellt in kurzer Form diese weiteren Modelle und Ideen vor. Auch sie werden so in die endgültige Auswertung und damit in das Ergebnis der Arbeit einbezogen.

3. Begriffsbestimmung

Diese Arbeit verwendet eine Reihe von Begriffen, deren Bedeutung sich über die vergangenen einhundertfünfzig Jahre verändert und konkretisiert hat, oder für die bis heute keine hinreichend genauen Definitionen bestehen. Deshalb ist eine Definition dieser Begriffe angezeigt, wobei diese sich soweit möglich an der heutigen arbeitsrechtlichen Begriffsverwendung orientieren soll.

Bei den ersten beiden Begriffen handelt es sich um Betrieb und Unternehmen und dem daraus resultierenden Gegensatz zwischen unternehmerischen und betrieblichen Fragen. Beide Begriffe sind zentral für die Beteiligung und Mitbestimmung der Arbeitnehmer in Deutschland, während die Unterscheidung im Vereinigten Königreich weitgehend unbekannt ist und damit letztlich kaum gemacht wird. Es kann daher auf die von Erwin Jacobi und Alfred Hueck entwickelten und in der deutschen Literatur und Rechtsprechung heute anerkannten Definitionen der beiden Begriffe zurückgegriffen werden.[29] Danach ist ein Betrieb „die organisatorische Einheit, innerhalb derer der Unternehmer allein oder zusammen mit seinen Mitarbeitern mit Hilfe sächlicher und immaterieller Mittel bestimmte arbeitstechnische Zwecke fortgesetzt verfolgt".[30] Die Definition eines Unternehmens unterscheidet sich von der des Betriebs durch den angestrebten Zweck. Ein Unternehmen ist ebenfalls eine organisatorische Einheit. In ihr wird aber kein arbeitstechnischer, sondern ein wirtschaftlicher

---

28 Die Entstehung des Arbeitsrechts ist in Deutschland insgesamt weiterhin nur begrenzt erforscht *Bieber,* Die Rolle von Gewerkschaften und Wirtschaftsverbänden bei der Entstehung des Arbeitsrechts, in: *Nutzinger,* Die Entstehung des Arbeitsrechts in Deutschland, S. 18 m.w.N. Die Entstehung der betrieblichen Beteiligung scheint innerhalb des Arbeitsrechtsgeschichte aber bisher auf besonders wenig Interesse gestoßen zu sein.

29 Siehe auch unten D. III. 1.

30 BAG vom 14. 9. 1988, NZA 1989, 190; *Fitting/Engels/Schmidt/Trebinger/Linsenmaier,* BetrVG, § 1 Rn. 63; *Richardi,* in: *Richardi,* BetrVG, § 1 Rn. 17.

oder – seltener – ein immaterieller Zweck verfolgt.[31] Dieser Zweck definiert sich nicht aus dem arbeitstechnischen Zusammenhang, sondern aus dem hinter diesem liegenden, vom Unternehmer angestrebten Ziel. Die Einteilung eines Sachverhalts als betrieblich oder unternehmerisch ergibt sich folglich aus dem ihm immanenten Zweck.

Zudem muss eine Abgrenzung der überbetrieblichen Fragen erfolgen die, ebenso wie die unternehmerischen Fragen, aus dem Untersuchungsgegenstand dieser Arbeit herausfallen. Sie steht für die Arbeitnehmerbeteiligung im Vereinigten Königreich regelmäßig im Vordergrund, ist aber auch in Deutschland gebräuchlich. Überbetrieblich ist demnach eine Frage, wenn sie nicht auf eine konkrete organisatorische Einheit bezogen ist sondern eine Vielzahl solcher Einheiten oder zumindest die Arbeitnehmer einer Vielzahl solcher Einheiten betrifft. Die Vertretung der Arbeitnehmer in überbetrieblichen Fragestellungen liegt regelmäßig bei den Gewerkschaften als unabhängig von Betrieben und Unternehmen organisierten Interessenverbänden.

Weitere Begriffe sind Beteiligung und Mitbestimmung. Dabei ist Beteiligung der weitere Begriff und umfasst den engeren Mitbestimmungsbegriff. Beteiligung im Sinne dieser Arbeit ist jede Teilhabe der Arbeitnehmer an Entscheidungsprozessen. Diese kann rein passiv erfolgen, indem den Arbeitnehmern lediglich informiert werden, sie kann aber auch aktive Elemente wie Anhörungen und Konsultationen enthalten. Schließlich umfasst der Beteiligungsbegriff auch die Mitbestimmung. Sie ist gegeben, wenn die Arbeitnehmer auf den Ausgang von Entscheidungsprozessen zwingenden Einfluss nehmen können, wobei der Zwang sowohl rechtlicher wie faktischer Natur sein kann. Das heißt, Mitbestimmung ist immer dann gegeben, wenn der Arbeitgeber ohne die Zustimmung oder gegen den erklärten Willen der Arbeitnehmer nicht entscheiden oder handeln kann.

Schließlich werden in der Arbeit eine Reihe von Begriffen zur Benennung verschiedener betrieblicher Arbeitnehmervertretungsorgane verwendet. Insofern werden jeweils die historisch tatsächlich verwendeten Begriffe gebraucht.[32] Dennoch ist teilweise eine Verallgemeinerung notwendig. Insoweit wird auf den neutralen und historisch weitgehend unbelasteten Begriff der Arbeitnehmervertretung abgestellt. Arbeitnehmervertretung beschreibt also ein nicht näher definiertes Organ, das dazu berufen ist, Arbeitnehmer in betrieblichen Fragen in der Interaktion mit ihrem Arbeitgeber zu repräsentieren.

---

31 BAG vom 03.12.1954, BAGE 1, 175; *Gamillscheg*, Kollektives Arbeitsrecht, S. 257; *Richardi*, in: *Richardi*, BetrVG, § 1 Rn. 18.

32 z. B. Arbeiterausschuss, Betriebsrat, Shop Steward oder *Consultative Committee*.

B. Rechtliche Ausgangslage

Als Ausgangspunkt für die vorliegende Untersuchung soll der Stand der betrieblichen Beteiligung in den zu untersuchenden Rechtsordnungen heute dienen. Deutschland und das Vereinigte Königreich weisen dabei ein sehr unterschiedliches Bild auf. Daran hat auch der über die letzten Jahrzehnte einsetzende europäische Einigungsprozess nur sehr bedingt etwas ändern können. Dennoch hat das europäische Gemeinschaftsrecht auf dem Gebiet der Arbeitnehmerbeteiligung erheblich an Einfluss gewonnen. So hat es gerade im heutigen Recht des Vereinigten Königreichs prägend gewirkt. Die bleibenden Unterschiede sind dadurch kleiner und überbrückbarer geworden. Insbesondere gilt dies für Akteure, die sich auf der transnationalen, europäischen Ebene bewegen.

I. Strukturprinzipien der Arbeitsbeziehungen

Die Regelungen der betrieblichen Beteiligung in Deutschland und dem Vereinigten Königreich sind als Teil der nationalen Arbeitsbeziehungen von deren grundlegenden Strukturprinzipien geprägt. Dabei unterscheiden sich die Arbeitsbeziehungen in den Mitgliedstaaten der Europäischen Union in diesen Grundprinzipien erheblich. Ganz besonders eklatant war und ist der Unterschied zwischen den alten kontinentaleuropäischen Mitgliedstaaten, ihnen voran Deutschland, einerseits sowie Irland und dem Vereinigten Königreich andererseits. In der angelsächsischen, aber auch deutschen Literatur wird dabei vor allem das Verhältnis der Akteure innerhalb des Systems als Unterscheidungskriterium herausgearbeitet. Das System der Arbeitsbeziehungen im Vereinigten Königreich wird traditionell als konfliktorientiert bezeichnet.[33] Die kontinentaleuropäischen, insbesondere die deutschen Arbeitsbeziehungen sind deutlich kooperationsorientierter.[34] Diese Einteilung eignet sich auch im Bereich der betrieblichen Arbeitnehmerbeteiligung als grundlegendes Unterscheidungskriterium.

Deutschland hat mit dem Betriebsverfassungsrecht traditionell ein weitgehend auf gesetzlichen Vorschriften aufbauendes System betrieblicher

33 *Neal*, British Journal of Industrial Relations 1987, S. 227, 238 f., 241 f.

34 *Miller*, British Journal of Industrial Relations 1982, S. 44, 44; *Weiss*, Workers' Participation in the European Union, in: *Davies/Lyon-Caen/Sciarra u. a.*, European Community Labour Law, S. 213.

Beteiligung.[35] Die Existenz der Betriebsräte und ihre Rechte auf Information, Konsultation und echte Mitbestimmung sind also gesetzlich verbrieft. Die Betriebsräte vertreten neben den gewerkschaftlichen Vertretern die Arbeitnehmerinteressen. Das deutsche System wird daher als *Dual Channel*[36] oder übersetzt als dual[37] oder dem Trennungsprinzip[38] folgend beschrieben. Dabei haben beide Kanäle ihre eigenen Aufgabenbereiche. Während die Betriebsräte weitgehend auf betriebliche Angelegenheiten beschränkt sind,[39] vertreten die Gewerkschaften die Arbeitnehmer insbesondere in überbetrieblichen Angelegenheiten, können Tarifverträge abschließen und Arbeitskämpfe führen. Gewerkschaften und Betriebsräte sind durch das Gesetz formell unabhängig voneinander.[40] Es räumt den Gewerkschaften lediglich Initiativ- und Überwachungsfunktionen bei den Betriebsratswahlen ein.[41] Rein praktisch interagieren sie aber auf vielen Ebenen.[42] Gewerkschaftsmitglieder bilden in vielen Fällen das personelle Rückgrat der Betriebsräte und die Gewerkschaften selbst stehen den Arbeitnehmervertretern mit Rat, Schulungen und anderer Unterstützung zur Seite.[43] Das System wird von der Überzeugung getragen, dass Arbeitnehmer das Recht haben, über die Entwicklung des Betriebs, in dem sie beschäftigt sind, informiert zu werden und auf dessen Entwicklung einzuwirken.[44]

---

35 *Bellace,* Comparative Labour Law Journal 1997, S. 325, 356; *Bercusson,* Industrial Law Journal 2002, S. 209, 210, 216; *Ramsay,* Industrial Relations Journal 1997, S. 314, 314; *Seitz,* Europäisches Rahmenrecht für eine Europäische Betriebsverfassung, S. 11.

36 *Bercusson,* Industrial Law Journal 2002, S. 209, 234; *Buschmann,* Comparative Labour Law Journal 1993, S. 26, 29; *Forsyth,* Comparative Labour Law and Policy Journal 2006, S. 305, 320.

37 *Gamillscheg,* Kollektives Arbeitsrecht, S. 1, 233.

38 *Seitz,* Europäisches Rahmenrecht für eine Europäische Betriebsverfassung, S. 10.

39 Zu dieser ersten Ebene zählt auch die gesetzlich angeordnete Mitbestimmung in den Unternehmensorganen, siehe dazu unten B. II. 2.

40 *Gamillscheg,* Kollektives Arbeitsrecht, S. 233; *Richardi,* in: *Richardi,* BetrVG, § 2 Rn. 73 ff.

41 *Richardi,* in: *Richardi,* BetrVG, § 2 Rn. 90, 95.

42 *Davis/Kilpatrick,* Industrial Law Journal 2004, S. 121, 150; *Gamillscheg,* Kollektives Arbeitsrecht, S. 243 ff.

43 *Barnard,* Australian Journal of Labour Law 1999, S. 1, 6 f.; *Gamillscheg,* Kollektives Arbeitsrecht, S. 243 ff.

44 *Brox/Rüthers/Henssler,* Arbeitsrecht, S. 288, 290; *Richardi,* in: *Richardi,* BetrVG, Einleitung Rn. 43; *Weiss,* Workers' Participation in the European Union, in: *Davies/Lyon-Caen/Sciarra u. a.,* European Community Labour Law, S. 214 f.

Im Vereinigten Königreich waren solche Überzeugungen lange Zeit nicht mehrheitsfähig und sind es vielleicht bis heute nicht. Der Gesetzgeber hielt sich aus der Regulierung der Interessenvertretung der Arbeitnehmer gerade auf betrieblicher Ebene heraus. Sie blieb daher in weiten Teilen den Gewerkschaften und ihren Repräsentanten in den Betrieben überlassen.[45] Bezeichnet wird dieser Ansatz als *Single Channel*[46] oder übersetzt als monistisch oder Einheitsprinzip[47]. Getragen wurde er von der Überzeugung, dass betriebliche Angelegenheiten der unternehmerischen Entscheidungsprärogative unterliegen, die allenfalls durch im freien Spiel der Kräfte zwischen Arbeitgebern und Arbeitnehmern, nicht aber durch den Gesetzgeber, beschränkt werden dürfe. Sie resultiert nicht zuletzt aus der im Vereinigten Königreich traditionell dominierenden Wirtschaftstheorie einer möglichst freien Marktwirtschaft in der Entscheidungen durch die freie Interaktion der Marktteilnehmer und unabhängig von staatlicher Einflussnahme getroffen werden.[48]

Vor dem Hintergrund dieser beiden sehr verschiedenen systemischen Ansätze erklären sich nicht nur die noch immer großen Unterschiede zwischen den Systemen betrieblicher Beteiligung in Deutschland und dem Vereinigten Königreich, sondern auch einige der entscheidenden Charakteristika der europäischen Gesetzgebung.

II. Aktuelle Rechtslage

1. Europäische Union

Auf europäischer Ebene bilden die Europäische Betriebsräterichtlinie, die SE-Beteiligungsrichtlinie und die Unterrichtungsrahmenrichtlinie die rechtliche Grundlage der betrieblichen Beteiligung. Die drei Richtlinien folgen dem Ansatz einer offenen oder weichen Regulierung.[49] Im Einklang mit den Europäischen Verträgen akzeptieren sie die gerade im Bereich des Arbeitsrechts gegebenen erheblichen nationalen Besonderheiten und Traditionen und lassen den Mitgliedstaaten einen sehr weiten Spielraum bei ihrer Umsetzung

---

45 Vgl. *Davis,* Industrial Law Journal 1994, S. 272, 277; *Davis/Kilpatrick,* Industrial Law Journal 2004, S. 121, 121; *Wedderburn,* Industrial Law Journal 1997, S. 1, 6.

46 *Bercusson,* Industrial Law Journal 2002, S. 209, 234; *Davis,* Industrial Law Journal 1994, S. 272, 277, 284; *Davis/Kilpatrick,* Industrial Law Journal 2004, S. 121, 121.

47 *Seitz,* Europäisches Rahmenrecht für eine Europäische Betriebsverfassung, S. 10.

48 Vgl. *Iankova/Turner,* Industrial Relations Journal 2004, S. 76, 77.

49 Zu letzterem Begriff siehe *Blanke,* Kritische Justiz 1999, S. 497; *Seitz,* Europäisches Rahmenrecht für eine Europäische Betriebsverfassung, S. 22 f.

in nationales Recht.[50] Gleichzeitig wird nach dem System der Richtlinien auch den Sozialpartnern und Betriebsparteien ein hohes Maß an Freiheit bei der Einführung konkreter Beteiligungsmodelle zugestanden.[51] Die Harmonisierung soll also nicht durch die Richtlinien von oben her durchgesetzt werden, sondern sich vielmehr aus dem gelenkten Diskurs der verschiedenen Systeme und Akteure über die Zeit ergeben.[52] Dennoch setzten die Richtlinien zumindest mittelbar Mindeststandards für die betriebliche Beteiligung.

Neben diesen allgemeinen, weitgehend themenneutralen Richtlinien kommen noch einige themenspezifische Richtlinien hinzu, die einzelne Beteiligungsrechte der Arbeitnehmer konstituieren. Dies betrifft die Bereiche Massenentlassungen, Betriebsübergänge, Arbeitssicherheit, Teilzeit- und befristete Arbeit sowie Unternehmensübernahmen.[53]

1.1 Europäische Betriebsräterichtlinie

Die Europäische Betriebsräterichtlinie von 1994[54] war die erste europäische Richtlinie, die europaweit Mindeststandards für eine themenübergreifende betriebliche Beteiligung der Arbeitnehmer setzte. Im Gegensatz zu den früheren Richtlinien führte die Betriebsräterichtlinie nicht spezifische Informations- und Beratungsrechte für die Arbeitnehmer ein, sondern schrieb die Schaffung betrieblicher Strukturen für eine allgemeine Beteiligung vor. Dieser Linie ist die Europäische Betriebsräterichtlinie auch in ihrer Neufassung aus dem Jahr 2009[55] treu geblieben. In ihren Erwägungsgründen geht die Betriebsräterichtlinie davon aus, dass durch den funktionierenden europäischen Binnenmarkt zunehmend mehr transnationale, europaweit aufgestellte Wirtschaftsunternehmen entstanden sind. Als Konsequenz

---

50 Siehe hierzu Art. 1 des Vertrags von Maastricht = Art. 151 AEUV.

51 *Riesenhuber,* Europäisches Arbeitsrecht, S. 467 f.

52 *Seitz,* Europäisches Rahmenrecht für eine Europäische Betriebsverfassung, S. 22; vgl. auch *Heinze,* Zeitschrift für Unternehmes- und Gesellschaftsrecht 1994, S. 47, 51 f.

53 Hierzu ausführlich *Fuchs/Marhold,* Europäisches Arbeitsrecht, S. 276.

54 Richtlinie 94/45/EG des Rates vom 22. September 1994 über die Einsetzung eines Europäischen Betriebsrats oder die Schaffung eines Verfahrens zur Unterrichtung und Anhörung der Arbeitnehmer in gemeinschaftsweit operierenden Unternehmen und Unternehmensgruppen, Amtsblatt Nr. L 254 vom 30.09.1994, S. 64.

55 Richtlinie 2009/38/EG des europäischen Parlaments und des Rates vom 6. Mai 2009 über die Einsetzung eines Europäischen Betriebsrats oder die Schaffung eines Verfahrens zur Unterrichtung und Anhörung der Arbeitnehmer in gemeinschaftsweit operierenden Unternehmen und Unternehmensgruppen (Neufassung), Amtsblatt Nr. L 122 vom 16.05.2009, S. 28.

würden Entscheidungen, die von einer Unternehmensleitung in einem Mitgliedstaat getroffen werden, immer öfter Auswirkungen auf Arbeitnehmer in anderen Mitgliedstaaten haben. Nationale Informations- und Konsultationsrechte der Arbeitnehmer auf der betrieblichen Ebene seien hingegen nicht oder nur schlecht auf solche transnationalen Unternehmen eingestellt. Dies führe im Ergebnis zu einer Ungleichbehandlung der Arbeitnehmer desselben Unternehmens innerhalb der Europäischen Union. Hauptanliegen der Betriebsräterichtlinie ist es daher, die Informations- und Konsultationsrechte der Arbeitnehmer in europaweit aufgestellten Unternehmen zu fördern.[56]

1.1.1 Anwendungsbereich

Die Richtlinie ist auf alle gemeinschaftsweit operierenden Unternehmen anwendbar, die innerhalb des Europäischen Wirtschaftsraums mindestens 1000 Arbeitnehmer beschäftigen, von denen mindestens einhundertfünfzig in einem von mindestens zwei Mitgliedstaaten angestellt sein müssen.[57] Darüber hinaus sind gemeinschaftsweit tätige Unternehmensgruppen von der Richtlinie erfasst, die den vorgenannten Arbeitnehmerzahlen entsprechende Schwellenwerte erreichen.[58] Durch ihre Erstreckung auf den Europäischen Wirtschaftsraum ist die Richtlinie über die Europäische Union hinaus in Norwegen, Island und Liechtenstein anwendbar.[59] Ihre Anwendbarkeit ist zudem unabhängig davon, ob ein Unternehmen oder eine Unternehmensgruppe ihren Hauptsitz oder ihre zentrale Unternehmensleitung innerhalb des Europäischen Wirtschaftsraums haben.[60]

1.1.2 Einführungsverfahren

Unternehmen, die in den Anwendungsbereich der Betriebsräterichtlinie fallen, müssen entweder einen Europäischen Betriebsrat oder ein alternatives Beteiligungsverfahren einrichten. Den Betriebsparteien lässt die Richtlinie bei Einführung und Gestaltung dieser Beteiligungsstrukturen erheblichen

56 Siehe insbesondere Erwägungsgründe (10)–(13) BR-RL.

57 Art. 2 (1) a) BR-RL.

58 Art. 2 (1) b) u. c) BR-RL; zur Definition der Unternehmensgruppe ausführlich *Heinze*, Die Aktiengesellschaft 1995, S. 385, 388 f.; *Hromadka*, Der Betrieb 1995, S. 1125, 1125 f.

59 *Blanpain*, European Labour Law, S. 734, 737 f.; *Carley/Hall*, Industrial Law Journal 2000, S. 103, 104.

60 *Fuchs/Marhold*, Europäisches Arbeitsrecht, S. 305.

Freiraum.[61] Sie sieht dazu ein dreistufiges Verfahren vor, durch das ein Europäischer Betriebsrat oder ein alternatives Beteiligungsverfahren eingerichtet werden kann, wobei heute allerdings nur noch die beiden letzten Stufen praktische Relevanz haben. In der ersten Stufe waren nämlich Unternehmen, in denen bereits vor dem Stichtag des 5. Juni 2011 auf europäischer Ebene umfassende betriebliche Beteiligungsstrukturen existierten, nicht an die in der Betriebsräterichtlinie gemachten Vorgaben gebunden.[62] Bestehende Beteiligungsmodelle wurden insoweit automatisch als der Richtlinie genügend anerkannt. Eine entsprechende Stichtagsregelung hatte es auch schon bei Einführung der ursprünglichen Richtlinie im Jahr 1996 und nochmals bei ihrer Erstreckung auf das Vereinigte Königreich gegeben.[63]

Die zweite und wichtigste Stufe des Verfahrens zur Einführung eines Europäischen Betriebsrats oder eines alternativen Beteiligungsverfahrens besteht in einer Vereinbarung zwischen Arbeitnehmern und Arbeitgeber. Dieses Verfahren kann entweder durch die zentrale Unternehmensleitung[64] oder den schriftlichen Antrag von mindestens einhundert Arbeitnehmern oder deren Vertretern, die aus mindestens zwei verschiedenen Mitgliedstaaten kommen, ausgelöst werden.[65] In der Folge muss ein Besonderes Verhandlungsgremium der Arbeitnehmer aufgestellt werden.[66] Die Betriebsräterichtlinie gibt einige Rahmenregelungen für die Ausgestaltung des Besonderen Verhandlungsgremiums vor, überlässt aber viele entscheidende Punkte, wie das Wahl- oder Bestellungsverfahren für dessen Mitglieder, dem nationalen Umsetzungsrecht.[67] Das Besondere Verhandlungsgremium ist ein kollektives, supranationales und von den nationalen Arbeitnehmervertretungen getrenntes Vertretungsorgan der Arbeitnehmer.[68] Einmal gebildet, fungiert es als Verhandlungspartner des Arbeitgebers bei der Einrichtung eines Europäischen Betriebsrats oder alternativen Beteiligungsverfahrens. Dabei sieht die Richtlinie vor, dass sich die Verhandlungspartner auf eine ganze Reihe von Punkten in Bezug auf die Ausgestaltung und Funktion des einzuführenden Beteiligungsmodells einigen. Zunächst müssen sich die Verhandlungspartner

---

61 *Blanpain*, European Labour Law, S. 735; *Riesenhuber*, Europäisches Arbeitsrecht, S. 500.

62 Art. 14 BR-RL.

63 *Carley/Hall*, Industrial Law Journal 2000, S. 103, 113.

64 Zu dem Begriff siehe Art. 2 (1) e), Art. 4 (2) BR-RL.

65 Art. 5 (1) BR-RL.

66 Art. 5 (2) BR-RL.

67 *Fuchs/Marhold*, Europäisches Arbeitsrecht, S. 309.

68 *Riesenhuber*, Europäisches Arbeitsrecht, S. 505.

entscheiden, ob sie einen Europäischen Betriebsrat oder ein alternatives Beteiligungsverfahren schaffen wollen.[69] Hinzu kommen im Falle eines Europäischen Betriebsrats unter anderem Festlegungen bezüglich dessen Struktur und Zusammensetzung, seiner genauen Aufgaben und Beteiligungsrechte, sowie Wahlverfahren und Amtsdauer.[70] Sollen alternative Beteiligungsverfahren ausgestaltet werden, lassen die Vorgaben der Richtlinie mehr Freiraum. Sie legen lediglich fest, dass eine Vereinbarung über die Voraussetzungen für eine konkrete Beteiligung der Arbeitnehmer getroffen werden muss.[71]

Sollte auf der zweiten Stufe des Verfahrens zur Einführung eines Europäischen Betriebsrats oder alternativen Beteiligungsverfahrens keine Einigung zwischen den Verhandlungspartnern erreicht werden können oder sollte sich die Arbeitgeberseite den Verhandlungen insgesamt verweigern, so setzt die dritte und letzte Stufe ein.[72] In einem solchen Fall wird ein Europäischer Betriebsrat kraft Gesetzes nach einem festgelegten Regelungskatalog eingesetzt. Dieser Regelungskatalog ist auf der Grundlage der im Anhang zur Betriebsräterichtlinie festgelegten Auffangregelungen von den nationalen Gesetzgebern vorzugeben.[73]

1.1.3 Europäischer Betriebsrat kraft Gesetzes

Die im Anhang zur Betriebsräterichtlinie aufgeführten Auffangregelungen bilden also faktisch die Mindeststandards für einen Europäischen Betriebsrat oder ein alternatives Beteiligungsverfahren, indem sie der Arbeitnehmerseite ein Minimalniveau an Beteiligung garantieren. Die Auffangregelungen beeinflussen damit regelmäßig auch die Verhandlungen zwischen dem Arbeitgeber und dem Besonderen Verhandlungsgremium.[74] In ihnen werden Größe, Zusammensetzung, Aufgaben und Beteiligungsrechte des einzusetzenden Europäischen Betriebsrats vorgegeben. Konkret besteht der Europäische Betriebsrat aus Arbeitnehmern des Unternehmens oder der Unternehmensgruppe, deren Zusammensetzung sich proportional zu der Zahl der in jedem Mitgliedstaat beschäftigten Arbeitnehmer ergibt.[75] Seine Mitglieder werden dort, wo es auf nationaler Ebene

69 Art. 5 (3), Art. 6 (3) BR-RL.

70 Art. 5 (3), Art. 6 (2) BR-RL.

71 Art. 6 (3) BR-RL.

72 Art. 7 (1) BR-RL der auch das Scheitern und die Verweigerung der Verhandlungen definiert.

73 Art. 7 (2) BR-RL.

74 *Carley/Hall*, Industrial Law Journal 2000, S. 103, 105, 107 f.; *Riesenhuber*, Europäisches Arbeitsrecht, S. 491.

75 Anhang I (1) b) und c) BR-RL.

Arbeitnehmervertretungen gibt, von diesen aus ihrer Mitte, andernfalls von der Gesamtheit der Arbeitnehmer, bestimmt. Die Ausgestaltung des Wahl- oder Benennungsverfahrens selbst ist den nationalen Rechtsordnungen vorbehalten.[76] Um eine effektive Arbeit zu ermöglichen, gibt die Betriebsräterichtlinie dem Europäischen Betriebsrat das Recht, sich für seine Arbeit nötigen Expertenrat einzuholen und legt fest, dass der Arbeitgeber die Kosten der Arbeit des Europäischen Betriebsrat zu tragen hat sowie den Betriebsrat mit den für seine Tätigkeit nötigen Ressourcen ausstatten muss.[77] Dabei werden explizit die Kosten für Reisen, Unterbringung und Dolmetscher genannt. Auch dürfen größere Europäische Betriebsräte zur Koordinierung ihrer Aufgaben aus ihrer Mitte einen engeren Ausschuss von bis zu fünf Mitgliedern bilden.[78]

Die Richtlinie benennt eine Reihe von Themen, auf die sich die Beteiligung der Europäischen Betriebsräte bezieht. Unterrichtungspflichten bestehen bezüglich der Struktur, wirtschaftlichen und finanziellen Situation sowie der voraussichtlichen Entwicklung der Geschäfts-, Produktions- und Absatzlage des Unternehmens oder der Unternehmensgruppe.[79] Der Katalog von Themen, zu denen der Arbeitgeber den Europäischen Betriebsrat nicht nur unterrichten, sondern auch anhören muss, ist länger. Er umfasst die Beschäftigungslage einschließlich ihrer voraussichtlichen Entwicklung, Investitionen, grundlegende organisatorische Änderungen, die Einführung neuer Arbeits- und Fertigungsverfahren, Produktionsverlagerungen, Fusionen, Verkleinerungen oder Schließungen von Unternehmen, Betrieben oder wichtigen Teilen dieser Einheiten und schließlich Massenentlassungen.[80] In beiden Fällen sind die in der Richtlinie enthaltenen Aufzählungen nicht abschließend.[81] Die zentrale Unternehmensleitung ist verpflichtet, einmal jährlich den Europäischen Betriebsrat oder, wenn ein solcher besteht, dessen engeren Ausschuss bei einem gemeinsamen Treffen über den wirtschaftlichen Fortgang des Unternehmens zu informieren.[82] Zudem hat der Arbeitgeber den Betriebsrat oder engeren Ausschuss beim Eintritt ungewöhnlicher Umstände oder vorab bei allen Entscheidungen zu informieren, die

76 Anhang I (1) b) Abs. 2 BR-RL.
77 Anhang I (5) und (6) BR-RL.
78 Anhang I (1) d) BR-RL.
79 Anhang I (1) a) Abs. 2 BR-RL.
80 Anhang I (1) a) Abs. 2 BR-RL.
81 Vgl. Anhang I (1) a) Abs. 2 BR-RL: „insbesondere“.
82 Anhang I (2) BR-RL.

erheblichen Einfluss auf die Interessen der Arbeitnehmer haben und den Betriebsrat auf dessen Verlangen dazu anzuhören.[83]

1.1.4 Beteiligungsgrundsätze

Die Europäische Betriebsräterichtlinie enthält eine Reihe weiterer Vorgaben, die die Arbeit auf der Arbeitnehmerseite und die Zusammenarbeit mit der Arbeitgeberseite gestalten und gewährleisten sollen.[84] Wie schon in den übrigen Bereichen bleibt die Richtlinie aber auch hier inhaltlich eher zurückhaltend und offen.[85] Sie verpflichtet den Europäischen Betriebsrat oder die Arbeitnehmervertreter in einem alternativen Beteiligungsverfahren und den Arbeitgeber, „mit dem Willen zur Verständigung unter Beachtung ihrer jeweiligen Rechte und gegenseitigen Verpflichtungen" zusammenzuarbeiten.[86] Dabei sind den Arbeitnehmern die zur Ausübung ihrer Rechte nötigen Mittel zur Verfügung zu stellen und nötige Schulungsmaßnahmen zu gewähren.[87] Auch haben die Europäischen Betriebsräte das Recht und die Aufgabe, die nationalen Arbeitnehmervertretungen über Inhalt und Ergebnisse der Beteiligung auf europäischer Ebene zu informieren.[88] Im Gegenzug verpflichtet die Betriebsräterichtlinie die Mitglieder des Europäischen Betriebsrats und des Besonderen Verhandlungsgremiums zu umfassender Verschwiegenheit über alle ihnen gegenüber im Zusammenhang mit der Beteiligung offenbarten Betriebsgeheimnisse.[89] Darüber hinaus erlaubt sie den Mitgliedstaaten, die Pflicht zur Weitergabe von Betriebsgeheimnissen durch den Arbeitgeber an die Arbeitnehmervertreter einzuschränken.[90]

Die Richtlinie verpflichtet die Mitgliedstaaten, den an der betrieblichen Beteiligung auf europäischer Ebene beteiligten Arbeitnehmern denselben Schutz zu gewähren, wie er für nationale Arbeitnehmervertreter vorgesehen ist.[91] Ferner muss das Umsetzungsrecht auch für die Einhaltung und eine effektive Durchsetzung der europäischen Arbeitnehmerbeteiligung in den jeweiligen Mitgliedstaaten sorgen.[92] Dazu gehört nach der Rechtsprechung des Europäischen

83 Anhang I (3) Abs. 1 und 2 BR-RL.
84 *Riesenhuber,* Europäisches Arbeitsrecht, S. 510.
85 *Fuchs/Marhold,* Europäisches Arbeitsrecht, S. 312.
86 Art. 9 BR-RL.
87 Art. 10 (1) und (4) BR-RL.
88 Art. 10 (2) BR-RL.
89 Art. 8 (1) BR-RL.
90 Art. 8 (2) BR-RL.
91 Art. 10 (3) BR-RL.
92 Art. 11 BR-RL.

Gerichtshofs,[93] dass die Arbeitnehmer schon im Vorfeld einen effektiven Informationsanspruch haben, der es ihnen ermöglichen zu beurteilen, ob in ihrem Unternehmen die Anwendungsvoraussetzungen der Richtlinie vorliegen.

1.2 SE-Beteiligungsrichtlinie[94]

Die Idee zur Schaffung einer supranationalen, europäischen Gesellschaftsform kam schon in der Gründungsphase der Europäischen Gemeinschaft auf. Dennoch dauerte der Entstehungsprozess von den ersten Entwürfen bis zur Umsetzung in europäisches Recht über dreißig Jahre. Insbesondere die Frage nach der Beteiligung der Arbeitnehmer in einer europäischen Gesellschaft stellte sich als Hemmnisfaktor für eine Einigung zwischen den Mitgliedstaaten heraus.[95] Erst durch einen Kompromiss, der sich weitgehend an der Verhandlungslösung der Europäischen Betriebsräterichtlinie orientierte, konnte der Rechtsetzungsprozess im Jahr 2000 auf dem Gipfel von Nizza zum Abschluss gebracht werden. Die gesellschaftsrechtlichen Normen, mit Ausnahme der Unternehmensmitbestimmung, wurden in der SE-Verordnung[96] geregelt, während die Fragen der Arbeitnehmerbeteiligung in die SE-Beteiligungsrichtlinie[97] ausgelagert wurden.[98] Die SE-Beteiligungsrichtlinie konstatiert in ihren Erwägungsgründen, dass aufgrund der verschiedenen Beteiligungstraditionen in den Mitgliedstaaten eine einheitliche Regelung der Beteiligung in einer Europäischen Aktiengesellschaft nicht möglich sei. Die Gründung einer Europäischen Aktiengesellschaft solle aber nicht zu einer Beseitigung oder Einschränkung der Beteiligungsrechte führen, die den Arbeitnehmern in den an der Gründung beteiligten Gesellschaften zustanden. Um aber dennoch zu einem einheitlichen Beteiligungsniveau

---

93 EuGH vom 29. März 2001, Rs. C-62/99, (Bofrost); EuGH vom 13. Januar 2004, Rs. C-440/00 (Kühne & Nagel); EuGH vom 15. Juli 2004, Rs. C-349/01 (ADS Anker).

94 Die SE-Beteiligungsrichtlinie beinhaltet auch Vorgaben zur Beteiligung der Arbeitnehmer in den Unternehmensorganen der Europäischen Aktiengesellschaft. Entsprechend des Gegenstands der vorliegenden Arbeit müssen diese hier unbehandelt bleiben.

95 *Fleischer,* Archiv für die civilistische Praxis 2004, S. 502, 533; *Fuchs/Marhold,* Europäisches Arbeitsrecht, S. 324 ff.; *Riesenhuber,* Europäisches Arbeitsrecht, S. 518.

96 Verordnung (EG) 2157/2001 des Rates 8. Oktober 2001 über das Statut der Europäischen Gesellschaft (SE), Amtsblatt Nr. L 294 vom 10.11.2001, S. 1.

97 Richtlinie 2001/86/EG des Rates vom 8. Oktober 2001 zur Ergänzung des Statuts der Europäischen Gesellschaft hinsichtlich der Beteiligung der Arbeitnehmer, Amtsblatt Nr. L 294 vom 10.11.2001, S. 22.

98 *Fleischer,* Archiv für die civilistische Praxis 2004, S. 502, 534.

für Europäische Aktiengesellschaften zu kommen, sollen die Beteiligungsrechte zwischen Arbeitgeber und Arbeitnehmer ausgehandelt werden. Dabei sollen die bestehenden Beteiligungsrechte der Arbeitnehmer den Ausgangspunkt für die Verhandlungen bilden. Diese Orientierung an den bestehenden Rechten bezeichnet die Richtlinie als „Voher-Nachher-Prinzip".[99]

1.2.1 Anwendungsbereich

Die Richtlinie ist auf Unternehmen anwendbar, die sich in der Rechtsform der Europäischen Aktiengesellschaft (SE) organisieren. Im Bereich der betrieblichen Beteiligung erfasst sie dabei nur die Beteiligung auf der supranationalen, europäischen Ebene. Etwaige auf der nationalen Ebene einzurichtende Beteiligungsstrukturen sollen hingegen nicht angetastet werden.[100] Vielmehr soll die Beteiligung nach der SE-Beteiligungsrichtlinie ein einheitliches europäisches Dach für die verschiedenen mitgliedstaatlichen Beteiligungsstrukturen sein. Falls eine Europäische Aktiengesellschaft in den Anwendungsbereich der Europäischen Betriebsräterichtlinie fällt, schließt die SE-Beteiligungsrichtlinie deren Anwendung grundsätzlich aus.[101]

1.2.2 Einführungsverfahren

Nach der SE-Beteiligungsrichtlinie soll in jeder Europäischen Aktiengesellschaft eine Beteiligungsstruktur eingeführt werden. Allerdings schreibt sie dies nicht verbindlich vor, sondern erlaubt den Arbeitnehmern auf eine Beteiligung auf europäischer Ebene insgesamt zu verzichten.[102] Die Richtlinie sieht dafür ein Verhandlungsverfahren zwischen Arbeitgeber- und Arbeitnehmerseite vor. Initiiert wird dieses Verfahren durch die Unternehmensleitung. Anders als im Fall der Europäischen Betriebsräterichtlinie haben die Arbeitnehmer kein Initiativrecht. Dieses ist aber auch nicht nötig,[103] denn das Verhandlungsverfahren ist als Teil des Gründungsprozesses obligatorisch für jede Europäische Aktiengesellschaft, ohne dessen Durchführung eine Eintragung der Gesellschaft nicht erfolgen darf. Als Verhandlungspartner der Unternehmensleitung muss, wie bei der Betriebsräterichtlinie, ein Besonderes Verhandlungsgremium der Arbeitnehmer aufgestellt werden.[104] Auch die SE-Beteiligungsrichtlinie gibt Rahmenregelungen

99 Siehe insbesondere Erwägunsgründe (2)–(8) SE-RL.
100 Art. 13 (3) a) SE-RL.
101 Art. 13 (1) Abs. 1 SE-RL.
102 Dazu sogleich.
103 *Riesenhuber*, Europäisches Arbeitsrecht, S. 529 f.
104 Art. 3 SE-RL.

für die Ausgestaltung des Besonderen Verhandlungsgremiums vor, überlässt aber entscheidende Punkte, wie das Wahl- oder Bestellungsverfahren für dessen Mitglieder, dem nationalen Umsetzungsrecht. Im Vordergrund dieser Regelungen steht die Schaffung einer möglichst repräsentativen Mitgliederstruktur im Besonderen Verhandlungsgremium. Das nationale Umsetzungsrecht kann vorsehen, dass neben Arbeitnehmern der an der Gründung der Europäischen Aktiengesellschaft beteiligten Unternehmen externe gewerkschaftliche Vertreter Mitglieder des Verhandlungsgremiums sein können.[105]

In einem ersten Schritt muss das Besondere Verhandlungsgremium entscheiden, ob überhaupt Verhandlungen über eine Beteiligung aufgenommen werden sollen. Ist dies nicht der Fall, verzichten die Arbeitnehmer insgesamt auf die Einführung einer Beteiligung nach der SE-Beteiligungsrichtlinie. Eine Beteiligung auf europäischer Ebene kann es aber dennoch geben. Denn neben den ohnehin anwendbaren Beteiligungsvorschriften der einzelnen Mitgliedstaaten wird bei einem Verzicht die Sperrwirkung gegenüber der Europäischen Betriebsräterichtlinie aufgehoben.[106] Ein solcher Verzicht kann nicht nur zu Beginn, sondern auch jederzeit während der Verhandlungen durch die Arbeitnehmer erklärt werden. Aufgrund seiner weitreichenden Folgen bedarf es für ihn allerdings eines erhöhten Quorums in dem Besonderen Verhandlungsgremium.[107]

Bei Aufnahme von Verhandlungen zwischen dem Besonderen Verhandlungsgremium und der Arbeitgeberseite gibt die Richtlinie Punkte in Bezug auf die Ausgestaltung und Funktion des einzuführenden Beteiligungsmodells vor, zu denen eine Regelung getroffen werden soll. Zuvorderst müssen die Verhandlungspartner festlegen, ob sie ein institutionalisiertes Beteiligungsmodell mit einem eigenen Vertretungsorgan der Arbeitnehmer schaffen oder aber eine auf Verfahren basierende Beteiligung einführen wollen.[108] Dies ist eine weitere Parallele zu der Europäischen Betriebsräterichtlinie. Im Falle der Schaffung eines Vertretungsorgans sollen die Verhandlungspartner unter anderem dessen Struktur und Zusammensetzung, seine Aufgaben und Beteiligungsrechte, sowie dessen Sitzungsturnus und Mittel bestimmen.[109] Bei einem Beteiligungsverfahren bleiben die Vorgaben der Richtlinie noch vager. Sie legen lediglich fest, dass eine

105 Art. 3 (2) b) Abs. 2 SE-RL.
106 Art. 13 (1) Abs. 2 SE-RL.
107 Art. 3 (6) Abs. 6 SE-RL.
108 Art. 4 (2) b) bis e) und f) SE-RL.
109 Art. 4 (2) b) bis e) SE-RL.

Vereinbarung über die „Durchführungsmodalitäten“ der Beteiligung der Arbeitnehmer getroffen werden muss.[110]

Wird in der von der Richtlinie für das Verhandlungsverfahren gesetzten Zeit keine Einigung zwischen den Verhandlungspartnern erreicht oder einigen sich die Verhandlungspartner hierauf, kommen, wiederum entsprechend der Betriebsräterichtlinie, Auffangregelungen zur Anwendung.[111] In einem solchen Fall wird ein Vertretungsorgan nach einem festgelegten Regelungskatalog eingesetzt. Dieser Regelungskatalog ist auf der Grundlage der im Anhang zur SE-Beteiligungsrichtlinie festgelegten Auffangregelungen von den einzelnen Mitgliedstaaten vorzugeben.[112]

1.2.3 Vertretungsorgan nach den Auffangregelungen

Die Auffangregelungen im Anhang der SE-Beteiligungsrichtlinie entsprechen weitgehend denen der Europäischen Betriebsräterichtlinie.[113] Das deutsche Umsetzungsrecht benennt das Vertretungsorgan daher als SE-Betriebsrat. Auch die Auffangregelungen der SE-Beteiligungsrichtlinie setzen, sofern der Arbeitgeber nicht gänzlich von der Gründung einer Europäischen Aktiengesellschaft Abstand nimmt, faktisch ein Minimalniveau an Beteiligung fest und beeinflussen so die Verhandlungen zwischen Arbeitgeber und Besonderem Verhandlungsgremium.[114] In ihnen werden Größe, Zusammensetzung, Aufgaben und Beteiligungsrechte des einzusetzenden Vertretungsorgans vorgegeben. Das Vertretungsorgan besteht aus Arbeitnehmern des Unternehmens oder der Unternehmensgruppe. Ihre genaue Zusammensetzung bestimmt sich proportional zu der Zahl der in jedem Mitgliedstaat beschäftigten Arbeitnehmer.[115] Seine Mitglieder werden dort, wo es auf nationaler Ebene Arbeitnehmervertretungen gibt, von diesen aus ihrer Mitte, andernfalls von der Gesamtheit der Arbeitnehmer, bestimmt. Die Ausgestaltung des Wahl- oder Benennungsverfahrens selbst ist wie bei der Betriebsräterichtlinie den nationalen Rechtsordnungen vorbehalten.[116] Ebenso hat das Vertretungsorgan die Möglichkeit, sich nötigen Expertenrat einzuholen

110 Art. 4 (2) f) SE-RL.

111 Art. 7 (1) SE-RL.

112 Art. 7 (1) SE-RL.

113 *Riesenhuber*, Europäisches Arbeitsrecht, S. 524.

114 *Riesenhuber*, Europäisches Arbeitsrecht, S. 524; ausführlicher, wenn auch zur unternehmerischen Mitbestimmung *Fleischer*, Archiv für die civilistische Praxis 2004, S. 502, 535 f.

115 Anhang Teil 1 e) SE-RL.

116 Anhang Teil 1 a) und b) SE-RL.

und Mitglieder für Schulungsmaßnahmen freistellen zu lassen. Die Europäische Aktiengesellschaft muss die Kosten der Arbeit des Vertretungsorgans tragen und es mit den für seine Tätigkeit nötigen Ressourcen ausstatten.[117] Schließlich findet sich in der SE-Beteiligungsrichtlinie auch das Recht, in größeren Vertretungsorganen einen engeren Ausschuss zu bilden, dessen Mitgliederzahl auf drei begrenzt ist.[118]

Thematisch laufen die Beteiligungsrechte des Vertretungsorgans in der Europäischen Aktiengesellschaft und des Europäischen Betriebsrats ebenfalls parallel. Allerdings fehlt die Trennung zwischen reinen Unterrichtungspflichten und solchen, bei denen zudem Anhörungsrechte bestehen. Beteiligungsrechte bestehen also bezüglich der Struktur, der wirtschaftlichen und finanziellen Situation sowie der voraussichtlichen Entwicklung der Geschäfts-, Produktions- und Absatzlage des Unternehmens oder der Unternehmensgruppe, der Beschäftigungslage einschließlich ihrer voraussichtlichen Entwicklung, Investitionen, grundlegenden organisatorischen Änderungen, der Einführung neuer Arbeits- und Fertigungsverfahren, Produktionsverlagerungen, Fusionen, Verkleinerungen oder Schließungen von Unternehmen, Betrieben oder wichtigen Teilen dieser Einheiten und schließlich Massenentlassungen.[119] Die Aufzählung ist nicht abschließend.[120] Das Leitungsorgan der Europäischen Aktiengesellschaft ist verpflichtet, einmal jährlich das Vertretungsorgan bei einem gemeinsamen Treffen über den wirtschaftlichen Fortgang der Gesellschaft zu informieren.[121] Treten ungewöhnliche Umstände ein, die erheblichen Einfluss auf die Interessen der Arbeitnehmer haben, ist das Vertretungsorgan oder der engere Ausschuss zu unterrichten und auf Verlangen anzuhören.[122]

1.2.4 Beteiligungsgrundsätze

Ebenfalls entsprechend der Europäischen Betriebsräterichtlinie, enthält die SE-Beteiligungsrichtlinie eine Reihe weiterer Vorgaben für die Arbeit der Arbeitnehmervertretung und die Zusammenarbeit der Betriebsparteien.[123] So haben auch hier Arbeitnehmervertreter und Arbeitgeber „mit dem Willen zur Verständigung

117 Anhang Teil 2 f) bis h) SE-RL.
118 Anhang Teil 1 c) SE-RL.
119 Anhang Teil 2 b) Abs. 3 SE-RL.
120 Vgl. Anhang Teil 2 b) Abs. 3 SE-RL: „insbesondere“.
121 Anhang Teil 2 b) Abs. 1 SE-RL.
122 Anhang Teil 2 c) Abs. 1 SE-RL.
123 *Fuchs/Marhold*, Europäisches Arbeitsrecht, S. 338.

unter Beachtung ihrer jeweiligen Rechte und Pflichten" zusammenzuarbeiten.[124] Die Mitglieder der Arbeitnehmervertretung sind zu umfassender Verschwiegenheit über alle ihnen gegenüber im Zusammenhang mit der Beteiligung offenbarten Betriebsgeheimnisse verpflichtet.[125] Dabei ist es den Mitgliedstaaten wiederum erlaubt, die Pflicht des Arbeitgebers zur Weitergabe von Betriebsgeheimnissen an die Arbeitnehmervertreter einzuschränken.[126]

Auch verpflichtet die SE-Beteiligungsrichtlinie die Mitgliedstaaten, den europäischen Arbeitnehmervertretern dasselbe Schutzniveau wie nationalen Arbeitnehmervertretern zu gewähren.[127] Das Umsetzungsrecht muss zudem für die Einhaltung und eine effektive Durchsetzung der Arbeitnehmerbeteiligung in den Europäischen Aktiengesellschaften sorgen, die ihren Sitz in den jeweiligen Mitgliedstaaten haben.[128] Schließlich enthält die Richtlinie ein besonderes Missbrauchsverbot, das verhindern soll, dass die europäische Rechtsform zur Umgehung der nationalen Mitbestimmungsvorschriften missbraucht wird.[129]

1.3 Unterrichtungsrahmenrichtlinie

Während die Europäische Betriebsräterichtlinie und die SE-Beteiligungsrichtlinie nur Beteiligungsrechte in bestimmten, transnational aufgestellten Unternehmen vorschreiben, legt die Unterrichtungsrahmenrichtlinie[130] einen allgemeinen Mindestrahmen für betriebliche Beteiligung in allen Mitgliedstaaten der

---

124 Art. 9 SE-RL.

125 Art. 8 (1) SE-RL.

126 Art. 8 (2) SE-RL.

127 Art. 10 SE-RL.

128 Art. 12 SE-RL.

129 Art. 11 SE-RL; zur Diskussion über den Inhalt des Missbrauchsverbots, der allerdings weitgehend nur für die Unternehmensmitbestimmung relevant sein wird, siehe *Kübler*, Mitbestimmungsfeindlicher Missbrauch der Societas Europaea?, in: *Damm/Heermann/Veil*, Festschrift für Thomas Raiser.; *Mader*, Dissertation, erscheint demnächst; *Rehberg*, Zeitschrift für Unternehmes- und Gesellschaftsrecht 2005, S. 859; auch *Henssler*, Mitbestimmungsrechtliche Konsequenzen einer Sitzverlegung innerhalb der Europäischen Union, in: *Söllner/Gitter/Waltermann u. a.*, Gedächtnisschrift für Meinhard Heinze, S. 340 f.; *Riesenhuber*, Europäisches Arbeitsrecht, S. 538 f.

130 Langtitel: Richtlinie 2002/14/EG des europäischen Parlaments und des Rates vom 11. Mai 2002 zur Festlegung eines allgemeinen Rahmens für die Unterrichtung und Anhörung der Arbeitnehmer in der Europäischen Gemeinschaft, Amtsblatt Nr. L 80 vom 23.03.2002, S. 29.

Europäischen Union fest.[131] Nach den Erwägungsgründen der Richtlinie wurde eine gemeinschaftsweite Regelung notwendig, da sich die bestehenden nationalen und europäischen Regelungen zur betrieblichen Beteiligung aufgrund der fortschreitenden sozialen und wirtschaftlichen Veränderungen als inadäquat erwiesen haben. Daher soll die Beteiligung der Arbeitnehmer verbessert werden, um die „weitere Entwicklung des Binnenmarktes" harmonisch zu gestalten und dafür zu sorgen, „dass die wirtschaftliche Entwicklung allen Bürgern gleichermaßen zugute kommt."[132] In Ansehung der sehr unterschiedlich ausgeprägten nationalen Beteiligungsstrukturen wurden Staaten, die noch keine gesetzlichen Regelungen über die betriebliche Beteiligung von Arbeitnehmern hatten, längere Umsetzungsfristen eingeräumt.[133] Nur das Vereinigte Königreich und Irland fielen unter diese Regelung.[134]

1.3.1 Anwendungsbereich

Die Unterrichtungsrahmenrichtlinie ist auf Unternehmen mit mehr als 50 Arbeitnehmern oder auf Betriebe mit mehr als 20 Arbeitnehmern anzuwenden.[135] Den Mitgliedstaaten steht es dabei frei, bei der Umsetzung in nationales Recht eine der beiden Schwellen zu wählen.[136] Ihrem Zweck entsprechend verlangt die Richtlinie, anders als die beiden vorangegangenen Richtlinien, keinen transnationalen Bezug der erfassten Unternehmen.

1.3.2 Beteiligungsmodalitäten

In Unternehmen, die von der Richtlinie erfasst sind, müssen wirkungsvolle Modalitäten zur Beteiligung der Arbeitnehmer geschaffen werden.[137] Obwohl die Richtlinie davon ausgeht, dass die betriebliche Beteiligung primär innerhalb eines gesetzlich festgelegten Beteiligungsmodells erfolgen soll, gibt die Richtlinie keinen Rahmen für dessen Strukturen vor. Vielmehr wird es der Umsetzung durch die Mitgliedstaaten übertragen, ein Beteiligungsmodell vorzusehen, das sich gut in die bestehenden nationalen Regelungen und Gepflogenheiten

---

131 Art. 1 (1) UR-RL.

132 Erwägungsgrund (11) UR-RL; dies entspricht auch der in Art. 151 und 153 AEUV niedergelegten Zielsetzung der Europäischen Sozialpolitik.

133 Art. 10 UR-RL.

134 *Forsyth*, Comparative Labour Law and Policy Journal 2006, S. 305, 323; *Hall*, Industrial Law Journal 2005, S. 103, 108 f.

135 Art. 3 (1) UR-RL.

136 *Hall*, Industrial Law Journal 2005, S. 103, 108.

137 Art. 1 (2), 4 (1) UR-RL.

betrieblicher Beteiligung einpasst. In den Mitgliedstaaten, in denen bereits entsprechende Beteiligungsmodelle bestehen, kann sich der Handlungsbedarf damit auf null reduzieren. Während die Richtlinie zu den Strukturen der Beteiligung schweigt, gibt sie ein Mindestmaß an thematischen Feldern vor, auf denen eine Beteiligung stattfinden muss.[138] Hierzu gehören die Unterrichtung über die jüngste Entwicklung und die wahrscheinliche Weiterentwicklung der Tätigkeit und der wirtschaftlichen Situation des Unternehmens oder Betriebs, die Unterrichtung und Anhörung zu Beschäftigungssituation, Beschäftigungsstruktur und wahrscheinlicher Beschäftigungsentwicklung sowie zu geplanten antizipativen Maßnahmen, insbesondere bei einer Bedrohung für die Beschäftigung und schließlich die Unterrichtung und Anhörung zu Entscheidungen, die wesentliche Veränderungen der Arbeitsorganisation oder Arbeitsverträge mit sich bringen können.[139] Es wird also, wie in der Betriebsräterichtlinie, zwischen Themen mit reinen Unterrichtungspflichten und solchen, bei denen zudem Anhörungsrechte bestehen, unterschieden.

Gleichzeitig können die Mitgliedstaaten nach der Richtlinie erlauben, das staatlich festgelegte Beteiligungsmodell durch ein zwischen Arbeitnehmern und Arbeitgeber auf „geeigneter Ebene" ausgehandeltes Modell zu ersetzen.[140] Dabei kann den Verhandlungspartnern sogar das Unterschreiten der strukturellen wie thematischen Beteiligungsintensität des staatlichen Modells erlaubt werden.[141] Hiermit nähert sich die Unterrichtungsrahmenrichtlinie der Regelungssystematik der Betriebsräte- und SE-Beteiligungsrichtlinien an.[142] Die Verhandlungslösung wird zwar nicht von vornherein als das primäre Instrument zur Schaffung eines Beteiligungsmodells eingeführt, doch mit der Möglichkeit, durch eine Verhandlungslösung Abweichungen von den gesetzlichen Strukturen zu erlauben, wird das Verhandlungselement gegenüber der gesetzlichen Festlegung betont.

1.3.3 Beteiligungsgrundsätze

Wie nach der Betriebsräterichtlinie und der SE-Beteiligungsrichtlinie sollen Arbeitnehmer und Arbeitgeber auch nach der Unterrichtungsrahmenrichtlinie „im Geiste der Zusammenarbeit und unter gebührender Beachtung ihrer jeweiligen

---

138 Art. 4 (2) UR-RL.

139 Art. 4 (2) UR-RL.

140 Art. 5 UR-RL.

141 *Lorber*, The International Journal of Comparative Labour Law and Industrial Relations 2003, S. 297, 302; *Riesenhuber*, Europäisches Arbeitsrecht, S. 481.

142 *Fuchs/Marhold*, Europäisches Arbeitsrecht, S. 298; *Riesenhuber*, Europäisches Arbeitsrecht, S. 480 f.; *Schiek*, Europäisches Arbeitsrecht, S. 317 f.

Rechte und gegenseitigen Verpflichtungen" interagieren.[143] Weiter hat die Unterrichtung der Arbeitnehmer nach Zeitpunkt, Inhalt und Form so zu erfolgen, dass die Arbeitnehmer die erhaltenen Informationen ausreichend prüfen und sich auf eine spätere Anhörung vorbereiten können.[144] Eine Anhörung muss zeitlich, inhaltlich und formell angemessen erfolgen und soll mit dem Ziel eine Einigung zu erreichen geführt werden.[145] Die Richtlinie erlaubt dem nationalen Umsetzungsrecht auch Verschwiegenheitsvorschriften zu erlassen und schreibt die Schaffung von Schutzvorschriften für die in die betriebliche Beteiligung involvierten Arbeitnehmer vor.[146] Dabei stellt sie, anders als die beiden vorhergehenden Richtlinien, als Maßstab für letztere nicht auf die nationalen Rechtsstandards ab. Die Mitgliedstaaten haben zudem für angemessene verwaltungsrechtliche und gerichtliche Durchsetzungsmechanismen und Maßnahmen zu sorgen, mit denen einer Nichteinhaltung der Beteiligungsvorschriften begegnet werden kann.[147]

2. Deutschland

Grundlage des deutschen Modells der betrieblichen Arbeitnehmerbeteiligung ist das oben beschriebene dualistische System.[148] Auf der ersten, meist überbetrieblichen Ebene werden die Interessen der Arbeitnehmer primär von ihren Gewerkschaften in Tarifverhandlungen und durch Arbeitskämpfe wahrgenommen. Auf der zweiten Ebene besteht ein umfassendes gesetzlich festgelegtes Beteiligungssystem das, zumindest in der Theorie, von den Gewerkschaften unabhängig ist. Dabei teilt sich die gesetzliche Beteiligung nochmals auf in die unternehmerische Mitbestimmung durch Arbeitnehmervertreter in den Aufsichtsräten größerer Unternehmen und die betriebliche Beteiligung durch Betriebsräte.[149] Gewerkschaftliche und gesetzliche Beteiligungsebene bestehen parallel zueinander und erfassen im Ergebnis dieselben Arbeitnehmer und Arbeitgeber. Im Unterschied zum europäischen Recht setzt der deutsche Gesetzgeber mit dem Betriebsverfassungsrecht also primär auf ein vorgefertigtes gesetzliches Beteiligungsmodell. Abweichungen von diesem Modell sind nur in

143 Art. 1 (3) UR-RL.
144 Art. 4 (3) UR-RL.
145 Art. 4 (4) UR-RL.
146 Art. 6 bzw. 7 UR-RL.
147 Art. 8 UR-RL.
148 Siehe oben I.
149 Erstere ist nicht Gegenstand der Arbeit und soll daher nicht weiter Ausgeführt werden, zu ihr siehe *Brox/Rüthers/Henssler*, Arbeitsrecht, S. 1030 ff.; *Däubler*, Das Arbeitsrecht 1, S. 766 ff.

engen Grenzen auf dem Verhandlungsweg möglich und insgesamt schwach ausgeprägt.

2.1 Betriebsverfassung

Die betriebliche Beteiligung ist die Ebene der Arbeitnehmerbeteiligung, auf der sich der kooperative Ansatz des deutschen Systems der Arbeitsbeziehungen mit am stärksten ausgeprägt hat. So stellt das Betriebsverfassungsgesetz als das für die betriebliche Beteiligung maßgebliche Normenwerk gleich zu Beginn klar: „Arbeitgeber und Betriebsrat arbeiten [...] vertrauensvoll und im Zusammenwirken mit den im Betrieb vertretenen Gewerkschaften und Arbeitgebervereinigungen zum Wohl der Arbeitnehmer und des Betriebs zusammen."[150] Es gilt also zuvorderst der Grundsatz der vertrauensvollen Zusammenarbeit,[151] der auch Eingang in die europäische Gesetzgebung gefunden hat.

Zu diesem Grundsatz gehört auch, dass Konflikte zwischen den Betriebsparteien nicht im Wege des Arbeitskampfes gelöst werden. Den Betriebsräten ist es verboten, sich an Streikmaßnahmen der Gewerkschaften zu beteiligen. Vielmehr werden Konflikte zwischen Betriebsrat und Arbeitgeber durch einen speziell hierfür eingerichteten Spruchkörper gelöst. Diese Einigungsstellen bestehen aus Vertretern der beiden Betriebsparteien und einem neutralen Vorsitz.[152] Sie können in vielen vom Gesetz bestimmten Fällen und freiwillig angerufen werden, wobei sie themenabhängig als Schiedsgericht mit einem verbindlichen Spruch oder als Schlichtungsausschuss mit einem unverbindlichen Kompromissvorschlag fungieren. In einigen Themenbereichen ist nicht die Einigungsstelle, sondern das Arbeitsgericht zur letzten Entscheidung über Konflikte zwischen den Betriebsparteien zuständig. Dies ist immer dann der Fall, wenn es nicht um Regelungs- sondern um Rechtsfragen geht.[153] Eine Regelungsrage liegt immer dann vor wenn es um die Gestaltung künftigen Rechts geht, während es bei einer Regelungsfrage um die Anwendung bestehenden Rechts geht.[154] Das

150 § 2 Abs. 1 BetrVG.

151 Allgemein zu dieser „Magna Charta der Betriebsverfassung" *Richardi,* in: *Richardi,* BetrVG, § 2 Rn. 4 ff.; auch *Fitting/Engels/Schmidt/Trebinger/Linsenmaier,* BetrVG, § 2 Rn. 16 ff.

152 §§ 76 f. BetrVG.

153 *Fitting/Engels/Schmidt/Trebinger/Linsenmaier,* BetrVG, § 76 Rn. 111 f.; *Richardi,* in: *Richardi,* BetrVG, § 76 Rn. 28.

154 *Fitting/Engels/Schmidt/Trebinger/Linsenmaier,* BetrVG, § 1 Rn. 111 f.; *Richardi,* in: *Richardi,* BetrVG, § 76 Rn. 26.

Arbeitsgericht kann dann entweder originär zuständig sein oder zur Überprüfung eines Einigungsstellenspruchs angerufen werden.

2.1.1 Wahl und Zusammensetzung

Betriebsräte können in allen Betrieben mit mehr als fünf Arbeitnehmern eingerichtet werden.[155] Ihre Mitglieder werden von allen Arbeitnehmern des Betriebs aus deren Mitte gewählt. Das Wahlrecht ist also nur an die Betriebszugehörigkeit und nicht etwa an eine Gewerkschaftsmitgliedschaft gebunden. Weder betriebsfremde Personen noch der Arbeitgeber oder seine Vertreter können Mitglied des Betriebsrats werden.[156] Die Anzahl der Mitglieder des Betriebsrats steigt proportional zu der Anzahl der Arbeitnehmer des Betriebs.[157] Der Betriebsrat wird für eine vierjährige Amtsperiode gewählt.[158] Er bestimmt aus seiner Mitte einen Vorsitzenden und dessen Stellvertreter[159] sowie in Betriebsräten mit mehr als neun Mitgliedern einen Betriebsausschuss zur Führung der laufenden Geschäfte.[160] In größeren Unternehmen, in denen mehrere Betriebsräte bestehen, können diese zudem Gesamtbetriebsräte zur Vertretung der Arbeitnehmer in überbetrieblichen, unternehmensweiten Fragen bilden.[161] Gleiches gilt eine Stufe höher, auf der die Gesamtbetriebsräte Konzernbetriebsräte bilden können.[162]

2.1.2 Aufgaben und Kompetenzen

Die Betriebsräte haben weitgehende Aufgaben und Kompetenzen, die von einfachen Informationsrechten über Beratungsrechte bis hin zu echten Mitbestimmungsrechten reichen. Inhaltlich erstreckt sich der Aufgabenbereich der Betriebsräte auf die Überwachung und Förderung der Situation der Arbeitnehmer und der Minderheiten im Betrieb, die Durchsetzung der Gleichbehandlung der Geschlechter, die Überwachung betrieblicher Arbeitssicherheit und des betrieblichen Umweltschutzes[163] sowie weitere konkrete Rechte im sozialen, personellen und, in begrenztem Maß, im wirtschaftlichen Bereich. Den stärksten Einfluss haben die Betriebsräte dabei in sogenannten sozialen Angelegenheiten.

---

155 § 1 Abs. 1 BetrVG.
156 Vgl. § 5 Abs. 2 und 3 BetrVG.
157 § 9 BetrVG.
158 § 21 BetrVG.
159 § 26 BetrVG.
160 § 27 BetrVG.
161 §§ 47 ff. BetrVG.
162 §§ 54 ff. BetrVG.
163 § 80 BetrVG.

So brauchen unter anderem Entscheidungen des Arbeitgebers zu Überstunden, Kurz- und Akkordarbeit, zur Einführung technischer Überwachungsanlagen oder von leistungsbezogenen Entgelten die Zustimmung des Betriebsrats.[164] Auch bei der Gestaltung des Arbeitsplatzes, der Arbeitsabläufe und der Arbeitsumgebung muss sich der Arbeitgeber mit dem Betriebsrat ins Benehmen setzen, um eine wirksame Entscheidung zu treffen.[165] In Fragen der allgemeinen Personalplanung muss der Arbeitgeber den Betriebsrat konsultieren. Will er Auswahlrichtlinien für Einstellungen oder Personalfragebögen entwickeln, braucht er wiederum die Zustimmung des Betriebsrats.[166] Gleiches gilt für Teile der innerbetrieblichen Berufsbildung.[167] Können die Betriebsparteien in einer der vorgenannten Fragen keinen Konsens finden, kann der Arbeitgeber keine eigene Entscheidung treffen. Er muss vielmehr die Einigungsstelle anrufen, deren Spruch die Sache dann verbindlich regelt.

Vor personellen Einzelmaßnahmen wie Einstellungen, Einstufungen und Versetzungen muss der Arbeitgeber in Betrieben mit mehr als zwanzig Arbeitnehmern den Betriebsrat anhören.[168] Verweigert der Betriebsrat seine Zustimmung, so muss der Arbeitgeber die Zustimmung durch das Arbeitsgericht ersetzen lassen. Ansonsten ist die Maßnahme unwirksam.[169] Ein ähnliches, wenn auch noch ausdifferenzierteres Verfahren ist im Falle einer Kündigung vorgesehen.[170] Mit seinem Widerspruch kann der Betriebsrat dafür sorgen, dass die Maßnahme erst nach einer gerichtlichen Überprüfung wirksam werden kann.[171]

Bei gravierenden Änderungen an dem bestehenden Betrieb, die sich negativ auf die Arbeitnehmer auswirken können, hat der Arbeitgeber mit dem Betriebsrat ernsthaft über einen Ausgleich zwischen den widerstreitenden Interessen der Arbeitnehmer und des Arbeitgebers zu verhandeln.[172] Kommt es zu keiner Einigung, kann der Betriebsrat mit Hilfe der Einigungsstelle einen auf den Ausgleich der durch die Betriebsänderung entstehenden finanziellen Nachteile der

164 § 87 BetrVG.
165 §§ 90 f. BetrVG.
166 §§ 92 ff. BetrVG.
167 §§ 96 ff. BetrVG.
168 § 99 BetrVG.
169 § 99 Abs. 4 BetrVG.
170 § 102 Abs. 1 bis 3 BetrVG.
171 § 102 Abs. 5 BetrVG.
172 §§ 111 f. BetrVG.

Arbeitnehmer gerichteten Sozialplan erzwingen.[173] Diese Rechte bestehen wiederum nur in Betrieben mit mehr als zwanzig Arbeitnehmern.

Zusätzlich muss der Arbeitgeber den Betriebsrat im Zusammenhang mit dessen Aufgaben über ein weites Themenfeld informieren. Besonders umfangreich sind diese Informationsrechte in Unternehmen mit mehr als 100 Arbeitnehmern. In ihnen hat der Betriebsrat aus seiner Mitte einen Wirtschaftsausschuss zu bilden, den der Arbeitgeber auch über wirtschaftliche Angelegenheiten wie die Geschäfts- und Finanzlage und Planung des Unternehmens unterrichten muss.[174] Die Unterrichtung und Beratung muss dabei zeitlich so erfolgen, dass der Betriebsrat ausreichend Zeit hat, die erhaltenen Informationen zu analysieren und sich auf die Beratungen vorzubereiten.[175] Wichtig sind die Informationsrechte des Betriebsrats auch mit Blick auf dessen Überwachungsfunktionen im Bereich des Arbeits-, Umwelt- und Diskriminierungsschutzes.[176] Der Betriebsrat soll dabei helfen, Missstände zu erkennen, für ihre Abstellung zu sorgen und sie notfalls den zuständigen Behörden zu melden.[177]

2.1.3 Schutz und Vertraulichkeit

Um die Arbeitsfähigkeit und Effektivität des Betriebsrats zu gewährleisten, gibt das Gesetz dessen Mitgliedern besondere Rechte und Schutz. Die Mitglieder des Betriebsrats sind für ihre Betriebsratstätigkeit bezahlt freizustellen. Je nach Größe des Betriebes sind dabei Mitglieder vollständig von ihren arbeitsvertraglichen Pflichten zu entbinden.[178] Sie sind zudem nicht ordentlich kündbar und können nur mit der Zustimmung der übrigen Betriebsratsmitglieder außerordentlich gekündigt werden.[179] Zudem dürfen ihnen auch keine anderen Nachteile aus ihrer Tätigkeit entstehen. Im Gegenzug sind die Mitglieder des Betriebsrats zur Verschwiegenheit über Betriebsgeheimnisse verpflichtet.[180] Verstöße gegen das Betriebsverfassungsgesetz sowohl durch den Arbeitgeber wie auch die Mitglieder des Betriebsrats sind bußgeld- und strafbewehrt.[181]

---

173 § 112 Abs. 4 BetrVG.
174 § 106 Abs. 1 BetrVG.
175 § 106 Abs. 2 BetrVG.
176 § 80 BetrVG.
177 Siehe z. B. § 89 Abs. 1 BetrVG.
178 §§ 37 Abs. 2 und 3, 38 BetrVG.
179 § 15 Abs. 1 KschG; § 103 Abs. 1 BetrVG.
180 § 120 BetrVG.
181 §§ 199 ff. BetrVG.

2.2 *Andere und abweichende Beteiligungsmodelle*

Neben dem Beteiligungsmodell des Betriebsverfassungsgesetzes gibt es in Deutschland noch eine Reihe anderer Beteiligungsmodelle. Das Betriebsverfassungsgesetz ist auf die Privatwirtschaft beschränkt. Für die Arbeitnehmer im öffentlichen Dienst und bei den großen Konfessionsgemeinschaften gilt es nicht.[182] An seine Stelle treten die Personalvertretungsrechte des Bundes und der Länder sowie das Mitarbeitervertretungsgesetz und die Mitarbeitervertretungsordnungen der Kirchen. Ihnen allen ist gemein, dass sie zwar auch ein strukturell stark verfestigtes Beteiligungsmodell vorgeben, dabei aber in der Beteiligungsintensität hinter dem Betriebsverfassungsgesetz zurückbleiben. Anders als jenes geben sie den Arbeitnehmervertretern keine echten Mitbestimmungsrechte, sondern beschränken sich auf Unterrichtungs-, Anhörungs-, maximal Widerspruchsrechte. Die letzte Entscheidung bleibt so aber immer beim öffentlichen oder kirchlichen Arbeitgeber. Dennoch weichen diese Systeme in ihren Grundlagen nicht nennenswert von der Betriebsverfassung ab. Von einer eigenen Darstellung kann und soll daher abgesehen werden.

Aber auch innerhalb des Anwendungsbereichs des Betriebsverfassungsgesetzes sind abweichende Beteiligungsmodelle möglich. In seinem § 3 Abs. 1 Nr. 3 erlaubt das Gesetz die Schaffung „anderer Arbeitnehmervertretungsstrukturen" durch einen Tarifvertrag oder, subsidiär, durch eine Betriebsvereinbarung. Voraussetzung ist, dass damit der zweckmäßigen Interessenvertretung der Arbeitnehmer gedient ist.[183] Durch diese, mit dem Betriebsverfassungsreformgesetz[184] aus dem Jahr 2001 erheblich erweiterte Regelung soll den Tarifparteien erlaubt werden, optimal an die Bedingungen des jeweiligen Betriebs, Unternehmens oder Konzerns angepasste Beteiligungsmodelle zu schaffen.[185] Damit greift der deutsche Gesetzgeber in begrenztem Maß und eher versteckt das von der europäischen Ebene bekannte Verhandlungsmodell auf. Allerdings gilt auch hier, dass solche Verhandlungen immer vor dem Hintergrund der gesetzlichen Alternativlösung geführt werden. Eine allzu starke Abweichung von den umfangreichen gesetzlichen Vorgaben ist daher nicht zu erwarten. Das gilt umso mehr, als

---

182 § 118 Abs. 2 BetrVG; *Fitting/Engels/Schmidt/Trebinger/Linsenmaier*, BetrVG, § 118 Rn. 1.

183 *Fitting/Engels/Schmidt/Trebinger/Linsenmaier*, BetrVG, § 3 Rn. 48.

184 BGBl. I S. 1852.

185 *Annuß*, Neue Zeitschrift für Arbeitsrecht 2002, S. 290, 291 f.; *Fitting/Engels/Schmidt/Trebinger/Linsenmaier*, BetrVG, § 3 Rn. 2, 46; *Kania/Klemm*, Recht der Arbeit 2006, S. 22, 22.

viele Stimmen in der Literatur, trotz des offenen Gesetzeswortlautes, die Abweichungserlaubnis nach ihren Anwendungsvoraussetzungen und auch inhaltlich eng auslegen wollen.[186]

Es bleibt festzuhalten, dass selbst die umfassende und oft als starr beschriebene deutsche Betriebsverfassung heute eine individuelle Beteiligungsgestaltung ermöglicht. Welche Grenzen solchen abweichenden Beteiligungsmodellen gesetzt werden, bleibt abzuwarten.

3. Vereinigtes Königreich

Den Arbeitsbeziehungen im Vereinigten Königreich war eine gesetzlich geregelte oder auch nur formalisierte betriebliche Beteiligung der Arbeitnehmer lange Zeit fremd. Die Vertretung der Arbeitnehmerinteressen erfolgte, entsprechend dem monistischen System, im Grundsatz alleine durch die Gewerkschaften. Anders als in Deutschland sind die Gewerkschaften aufgrund ihres Alleinvertretungsanspruchs nicht auf die überbetriebliche Ebene beschränkt. Das im Vereinigten Königreich am weitesten verbreitete Modell betrieblicher Arbeitnehmerbeteiligung ist das der Shop Stewards, also gewerkschaftlicher Interessenvertreter in den Betrieben.[187] Einheitlich ausgestaltet ist dieses Modell nicht. Vielmehr ergeben sich Rechte und Funktionen der Shop Stewards aus einem breiten Feld an betrieblichen und überbetrieblichen Faktoren. Im Bereich der öffentlichen Verwaltung, der kommunalen Unternehmen und des staatlichen Gesundheitswesen existieren auch noch sogenannte *Whitley Councils* und *Committees,* in denen die Betriebspartner meist gemeinsam über betriebliche Fragen beraten.[188]

Mit der Umsetzung des Europäischen Gemeinschaftsrechts ist im Vereinigten Königreich eine zweite Quelle der Beteiligung neben die Gewerkschaften getreten. Dabei hat auch eine gewisse Verrechtlichung der betrieblichen Beteiligung Einzug gehalten. Einen besonderen Schub bedeutete die Umsetzung der Beteiligungsrahmenrichtlinie mit der zum ersten Mal eine allgemeine, themenunabhängige Beteiligung der Arbeitnehmer im Vereinigten Königreich gesetzlich geregelt wird. Die Umsetzung des europäischen Rechts hatte aber insgesamt eine größtmögliche Gestaltungsfreiheit der britischen Betriebsparteien zum Ziel. Ein einheitliches Betriebsverfassungsmodell, wie es in Deutschland und anderen

186 *Annuß,* Neue Zeitschrift für Arbeitsrecht 2002, S. 290, 291 f.; *Fitting/Engels/Schmidt/Trebinger/Linsenmaier,* BetrVG, § 3 Rn. 2, 48; *Kania/Klemm,* Recht der Arbeit 2006, S. 22, 23; *Richardi,* in: *Richardi,* BetrVG, § 3 Rn. 37.

187 Zu diesem Modell siehe ausführlich unten D. IV.

188 Zu diesem Modell siehe ausführlich unten D. II.

Staaten Kontinentaleuropas existiert, ist dem Vereinigten Königreich daher trotz der europäischen Einflüsse weiter fremd.[189]

3.1 Umsetzungsrecht

Die Beteiligungsrahmenrichtlinie wird durch die *Information and Consultation of Employees Regulations 2004* (*ICER*) in nationales Recht umgesetzt. Hauptziel des Gesetzes ist es, eigenständige Beteiligungsvereinbarungen zwischen den Betriebsparteien zu fördern.[190] Um dieses Ziel zu erreichen, hat sich der Gesetzgeber auf eine minimalistische Umsetzung der Richtlinie beschränkt. Er hat dabei den von der Richtlinie gegebenen Spielraum genutzt, ihn in das nationale Recht übertragen und es vermieden, zusätzliche Anforderungen oder Verpflichtungen zu schaffen.[191] Betriebliche Beteiligung im Vereinigten Königreich soll daher primär auf einer gemeinsamen Vereinbarung zwischen Arbeitnehmern und Arbeitgeber beruhen. Folge ist, dass in vielen, eigentlich in den Anwendungsbereich der Beteiligungsregelungen fallenden Unternehmen, keine betriebliche Beteiligung besteht.[192] In den Unternehmen, in denen sie existiert, kann sie zudem sehr unterschiedlich ausgeprägt sein.[193]

3.1.1 Verhandlungsverfahren

Das Vereinigte Königreich hat sich in Anwendung der Wahlmöglichkeit der Beteiligungsrahmenrichtlinie für die Einführung gesetzlich regulierter betrieblicher Beteiligung in Unternehmen mit mindestens fünfzig Arbeitnehmern entschieden.[194] In betroffenen Unternehmen müssen Verhandlungen über die Schaffung betrieblicher Beteiligung geführt werden, wenn mindestens zehn Prozent der Arbeitnehmer es beantragen, wobei die Zahl der Arbeitnehmer auf mindestens fünfzehn und maximal 2.500 festgelegt ist.[195] Zudem kann auch die

---

189 Vgl. *Harth/Taggert,* Arbeitsrecht in Großbritannien, in: *Henssler/Braun,* Arbeitsrecht in Europa, S. 547.

190 *Hall,* Industrial Relations Journal 2006, S. 456, 456.

191 *Hall,* Industrial Law Journal 2005, S. 103, 111; *Hall,* Industrial Relations Journal 2006, S. 456, 458; vgl. auch *Lorber,* The International Journal of Comparative Labour Law and Industrial Relations 2003, S. 297, 311.

192 *Harth/Taggert,* Arbeitsrecht in Großbritannien, in: *Henssler/Braun,* Arbeitsrecht in Europa, S. 547.

193 Vgl. *Harth/Taggert,* Arbeitsrecht in Großbritannien, in: *Henssler/Braun,* Arbeitsrecht in Europa, S. 547 ff.

194 Schedule 1 ICER; zur europäischen Grundlage siehe oben B. II. 1.3.1.

195 Reg 7 ICER.

Unternehmensleitung die Verhandlungen von sich aus einleiten.[196] Im Falle einer bereits bestehenden, anderweitigen Beteiligung sind die Hürden für Verhandlungen nach den *Information and Consultation of Employees Regulations* zusätzlich erhöht.[197]

An den Verhandlungen nehmen der Arbeitgeber und Vertreter der Arbeitnehmer teil. Letztere werden dazu von den Arbeitnehmern gewählt oder anderweitig bestellt.[198] Eine Vereinbarung muss alle Arbeitnehmer des Unternehmens erfassen und das Beteiligungsmodell festlegen. Dabei wird die genaue Ausgestaltung der Beteiligung weitestgehend der Dispositionsfreiheit der Parteien überlassen. Es gibt insbesondere keine Vorschriften zu ihren strukturellen Merkmalen. Es können also sowohl institutionelle als auch rein verfahrensbasierte Modelle vereinbart werden.[199]

Wie im europäischen Recht müssen auch im Vereinigten Königreich bei Inkrafttreten des Gesetzes bereits bestehende Beteiligungsmodelle nicht dessen Anforderungen erfüllen.[200] Insofern wird die größere, vor Einführung des Gesetzes bestehende, Dispositionsfreiheit der Betriebsparteien konserviert.[201]

3.1.2 Auffangregelung

Für den Fall, dass der Arbeitgeber innerhalb von sechs Monaten nach einem Antrag keine Verhandlungen aufnimmt oder dass die Verhandlungen scheitern, sehen die *Information and Consultation of Employees Regulations* Auffangregelungen vor. Wie bei der Europäischen Betriebsräterichtlinie und der SE-Beteiligungsrichtline sind diese in einem Anhang dem Gesetz beigefügt. Inhaltlich beschränken sich die Auffangregelungen auf das absolute Minimum.[202] Sie enthalten das Wahlverfahren und die Anzahl der Arbeitnehmervertreter.[203] Bei den inhaltlichen Themenbereichen der Beteiligung beschränken sie sich auf die Wiederholung der in der Unterrichtungsrahmenrichtlinie enthaltenen

---

196 Reg 11 ICER.

197 Reg 8 ICER.

198 Reg 14 ICER.

199 Reg 16 ICER; *Hall*, Industrial Law Journal 2005, S. 103, 114; *Harth/Taggert*, Arbeitsrecht in Großbritannien, in: *Henssler/Braun*, Arbeitsrecht in Europa, § 14, Rn. 3.

200 Reg 2, 8 (1) ICER.

201 Vgl. *Lorber*, The International Journal of Comparative Labour Law and Industrial Relations 2003, S. 297, 313.

202 *Hall*, Industrial Law Journal 2005, S. 103, 115; *Hall*, Industrial Relations Journal 2006, S. 456, 459.

203 Schedule 2, Reg 19 (3) ICER.

Aufzählung.[204] Zu Struktur und Verfahren der Beteiligung schweigen die Auffangregelungen wie das gesamte Gesetz.[205]

3.1.3 Schutz und Durchsetzung der Beteiligung

Sowohl die Vorschriften zur Einführung der Beteiligung als auch vereinbarte Beteiligungsmodelle können durch Beschwerden an staatlich eingerichtete Entscheidungsgremien durchgesetzt werden. Die Stellen sind dabei berechtigt, bei permanenter Zuwiderhandlung Strafzahlungen zu verhängen.[206] Die Arbeitnehmervertreter sind verpflichtet, alle im Rahmen der Beteiligung erhaltenen Informationen vertraulich zu behandeln, die vom Arbeitgeber als solche bezeichnet werden. Zudem darf der Arbeitgeber alle Informationen zurückhalten, deren Weitergabe für das Unternehmen schädlich sein kann. Streitigkeiten über die Klassifizierung von Informationen können ebenfalls vor staatliche Entscheidungsgremien gebracht werden.[207] Schließlich sind die Arbeitnehmervertreter vor Repressalien des Arbeitgebers geschützt[208] und haben einen Anspruch auf bezahlte Freistellung von der Arbeit, um ihre Aufgaben zu erledigen.[209]

3.1.4 Andere Beteiligungsmodelle

Neben der gewerkschaftlichen Vertretung der betrieblichen Arbeitnehmerinteressen und den Regelungen der *Information and Consultation of Employees Regulations* besteht im Vereinigten Königreich noch meist eine themenspezifische Beteiligung. Diese beruht teilweise ebenfalls auf europäischem Gemeinschaftsrecht. Hiervon sind insbesondere die Bereiche Massenentlassungen, Betriebsübergänge, Teilzeit- und befristete Arbeit sowie Unternehmensübernahmen betroffen. Allerdings hat sich der Gesetzgeber auch hier auf eine Minimalumsetzung beschränkt. Anders ist es im Bereich der Arbeitssicherheit. Für diesen Bereich besteht ein komplexes Überwachungssystem, in dem sich Elemente betrieblicher und gewerkschaftlicher Beteiligung sowie behördlicher Aufsicht durchmischen und ergänzen. Die genaue Ausgestaltung hängt dabei entscheidend vom Bestehen gewerkschaftlicher Strukturen in den betroffenen Betrieben ab. Wegen ihrer inhaltlichen Beschränkung auf spezifische Themengebiete kann und soll von einer genaueren Darstellung hier abgesehen werden.

---

204 Vgl. Art 4 ICD und Reg 20 ICER; *Hall*, Industrial Law Journal 2005, S. 103, 116.

205 *Hall*, Industrial Relations Journal 2006, S. 456, 459.

206 Reg 22, 23 ICER.

207 Reg 25, 26 ICER; *Hall*, Industrial Relations Journal 2006, S. 456, 459.

208 Reg 30–33 ICER.

209 Reg 27–29 ICER.

C. Historischer Überblick

Die Geschichte der betrieblichen Arbeitnehmerbeteiligung ist eng mit der Geschichte der industriellen Revolution verbunden. Erst durch die zunehmende Industrialisierung der Produktion und dem damit verbundenen Übergang von der Agrar- in die Industriegesellschaft mit all ihren gesellschaftlichen Umwälzungen stellte sich die Frage nach der Beteiligung der Arbeitnehmer an den sie betreffenden Entscheidungen im Betrieb. Im 19. Jahrhundert entstanden erst in England und dann auch in Deutschland immer größere Fabriken. Mit ihren Massenprodukten verdrängten sie den traditionellen Produktionsstil vieler Gewerbezweige, bei dem ein Meister mit einigen Gesellen und Lehrlingen Produkte schuf. Durch diese Veränderung der Produktionsmethoden und -stätten wurde das persönliche Verhältnis zwischen Arbeitgeber und Arbeitnehmer aufgebrochen und zunehmend anonymisiert. Gleichzeitig wurden die Produktions- und Lebensbedingungen für die Arbeitnehmerschaft immer härter und schädlicher. In diesem Klima entstanden die ersten modernen Ideen und Modelle zur Beteiligung der Arbeitnehmer an betrieblichen Entscheidungen.

I. Ständegesellschaft

Die Wirtschaft des späten Mittelalters und der frühen Neuzeit war weitgehend von kleinteiligen Produktionsabläufen geprägt. Ausnahmen bildeten lediglich die Förderung von Kohle und Erzen in den Bergwerken oder die Schiffsproduktion auf den Großwerften. Es gab kaum Arbeitsverhältnisse, die einen eindeutigen, ausschließlichen Bezug zur Arbeit hatten.[210] Mit den meisten freiwillig eingegangenen Arbeitsverhältnissen war die zumindest zeitweise Eingliederung der Arbeitnehmer in den Haushalt des Arbeitgebers verbunden.[211] So wurden in den Städten die Lehrlinge und oft auch die Gesellen des Handwerks Teil des Haushalts ihres Meisters. Auf dem Land wurde das Gesinde in die Hofgemeinschaft des Gutsherren oder Bauern eingegliedert. Daneben existierten die traditionellen, unfreiwilligen Frondienste der unfreien Bevölkerungsschichten gegenüber den Grundherren.[212]

---

210 *Gamillscheg,* Kollektives Arbeitsrecht, S. 80.

211 *Gamillscheg,* Kollektives Arbeitsrecht, S. 79 f.; *Weber,* Vom Klassenkampf zur Partnerschaft, S. 52 f.

212 *Bieber,* Die Rolle von Gewerkschaften und Wirtschaftsverbänden bei der Entstehung des Arbeitsrechts, in: *Nutzinger,* Die Entstehung des Arbeitsrechts in Deutschland, S. 20; *Schmoekel,* Rechtsgeschichte der Wirtschaft, S. 37 f.

In den Städten wurden die Arbeitsverhältnisse der Handwerksgesellen und Lehrlinge traditionell durch das stark ausgeprägte Zunftwesen und die Zunftordnungen geregelt.[213] Inwieweit, trotz der grundsätzlich unterschiedlichen gesellschaftlichen und wirtschaftsorganisatorischen Begleitumstände, in manchen dieser Ordnungen Vorläufer von betrieblicher Beteiligung zu sehen sind, wird in der Wissenschaft unterschiedlich beurteilt.[214] Im Rahmen dieser Arbeit muss die Frage dahin gestellt bleiben. Sie geht über den Forschungsrahmen hinaus und verspricht wenige bis keine Schlussfolgerungen für die zu untersuchenden Modelle betrieblicher Arbeitnehmerbeteiligung zu liefern.

II. Industrialisierung

Mit der zunehmenden Industrialisierung während der ersten Hälfte des 19. Jahrhunderts wurden die mit der Verlagerung der Produktion in Fabriken verbundenen sozialen Probleme immer stärker sichtbar. Am deutlichsten war der Verelendungsprozess der Fabrikarbeiter und ihrer Familien im Vereinigten Königreich zu beobachten, wo die Industrialisierung Mitte des 18. Jahrhunderts ihren Ausgang genommen hatte und wo sie am weitesten fortgeschritten war.[215] Aber auch in den preußischen Rhein- und Ruhrprovinzen, in Schlesien, Berlin und Sachsen, den damals am weitesten industrialisierten Regionen Deutschlands, war die Verelendung der Arbeiter schon zu erkennen.[216]

Die frühen Fabriken der damaligen Zeit wurden in einem herrschaftlichen Geist geführt. Er fußte auf den liberalen Überzeugungen, wie sie Adam Smith in seinem Werk „Wealth of Nations" dargelegt hatte, und damit auf dem Glauben an eine völlige Freiheit des Eigentums am Gewerbebetrieb und der vertraglichen Gestaltung der Arbeitsverhältnisse.[217] Die Fabrikherren beanspruchten daraus folgend die volle Dispositionsfreiheit über ihre Arbeitnehmer und verlangten von ihnen Subordination und Gehorsam.[218] In vielen Fällen reichte der Einfluss der Fabrikherren über die Arbeitnehmer aber über das betriebliche hinaus und

---

213 *Bieber,* Die Rolle von Gewerkschaften und Wirtschaftsverbänden bei der Entstehung des Arbeitsrechts, in: *Nutzinger,* Die Entstehung des Arbeitsrechts in Deutschland, S. 19 f.; *Weber,* Vom Klassenkampf zur Partnerschaft, S. 36.

214 Siehe hierzu *Bieber,* Zwischen Kasernenhof und Rätesystem, in: *Nutzinger,* Perspektiven der Mitbestimmung, S. 12 ff.

215 *Neuloh,* Die deutsche Betriebsverfassung, S. 68 ff.

216 *Neuloh,* Die deutsche Betriebsverfassung, S. 70 ff.

217 Vgl. *Daly,* Industrial Relations, S. 64 f.

218 Vgl. *Bieber,* Zwischen Kasernenhof und Rätesystem, in: *Nutzinger,* Perspektiven der Mitbestimmung, S. 17, 26 f.

in den privaten Bereich hinein. Die Arbeitgeber vermieteten an ihre aus ländlichen Gegenden in die Industriezentren zugezogenen Arbeitnehmer Behausungen und zwangen sie, im sogenannten Truck-System[219] die Waren ihres täglichen Bedarfs vom Arbeitgeber zu beziehen.[220] Eine Beteiligung der Arbeitnehmer an den betrieblichen oder auch nur sozialen Entscheidungen des Arbeitgebers galt als Einschränkung seiner Eigentumsrechte und entsprach in keiner Weise dem allgemeinen Denken dieser Zeit.[221] Durch die stetig wachsende Anzahl und Größe der Fabriken und der damit zunehmenden Zahl an betroffenen Arbeitnehmern wurden auch die entstehenden Probleme für die interessierte Öffentlichkeit sichtbarer.

1. Frühste Ideen

Vor diesem Hintergrund gab es in der Wissenschaft und Praxis erste Überlegungen und Ansätze, wie das Leid der Arbeitnehmer zu mildern sei. Der englische Unternehmer und spätere Sozialutopist Robert Owen führte in seiner Baumwollspinnerei New Lanark schon ab 1800 Reformen zur Verbesserung der Lebens- und Arbeitsverhältnisse der Arbeitnehmer ein. Er reduzierte die Arbeitszeit und die Kinderarbeit, ließ menschenwürdigere Unterkünfte bauen, richtete Schulen ein und sorgte für den preiswerten Verkauf von Waren an die Arbeitnehmer.[222] Um seine Reformen gegenüber den Arbeitnehmern zu kommunizieren, ließ er Ausschüsse, bestehend aus den angesehensten Arbeitnehmern, bilden.[223] Mit diesen erläuterte und besprach er seine Reformprojekte, damit ihre Mitglieder sie der übrigen Arbeitnehmerschaft erklären konnten.[224] Die Ausschüsse bildeten jedoch weder den eigentlichen Kern seiner Reformen noch ging ihre Funktion über einen Informationsaustausch zwischen Arbeitgeber und Arbeitnehmern

---

219 Bei diesem Lohnsystem wurden die Arbeitnehmer nicht in Geld sondern in Waren bezahlt bzw. sie waren verpflichtet alle ihre Einkäufe in einem fabrikeigenen Geschäft zu tätigen. Dabei setzten die Arbeitgeber meist völlig überteuerte Warenpreise an. Weber, Vom Klassenkampf zur Partnerschaft, S. 57; auch Gamillscheg, Kollektives Arbeitsrecht, S. 86.

220 *Weber,* Vom Klassenkampf zur Partnerschaft, S. 57; auch *Kroeschell,* Deutsche Rechtsgeschichte, S. 212 f.

221 *Bieber,* Zwischen Kasernenhof und Rätesystem, in: *Nutzinger,* Perspektiven der Mitbestimmung, S. 27.

222 Vgl. *Jones,* The Life, Times, and Labours of Robert Owen, S. 63 ff., 84.

223 Vgl. *Neuloh,* Die deutsche Betriebsverfassung, S. 69.

224 *Jones,* The Life, Times, and Labours of Robert Owen, S. 64.

hinaus. Dennoch sind sie wohl mit die ersten Arbeiterausschüsse der Industriegeschichte.

Neben den Sozialreformen Owens wurde auch schon früh eine Gewinnbeteiligung der Arbeitnehmer zur Abmilderung ihrer Situation erwogen. Damit verbunden war die Idee einer Arbeitnehmervertretung zur Kontrolle und Mitarbeit bei Festsetzung und Ausschüttung der Gewinnprämien. Der erste, der dieses Konzept entwickelte, war der englische Mathematiker und Professor an der University of Cambridge, Charles Babbage. In seinem 1832 veröffentlichten, ansonsten vornehmlich der technologischen Rationalisierung gewidmeten Werk „On the Economy of Machinery and Manufacturers" stellte er die Vorteile einer Gewinnbeteiligung der Arbeitnehmer und einer betrieblichen Kooperation zwischen Arbeitnehmern und Arbeitgeber heraus. Er betonte insbesondere die höhere Motivation der Arbeitnehmer und die präventive Vermeidung von Konflikten, die aus der Anwendung solcher Konzepte folgen würde.[225] Weiter empfahl er, die Verwaltung einer Fabrikkasse den Arbeitnehmern zu übertragen, an die Arbeitnehmer kleinere Straf- und Ausgleichszahlungen leisten sollten.[226] Schließlich schlug er einen zentralen Wareneinkauf vor, der – in ausdrücklicher Abkehr von dem damals in England schon üblichen Truck-System – von den Arbeitnehmern verwaltet werden sollte und bei dem der Arbeitgeber bestenfalls unterstützend tätig werden sollte.[227] Obwohl Babbage damit auch die Beteiligung der Arbeitnehmer an der Verwaltung betrieblicher Wohlfahrtseinrichtungen vorschlug, machte er keine genaueren Ausführungen zu der Ausgestaltung dieser Beteiligung.

In Deutschland war es der bekannte Tübinger Universitätsprofessor und Nationalökonom Robert von Mohl, der 1835 als erster eine Arbeitnehmervertretung in den Betrieben verlangte.[228] Sein Konzept ähnelte dabei dem von Babbage. Auch er wollte die Situation der Arbeitnehmer durch die Beteiligung am Unternehmensgewinn verbessern. Allerdings blieb er in Bezug auf eine

---

225 *Babbage,* The Works of Charles Babbage, S. 175 ff.

226 *Babbage,* The Works of Charles Babbage, S. 204 ff.

227 *Babbage,* The Works of Charles Babbage, S. 213 f.

228 v. *Mohl,* Über die Nachteile, welche sowohl den Arbeitern selbst als dem Wohlstande und der Sicherheit der gesamten bürgerlichen Gesellschaft von dem fabrikmässigen Betriebe der Industrie zugehen und über die Notwendigkeit gründlicher Vorbeugungsmittel, in: *Rau,* Archiv der politischen Ökonomie und Polizeiwissenschaft, S. 179; siehe hierzu auch *Bieber,* Zwischen Kasernenhof und Rätesystem, in: *Nutzinger,* Perspektiven der Mitbestimmung, S. 20 f.; *Teuteberg,* Geschichte der Industriellen Mitbestimmung in Deutschland, S. 24 ff.

Arbeitnehmervertretung hinter den Forderungen Babbages zurück. Die Arbeitnehmervertretung sollte nach Mohls Vorstellung lediglich der Kontrolle der Bücher bei der Festsetzung des Betriebsgewinns und dessen anteiliger Ausschüttung an die Arbeiter dienen.[229] Sie sollte dabei von den Arbeitnehmern aus ihrer Mitte gewählt werden.[230] Mohl gestand der Arbeitnehmervertretung aber nur eine passive Kontrollfunktion ohne eigene Entscheidungskompetenzen zu. Auch die weitergehenden Funktionen, wie sie Babbage der Arbeitnehmervertretung zugedacht hatte, forderte Mohl nicht. Im betrieblich-technischen und kaufmännischen Bereich traute Mohl den Arbeitnehmern nicht die nötigen Fähigkeiten für eine Beteiligung zu.[231] Sein Konzept erfasste daher nur Bereiche, die nach heutiger Begrifflichkeit nicht als betriebliche Belange gelten.

Während Owen als Unternehmer seine Konzept selbst in die Tat umsetzte und damit einiges an Aufmerksamkeit erregte, blieben die Vorschläge Babbages und Mohls in der Unternehmerschaft und Politik weitgehend ungehört. Unmittelbare praktische Folgen für die allgemeine Arbeitsordnung hatte keines der drei Konzepte. Hierfür waren sie ihrer Zeit zu weit voraus. Als erste Vorzeichen von dem, was später kommen sollte, sind sie aber dennoch bemerkenswert.[232]

2. Geburt der *Industrial Relations*

So schnell wie sich die Industrielle Revolution im Vereinigten Königreich des 19. Jahrhunderts durchsetzte und ausbreitete, so gehemmt waren gleichzeitig die Entwicklungen im Bereich der betrieblichen Beteiligung der Arbeitnehmer. Obwohl mit Owen und Babbage schon früh Vorschläge hierzu gemacht wurden, fielen diese weder in der neu entstandenen Unternehmerschaft noch in Politik oder Literatur auf einen fruchtbaren Boden. Zu stark war der allgemeine Glaube an die vorherrschenden liberalen Leitlinien der Zeit, die mit jedem Eingriff in die unternehmerische Entscheidungsfreiheit unvereinbar zu sein schienen. Und

---

229 v. *Mohl,* Über die Nachteile, welche sowohl den Arbeitern selbst als dem Wohlstande und der Sicherheit der gesamten bürgerlichen Gesellschaft von dem fabrikmässigen Betriebe der Industrie zugehen und über die Notwendigkeit gründlicher Vorbeugungsmittel, in: *Rau,* Archiv der politischen Ökonomie und Polizeiwissenschaft, S. 179; v. *Mohl,* Deutsche Vierteljahrs Schrift 1840, S. 1, 65.

230 v. *Mohl,* Deutsche Vierteljahrs Schrift 1840, S. 1, 65.

231 v. *Mohl,* Deutsche Vierteljahrs Schrift 1840, S. 1, 66; hierzu *Bieber,* Zwischen Kasernenhof und Rätesystem, in: *Nutzinger,* Perspektiven der Mitbestimmung, S. 21; *Teuteberg,* Geschichte der Industriellen Mitbestimmung in Deutschland, S. 27.

232 Vgl. *Bieber,* Zwischen Kasernenhof und Rätesystem, in: *Nutzinger,* Perspektiven der Mitbestimmung, S. 21.

auch die durch die gesellschaftlichen und wirtschaftlichen Umwälzungen erst entstandene Klasse der Fabrikarbeitnehmer suchte vorerst nicht nach betrieblicher Interessenvertretung. Vielmehr begannen sie, sich außerhalb der Betriebe zusammenzuschließen und in Gewerksvereinen oder Gewerkschaften zu organisieren. Im Verlaufe des Jahrhunderts bildete sich dann das System der britischen Arbeitsbeziehungen, auf Englisch *„Industrial Relations“* genannt, heraus, das in seiner Grundkonzeption bis heute besteht. Das System entstand dabei im Rahmen des stabilen demokratisch verfassten Staatssystems des Vereinigten Königreichs und damit weitestgehend frei von etwaigen revolutionär geprägten Einflüssen, aber auch unter minimaler Einwirkung durch den Gesetzgeber oder anderer Obrigkeit.[233] Folge dieses ungesteuerten Entstehungsprozesses ist eine gewisse Unordnung, so dass teilweise angemerkt wird, es sollte besser nicht von einem „System“, sondern lediglich einem *„Industrial Relations Pattern“* gesprochen werden.[234]

Ein, wenn auch nicht das entscheidende, Merkmal dieses Systems ist bis heute der monistische Vertretungsanspruch der Gewerkschaften. Aus diesem Grund hat die betriebliche Beteiligung, insbesondere eine nicht gewerkschaftliche, fast durchgehend den Beigeschmack der Systemfremdheit behalten. Dennoch spielten betriebliche Arbeitnehmervertreter insbesondere im 20. Jahrhundert eine entscheidende Rolle in den Arbeitsbeziehungen im Vereinigten Königreich. Erste Ansätze solcher Vertretung lassen sich aber in einzelnen Industriezweigen viel weiter in die Vergangenheit zurückverfolgen. So sind in der Druckindustrie die sogenannten *„Fathers of the Chapel“* bis in das Jahr 1682 und damit bis zu den absoluten Anfängen der Industrialisierung dokumentiert.[235] Sie vertraten dabei die verschiedensten Interessen der Arbeitnehmer in den Druckereien gegenüber den Arbeitgebern, wobei sie ihre Position wohl einzig auf entstandene Tradition und den Rückhalt unter den übrigen Arbeitnehmern stützen konnten. Damit sind die *Fathers of the Chapel* die erste Form der später in praktisch allen Industriezweigen aufgekommenen Shop Stewards. Bemerkenswert ist hierbei, dass die *Fathers of the Chapel,* im Gegensatz zu den meisten späteren Shop Stewards, unabhängig von außerbetrieblichen Arbeitnehmerzusammenschlüssen wie Gewerksvereinen oder Gewerkschaften entstanden sind.

---

233 *Goodman/Whittingham,* Shop Stewards in British Industry, S. 22.

234 *Daly,* Industrial Relations, S. 62.

235 *Goodman/Whittingham,* Shop Stewards in British Industry, S. 23, 38 En. 2; *Rückert/Friedrich,* Betriebliche Arbeiterausschüsse in Deutschland, Großbritannien und Frankreich im späten 19. und frühen 20. Jahrhundert, S. 37.

Außerhalb der Druckindustrie scheinen sich die Arbeitnehmer erst später in größerem Maße organisiert zu haben. Aber schon im ausgehenden 18. Jahrhundert muss es bereits einige Zusammenschlüsse, wohl meist auf betrieblicher Ebene,[236] gegeben haben. Die Arbeitgeber und zunächst auch der Staat reagierten auf die ersten Versuche der Arbeitnehmer, sich zusammenzuschließen, indes weitgehend ablehnend. So setzte das britische Parlament mit den Combination Acts 1799 und 1800 das Verbot von Vereinigungen zur Beeinflussung von Vertragsabschlüssen und -durchführungen, das schon vorher als Teil des Common Law bestanden hatte, in geschriebenes Recht um.[237] Auch wenn sich diese Gesetze nicht ausschließlich gegen Arbeitnehmerzusammenschlüsse richteten, hatten sie doch faktisch zur Folge, dass deren Handlungsspielraum stark reduziert wurde. Unter dem Eindruck der Realitäten der industriellen Revolution und der fortschreitenden Verelendung weiter Teile der britischen Arbeiterschaft wurden die Gesetzte allerdings 1824 wieder aufgehoben.[238]

Damit konnten sich ab den 1820er Jahren die Gewerksvereine und aus diesen dann die Gewerkschaften herausbilden. Die Strukturen, die dabei entstanden, waren weitgehend nicht am Betrieb, sondern an Berufsgruppe und Wohnort orientiert.[239] Die Berufsgruppen selbst waren innerhalb der einzelnen Industriezweige oft sehr differenziert aufgegliedert. Als Folge wiesen die britischen Gewerkschaften von Anbeginn einen hohen Grad an Zersplitterung auf. Für die betriebliche Ebene bedeutete dies, dass in einem Betrieb regelmäßig eine Vielzahl, oft weitgehend gleich starker, Gewerkschaften vertreten war.[240] Diese konkurrierten teilweise um die Mitgliedschaft der einzelnen Arbeitnehmer und vertraten regelmäßig nicht die Interessen der gesamten Arbeitnehmerschaft, sondern nur die einer bestimmten Berufsgruppe.[241] Auch in ihren Zielsetzungen berücksichtigten die Gewerkschaften die betriebliche Ebene wenig. Angestrebt

---

236 *Cole,* Workshop Organisation, in: *Marsh,* G. D. H. Cole, Workshop Organisation, S. 5.

237 *Daly,* Industrial Relations, S. 71.

238 *Daly,* Industrial Relations, S. 71.

239 *Cole,* Workshop Organisation, in: *Marsh,* G. D. H. Cole, Workshop Organisation, S. 6; *Rückert/Friedrich,* Betriebliche Arbeiterausschüsse in Deutschland, Großbritannien und Frankreich im späten 19. und frühen 20. Jahrhundert, S. 36.

240 Vgl. *Rückert/Friedrich,* Betriebliche Arbeiterausschüsse in Deutschland, Großbritannien und Frankreich im späten 19. und frühen 20. Jahrhundert, S. 36.

241 Vgl. *Cole,* Workshop Organisation, in: *Marsh,* G. D. H. Cole, Workshop Organisation, S. 5 f.

wurden überbetriebliche Tarifabschlüsse, die Mindestarbeitsstandards für ganze Regionen festsetzten.[242] Hintergrund war der Glaube, dass eine überbetriebliche Gewerkschaftsstruktur weniger anfällig für die Einflussnahme der jeweiligen Arbeitgeber sein würde und damit besser zur Durchsetzung der Arbeitnehmerinteressen geeignet wäre.[243]

Wenn die Gewerkschaften die betriebliche Ebene auch nicht als Feld für die Interessenvertretung wahrnahmen, so gab es dennoch einige verwaltungstechnische Aufgaben, die am besten auf dieser Ebene wahrgenommen werden konnten. Als Helfer der hauptamtlichen Gewerkschaftsfunktionäre entstand daher während der 1820er Jahre in vielen Betrieben die später allgemein als Shop Stewards bezeichnete Funktionsgruppe.[244] Sie übernahmen dabei zunächst Aufgaben wie das Einziehen der Gewerkschaftsbeiträge, das Werben neuer Mitglieder, die Ausstellung von Mitgliedsbescheinigungen und das Überwachen der Gewerkschaftsdisziplin.[245] Bei Konflikten mit den Arbeitgebern oder zwischen den Arbeitnehmern sollten die Shop Stewards hingegen nicht selbst aktiv werden, sondern den hauptamtlichen Gewerkschaftsfunktionären berichten und diesen die Lösung überlassen.[246]

In den ersten Jahrzehnten ihres Bestehens hielten sich die meisten Shop Stewards an den ihnen vorgegebenen, beschränkten Aufgabenkreis. Das im Vereinigten Königreich entstandene System der *Industrial Relations* führte dazu, dass betriebliche Beteiligung in der ersten Hälfte des 19. Jahrhunderts, trotz der schon sehr weit vorangeschrittenen Industrialisierung, kaum eine Rolle spielte. Die Arbeitgeber lehnten sie als Verletzung der liberalen Wirtschaftsgrundsätze und damit als Eingriff in ihre unternehmerische Handlungsfreiheit ohnehin ab. Die entstehenden Gewerkschaften auf der anderen Seite hatten ebenfalls wenig Interesse an betrieblicher Beteiligung. Zum einen fürchteten sie deren Vereinnahmung durch die Arbeitgeber, zum anderen konzentrierte sich ihre Arbeit auf die Durchsetzung überbetrieblicher Tarifforderungen.

---

242 *Cole,* Workshop Organisation, in: *Marsh,* G. D. H. Cole, Workshop Organisation, S. 7.

243 *Cole,* Workshop Organisation, in: *Marsh,* G. D. H. Cole, Workshop Organisation, S. 7.

244 Zu weiteren Bezeichnungen siehe unten D. IV. 1.

245 *Goodman/Whittingham,* Shop Stewards in British Industry, S. 23.

246 *Cole,* Workshop Organisation, in: *Marsh,* G. D. H. Cole, Workshop Organisation, S. 9.

3. Frankfurter Nationalversammlung

Die ersten gesetzgeberischen Ansätze zu einer betrieblichen Beteiligung der Arbeitnehmer brachte die deutsche Revolution von 1848.[247] Parallel zu der Hauptforderung des revolutionären Bürgertums nach Partizipation und Demokratisierung in den staatlichen Belangen wurde dies auch für den wirtschaftlichen Bereich gefordert.[248] Allerdings waren diese Forderungen innerhalb der revolutionären Kreise keinesfalls unumstritten und auch ihre konkrete Ausprägung war nicht homogen. Ausgedrückt haben sich diese Unterschiede in den Verhandlungen des volkswirtschaftlichen Ausschusses.[249] Dieser war von der Frankfurter Nationalversammlung mit der Ausarbeitung einer gesamtdeutschen Gewerbeordnung betraut worden, in der auch die Arbeitsbeziehungen geregelt werden sollten.

In den Verhandlungen des Ausschusses bildeten sich drei verschiedene Grundströmungen heraus, die im Ergebnis nicht überein kamen. Als Folge legte der Ausschuss insgesamt drei Entwürfe für die Regelung der betrieblichen Belange vor. Diese waren der Hauptentwurf, das liberale Minderheitenvotum und der Minoritäten-Gegenentwurf.[250] Das liberale Minderheitenvotum bezog sich dabei auf den Hauptentwurf und hier einzig auf die Regelung der betrieblichen Belange. Es war von den liberalen Ideen der Freiheit des Eigentums am Gewerbebetrieb und des freien Arbeitsvertrags beseelt und lehnte daher die Einführung einer obligatorischen Beteiligung der Arbeitnehmer in den Gewerbebetrieben ab. Mit ihm sollte der Arbeitgeber auch weiterhin unbeschränkte Entscheidungskompetenz haben.[251] Der Hauptentwurf sah die Einführung von Gewerberäten und Gewerbekammern vor. Diese überbetrieblichen Gremien sollten unter „angemessener Beteiligung" der Arbeitnehmer gewählt werden

---

247 *Bieber,* Zwischen Kasernenhof und Rätesystem, in: *Nutzinger,* Perspektiven der Mitbestimmung, S. 23; *Müller-Jentsch,* Magazin Mitbestimmung 2007, S. 52, 53; *Pflüger,* Das betriebliche Repräsentativsystem, S. 124; *Schmoekel,* Rechtsgeschichte der Wirtschaft, S. 379.

248 *Bieber,* Zwischen Kasernenhof und Rätesystem, in: *Nutzinger,* Perspektiven der Mitbestimmung, S. 24; *Pflüger,* Das betriebliche Repräsentativsystem, S. 123; *Teuteberg,* Geschichte der Industriellen Mitbestimmung in Deutschland, S. 60 f.

249 Zum volkswirtschaftlichen Ausschuss im Allgemeinen vgl. *Teuteberg,* Geschichte der Industriellen Mitbestimmung in Deutschland, S. 94 ff.

250 *Pflüger,* Das betriebliche Repräsentativsystem, S. 123.

251 Vgl. *Teuteberg,* Geschichte der Industriellen Mitbestimmung in Deutschland, S. 101 f.

und die gewerblichen Interessen und Angelegenheiten des jeweiligen Gewerbebezirks wahrnehmen.[252]

Auf die Einführung betrieblicher Beteiligung zielte hingegen der Minoritäten-Gegenentwurf. Er beruhte maßgeblich auf den Ideen des sächsischen Textilindustriellen Carl Degenkolb, der hierzu auch außerhalb der Nationalversammlung schon publiziert hatte.[253] Degenkolb verlangte eine unterschiedliche Behandlung der handwerklichen Kleinbetriebe und der Fabriken, da sich in ihnen ganz andere Interessengegensätze und Problematiken ergaben. In den Fabriken wollte er den auftretenden Gegensätzen auch durch die Bildung von betrieblichen Arbeitnehmervertretungen begegnen. Der Gegenentwurf sah ein mehrstufiges Repräsentationssystem vor, das sich in fünf Ebenen von der Fabrik bis auf die nationale Ebene gliederte.[254] Vehikel der betrieblichen Beteiligung waren dabei Fabrikausschüsse, die in jeder Fabrik gewählt werden sollten. Sie sollten aus je einem Vertreter jeder selbständigen, in der Fabrik vertretenen Arbeitnehmergruppe und je einem Werkmeister pro Arbeitnehmergruppe bestehen. Sowohl die Arbeitnehmervertreter als auch die Werkmeister sollten von den Arbeitnehmern gewählt werden. Zudem sollte den Ausschüssen der Arbeitgeber oder ein von diesem bestimmter Vertreter angehören.[255] Auf betrieblicher Ebene sollten die Fabrikausschüsse die Fabrikordnung aufstellen und ihre Einhaltung überwachen. Sie sollten zudem bei Streitigkeiten zwischen Arbeitnehmern und Arbeitgeber vermitteln, die Unterstützungskasse verwalten und die Fabrikkinder beaufsichtigen. Außerdem sollten sie den überbetrieblichen Fabrikrat für ihren Gewerbebezirk wählen.[256] Dieser sollte die Oberaufsicht über die betrieblichen Angelegenheiten führen und Lohn und Arbeitszeiten sowie das Lehrlingswesen regeln.[257] Für den Fall von Streitigkeiten sah der Gegenentwurf die Anrufung

252 *Haßler* (Hrsg.), Verhandlungen der Deutschen Verfassunggebenden Reichsversammlung zu Frankfurt am Main, S. 894.

253 *Teuteberg*, Geschichte der Industriellen Mitbestimmung in Deutschland, S. 102 f.; *Weber*, Vom Klassenkampf zur Partnerschaft, S. 68.

254 *Bieber*, Zwischen Kasernenhof und Rätesystem, in: *Nutzinger*, Perspektiven der Mitbestimmung, S. 23; *Teuteberg*, Geschichte der Industriellen Mitbestimmung in Deutschland, S. 104, 109 ff.

255 *Haßler* (Hrsg.), Verhandlungen der Deutschen Verfassunggebenden Reichsversammlung zu Frankfurt am Main, S. 926.

256 *Haßler* (Hrsg.), Verhandlungen der Deutschen Verfassunggebenden Reichsversammlung zu Frankfurt am Main, S. 926.

257 *Haßler* (Hrsg.), Verhandlungen der Deutschen Verfassunggebenden Reichsversammlung zu Frankfurt am Main, S. 926 f.

eines Fabrikschiedsgerichts vor. Dieses sollte in jedem Gewerbebezirk vom Fabrikrat gewählt werden.[258]

Der Minoritäten-Gegenentwurf ist, wie der Hauptentwurf, nicht mehr im Plenum der Frankfurter Nationalversammlung behandelt worden. Mit dem Scheitern der 1848er Revolution sind auch seine Ideen für mehrere Jahrzehnte von der politischen Bildfläche und noch länger aus den gesetzgeberischen Katalogen verschwunden.[259] Dennoch hat der Gegenentwurf in erstaunlicher Weise die späteren Modelle betrieblicher und überbetrieblicher Arbeitnehmerbeteiligung vorweggenommen.[260] Dies gilt sowohl für die Arbeiterausschüsse des späten Kaiserreichs, die von Arbeitnehmern und Arbeitgeber gemeinsam gebildet wurden, wie auch in besonderem Maße für die Wirtschaftsverfassung der Weimarer Republik mit ihrer mehrgliedrigen Rätestruktur.[261]

4. Reaktionsära, Reichsgründung und frühes Kaiserreich

Wie in den meisten gesellschaftlichen Bereichen brachte das Jahrzehnt der Reaktion nach der Niederschlagung der Revolution auch auf dem Gebiet der Arbeitnehmerbeteiligung in Deutschland eine Periode des Stillstands und der Verfestigung der vorrevolutionären Zustände.[262] Forderungen nach Beteiligung verstummten in Literatur und Politik praktisch vollständig. In den Fabriken blieb es bei dem alten herrschaftlichen Geist.

Eine seltene Ausnahme war das von Degenkolb[263] initiierte Beteiligungssystem in den Kattundruckereien im sächsischen Eilenburg.[264] So suchte Degenkolb zumindest einen Teil der Ideen des von ihm geprägten Minoritäten-Gegenentwurfs

---

258 *Haßler* (Hrsg.), Verhandlungen der Deutschen Verfassunggebenden Reichsversammlung zu Frankfurt am Main, S. 927.

259 *Bieber*, Zwischen Kasernenhof und Rätesystem, in: *Nutzinger*, Perspektiven der Mitbestimmung, S. 23 f.; *Müller-Jentsch*, Magazin Mitbestimmung 2007, S. 52, 54; *Weber*, Vom Klassenkampf zur Partnerschaft, S. 70.

260 *Schmoekel*, Rechtsgeschichte der Wirtschaft, S. 379.

261 *Bieber*, Zwischen Kasernenhof und Rätesystem, in: *Nutzinger*, Perspektiven der Mitbestimmung, S. 23; *Teuteberg*, Geschichte der Industriellen Mitbestimmung in Deutschland, S. 111.

262 *Siemann*, Vom Staatenbund zum Nationalstaat, S. 398 f.; *Weber*, Vom Klassenkampf zur Partnerschaft, S. 72 ff.

263 Siehe oben 3.

264 *Gamillscheg*, Arbeit und Recht 1991, S. 272, 272; *Teuteberg*, Geschichte der Industriellen Mitbestimmung in Deutschland, S. 212 ff.; *Weber*, Vom Klassenkampf zur Partnerschaft, S. 74 f.

von 1849 für eine gesamtdeutsche Gewerbeordnung zu verwirklichen.[265] Die vier beteiligten Unternehmen[266] gaben ihren Fabriken eine gemeinsame Fabrikordnung und vereinbarten ein zweistufiges Repräsentationssystem. Jede der Fabriken bildete einen dreiköpfigen Fabrikausschuss, bestehend aus dem Fabrikinhaber oder dessen Stellvertreter sowie je einem gewählten Vertreter der technischen Arbeiter und der Handarbeiter. Wichtigste Aufgaben der Fabrikausschüsse waren die Überwachung der Einhaltung der Fabrikordnung, die Beaufsichtigung der Fabrikkinder und die Vermittlung bei Streitigkeiten zwischen Arbeitnehmern und Arbeitgeber. Über den Fabrikausschüssen stand ein Fabrikrat, bestehend aus drei Fabrikinhabern und wiederum je einem gewählten Vertreter der technischen Arbeiter und der Handarbeiter. Dieser Fabrikrat hatte recht weitgehende Kompetenzen. Er entschied zum Beispiel über Beschwerden von Arbeitnehmern über ihre Arbeitgeber, setzte die Arbeitszeiten fest und verwaltete die Pensions- und Krankenunterstützungskasse.[267] Allerdings hatten die Arbeitgeber mit drei zu zwei Stimmen in diesem Gremium die Mehrheit. Dennoch sind die beteiligten Unternehmer mit der Einführung des Eilenburger Beteiligungssystems einen deutlichen Schritt auf ihre Arbeitnehmer zugegangen. Damit haben sie, gegen den gesellschaftlichen Trend der Zeit, das allererste betriebliche Beteiligungsmodell in Deutschland eingeführt.[268]

Der Eilenburger Vorstoß hatte zunächst keine Nachahmer. Erst nach dem Regierungsantritt Wilhelm I. 1858 fand die Idee einer betrieblichen Beteiligung der Arbeitnehmer langsam wieder mehr Beachtung. Interessierte Kreise in der Wissenschaft widmeten sich wieder vermehrt der Arbeiterfrage und diskutierten in diesem Kontext auch die Beteiligung der Arbeitnehmer.[269] Eine führende Rolle spielten dabei die sogenannten Kathedersozialisten, zu deren prominenten Vertretern Lujo Brentano, Robert von Mohl, Gustav von Schmoller und Adolph Wagner gehörten und der 1873 von ihnen gegründete Verein für Socialpolitik.[270] Ihre Mitglieder waren vornehmlich Nationalökonomen der jüngeren Historischen Schule sowie Staatswissenschaftler und betätigten sich in Wissenschaft,

---

265 *Teuteberg*, Geschichte der Industriellen Mitbestimmung in Deutschland, S. 219.

266 Bodemer & Co. (Inhaber Carl Degenkolb), Danneberg & Sohn (Inhaber Adolph Michael und C.F. Mitscherlich), Ehrenberg & Richter, sowie Jacob Bodemer jr. *Teuteberg*, Geschichte der Industriellen Mitbestimmung in Deutschland, S. 218.

267 *Teuteberg*, Geschichte der Industriellen Mitbestimmung in Deutschland, S. 219.

268 *Teuteberg*, Geschichte der Industriellen Mitbestimmung in Deutschland, S. 219.

269 *Teuteberg*, Geschichte der Industriellen Mitbestimmung in Deutschland, S. 282.

270 *Weber*, Vom Klassenkampf zur Partnerschaft, S. 75; siehe auch *Teuteberg*, Geschichte der Industriellen Mitbestimmung in Deutschland, S. 282.

Politik und Verwaltung, teilweise auch in der Wirtschaft.[271] Sie stellten die Ideen der völligen Freiheit der Unternehmung und des freien Arbeitsvertrags, und damit die Grundlage der patriarchalischen Herrschaftsstrukturen in den Betrieben, in Frage. An ihre Stelle setzten sie die Idee des Staates und des Unternehmens als menschliche Organisationseinheiten mit ethisch-sozialen Funktionen.[272] Um dies zu erreichen, forderten die Kathedersozialisten die Einführung von kollektiven Vertretungsorganen für die Arbeitnehmer. Auch wenn über die genauen Formen und Kompetenzen dieser Organe nicht in allen Punkten Einigkeit bestand,[273] so sahen doch alle Vertreter dieser Richtung in betrieblichen Arbeiterausschüssen ein geeignetes Organ. Diese sollten insbesondere die grundlegenden Arbeitsbedingungen und anderen betrieblichen Belange mit dem Arbeitgeber aushandeln.[274]

In der Praxis veränderten sich die bestehenden, patriarchalischen Betriebsverfassungen hingegen nur wenig und wenn, dann meist in eine wenig beteiligungsfreundliche Richtung. Mit der zunehmenden Größe der Fabriken und der damit verbundenen Entfremdung zwischen den Unternehmern und ihren Arbeitnehmern zogen in vielen Betrieben militärähnliche Strukturen zur Disziplinierung und Kontrolle der Arbeitnehmer ein.[275] Wie die Generäle in der Armee der damaligen Zeit verstanden sich auch viele Unternehmer als die praktisch unumschränkten Befehlshaber in ihren Betrieben.[276]

Dennoch entstanden auch einige neue Ansätze zur Beteiligung von Arbeitnehmern.[277] Allerdings beruhten diese in vielen Fällen nicht auf einer Abkehr der Unternehmer von den alten betrieblichen Herrschaftsstrukturen, sondern suchten eher, diese zu verfestigen. Die neu geschaffenen Ältestenräte und -kollegien, Arbeiter- oder Fabrikausschüsse hatten meist nur rudimentäre und sehr einseitige Beteiligungsrechte. Sie dienten damit weniger der wirklichen Partizipation

---

271 *Teuteberg*, Geschichte der Industriellen Mitbestimmung in Deutschland, S. 284.

272 *Teuteberg*, Geschichte der Industriellen Mitbestimmung in Deutschland, S. 282.

273 *Teuteberg*, Geschichte der Industriellen Mitbestimmung in Deutschland, S. 284 ff.

274 *Schmoller*, Über Wesen und Verfassung der grossen Unternehmungen.; *Sering*, Arbeiter-Ausschüsse in der deutschen Industrie, S. 2.

275 *Bieber*, Zwischen Kasernenhof und Rätesystem, in: *Nutzinger*, Perspektiven der Mitbestimmung, S. 38 f.; *Weber*, Vom Klassenkampf zur Partnerschaft, S. 74, 76 f.

276 *Bieber*, Zwischen Kasernenhof und Rätesystem, in: *Nutzinger*, Perspektiven der Mitbestimmung, S. 39 ff.

277 *Bieber*, Zwischen Kasernenhof und Rätesystem, in: *Nutzinger*, Perspektiven der Mitbestimmung, S. 42; *Pflüger*, Das betriebliche Repräsentativsystem, S. 124; *Weber*, Vom Klassenkampf zur Partnerschaft, S. 74 f.

der Arbeitnehmer an betrieblichen Entscheidungsprozessen als vielmehr der Disziplinierung und Erziehung der Arbeitnehmer sowie der Durchsetzung der Fabrikordnungen.[278] Mit den Vertretungsgremien wurden meist auch grundlegende betriebliche Sozialleistungen wie Sozialkassen, Gesundheitsdienste oder Erholungseinrichtungen eingeführt, an deren Verwaltung die Arbeitnehmervertreter zum Teil auch beteiligt wurden. Zusammen versprachen sich viele Unternehmer von diesen Maßnahmen das Zurückdrängen sozialdemokratischer Einflüsse in ihren Fabriken.[279] Hinzu kam bei einigen Unternehmern noch eine ethisch-religiöse Motivation.[280] Für sie stand besonders die erzieherische Funktion der Arbeitnehmervertretungen im Mittelpunkt. Entsprechend hatten die Arbeitnehmervertreter in manchen Betrieben weitgehende Kompetenzen, in das Privatleben der Arbeitnehmer einzugreifen.[281]

Ein prominenter Vertreter dieser ethisch-religiös geprägten Arbeitgeber war der Direktor der Fürstlich-Isenburg-Wächtersbacher Steingutfabrik, Max Roesler. Sein ab 1884 eingeführter Arbeiterausschuss war für die Verwaltung der Unterstützungskassen, den Erlass von Unfallverhütungsvorschriften und die Ausbildung der Lehrlinge zuständig. Zudem konnte er mit Zustimmung des Arbeitgebers die Fabrikordnung ändern und ergänzen.[282] Der Schwerpunkt der Aufgaben des Ausschusses lag aber in der sittlichen Überwachung der Arbeitnehmer. Neben dem Setzen von entsprechenden Normen kümmerte er sich um deren Durchsetzung, inklusive der Verhängung von Strafen, und mischte sich weit in den privaten Bereich ein. Dabei waren sowohl die persönliche Lebensgestaltung als auch die politischen Ansichten der Arbeitnehmer betroffen. Für Roesler war es eine der Kernaufgaben des Ausschusses, alle sozialdemokratischen

278 *Bieber*, Zwischen Kasernenhof und Rätesystem, in: *Nutzinger*, Perspektiven der Mitbestimmung, S. 41 f; *Teuteberg*, Geschichte der Industriellen Mitbestimmung in Deutschland, S. 228 f.

279 *Bieber*, Zwischen Kasernenhof und Rätesystem, in: *Nutzinger*, Perspektiven der Mitbestimmung, S. 39 ff.; *Teuteberg*, Geschichte der Industriellen Mitbestimmung in Deutschland, S. 229.

280 *Teuteberg*, Geschichte der Industriellen Mitbestimmung in Deutschland, S. 240 f.

281 *Hitze*, Arbeiterwohl – Organ des Verbandes katholischer Industrieller und Arbeiterfreunde 1881, S. 1, 1 ff.; weitere Beispiele bei *Teuteberg*, Geschichte der Industriellen Mitbestimmung in Deutschland, S. 244 f.

282 *Teuteberg*, Geschichte der Industriellen Mitbestimmung in Deutschland, S. 251, 244.

Gedanken und Bestrebungen aus seinem Betrieb fernzuhalten.[283] Mitglieder oder auch Sympathisanten der freien, sozialdemokratischen, Gewerkschaften und der Parteien durften bei Roesler nicht beschäftigt werden. Der Arbeiterausschuss befasste sich also in vielen Fällen mit Themen, die heute nicht mehr unter die betriebliche Beteiligung fallen, da sie nicht dem betrieblichen, sondern dem privaten oder politischen Bereich zugeordnet sind.

Es gab aber auch zu dieser Zeit schon einige wenige modernere betriebliche Beteiligungsmodelle. Unternehmer wie der Freiburger Seidenfabrikant Carl Mez, die Inhaber der Schnellpressen- und Druckmaschinenfabrik Koenig & Bauer in Oberzell bei Würzburg, Fanny, Wilhelm und Friedrich Koenig sowie Andreas Friedrich Bauer, Ernst Abbe mit der Carl-Zeiss-Stiftung in Jena und nicht zuletzt der Berliner Jalousien- und Holzpflasterfabrikant Heinrich Freese führten in den 1880er Jahren Arbeitnehmervertretungen ein, die an bedeutenden betrieblichen Entscheidungsprozessen beteiligt wurden und teilweise weitgehende Mitbestimmungsrechte erhielten. Ihr Ansatz gründete auf der Übertragung der Forderungen des liberalen Bürgertums – dem diese Unternehmer alle angehörten – von der staatlichen auf die betriebliche Ebene.[284] So wie das Bürgertum in der konstitutionellen Monarchie Mitbestimmungsrechte im Staat durch ein gewähltes Parlament erstritten hatte, sollten auch die Arbeitnehmer in den Betrieben durch ein gewähltes Vertretungsorgan mitbestimmen können.[285] In den 1880er Jahren wurde für diese Beteiligungsmodelle der schon 1865 von dem deutschen Philosophen, Pädagogen und Sozialisten Friedrich Albert Lange geprägte[286] Begriff „konstitutionelle Fabrik“ geläufig.[287] Hiermit ist also zum ersten Mal der „verfasste Betrieb“ klar deklariert worden, ein Konzept auf dem sich auch unser modernes Betriebsverfassungsrecht gründet.

Anders als in den zeitgenössischen, religiös-ethisch geprägten Beteiligungsmodellen lag der Schwerpunkt der Beteiligungsrechte in den konstitutionellen Betrieben im arbeitstechnischen Bereich. Diesen Arbeitnehmervertretungen war gemein, dass sie die Fabrikordnung und deren Änderungen gleichberechtigt mitbeschlossen, sie Einfluss auf Arbeitszeiten und Lohn sowie die schon

283 *Roesler,* Arbeiterbeteiligung an Führung, Ertrag und Besitz von Gewerbebetrieben, S. 7, 12, 57 ff.; mit deutlicherer Rhetorik auch *Hitze,* Arbeiterwohl – Organ des Verbandes katholischer Industrieller und Arbeiterfreunde 1881, S. 85, 85 f.

284 *Teuteberg,* Geschichte der Industriellen Mitbestimmung in Deutschland, S. 254 f.

285 Vgl. *Freese,* Die konstitutionelle Fabrik, S. 6.

286 *Lange,* Die Arbeiterfrage, S. 369 ff.; siehe auch *John,* Zeitschrift für Geschichtswissenschaft 1987, S. 589, 596 und unten D. I. 1.

287 *Teuteberg,* Geschichte der Industriellen Mitbestimmung in Deutschland, S. 255.

bekannten Kompetenzen im Bereich der Fabrikstrafen und Wohlfahrtseinrichtungen hatten. Auch wurden sie frei und geheim von den Arbeitnehmern gewählt. Schließlich betrafen die Kompetenzen der Arbeitnehmervertretungen nur den innerbetrieblichen Bereich und reichten nicht in das private und politische Leben der Arbeitnehmer hinein.[288]

Ihre Rezeption durch die Arbeitnehmerschaft war dennoch geteilt. Während die betroffenen Belegschaften die Beteiligungsmodelle weitgehend begrüßten oder mit der Zeit schätzen lernten, stießen sie bei vielen Vertretern der organisierten Arbeitnehmer, insbesondere aus dem sozialdemokratischen Spektrum, auf Misstrauen und Ablehnung.[289] Gleiches galt für die Mehrheit der damaligen Arbeitgeber. Sie befürchteten durch die Einführung von Beteiligungsmodellen ihre unternehmerische Freiheit zu verlieren oder betrachteten sie als Einfallstore für die Arbeitnehmerorganisationen in ihre Betriebe.[290] Letztendlich sahen sich viele Unternehmer auch selbst dazu berufen, die Beschwerden und Wünsche ihrer Arbeitnehmer entgegenzunehmen. Eine Arbeitnehmervertretung empfanden sie dabei als überflüssig und störend.[291]

Auch wenn es im frühen Deutschen Kaiserreich weitgehend bei patriarchalischen Herrschaftsstrukturen in den Betrieben blieb, so fallen in diese Zeit auch die ersten Versuche der praktischen Umsetzung von betrieblicher Beteiligung in Deutschland. Die dabei federführenden Unternehmer haben mit ihren Beteiligungsmodellen wichtige Präzedenzfälle für die weitere Entwicklung der Arbeitnehmerbeteiligung geschaffen und damit auch den Grundstein für ihre spätere Akzeptanz durch die Arbeitgeber und besonders die Arbeitnehmer gelegt.[292]

5. Viktorianische Zeit

In den ersten Jahrzehnten des 19. Jahrhunderts waren im Vereinigten Königreich die Grundfesten für ein primär auf gewerkschaftlicher Vertretung beruhendes System der Arbeitsbeziehungen gelegt worden. In der Folgezeit erreichte das Britische

---

288 Zu allem vgl. *Teuteberg*, Geschichte der Industriellen Mitbestimmung in Deutschland, S. 256 ff. und unten D. I.

289 *Bieber*, Zwischen Kasernenhof und Rätesystem, in: *Nutzinger*, Perspektiven der Mitbestimmung, S. 42 f.; *Neuloh*, Die deutsche Betriebsverfassung, S. 109 ff.; *Teuteberg*, Geschichte der Industriellen Mitbestimmung in Deutschland, S. 302 ff.

290 *Bieber*, Zwischen Kasernenhof und Rätesystem, in: *Nutzinger*, Perspektiven der Mitbestimmung, S. 43; *Teuteberg*, Geschichte der Industriellen Mitbestimmung in Deutschland, S. 292 ff.

291 *Teuteberg*, Geschichte der Industriellen Mitbestimmung in Deutschland, S. 289 f.

292 Vgl. *Neuloh*, Die deutsche Betriebsverfassung, S. 110.

Empire unter Königin Viktoria die Hochzeit seiner Macht. Dies galt für seine flächenmäßige Ausdehnung und politisch-militärische Stärke genauso wie für seine wirtschaftliche Leistungsfähigkeit. Die damit einhergehende weitgehende Industrialisierung des britischen Kernlandes beschleunigte die schon vorher einsetzenden gesellschaftlichen Verschiebungen noch weiter. In den Städten wuchs mit dem in bitterer Armut lebenden Fabrikproletariat eine neue Schicht massiv an. Parallel entstand ein neues Großbürgertum, das als größter Profiteur der Industriellen Revolution zu erheblichem Reichtum kam und als zweite einflussreiche Schicht neben den Adel trat. Anders als auf dem europäischen Kontinent verhinderte das stabile, demokratisch verfasste Staatssystem im Vereinigten Königreich das Aufkommen ernsthafter revolutionärer Bestrebungen.[293] Auch die entstehenden Arbeiterorganisationen suchten nicht, das bestehende System zu überwerfen, sondern verlangten nach Anerkennung und Einfluss innerhalb desselben. Dabei konzentrierten sie sich vornehmlich auf die überbetriebliche Ebene, wo sie mit der rechtlichen Akzeptanz der Gewerkschaften und dem Abschluss von Tarifverträgen beachtliche Erfolge verzeichnen konnten.

Gleichzeitig bedeutete die Politik der Gewerkschaften eine gewisse Entfremdung von betrieblichen Fragestellungen und den konkreten Problemen ihrer Mitglieder. So entstanden neben den offiziellen, überbetrieblichen Gewerkschaftsstrukturen in vielen Industriebranchen informelle betriebliche Arbeitnehmervertreter. In den meisten Fällen waren es die gewerkschaftlichen Shop Stewards, die neben ihren verwaltungstechnischen Aufgaben für die Gewerkschaften auch begannen, die betrieblichen Interessen der Arbeitnehmer zu vertreten.[294] Allerdings darf der Einfluss, den diese frühen betrieblichen Arbeitnehmervertreter gegenüber den Arbeitgebern hatten, nicht überbewertet werden. Trotz des demokratischeren politischen Systems dominierten im Vereinigten Königreich, wie auf dem europäischen Kontinent, in den Betrieben die patriarchalen Herrschaftsstrukturen.

Eine Ausnahme von der informellen betrieblichen Beteiligung bildete die Montanindustrie. Ab 1845 wurden hier auf Druck der größten Bergarbeitergewerkschaft, der Miners Association of Great Britian, sogenannte „*Checkweighmen*“, also Wiegekontrolleure, eingeführt.[295] Sie wurden meist von den übrigen

---

293 Vgl. *Goodman/Whittingham*, Shop Stewards in British Industry, S. 22.

294 *Cole*, Workshop Organisation, in: *Marsh*, G. D. H. Cole, Workshop Organisation, S. 11.

295 *Goodman/Whittingham*, Shop Stewards in British Industry, S. 24, auch *Rückert/ Friedrich*, Betriebliche Arbeiterausschüsse in Deutschland, Großbritannien und Frankreich im späten 19. und frühen 20. Jahrhundert, S. 36, die aber 1860 als Einführungszeitpunkt angeben.

Arbeitnehmern einer Zeche gewählt und kontrollierten das Abwiegen der von den Bergarbeitern abgelieferten Erzmenge. Da hiervon die Löhne der einzelnen Arbeitnehmer direkt abhingen, war das Wiegen ein regelmäßiger Konfliktherd zwischen Arbeitgebern und Belegschaften. Durch die Kontrolleure sollte dieser entschärft werden. Mit der Zeit und der zunehmenden Größe der Bergwerke erweiterte sich das Aufgabenspektrum der *Checkweighmen* in so manchem Bergwerk. Sie nahmen nunmehr neben Klagen über unrichtiges Wiegen auch andere Beschwerden der Arbeitnehmer entgegen und vertraten sie gegenüber Vorarbeitern und Arbeitgebern. In einigen Fällen wurden sie damit praktisch zu allgemeinen betrieblichen Arbeitnehmervertretern. Der Coal Mines Act 1860 und der Mines Regulation Act 1872 stellten die *Checkweighman* – zumindest in ihrer Funktion als Wiegenkontrolleure – auf eine gesetzliche Grundlage. Damit erfuhren sie auch einen gewissen gesetzlichen Schutz gegenüber etwaigen Repressionen der Arbeitgeber.[296] In der Folge stieg die Zahl der Bergwerke mit *Checkweighman* nochmals spürbar an. Dennoch blieb diese Form der gesetzlich legitimierten, betrieblichen Arbeitnehmervertreter mit Blick auf die gesamte britische Industrie eine absolute Ausnahme.

In vielen anderen Industriezweigen wurde die Beteiligung von Arbeitnehmervertretern, insbesondere der Gewerkschaften, an betrieblichen Entscheidungen von den Arbeitgebern massiv bekämpft. 1852 verweigerten die Metallarbeiter unter der Führung der Amalgamated Society of Engineers die Ableistung von Überstunden. Sie richteten sich damit gegen deren starke Ausbreitung und gegen die Akkordarbeit.[297] Die Arbeitgeber sahen in den Streikforderungen einen Eingriff in ihre betriebliche Alleinentscheidungskompetenz und antworteten mit der Aussperrung aller in der Amalgamated Society of Engineers organisierten Arbeitnehmer. Nach über drei Monaten musste die Gewerkschaft, trotz finanzieller Unterstützung anderer Gewerkschaften und aus der Öffentlichkeit, monetär ausgeblutet aufgeben.[298]

Juristisch blieben die Hürden für eine gewerkschaftliche Einmischung in betriebliche Angelegenheiten hoch. Zwar erhielten die Gewerkschaften als Institution durch den Trade Union Act 1871 begrenzte rechtliche Anerkennung und damit auch einen gewissen Schutz. Ihren Mitgliedern und Funktionären drohte aber weiterhin Strafverfolgung aufgrund ihrer gewerkschaftlichen Tätigkeit.[299]

296 *Goodman/Whittingham,* Shop Stewards in British Industry, S. 24; *Rückert/Friedrich,* Betriebliche Arbeiterausschüsse in Deutschland, Großbritannien und Frankreich im späten 19. und frühen 20. Jahrhundert, S. 36 f.

297 *Schmoekel,* Rechtsgeschichte der Wirtschaft, S. 174 f.

298 *Schmoekel,* Rechtsgeschichte der Wirtschaft, S. 175; *Degen,* Shop Stewards, S. 29.

299 *Schmoekel,* Rechtsgeschichte der Wirtschaft, S. 207 f.

Im betrieblichen Bereich war diese Gefahr besonders hoch, da die neuen Errungenschaften durch Gesetzesauslegung und auf Grundlage des Common Law von den Gerichten weitgehend umgangen wurden.[300]

Insofern blieb der Weg zu einer offiziell anerkannten betrieblichen Beteiligung im größten Teil der britischen Industrie auch in der viktorianischen Zeit versperrt. Als Konsequenz bildeten sich vielerorts inoffizielle Strukturen. Wichtigster Ansatzpunkt für diese waren die gewerkschaftlichen Shop Stewards, deren Aufgabenspektrum sich zunehmend erweiterte. Neben ihren innergewerkschaftlichen Verwaltungsaufgaben vertraten sie zunehmend die betrieblichen Interessen der übrigen Arbeitnehmer gegenüber den unmittelbaren Vorgesetzten und den Arbeitgebern.[301] Die Shop Stewards handelten außerhalb der von den Gewerkschaften eigentlich für sie vorgesehenen Aufgaben. Dabei stützten sie sich zur Durchsetzung ihrer Forderungen vor allem auf die Belegschaften und deren Bereitschaft für die eigenen Interessen einzutreten. In gut organisierten Branchen und Betrieben bot dies zudem einen gewissen Schutz der Shop Stewards vor Repressionen. Daneben konnten die Shop Stewards teilweise mit der Unterstützung der hauptamtlichen Gewerkschaftsfunktionäre rechnen. Deren Arbeit richtete sich ohnehin auf das Aushandeln überbetrieblicher Mindeststandards, auf deren Grundlage weitergehende betriebliche Vereinbarungen möglich blieben.[302] Besonders galt dies in Industriezweigen wie der Metallindustrie, in denen Akkordbezahlung üblich war.[303] Insofern gab es durchaus positive Synergieeffekte zwischen den beiden Beteiligungsebenen. Dies spiegelte sich auch in den Satzungen der Gewerkschaften wieder, in denen ab den 1870er Jahren Referenzen oder teilweise konkrete Bestimmungen zu Shop Stewards auftauchten.[304] Es zeigten sich aber auch erste, aus den verschiedenen Arbeitsebenen resultierende Differenzen zwischen Shop Stewards und hauptamtlichen Gewerkschaftsfunktionären.[305]

300 *Daly,* Industrial Relations, S. 73 f.

301 Vgl. *Cole,* Workshop Organisation, in: *Marsh,* G. D. H. Cole, Workshop Organisation, S. 11; *Goodman/Whittingham,* Shop Stewards in British Industry, S. 24; *Degen,* Shop Stewards, S. 32.

302 Vgl. *Degen,* Shop Stewards, S. 31.

303 Vgl. *Cole,* Workshop Organisation, in: *Marsh,* G. D. H. Cole, Workshop Organisation, S. 12 f.

304 Vgl. *Goodman/Whittingham,* Shop Stewards in British Industry, S. 23 f.; auch *Degen,* Shop Stewards, S. 31.

305 *Goodman/Whittingham,* Shop Stewards in British Industry, S. 24 f.

Eine stärkere Formalisierung der gewerkschaftlichen Rolle auf betrieblicher Ebene scheiterte im ausgehenden 19. Jahrhundert erneut am Widerstand der Arbeitgeber. Sehr deutlich wird diese Einstellung am Beispiel des großen Metallarbeiterstreiks von 1897. Während in den Vorjahren mehrere große Streiks, unter anderem der Hafenarbeiter und Bergleute, erfolgreich waren,[306] scheiterten die Metallarbeiter wie 1852 am erbitterten Widerstand der Arbeitgeber. Anders als bei den Hafenarbeitern war der Streik der Metallarbeiter nicht primär auf bessere Entlohnung und Arbeitsbedingungen gerichtet. Sie forderten neben kürzeren Arbeitszeiten einen stärkeren Einfluss auf betriebliche Entscheidungen.[307] Für die Arbeitgeber war dies nicht akzeptabel. Unter der Führung einer Gruppe Londoner Industrieller, einschließlich des deutsch-stämmigen Alexander Siemens, wandten sie sich mit aller Entschiedenheit gegen die Forderungen der Arbeitnehmer.[308] Die Streiks in einigen Fabriken beantworteten sie mit Aussperrungen. Durch gegenseitiges Aufschaukeln kam es im Ergebnis zu einem flächendeckenden Arbeitskampf, der über sieben Monate dauerte.[309] Am Ende gingen der Gewerkschaft wie schon knapp fünfzig Jahre zuvor die finanziellen Mittel zur Fortsetzung des Arbeitskampfs aus. Die Arbeitnehmer mussten sich den Arbeitgebern beugen und zu den von diesen diktierten Bedingungen an ihre Arbeitsplätze zurückkehren.[310]

In den von den Arbeitgebern erzwungenen *Terms of Settlement* mussten sich Gewerkschaft und Arbeitnehmer verpflichten, die unternehmerische Entscheidungsfreiheit der Arbeitgeber auch in betrieblichen Belangen voll zu akzeptieren.[311] Zudem mussten sich die Arbeitnehmer verpflichten, Beschwerden über betriebliche Fragen nur noch in genau festgelegten Beschwerdeverfahren zu verfolgen. Nach diesem Mechanismus sollten betriebliche Konflikte möglichst schnell aus dem Betrieb heraus an eine überbetriebliche Kommission verwiesen werden. Damit war die Tätigkeit der Shop Stewards als inoffizielle Vertreter der

306 Siehe hierzu *Schmoekel*, Rechtsgeschichte der Wirtschaft, S. 243 ff., 255 f.

307 *Schmoekel*, Rechtsgeschichte der Wirtschaft, S. 258; *Degen*, Shop Stewards, S. 36; *Rückert/Friedrich*, Betriebliche Arbeiterausschüsse in Deutschland, Großbritannien und Frankreich im späten 19. und frühen 20. Jahrhundert, S. 38.

308 *Rückert/Friedrich*, Betriebliche Arbeiterausschüsse in Deutschland, Großbritannien und Frankreich im späten 19. und frühen 20. Jahrhundert, S. 38.

309 *Schmoekel*, Rechtsgeschichte der Wirtschaft, S. 258.

310 *Schmoekel*, Rechtsgeschichte der Wirtschaft, S. 258; *Degen*, Shop Stewards, S. 36; *Rückert/Friedrich*, Betriebliche Arbeiterausschüsse in Deutschland, Großbritannien und Frankreich im späten 19. und frühen 20. Jahrhundert, S. 38.

311 *Degen*, Shop Stewards, S. 36 f.

Arbeitnehmer in innerbetrieblichen Konflikten formell ausgeschlossen.[312] Allerdings waren die Bedingungen der Arbeitgeber so hart, dass sie sich in der Praxis kaum umsetzten ließen und schon gar nicht als Grundlage für eine dauerhafte Verständigung dienen konnten.[313]

Wenn auch die Mehrheit der Arbeitgeber eine betriebliche Beteiligung ihrer Arbeitnehmer in jeder Form ablehnte, gab es auch Ausnahmen. So wurden in einer kleinen Zahl von Betrieben durch die Arbeitgeber Betriebs- oder Arbeiterausschüsse eingesetzt.[314] Diese allgemein als *Welfare Committees* bezeichneten Gremien waren allerdings meist auf Mitspracherechte bei der Verwaltung betrieblicher Wohlfahrtseinrichtungen wie Sport- und Freizeitanlagen, Unterstützungskassen oder Fabrikküchen beschränkt.[315] Einfluss auf andere betriebliche Fragen hatten sie dagegen in den seltensten Fällen. Sie waren meist als gemeinsame Gremien, in denen sowohl Arbeitnehmer- als auch Arbeitgebervertreter saßen, ausgestaltet.[316] Die Motivation der Arbeitgeber für die Einführung der *Welfare Committees* war dabei weniger von dem Wunsch getragen, das Wohlergehen der Arbeiter durch betriebliche Beteiligung zu verbessern, als von der Absicht, mit ihnen die Gewerkschaften aus dem Betrieb fernzuhalten.[317] Entsprechend skeptisch wurden die Initiativen der Arbeitgeber auch von vielen Arbeitnehmern und Gewerkschaften gesehen. Teilweise verhinderte die ablehnende Haltung der Arbeitnehmer einen nachhaltigen Erfolg auch dort, wo ein Arbeitgeber ein *Committee* mit den lautersten Motiven eingeführt hatte. Dennoch gab es auch eine kleine Zahl von Betrieben, in denen die *Welfare Committees* gut funktionierten und in Einklang mit den örtlichen Shop Stewards oder Gewerkschaften arbeiteten.[318] Dies blieb allerdings die absolute Ausnahme. Die *Welfare Committees* spielten somit keine prägende Rolle in der Entwicklung der betrieblichen Beteiligung im Vereinigten Königreich.

---

312 *Degen,* Shop Stewards, S. 37.

313 *Schmoekel,* Rechtsgeschichte der Wirtschaft, S. 258.

314 *Rückert/Friedrich,* Betriebliche Arbeiterausschüsse in Deutschland, Großbritannien und Frankreich im späten 19. und frühen 20. Jahrhundert, S. 40 ff.

315 *Cole,* Workshop Organisation, in: *Marsh,* G. D. H. Cole, Workshop Organisation, S. 20 f.

316 *Cole,* Workshop Organisation, in: *Marsh,* G. D. H. Cole, Workshop Organisation, S. 23.

317 Vgl. *Cole,* Workshop Organisation, in: *Marsh,* G. D. H. Cole, Workshop Organisation, S. 22.

318 *Cole,* Workshop Organisation, in: *Marsh,* G. D. H. Cole, Workshop Organisation, S. 22 f.

Wie mit der großen Aussperrung und den *Terms of Settlement* von 1897/98 in der Metallindustrie standen am Ende der viktorianischen Zeit auch in vielen anderen Branchen die Zeichen auf Konflikt. Während konservative wie wirtschaftsliberale Kreise weitgehend an ihren traditionellen Entscheidungskompetenzen festhalten wollten, forderte die Arbeiterbewegung in allen gesellschaftlichen Bereichen ein Umdenken und stärkere Beteiligung. Auf der politischen Ebene hatte sie ihre Forderungen bereits in Teilbereichen umgesetzt. So war das Wahlrecht schrittweise geändert worden, wodurch nun auch viele Arbeitnehmer wählen konnten. Ihre Stimmen waren dabei hauptsächlich der Liberalen Partei zugute gekommen, innerhalb derer es eine Gruppe von Abgeordneten gab, die gute Kontakte zu den Gewerkschaften unterhielten bzw. Gewerkschafter waren.[319] Die Nähe zu den Gewerkschaften war in der Partei aber nur begrenzt ausgeprägt. Dadurch wurden die Erwartungen der Arbeitnehmer von den liberalen Regierungen immer wieder enttäuscht. In der Folge bildeten sich gerade in arbeitnehmernahen intellektuellen Kreisen Ideen für die Bildung einer eigenen politischen Partei. Während der letzten drei Jahrzehnte des 19. Jahrhunderts entstanden im Vereinigten Königreich mehrere Gruppen und Strömungen.[320] Mit der Fabian Society, der Social Democratic Federation und der sozialistisch geprägten Independent Labour Party schlossen sich 1900, gemeinsam mit den Gewerkschaften, die wichtigsten dieser neuen Gruppen zum Labour Representation Committee zusammen.[321] Damit war die britische Labour Party gegründet, die nach einer Umbenennung ab 1906 so hieß. Die Forderungen und Konzepte, die die verschiedenen Gruppen und Strömungen aufstellten, befassten sich weitgehend mit dem makroökonomischen Bereich. Die betriebliche Ebene spielte dabei, wenn überhaupt, nur eine untergeordnete Rolle.

Mit der weitgehenden Vernachlässigung der betrieblichen Beteiligung durch die Arbeitnehmerorganisationen und die arbeitnehmernahe Intelligenz wurde in den letzten Regierungsjahren Königin Viktorias ein Konflikt innerhalb der Arbeiterschaft angelegt, der gerade während des Ersten Weltkriegs neben die Auseinandersetzung mit den Arbeitgebern treten sollte. Die traditionellen Arbeitnehmervertreter, allen voran die Gewerkschaften, stritten mit der aufkommenden Shop Steward Bewegung um ihren Alleinvertretungsanspruch.

---

319 Vgl. *Schmoekel*, Rechtsgeschichte der Wirtschaft, S. 209 ff., 228 ff.

320 Vgl.*Schmoekel*, Rechtsgeschichte der Wirtschaft, S. 233 ff.

321 *Schmoekel*, Rechtsgeschichte der Wirtschaft, S. 261 ff.

III. Imperialismus und Erster Weltkrieg

1. Wilhelminische Zeit

Um 1890 kam neue Bewegung in die Frage der betrieblichen Beteiligung der Arbeitnehmer. 1888 war Wilhelm II. auf den deutschen Kaiserthron gefolgt. Nur ein Jahr später kam es im Ruhrgebiet zu einem Bergarbeiterstreik von bisher ungekanntem Ausmaß. Bei der Reichstagswahl Anfang 1890 erhielten die Sozialdemokraten zum ersten Mal die meisten Stimmen.[322] Schließlich entließ Wilhelm II. noch im selben Jahr Reichskanzler Otto von Bismarck.

Bereits während des Streiks hatte der junge Kaiser einen neuen Kurs eingeschlagen, als er eine Delegation der streikenden Bergarbeiter empfing. Nachdem er sie angehört hatte, forderte er die Arbeitgeber auf, sich mit den Streikenden zu verständigen und deren wesentliche Forderungen zu erfüllen.[323] Ein Vorgang, der unter seinen Vorgängern undenkbar gewesen wäre. Als Konsequenz aus dem Streik formulierte Wilhelm II. in zwei kaiserlichen Erlassen, die als „Februarerlasse“ bekannt geworden sind, seine Vorstellungen von nötigen Arbeitsschutzverbesserungen. In ihnen war auch die Einführung von obligatorischen Arbeiterausschüssen zur Beteiligung der Arbeitnehmer an betrieblichen Entscheidungsprozessen vorgesehen.[324] Nach der Bekanntmachung der Erlasse widmete sich auch der preußische Staatsrat der Frage von obligatorischen Arbeiterausschüssen. Die Befürwortung obligatorischer Arbeiterausschüsse scheiterte aber, trotz des starken Werbens des schon erwähnten Berliner Fabrikanten Heinrich Freese, am Widerstand der meisten anderen aus dem Unternehmertum stammenden Mitglieder des Staatsrats.[325] Schließlich wurde das Thema auch auf der von Wilhelm II. angeregten, noch im selben Jahr in Berlin stattfindenden, ersten internationalen Arbeiterschutzkonferenz beraten.[326]

---

322 Aufgrund des Zuschnitts der Wahlkreise erhielten sie aber bei weitem nicht die meisten Mandate.

323 *Bieber*, Zwischen Kasernenhof und Rätesystem, in: *Nutzinger*, Perspektiven der Mitbestimmung, S. 44; *Weber*, Vom Klassenkampf zur Partnerschaft, S. 78 f.; ausführlich *Teuteberg*, Geschichte der Industriellen Mitbestimmung in Deutschland, S. 362 ff.

324 *Teuteberg*, Geschichte der Industriellen Mitbestimmung in Deutschland, S. 373; *Weber*, Vom Klassenkampf zur Partnerschaft, S. 80 f.

325 *Freese*, Die konstitutionelle Fabrik, S. 146; *Teuteberg*, Geschichte der Industriellen Mitbestimmung in Deutschland, S. 375.

326 *Teuteberg*, Geschichte der Industriellen Mitbestimmung in Deutschland, S. 376.

Die weitere Ausarbeitung und praktische Umsetzung eines verbesserten Arbeitsschutzes in Deutschland und damit auch einer betrieblichen Beteiligung der Arbeitnehmer übertrug der Kaiser dem neuen, reformorientierten preußischen Handelsminister Hans Hermann von Berlepsch. Es entstand das „Gesetz, betreffend Abänderung der Gewerbeordnung. Vom 1. Juni 1891",[327] das als Arbeiterschutzgesetz bekannt geworden ist. Bereits der ursprüngliche Gesetzentwurf des Handelsministeriums enthielt eine Bestimmung, nach der in allen Betrieben obligatorisch eine Fabrikordnung erlassen werden sollte. In ihr sollten mindestens die Kernpunkte der betrieblichen Verhältnisse wie Arbeits- und Pausenzeiten, Lohnzahlung, Kündigungsfristen und -gründe sowie Ordnungsstrafen geregelt sein. Nach dem Entwurf sollte den Arbeitnehmern des Betriebs bei Erlass und Änderungen der Arbeitsordnung Gelegenheit gegeben werden, sich zu äußern. In Betrieben, in denen ständige Arbeiterausschüsse bestanden, sollte es reichen, diese zu der Fabrikordnung zu hören.[328] Von Berlepsch wollte mit dieser Vorschrift die fakultative Einführung von Arbeiterausschüssen fördern. Er war der Überzeugung, dass eine obligatorische Einführung durch den Gesetzgeber das für die erfolgreiche Arbeit der Ausschüsse nötige Vertrauensverhältnis zwischen Arbeitnehmern und Arbeitgeber in den meisten Fällen nachhaltig gefährden würde.[329] Um diese Vorschrift, insbesondere um die Beteiligung der Arbeitnehmer, entwickelte sich während der Beratungen des Entwurfs im Reichstags eine intensive Debatte.[330]

Während insbesondere Vertreter des Zentrums und der Nationalliberalen die obligatorische Einführung von Arbeiterausschüssen forderten, verlangten die Konservativen und die Sozialdemokratie die Streichung auch nur der Referenz auf die Ausschüsse. Die Konservativen, allen voran der einflussreiche saarländische Montanindustrielle Carl Ferdinand von Stumm-Halberg, suchten die gesamte Idee einer Beteiligung der Arbeitnehmer an betrieblichen Entscheidungen zu verhindern.[331] Vielmehr verlangten sie die Rückkehr zu den

---

327 RGBl. 1891, S. 261.

328 *Becker,* Arbeitsvertrag und Arbeitsverhältnis in Deutschland, S. 94 f.; *Teuteberg,* Geschichte der Industriellen Mitbestimmung in Deutschland, S. 377.

329 *Teuteberg,* Geschichte der Industriellen Mitbestimmung in Deutschland, S. 387; vgl. auch *Berthelot,* Die Betriebsräte in Deutschland, S. 5.

330 *Däubler,* Das Arbeitsrecht 1, S. 457; *Teuteberg,* Geschichte der Industriellen Mitbestimmung in Deutschland, S. 378, 383; vgl. auch *Deutscher Reichstag,* Stenographische Berichte über die Verhandlungen des Reichstags, S. 2303 ff.

331 *Bieber,* Zwischen Kasernenhof und Rätesystem, in: *Nutzinger,* Perspektiven der Mitbestimmung, S. 50 f.; *Gamillscheg,* Kollektives Arbeitsrecht, S. 106 f.; *Teuteberg,* Geschichte der Industriellen Mitbestimmung in Deutschland, S. 375, 382 f.

alten patriarchalischen Herrschaftsstrukturen und wollten die bestehenden betrieblichen Zustände bestenfalls durch den Arbeitgebern auferlegte soziale Obligationen abmildern. Für die Sozialdemokratie bezeichnete August Bebel die Arbeiterausschüsse als „das scheinkonstitutionelle Feigenblatt, mit dem der Farbikfeudalismus verdeckt werden soll."[332] Bebel kritisierte insbesondere die Gestaltungsfreiheit, die der Entwurf den Arbeitgebern bei der Ausgestaltung der gesetzlich anzuerkennenden Ausschüsse ließ. Hinzu kam die – immer noch – grundsätzliche Ablehnung betrieblicher Beteiligung mittels Arbeiterausschüssen durch die Mehrheit der Sozialdemokraten.[333]

Trotz der Widerstände von Links und Rechts und der teilweise weitergehenden Vorstellungen gemäßigter Kräfte wurde der Entwurf des Handelsministeriums von der Mehrheit des Reichstags in weitgehend unveränderter Fassung verabschiedet.[334] Das Arbeiterschutzgesetz konnte damit am 1. Juni 1891 in Kraft treten. Von nun an mussten alle Betriebe eine Fabrikordnung haben. Sowohl bei ihrer ersten Einführung als auch bei jeder Änderung musste den Arbeitnehmern Gelegenheit gegeben werden sich zu äußern. Dies konnte direkt oder durch einen Arbeiterausschuss geschehen. Das Gesetz erkannte dabei nur solche Ausschüsse an, deren Mitglieder in der Mehrheit durch die Arbeitnehmer gewählt waren. Gerade in großen Betrieben war eine direkte Ausübung der Beteiligungsrechte durch die Arbeitnehmer wenig praktikabel. Die Hoffnung des Handelsministers von Berlepsch war daher, dass in vielen größeren Betrieben nunmehr freiwillig Arbeiterausschüsse gebildet werden würden.[335]

Diese Hoffnung erfüllte sich indes nur teilweise. In jedem Fall waren die Beteiligungsrechte der meisten Arbeiterausschüsse, entsprechend den gesetzlichen Vorgaben, auch nach 1891 sehr begrenzt, so dass sie oft binnen kurzer Zeit in die Bedeutungslosigkeit abglitten.[336] Dennoch ist das Arbeiterschutzgesetz ein wichtiger Schritt in Richtung eines verfassten Betriebs und damit auch einer effektiven

---

332 *Deutscher Reichstag,* Stenographische Berichte über die Verhandlungen des Reichstags, S. 2323.

333 *Däubler,* Das Arbeitsrecht 1, S. 458; *Gamillscheg,* Kollektives Arbeitsrecht, S. 106; *Krause,* Recht der Arbeit, S. 129, 131; vgl. auch *Teuteberg,* Geschichte der Industriellen Mitbestimmung in Deutschland, S. 380 ff.

334 *Teuteberg,* Geschichte der Industriellen Mitbestimmung in Deutschland, S. 383.

335 *Teuteberg,* Geschichte der Industriellen Mitbestimmung in Deutschland, S. 384.

336 *Berthelot,* Die Betriebsräte in Deutschland, S. 5; *Bieber,* Zwischen Kasernenhof und Rätesystem, in: *Nutzinger,* Perspektiven der Mitbestimmung, S. 51; *Teuteberg,* Geschichte der Industriellen Mitbestimmung in Deutschland, S. 388 ff.

Beteiligung der Arbeitnehmer an betrieblichen Entscheidungen. Mit ihm wurden betriebliche Vertretungsorgane der Arbeitnehmer zum ersten Mal rechtlich anerkannt und damit auch die unumschränkte Entscheidungsgewalt des Unternehmers in betrieblichen Belangen durch den Gesetzgeber erschüttert.[337] Gleichzeitig stellte das Gesetz, ebenfalls zum ersten Mal, eigenständige betriebliche Arbeitnehmervertretungen neben die Gewerkschaften, so dass hierin der Beginn des dualistischen Vertretungssystems in Deutschland gesehen werden kann.[338]

Mit dem Arbeiterschutzgesetz war der entscheidende Wandel in der Einstellung des Gesetzgebers gegenüber betrieblichen Belangen erfolgt. Von nun an wurde die weitere praktische Einführung und Verbreitung der betrieblichen Beteiligung in Deutschland nicht mehr von einzelnen fortschrittlichen Unternehmern getragen, sondern vom Staat durch bindende gesetzliche Regelungen vorangebracht.

1900 war es die Bayrische Regierung, die als erste obligatorische Arbeiterausschüsse für alle Bergwerksbetriebe vorschrieb. 1905 folgte Preußen ihrem Beispiel.[339] Dass die ersten obligatorischen Arbeiterausschüsse im Bergbau eingeführt wurden, war kein Zufall. Der Bergbau bildete in der Industrie der damaligen Zeit einen Sonderfall. Zum einen war der Bergbau der Schlüssel zur sicheren Rohstoffversorgung der übrigen Industriezweige. Arbeitskämpfe hier hatten das Potential, die Industrieproduktion des Reichs insgesamt zu gefährden.[340] Zudem war ein beträchtlicher Teil der Bergwerke nicht in privater, sondern in staatlicher Hand. Der Staat machte in diesem Industriezweig also praktische Erfahrungen als Arbeitgeber. Als solche führten die meisten deutschen Staaten, allen voran Preußen, in den 1890er Jahren auf ihren eigenen Zechen Bergarbeiterausschüsse ein.[341] Die dabei gemachten Erfahrungen waren durchweg positiv.[342] Auch unterstützten die Gewerkschaften im Bergbau die

337 *Teuteberg*, Geschichte der Industriellen Mitbestimmung in Deutschland, S. 385 f.; *Weber*, Vom Klassenkampf zur Partnerschaft, S. 82; ähnlich auch Gamillscheg, der in dem Gesetz die Geburtsstunde der deutschen Betriebsverfassung sieht *Gamillscheg*, Arbeit und Recht 1991, S. 272, 272 f.; *Gamillscheg*, Kollektives Arbeitsrecht, S. 107.

338 *Gamillscheg*, Arbeit und Recht 1991, S. 272, 272; *Krause*, Recht der Arbeit, S. 129, 130.

339 *Däubler*, Das Arbeitsrecht 1, S. 458; *Schmoekel*, Rechtsgeschichte der Wirtschaft, S. 384 f.

340 Vgl. *Bieber*, Zwischen Kasernenhof und Rätesystem, in: *Nutzinger*, Perspektiven der Mitbestimmung, S. 51.

341 *Teuteberg*, Geschichte der Industriellen Mitbestimmung in Deutschland, S. 415 ff.

342 Vgl. *Teuteberg*, Geschichte der Industriellen Mitbestimmung in Deutschland, S. 426.

betriebliche Beteiligung der Arbeitnehmer durch Arbeiterausschüsse. Dies galt in besonderem Maße für die gerade im Ruhrgebiet starken christlichen Gewerkschaften.[343] Aber auch die sozialdemokratischen Verbände stellten teilweise, anders als in den übrigen Industriezweigen, ebenfalls Forderungen nach betrieblicher Beteiligung.[344] Trotz dieser Vorzeichen waren auch in den 1890er Jahren auf den privaten Bergwerken praktisch keine Bergarbeiterausschüsse geschaffen worden.[345] Wie das oben genannte Beispiel des saarländischen Montanindustriellen von Stumm-Halberg zeigt, gehörten einige der privaten Bergwerksbetreiber vielmehr zu den lautesten Vertretern patriarchalischer Betriebsstrukturen.

Am 30. Juni 1900 entschied sich der Bayrische Landtag, Arbeiterausschüsse auf allen Bergwerken auf bayrischem Staatsgebiet verbindlich vorzuschreiben.[346] Trotz anfänglicher Ablehnung arrangierten sich die privaten Bergwerksbetreiber in Bayern während der folgenden fünf Jahre gut mit den Arbeiterausschüssen. 1905 konnte die bayrische Berginspektion daher auch für den privaten Sektor eine positive Erfahrungsbilanz der Reform ziehen.[347]

Im Januar 1905 brach im Ruhrgebiet der zweite große Bergarbeiterstreik aus. Der Streik verlief ordentlich und kontrolliert unter der gemeinsamen Führung aller großen Bergbaugewerkschaften ab. Die gestellten Forderungen waren weitgehend moderat und betrafen Mängel, die zuvor schon in der breiten Öffentlichkeit kritisiert worden waren.[348] Als sich die Arbeitgeber dennoch weigerten, mit den Vertretern der Arbeitnehmer zu verhandeln, kündigte das preußische Staatsministerium mit der Unterstützung der Reichsregierung und des Kaisers an, den Forderungen der Streikenden gesetzlich abzuhelfen.[349] Mit dem „Gesetz, betreffend die Abänderung einzelner Bestimmungen des Allgemeinen Berggesetzes für die preußischen Staaten"[350] vom 14. Juni 1905 wurde diese Ankündigung in die Tat umgesetzt. Zentrale Bestimmung der Novelle war die Einführung von obligatorischen Bergarbeiterausschüssen auf allen Zechen

343 *Teuteberg*, Geschichte der Industriellen Mitbestimmung in Deutschland, S. 423 f.
344 *Teuteberg*, Geschichte der Industriellen Mitbestimmung in Deutschland, S. 421 f.
345 *Teuteberg*, Geschichte der Industriellen Mitbestimmung in Deutschland, S. 418.
346 *Teuteberg*, Geschichte der Industriellen Mitbestimmung in Deutschland, S. 425 f.
347 *Teuteberg*, Geschichte der Industriellen Mitbestimmung in Deutschland, S. 427.
348 *Teuteberg*, Geschichte der Industriellen Mitbestimmung in Deutschland, S. 429 ff.
349 *Teuteberg*, Geschichte der Industriellen Mitbestimmung in Deutschland, S. 432.
350 Gesetzessammlung für die Königlich Preußischen Staaten 1905, S. 307.

mit mehr als einhundert Arbeitnehmern.[351] Die Regelungen zur formellen Ausgestaltung der Ausschüsse waren weitgehend an die geänderte Reichsgewerbeordnung von 1891 angelehnt. Die Befugnisse der obligatorischen Bergarbeiterausschüsse gingen über die der fakultativen Arbeiterausschüsse in den anderen Industriezweigen, aber auch über die der obligatorischen bayrischen Bergarbeiterausschüsse, hinaus.[352] So waren die Arbeiterausschüsse nun an der Verwaltung der durch verhängte Fabrikstrafen eingenommenen Gelder zu beteiligen und hatten fortan das gesetzlich verbriefte Recht, die Beschwerden und Wünsche der Arbeitnehmer zu betrieblichen Fragen an den Arbeitgeber heranzutragen. Weiter wurden sie durch das Gesetz verpflichtet, für „das gute Einvernehmen innerhalb der Belegschaft und zwischen der Belegschaft und dem Arbeitgeber" zu sorgen.[353] Damit stellten die Bestimmungen einen Kompromiss dar, der von der Zentrumspartei und auch den christlichen Gewerkschaften weitestgehend mitgetragen wurde.[354] Die Sozialdemokratischen Gewerkschaften sahen hingegen ihre Kernforderungen nicht erfüllt oder sogar konterkariert.[355] Auch weite Teile der preußischen Montanindustrieellen lehnten den gefundenen Kompromiss weiterhin kategorisch ab.

Die Wirkung der obligatorischen Bergarbeiterausschüsse in den privaten Betrieben blieb damit begrenzt. Zwar führten 1909 auch Sachsen und Elsaß-Lothringen verpflichtend Bergarbeiterausschüsse in ihren Territorien ein. Die privaten Arbeitgeber versuchten jedoch, die Bergarbeiterausschüsse durch entsprechende Wahlordnungen von gewerkschaftlich organisierten Arbeitnehmern frei zu halten oder sie enthielten ihnen gleich die gesetzlichen Kompetenzen vor.[356] Zudem wurden Teile der Ausschusswahlen von Beginn an von den sozialdemokratischen Gewerkschaften boykottiert.[357] Insgesamt bedeuteten

351 *Berthelot*, Die Betriebsräte in Deutschland, S. 6; *Pflüger*, Das betriebliche Repräsentativsystem, S. 127 f.; *Teuteberg*, Geschichte der Industriellen Mitbestimmung in Deutschland, S. 436.

352 *Teuteberg*, Geschichte der Industriellen Mitbestimmung in Deutschland, S. 436; skeptischer *Däubler*, Das Arbeitsrecht 1, S. 458.

353 *Däubler*, Das Arbeitsrecht 1, S. 458 f.; *Teuteberg*, Geschichte der Industriellen Mitbestimmung in Deutschland, S. 437.

354 *Teuteberg*, Geschichte der Industriellen Mitbestimmung in Deutschland, S. 439.

355 *Däubler*, Das Arbeitsrecht 1, S. 458 f.; *Teuteberg*, Geschichte der Industriellen Mitbestimmung in Deutschland, S. 445.

356 *Bieber*, Zwischen Kasernenhof und Rätesystem, in: *Nutzinger*, Perspektiven der Mitbestimmung, S. 51.

357 *Däubler*, Das Arbeitsrecht 1, S. 459.

auch die Bergarbeiterausschüsse des beginnenden 20. Jahrhunderts noch nicht den endgültigen Durchbruch der betrieblichen Beteiligung in Deutschland.

In den folgenden Jahren bis zum Ausbruch des Ersten Weltkriegs blieben weitere gesetzgeberische Impulse zur betrieblichen Beteiligung der Arbeitnehmer aus. Bemerkenswert ist der sich in dieser Zeit abzeichnende Wandel in der sozialdemokratischen Theorie. In der sozialdemokratischen Partei und den sozialdemokratischen Gewerkschaften verschoben sich die Mehrheitsverhältnisse hin zu einer Befürwortung der betrieblichen Beteiligung.[358] Damit begannen sich in dieser Frage die revisionistischen Kräfte um den sozialdemokratischen Theoretiker und Reichstagsabgeordneten Eduard Bernstein durchzusetzen.[359] Praktisch veränderte sich hingegen nicht viel am zur Jahrhundertwende erreichten Status quo bestehender Beteiligung. Als Ansatz zur Auflösung der Gegensätze zwischen Arbeit und Kapital hatte die betriebliche Beteiligung aber über den wissenschaftlichen Bereich hinaus einen festen Platz in der allgemeinen gesellschaftlichen und politischen Debatte eingenommen.

2. Vorkriegsjahre im Vereinigten Königreich

Die ersten Jahre des 20. Jahrhunderts bis zum Ersten Weltkrieg waren im Vereinigten Königreich von einer deutlichen Verschärfung der Konflikte innerhalb der Arbeitsbeziehungen geprägt. Dies galt zum einen für das Verhältnis der Gewerkschaften zu den Arbeitgebern, wo es teilweise mehrere Jahre in Folge zu großen Wellen erbittert geführter Arbeitskämpfe kam. Zum anderen kam es aber auch in der Arbeiterschaft selbst zu einer Radikalisierung, die sich nicht immer nur gegen die Arbeitgeber, sondern teilweise auch gegen die als zu angepasst empfundenen Gewerkschaften und traditionellen Arbeitnehmerführer richtete. Ihr Betätigungsfeld fanden diese neuen Arbeitervertreter oft auf der betrieblichen Ebene, wo die Gewerkschaften allgemein schwach aufgestellt waren. Die liberale Regierung unter Premierminister Herbert Henry Asquith reagierte mit Sozialreformen, die aktive Arbeitsvermittlung, verbesserte Schulbedingungen für Arbeiterkinder und nicht zuletzt staatliche Renten und Krankenversicherung beinhalteten. Um diese gegen die konservativen Kreise im Oberhaus durchsetzen zu können, wurde der Parliament Act von 1911 verabschiedet. Mit ihm wurden die Rechte des House of Lords zugunsten des House of Commons massiv eingeschränkt. Gleichzeitig etablierte

---

358 Vgl. *Bieber*, Zwischen Kasernenhof und Rätesystem, in: *Nutzinger*, Perspektiven der Mitbestimmung, S. 67 f.; *Krause*, Recht der Arbeit, S. 129, 131.

359 *Pflüger*, Das betriebliche Repräsentativsystem, S. 128; *Teuteberg*, Geschichte der Industriellen Mitbestimmung in Deutschland, S. 490 ff., auch 309.

sich die Labour Party in den Unterhauswahlen von 1906 und 1910 im britischen Parlament. In den Betrieben änderte sich hingegen wenig. Die große Mehrheit der Arbeitgeber beharrte wie im deutschen Reich auf ihrem unumschränkten betrieblichen Alleinentscheidungsrecht. Allerdings gab es auch im Vereinigten Königreich Ausnahmen. In einer kleineren Anzahl von Betrieben gelang es den Arbeitnehmern und ihren Shop Stewards, den Arbeitgebern eine wirkliche Beteiligung abzuringen. Einige Arbeitgeber, die Arbeiterausschüsse neu einführten, hofften, damit ihre eigenen Betriebe vor der allgemeinen Unruhe zu schützen.[360] Auch diesen Arbeiterausschüssen blieb eine weiterreichende Beteiligung in betrieblichen Fragen aber verwehrt. Insofern entsprachen sie meist den *Welfare Committees* des späten 19. Jahrhunderts.

Die Entwicklung hin zu mehr betrieblicher Beteiligung kam daher nicht von oben, sondern von unten, aus den Betrieben selbst. Die vier Jahre unmittelbar vor Ausbruch des Ersten Weltkriegs brachten den Höhepunkt der Auseinandersetzungen um die Arbeitsbeziehungen. Neben der immer größer werdenden Anzahl an Arbeitskämpfen wurden in diesen Jahren deutlich mehr Shop Stewards gewählt. Dabei kam es auch immer öfter vor, dass die Arbeitnehmer ohne die Unterstützung oder auch nur den offiziellen Segen ihrer Gewerkschaften handelten.[361] Anstatt auf ihre Gewerkschaften und die von diesen getragene Labour Party zu hören, waren die Arbeitnehmer in solchen Betrieben oft von radikaleren Strömungen beeinflusst. So war es insbesondere die Socialist Labour Party, die zuvorderst ein Mehr an betrieblicher Beteiligung forderte.[362] Sie hatte sich 1903 als Abspaltung von der gemäßigteren Social Democratic Federation gegründet und erfuhr mit ihren radikalen Thesen regen Zulauf. Für die Gewerkschaften bedeuteten die neuen unabhängigen Shop Stewards eine ungewohnte Konkurrenz in den Betrieben. Um dieser entgegen zu treten, gingen einige Gewerkschaften aktiver auf die betriebliche Ebene ein und passten auch ihre Regeln ihren Shop Stewards an. In der Satzung der Amalgamated Society of Engineers von 1912 wurde so die direkte Wählbarkeit der Shop Stewards verankert.[363] Zu einem wirklichen Umdenken der Gewerkschaften in der Frage der betrieblichen Beteiligung kam es aber auch jetzt nicht. Damit war die Grundlage für die kommenden Veränderungen während des Ersten Weltkriegs gelegt.

---

360 Vgl. *Cole,* Workshop Organisation, in: *Marsh,* G. D. H. Cole, Workshop Organisation, S. 22.

361 *Goodman/Whittingham,* Shop Stewards in British Industry, S. 27.

362 Vgl. *Cole,* Workshop Organisation, in: *Marsh,* G. D. H. Cole, Workshop Organisation, S. 29; *Goodman/Whittingham,* Shop Stewards in British Industry, S. 27.

363 *Degen,* Shop Stewards, S. 45.

3. Erster Weltkrieg in Deutschland

Mit dem Ausbruch des Ersten Weltkriegs 1914 änderten sich die Rahmenbedingungen für die Unternehmen und damit auch für die betriebliche Beteiligung radikal. Die gesamte deutsche Wirtschaft wurde auf die Kriegsproduktion ausgerichtet. Während vorher vor allem die geschäftlichen Interessen der Unternehmer bestimmend waren, mussten diese nun hinter die nationale Kriegsanstrengung zurücktreten. Auch politisch änderte sich die Lage. Mit der Burgfriedenspolitik unter Reichskanzler Theobald von Bethmann Hollweg wurden die Sozialdemokratische Partei Deutschlands (SPD) und die freien Gewerkschaften zumindest vordergründig vom bürgerlichen Lager akzeptiert.[364]

Um den reibungslosen Ablauf der Kriegsproduktion zu gewährleisten, musste der politische Burgfrieden auch in die Betriebe getragen werden. In diesem Zusammenhang ergriffen Regierung, Verwaltung und Reichstag eine ganze Reihe von Maßnahmen, die in die freien Wirtschaftsabläufe und die freie Arbeitsgestaltung eingriffen.[365] Auf dem Feld der betrieblichen Beteiligung der Arbeitnehmer brachte das „Gesetz über den vaterländischen Hilfsdienst vom 5. Dezember 1916“[366] (Hilfsdienstgesetz) die entscheidenden Neuerungen. Das Gesetz verpflichtete jeden männlichen, nicht kriegstauglichen Deutschen vom vollendeten siebzehnten bis zum vollendeten sechzigsten Lebensjahr zum Dienst in kriegswichtigen Betrieben und Behörden. Zudem schränkte es das Recht der Arbeitnehmer zur freien Wahl des Arbeitsplatzes weitgehend ein. Als Ausgleich wurden in allen Betrieben mit mehr als fünfzig Arbeitnehmern verbindliche Arbeiterausschüsse vorgeschrieben.[367] Die Kompetenzen der Ausschüsse waren denen der preußischen Bergarbeiterausschüsse nachgebildet, wurden aber in einigen wichtigen Bereichen ergänzt.[368] Zudem wurden in diesem Gesetz zum

---

364 *Bieber,* Zwischen Kasernenhof und Rätesystem, in: *Nutzinger,* Perspektiven der Mitbestimmung, S. 70; *Teuteberg,* Geschichte der Industriellen Mitbestimmung in Deutschland, S. 504 f.

365 Vgl. *Teuteberg,* Geschichte der Industriellen Mitbestimmung in Deutschland, S. 505 ff.

366 RGBl. 1916, S. 1333.

367 *Berthelot,* Die Betriebsräte in Deutschland, S. 8; *Bieber,* Zwischen Kasernenhof und Rätesystem, in: *Nutzinger,* Perspektiven der Mitbestimmung, S. 71; *Schmoekel,* Rechtsgeschichte der Wirtschaft, S. 385.

368 *Weber,* Vom Klassenkampf zur Partnerschaft, S. 87; *Schmoekel,* Rechtsgeschichte der Wirtschaft, S. 385.

ersten Mal gesetzlich verankerte, unabhängige Streitbeilegungsmechanismen für Konflikte zwischen den Betriebsparteien eingeführt.[369]

Die Aufgaben des Arbeiterausschusses lagen, wie bei den preußischen Bergarbeiterausschüssen, darin, die Wünsche und Beschwerden der Arbeitnehmer in betrieblichen Fragen an den Arbeitgeber heranzutragen. Gleichzeitig sollten sie über die Aufrechterhaltung des guten Einvernehmens unter den Arbeitnehmern und zwischen den Arbeitnehmern und dem Arbeitgeber wachen. Eine inhaltliche Erweiterung der Kompetenzen dieser Ausschüsse lag besonders darin, dass Lohnfragen explizit zu den Aufgabenbereichen der Arbeiterausschüsse gerechnet wurden.[370] Entscheidender als die inhaltlichen Kompetenzerweiterungen war aber der durch das Gesetz erstmalig geschaffene Vermittlungsausschuss. Diesen konnten die Arbeiterausschüsse anrufen, wenn zu einem Thema eine Einigung mit dem Arbeitgeber nicht gelang. Der überbetriebliche Ausschuss bestand aus einem Beauftragten des Kriegsamts als Vorsitzendem und je drei Vertretern der Arbeitnehmer und Arbeitgeber. Der Spruch des Vermittlungsausschusses war zwar rechtlich für den Arbeitgeber nicht bindend, eine Zuwiderhandlung konnte für den Arbeitgeber aber dennoch mittelbare Folgen haben, wie das Abwandern seiner Arbeitnehmer oder die Missbilligung des Kriegsamts.[371] So bedeutete die Einführung dieser Institution doch eine erhebliche Steigerung des möglichen Einflusses der Arbeiterausschüsse.[372] In der Folge der Verabschiedung des Hilfsdienstgesetzes wurden in vielen Unternehmen erstmals Arbeiterausschüsse eingeführt. Diese haben in der kurzen Zeit ihres Bestehens eine aktive Tätigkeit zum Wohle der Arbeitnehmer entfaltet.[373]

Der erste Weltkrieg und das Hilfsdienstgesetz brachten somit innerhalb weniger Jahre einen ganz erheblichen Wandel für die betriebliche Beteiligung in Deutschland. Flächendeckend und gesetzlich verbindlich gab es betriebliche Vertretungsorgane der Arbeitnehmer. Gleichzeitig wurde mit den paritätisch besetzten Vermittlungsausschüssen ein wirksamer Konfliktlösungsmechanismus geschaffen, der es den Arbeitnehmern erlaubte, ihre betrieblichen Interessen

---

369 *Berthelot,* Die Betriebsräte in Deutschland, S. 8; *Nörr,* Zwischen den Mühlsteinen, S. 178; *Weber,* Vom Klassenkampf zur Partnerschaft, S. 88; *Schmoekel,* Rechtsgeschichte der Wirtschaft, S. 384 f.

370 *Teuteberg,* Geschichte der Industriellen Mitbestimmung in Deutschland, S. 511; *Weber,* Vom Klassenkampf zur Partnerschaft, S. 87.

371 *Teuteberg,* Geschichte der Industriellen Mitbestimmung in Deutschland, S. 511; *Weber,* Vom Klassenkampf zur Partnerschaft, S. 87.

372 *Berthelot,* Die Betriebsräte in Deutschland, S. 9.

373 *Teuteberg,* Geschichte der Industriellen Mitbestimmung in Deutschland, S. 514.

auch gegen den erklärten Willen des Arbeitgebers diesem gegenüber durchzusetzen. Die Vermittlungsausschüsse sind darüber hinaus bemerkenswert, da sie in Ausgestaltung und Aufgabe eine unverkennbare Ähnlichkeit zu den heutigen Einigungsstellen des Betriebsverfassungsgesetzes aufweisen.[374]

Auch hatte sich bei den Verhandlungen über das Hilfsdienstgesetz gezeigt, wie sehr die Sozialdemokratie und insbesondere die freien Gewerkschaften ihr Verhältnis zur betrieblichen Beteiligung geändert hatten. Hatten sie diese noch zwei Jahrzehnte zuvor weitgehend abgelehnt, drängten sie jetzt gemeinsam mit den christlichen Gewerkschaften auf die Einführung obligatorischer Arbeiterausschüsse.[375] Auf Seiten der Arbeitgeber hatte sich der Prozess des Umdenkens nicht in gleicher Weise vollzogen. Zwar waren auch viele Arbeitgeber von der Notwendigkeit der Kooperation mit ihren Arbeitnehmern überzeugt. Die Maßnahmen des Hilfsdienstgesetzes empfanden sie aber schon für die Zeit des Krieges als zu weitgehend.[376] Für die Zeit nach dem Krieg wollten die allermeisten daher die betriebliche Beteiligung auch wieder zurückgenommen sehen.[377] Zu einem entscheidenden Umdenken und einer Abkehr von dem Glauben an patriarchalische Betriebsstrukturen war es durch den Krieg unter der breiten Masse der Arbeitgeber also nicht gekommen. Aufgrund der revolutionären Umwälzungen, die dem Ersten Weltkrieg in Deutschland folgten, wurde dieser Gegensatz zwischen den Arbeitnehmervertretern und den Arbeitgebern nach dem Krieg aber zunächst nicht sichtbar.

Unter dem Eindruck des verlorenen Krieges und der um sich greifenden Revolution rückten Arbeitgeberverbände und Gewerkschaften vielmehr nochmals näher zusammen.[378] Sie schlossen am 15. November 1918 das nach dem Ruhrindustriellen Hugo Stinnes und dem Gewerkschaftsführer Carl Legien benannte Stinnes-Legien-Abkommen.[379] Durch das Abkommen wurde eine Zentralarbeitsgemeinschaft aus Vertretern der Gewerkschaften und der Arbeitgeber

374 *Weber*, Vom Klassenkampf zur Partnerschaft, S. 90; vgl. auch *Hennige*, Das Verfahrensrecht der Einigungsstelle, S. 6 ff.

375 *Krause*, Recht der Arbeit, S. 129, 131; *Teuteberg*, Geschichte der Industriellen Mitbestimmung in Deutschland, S. 490 ff., 510 f.

376 *Bieber*, Zwischen Kasernenhof und Rätesystem, in: *Nutzinger*, Perspektiven der Mitbestimmung, S. 71; *Teuteberg*, Geschichte der Industriellen Mitbestimmung in Deutschland, S. 515.

377 Vgl. *Weber*, Vom Klassenkampf zur Partnerschaft, S. 92.

378 *Gamillscheg*, Arbeit und Recht 1991, S. 272, 273; vgl. zudem, wenn auch zu optimistisch *Berthelot*, Die Betriebsräte in Deutschland, S. 10.

379 *Schmoekel*, Rechtsgeschichte der Wirtschaft, S. 386.

errichtet.[380] Gleichzeitig erkannten die Arbeitgeber die Gewerkschaften nunmehr vollumfänglich als legitime Vertretung ihrer Arbeitnehmer an. Sie verpflichteten sich zudem zu Abschluss und Anerkennung von Tarifverträgen über die Lohn- und Arbeitsverhältnisse, zur Einführung des Achtstundentags und sie akzeptierten die bestehenden Regelungen über Arbeiterausschüsse des Hilfsdienstgesetzes.[381] Damit waren beide Säulen des dualistischen Vertretungssystems in Deutschland rechtlich wie politisch anerkannt. Primäre Aufgabe der Zentralarbeitsgemeinschaft war es, die gesellschaftlichen Veränderungen, die auch vor den Betriebstoren nicht Halt machten, in geordnete Bahnen zu lenken. Aufgrund der politischen und gesellschaftlichen Rahmenbedingungen mussten die Arbeitgeber weit auf die Gewerkschaften zugehen.

Ergänzt und erweitert wurden die Regelungen des Stinnes-Legien-Abkommens zur betrieblichen Beteiligung durch die vom Rat der Volksbeauftragten erlassene „Verordnung über Tarifverträge, Arbeiter- und Angestelltenausschüsse und Schlichtung von Arbeitsstreitigkeiten vom 23. Dezember 1918“[382]. Hierbei wurde die Pflicht, einen Arbeiterausschuss einzuführen, auf alle Betriebe mit mehr als zwanzig Arbeitnehmern ausgedehnt.[383] Zudem wurden die Kompetenzen der Ausschüsse insbesondere im wirtschaftlichen Bereich und dem Arbeitsschutz nochmals erweitert.[384] Durch mehrere Verordnungen des Reichsdemobilmachungsamtes aus dem Jahr 1919 erhielten die Arbeiterausschüsse auch bei Entlassungen Beteiligungsrechte.[385] Neben diese reichsweit geltenden gesetzlichen Vorschriften traten zudem in einigen Branchen und Regionen noch tarifvertragliche Regelungen, die die Beteiligungsrechte der Arbeiterausschüsse teilweise ganz erheblich ausweiteten. In der Großberliner Metallindustrie und dem Bankgewerbe hatten die Arbeiterausschüsse nicht nur bei Entlassungen, sondern auch bei Einstellungen mitzureden.[386] Im Mitteldeutschen Bergbau

---

380 *Berthelot,* Die Betriebsräte in Deutschland, S. 10.

381 *Berthelot,* Die Betriebsräte in Deutschland, S. 11; *Bieber,* Zwischen Kasernenhof und Rätesystem, in: *Nutzinger,* Perspektiven der Mitbestimmung, S. 75.

382 RGBl. S. 1456; *Richardi,* in: *Richardi,* BetrVG, Einl. Rn. 10.

383 *Berthelot,* Die Betriebsräte in Deutschland, S. 15 f.

384 *Eichelsbacher,* Betriebsrätegesetz mit den Nebengesetzen, den Wahlordnungen und Ausführungsbestimmungen, S. 2 f.; *Weber,* Vom Klassenkampf zur Partnerschaft, S. 102.

385 *Eichelsbacher,* Betriebsrätegesetz mit den Nebengesetzen, den Wahlordnungen und Ausführungsbestimmungen, S. 3, mit genauer Angabe der Verordnungen; *Weber,* Vom Klassenkampf zur Partnerschaft, S. 102.

386 *Berthelot,* Die Betriebsräte in Deutschland, S. 22; *Eichelsbacher,* Betriebsrätegesetz mit den Nebengesetzen, den Wahlordnungen und Ausführungsbestimmungen, S. 4.

wurden ihre Rechte auch in wirtschaftlichen Angelegenheiten erweitert. Hier erhielten die Arbeiterausschüsse unter anderem das Recht zur Einsicht in die Betriebsvorgänge und zur Beratung der Betriebsleitung.[387]

Betrachtet man diese Zugeständnisse der Arbeitgeber aus der Sicht vor und selbst während des Ersten Weltkriegs, so erscheinen sie doch erstaunlich weit zu gehen. In Anbetracht der revolutionären Verhältnisse in Deutschland nach dem Krieg und der zu diesem Zeitpunkt noch nicht gebannten kommunistisch-sozialistischen Bedrohung durch Spartakusbund und Rätebewegung wird der schnelle Sinneswandel hingegen begreifbar. Erstaunlicher ist die Veränderung in der Einstellung der Mehrheit der Sozialdemokraten und Gewerkschaftler. Zwanzig Jahre zuvor war die revolutionäre Umwälzung des gesamten deutschen Staats im wirtschaftlichen, politischen wie gesellschaftlichen Bereich noch erklärtes Ziel dieser Bewegung.[388] Jetzt, da diese Umwälzung im Politischen stattfand und in den anderen Bereichen greifbar war, beschränkten sie ihre Forderungen weitgehend auf die Anpassung des bestehenden Wirtschaftssystems. Hier zeigt sich, wie weit sich die reformistischen Kräfte in der Sozialdemokratie durchgesetzt hatten. Eine blutige Revolution und eine anschließende Diktatur des Proletariats war ihnen unattraktiv gegenüber einer möglichst friedlichen Reform hin zu einem demokratischen Staat und einem auf Kooperation ausgelegten Wirtschafts- und Gesellschaftsmodell.[389] Dies galt auch für die betriebliche Beteiligung. Sie sollte nicht mit Waffengewalt, sondern durch die neu zu schaffende demokratische Verfassung und weitere gesetzliche Regelungen verwirklicht werden. Dabei vertraute die Mehrheit der Sozialdemokraten und Gewerkschaftler darauf, dass die Politik des Burgfriedens und der verlorene Krieg zu einem grundlegenden Sinneswandel in der Gesellschaft und besonders in deren alten politischen und wirtschaftlichen Führungseliten geführt hatte.[390]

4. Erster Weltkrieg im Vereinigten Königreich

Auch im Vereinigten Königreich bedeutete der Beginn des Ersten Weltkriegs einen radikalen Umbruch aller Rahmenbedingungen. Wie im Deutschen Reich

---

387 *Berthelot,* Die Betriebsräte in Deutschland, S. 21 f.; *Eichelsbacher,* Betriebsrätegesetz mit den Nebengesetzen, den Wahlordnungen und Ausführungsbestimmungen, S. 4.

388 Vgl. *Bieber,* Zwischen Kasernenhof und Rätesystem, in: *Nutzinger,* Perspektiven der Mitbestimmung, S. 80.

389 Vgl. *Berthelot,* Die Betriebsräte in Deutschland, S. 13 ff.; *Laufs,* Rechtsentwicklungen in Deutschland, S. 364 f.

390 Hierzu ausführlich *Bieber,* Zwischen Kasernenhof und Rätesystem, in: *Nutzinger,* Perspektiven der Mitbestimmung, S. 76 ff.

wurde die Wirtschaft vollständig auf die Bedürfnisse des Kriegs ausgerichtet. Dazu griff die Politik in nicht gekannter Weise in die Arbeitsbedingungen, insbesondere in den kriegswichtigen Branchen, ein. Anders als im Deutschen Reich gelang es ihr dabei aber nicht, die Gesamtheit der Arbeitnehmer für die nationale Kriegsanstrengung zu gewinnen. Es kam zwar zu einem Burgfrieden mit den großen Gewerkschaften und der Labour Party.[391] Die schon vor dem Krieg radikalisierten Arbeitnehmerführer in einigen Betrieben und ihre Vordenker beteiligten sich hieran jedoch nicht. Es kam dadurch zu einer deutlich sichtbaren Spaltung in der Arbeitnehmerschaft und zu einem Phänomen, das als „*Shop Steward Movement*" in die Geschichte eingehen sollte.

Unmittelbar vor Ausbruch des Ersten Weltkriegs hatten die Zeichen in vielen Bereichen der britischen Industrie auf Arbeitskampf gestanden. Dies galt insbesondere für die kriegswichtige Metall- und Schwerindustrie. Mit Kriegsausbruch wurde die laufende Eskalation von den großen Gewerkschaften abgebrochen. Anstatt dessen versuchten sie nunmehr, auf dem Verhandlungsweg bessere Lohn- und Arbeitsbedingungen für die Arbeitnehmer zu erreichen. Die Arbeitgeber waren jedoch zu keinen schnellen Zugeständnissen bereit. Sie nutzten die selbstauferlegte Streikzurückhaltung der Gewerkschaften und zogen die Verhandlungen mit diesen in die Länge. Gleichzeitig stiegen die Lebenskosten, insbesondere für Nahrungsmittel, kriegsbedingt stark an. Die Lebenssituation für viele Arbeitnehmer verschlechterte sich deutlich. Unter dem Einfluss radikaler, sozialistisch geprägter Gruppen entwickelte sich aus dieser Gemengelage eine von den offiziellen Gewerkschaften losgelöste Arbeitskampfbereitschaft in der Arbeiterschaft.

Ihren Ausgang fand diese Bewegung in den schottischen Industriezentren entlang des Clyde. In den Verhandlungen zwischen Gewerkschaften und Arbeitgebern war Anfang des Jahres 1915 noch kein zufriedenstellendes Ergebnis erzielt worden. Als die großen Gewerkschaften dennoch für die Annahme eines, aus der Sicht der meisten Arbeitnehmer nicht akzeptablen Schlichterspruchs plädierten, kam es zu lokal organisierten Arbeitsniederlegungen, die von den örtlichen Shop Stewards getragen wurden und sich schnell ausbreiteten.[392] Die bereits vor dem Krieg in den Gebieten entlang des Clydes verbreiteten Shop Stewards lösten sich dabei immer mehr von ihren Gewerkschaften und schlossen sich stattdessen in gemeinsamen *Workers Committees* zusammen. So entstand binnen einer kurzen Zeit ein System von betrieblichen Arbeiterausschüssen, die das gesamte

391 *Cole,* Workshop Organisation, in: *Marsh,* G. D. H. Cole, Workshop Organisation, S. 27.

392 *Cole,* Workshop Organisation, in: *Marsh,* G. D. H. Cole, Workshop Organisation, S. 29 f.

Industriegebiet umfasste und an dessen Spitze das überbetriebliche Central Labour Withholding Committee stand. Die *Workers Committees* wurden dabei weitgehend unabhängig von Gewerkschaftszugehörigkeit und Berufszweig besetzt. Sie hatten vielmehr den Anspruch, alle Arbeitnehmer des betreffenden Betriebs zu vertreten. Neben der unmittelbar anstehenden Organisation des Streiks befassten sich die *Workers Committees* von Beginn an auch mit diversen, darüber hinausgehenden betrieblichen Fragen. Im Streik selbst konnten *Workers Committees* viele ihrer Forderungen durchsetzten. Der Staat reagierte anfangs mit Repressalien. So wurde mit dem in Glasgow verlegten „The Worker" das inoffizielle Organ des Central Labour Withholding Committees verboten und mehrere Anführer des Streiks wegen Aufruhrs zu Gefängnisstrafen verurteilt oder nach Edinburgh verbannt.[393] Auch die öffentliche Meinung stand gegen die streikenden Arbeitnehmer, da sie mit dem Arbeitskampf den Nachschub für die kämpfende Truppe gefährdeten.[394] Dennoch war wohl gerade diese Tatsache ein wichtiger Grund für die Beilegung des Konflikts mit einem günstigen Ergebnis für die Arbeitnehmer.

Obwohl somit eigentlich die Aufgabe des Central Labour Withholding Committees und auch der anderen *Worker Committees* erfüllt war, entschieden sich deren Mitglieder gegen eine Auflösung. Das Central Labour Withholding Committee nannte sich fortan Clyde Workers Committee und widmete sich einer generellen Vertretung der Interessen der Arbeitnehmer im Clyde Gebiet. Zudem breitete sich das Ausschussmodell vom Clyde in den kriegswichtigen Industrien über das ganze Vereinigte Königreich aus.[395] In den ersten beiden Kriegsjahren wurden viele neue Shop Stewards gewählt, die sich teilweise wiederum in *Worker Committees* organisierten.[396] Dadurch entstand ein fast flächendeckendes System von Shop Stewards, in dem gewerkschaftliche und weitgehend gewerkschaftsunabhängige Arbeitnehmervertreter nebeneinander existierten.[397] Begünstigt

393 *Degen*, Shop Stewards, S. 59 f.

394 *Degen*, Shop Stewards, S. 57 ff.; *Goodman/Whittingham*, Shop Stewards in British Industry, S. 28.

395 *Cole*, Workshop Organisation, in: *Marsh*, G. D. H. Cole, Workshop Organisation, S. 104; *Goodman/Whittingham*, Shop Stewards in British Industry, S. 26; *Rückert/Friedrich*, Betriebliche Arbeiterausschüsse in Deutschland, Großbritannien und Frankreich im späten 19. und frühen 20. Jahrhundert, S. 48.

396 *Cole*, Workshop Organisation, in: *Marsh*, G. D. H. Cole, Workshop Organisation, S. 32 f.

397 *Cole*, Workshop Organisation, in: *Marsh*, G. D. H. Cole, Workshop Organisation, S. 39 f.

wurde diese Entwicklung zum einen von der kriegstragenden und damit kooperativen Haltung der Gewerkschaften, die vielen Arbeitnehmern an der Basis beim Aufkommen konkreter Probleme und Beschwerden zu weit ging. Zum anderen stießen auch die kriegsbedingten Eingriffe des Staats in die hergebrachte Arbeitsorganisation in Teilen der Arbeiterschaft auf Widerstand. Insbesondere die Verwässerung der Facharbeiterstellung durch die allgemeine Zulassung von Ungelernten auf spezialisierten Arbeitsplätzen durch die Treasury Agreements vom März 1915 wurde angegriffen.[398] Viele Arbeitnehmer wandten sich lieber an die betrieblichen Shop Stewards als an die hauptamtlichen Gewerkschaftsfunktionäre. Insoweit wuchsen sowohl Bedeutung und Einfluss der gewerkschaftlichen als auch der unabhängigen Shop Stewards. Eine gewisse rechtliche Anerkennung erhielten zumindest die gewerkschaftlich legitimierten Shop Stewards durch den Treasury Agreements and Munitions of War Act vom 2. Juli 1915. Hiermit wurde die Verwässerung der Facharbeiterstellung endgültig zementiert. Zudem wurde es den Arbeitnehmern faktisch verboten, in kriegswichtigen Betrieben ohne die Zustimmung des Arbeitgebers zu kündigen. Als Ausgleich sollten Gewerkschaftsvertreter in den Betrieben diese Regeln überwachen und so einen Missbrauch verhindern,[399] eine Aufgabe die aufgrund ihrer Betriebsnähe nur von den Shop Stewards vernünftig übernommen werden konnte.

Inhaltlich nahmen sich die Shop Stewards aller möglichen betrieblichen Fragen an. Dies konnte von kleineren Konflikten zwischen Arbeitnehmern und Vorarbeitern über Fragen der Lohngestaltung bis hin zu Einstellungsrichtlinien im Zusammenhang mit der Verwässerung der Facharbeiterstellung gehen. Dabei waren die Aufgaben und Rechte der Shop Stewards nicht einheitlich organisiert. Vielmehr konnten sie sich von Betrieb zu Betrieb stark von einander unterscheiden.[400] Gerade die gewerkschaftlichen Shop Stewards beschränkten sich dabei allerdings auf originär betriebliche Themen. Überbetriebliche Fragestellungen überließen sie weiter den hauptamtlichen Gewerkschaftsfunktionären. Dennoch erweiterte sich ihr Aufgabenspektrum gegenüber der Vorkriegszeit deutlich. Dies war zum einen auf die kriegsbedingten Veränderungen in den Produktionsanforderungen und der Zusammensetzung der Arbeitnehmerschaft zurückzuführen, hatte aber

398 *Cole,* Workshop Organisation, in: *Marsh,* G. D. H. Cole, Workshop Organisation, S. 52; *Degen,* Shop Stewards, S. 55 f.; *Goodman/Whittingham,* Shop Stewards in British Industry, S. 26; auch *Rückert/Friedrich,* Betriebliche Arbeiterausschüsse in Deutschland, Großbritannien und Frankreich im späten 19. und frühen 20. Jahrhundert, S. 48.

399 *Goodman/Whittingham,* Shop Stewards in British Industry, S. 27.

400 *Cole,* Workshop Organisation, in: *Marsh,* G. D. H. Cole, Workshop Organisation, S. 45.

auch mit der größeren Bereitschaft der Arbeitnehmer zu tun, zugunsten einer reibungslosen Produktion Zugeständnisse zu machen. Anders verhielt es sich hingegen mit einem Teil der gewerkschaftsunabhängigen Shop Stewards. Dort, wo diese in überbetrieblichen *Workers Committees* organisiert waren, befassten sie sich auch immer wieder mit überbetrieblichen Fragen. Hinzu kam, dass sich einige dieser Shop Stewards unter dem Einfluss sozialistischer Gruppen immer weiter radikalisierten und sich zunehmend auch mit politischen Forderungen befassten.

Es kam daher zu einer Spaltung unter den Shop Stewards. Die Mehrheit war, wenn auch nicht immer so weitgehend wie die meisten Gewerkschaften, eher kooperativ eingestellt. Eine Minderheit radikalisierte sich hingegen immer mehr.[401] Nach der russischen Oktoberrevolution 1917 wurden ihre Forderungen zunehmend kommunistisch geprägter.[402] Wie in Deutschland die Rätebewegung sah sich auch dieser Teil der Shop Stewards immer mehr als Teil eines kommenden neuen gesellschaftlichen und politischen Systems. In manchen kriegswichtigen Industrien wurden die Zustände fast revolutionär.[403]

Regierung, Gewerkschaften und Arbeitgeber reagierten hierauf mit einer Reihe von Maßnahmen, mit denen es insgesamt gelang, die Lage wieder zu beruhigen. Mit Blick auf die betriebliche Beteiligung der Arbeitnehmer waren dies vor allem die Einsetzung der Whitley Kommission, die Vorschläge machte für eine dauerhafte Neuregelung der Arbeitsbeziehungen im Vereinigten Königreich, sowie die *Shop Steward and Works Committee Agreements* zwischen Gewerkschaften und Arbeitgeberverbänden. Die Whitley Kommission verdankte ihren Namen ihrem Vorsitzenden, dem Parlamentsabgeordneten John Henry Whitley, und setzte sich ansonsten aus Vertretern aller beteiligten gesellschaftlichen Kreise zusammen. In der Folge schlug die Kommission ein auf Freiwilligkeit basierendes Beteiligungssystem vor. Zentrales Element sollte dabei ein abgestuftes System von Vertretungs- und Verhandlungsgremien sein, die von der betrieblichen bis zur nationalen Ebene reichen sollten. Es sollten dabei auf nationaler Ebene für jeden Industriezweig ein *Joint Industrial Council*, für jeden Tarifbezirk ein *National Industrial Council* und für die einzelnen Betriebe *Works Committees* eingerichtet werden. Die *Works*

401 *Goodman/Whittingham,* Shop Stewards in British Industry, S. 28; auch *Cole,* Workshop Organisation, in: *Marsh,* G. D. H. Cole, Workshop Organisation, S. 66; *Rückert/Friedrich,* Betriebliche Arbeiterausschüsse in Deutschland, Großbritannien und Frankreich im späten 19. und frühen 20. Jahrhundert, S. 51.

402 *Goodman/Whittingham,* Shop Stewards in British Industry, S. 30.

403 *Goodman/Whittingham,* Shop Stewards in British Industry, S. 31; vgl. auch *Rückert/Friedrich,* Betriebliche Arbeiterausschüsse in Deutschland, Großbritannien und Frankreich im späten 19. und frühen 20. Jahrhundert, S. 51.

Committees als unterste Instanz sollten dabei zur gemeinsamen Besprechung betrieblicher Fragen dienen, die nicht schon auf einer der höheren Ebenen erörtert wurden.[404] In den *Shop Steward and Works Committee Agreements* zwischen den Gewerkschaften und Arbeitgeberverbänden wurden Shop Stewards von den Arbeitgebern offiziell anerkannt. Voraussetzung war, dass sie nach den Satzungsvorschriften der Gewerkschaften gewählt waren und von den Gewerkschaften gegenüber dem Arbeitgeber benannt wurden.[405] Durch beide Maßnahmen konnte die Lage innerhalb der Arbeiterschaft beruhigt werden. Das Ende der radikaleren Shop Steward Bewegung wurde dann mit dem siegreichen Kriegsende eingeleitet. Die Probleme, die die Rückführung der Kriegswirtschaft und vor allem die Wiedereingliederung der ehemaligen Soldaten in den zivilen Arbeitsmarkt mit sich brachten, nahmen vielen radikalen Shop Stewards ihre Basis.

Insgesamt hatte der Erste Weltkrieg aber dennoch einen Schub in Richtung betrieblicher Beteiligung gebracht. Gerade die Vorschläge der Whitley Kommission und die Vereinbarungen zwischen Gewerkschaften und Arbeitgeberverbänden hatten eine Basis für Arbeitnehmerbeteiligung geschaffen. Anders als im Deutschen Reich sollten diese Ansätze im Vereinigten Königreich der Nachkriegszeit aber nicht von langer Dauer sein.

IV. Zwischen den Kriegen und Zweiter Weltkrieg

1. Weimarer Republik

Aus den Wahlen zur Weimarer Nationalversammlung ging die Weimarer Koalition aus Mehrheitssozialdemokraten, dem Zentrum und der Demokratischen Partei als Sieger hervor. Diese machte sich sodann daran, Staat und Gesellschaft zu demokratisieren. Neben der Schaffung einer neuen Staatsverfassung stand auch die Neuregelung der wirtschaftlichen Verhältnisse im Vordergrund. Dabei war aber keine der drei Parteien bestrebt, ernsthaft an der kapitalistischen Grundlage der neuen Wirtschaftsordnung zu rütteln. Vielmehr sollte eine moderne, demokratische Wirtschaft mit westlicher Orientierung geschaffen werden, ergänzt durch einige soziale Regulative. Aus diesen Bestrebungen entstand zum einen die Verankerung der Arbeitnehmerbeteiligung einschließlich

---

404 Im Detail siehe unten D. II.

405 *Goodman/Whittingham*, Shop Stewards in British Industry, S. 33; *Marsh* (Hrsg.), Managers and Shop Stewards, S. 53 f.; *Rückert/Friedrich*, Betriebliche Arbeiterausschüsse in Deutschland, Großbritannien und Frankreich im späten 19. und frühen 20. Jahrhundert, S. 52.

der Reichswirtschaftsverfassung des Artikels 165 in der Weimarer Reichsverfassung und zum anderen das Betriebsrätegesetz vom 4. Februar 1920.

Die maßgeblich von dem Rechtsprofessor und sozialdemokratischen Politiker Hugo Sinzheimer geprägten, in der Weimarer Reichsverfassung festgelegten Prinzipien der Arbeitnehmervertretung bestätigten mit dem Zweiklang der Artikel 159 und 165 das deutsche dualistische System aus gewerkschaftlicher und betrieblicher Arbeitnehmervertretung,[406] während sie gleichzeitig mit der Reichswirtschaftsverfassung eine starke Beeinflussung durch die Rätebewegung erkennen lassen.[407] Letztere sah ein komplexes Gebilde aus drei Ebenen von Arbeiter- und Wirtschaftsräten vor. Die untere Ebene bildeten die von den Arbeitnehmern zu wählenden Betriebsräte. Über diesen sollten von den Betriebsräten gewählte Kreisarbeiterräte und der wiederum von diesen gewählte Reichsarbeiterrat stehen. Daneben sollte es auf Kreisebene Wirtschaftsräte und auf Reichsebene einen Reichswirtschaftsrat geben. In ihnen sollten die Mitglieder der Kreisarbeiterräte und des Reichsarbeiterrats mit den Vertretern der Arbeitgeber und anderer gesellschaftlichen Gruppen zusammenkommen. Insgesamt sollte dieses System eine optimale Einbindung der Interessen der Arbeitnehmer in Gesellschaft und Staat ermöglichen. Praktisch ausgewirkt hat sich die Reichswirtschaftsverfassung allerdings nicht. Artikel 165 Weimarer Reichsverfassung war darauf beschränkt, die allgemeinen Strukturen der Reichswirtschaftsverfassung festzulegen. Ihre genaue Ausgestaltung war hingegen dem einfachen Gesetzgeber überlassen worden. Dieser blieb aber bis zum Ende der Weimarer Zeit weitgehend untätig. So wurden weder Kreisarbeiterräte noch ein Reichsarbeiterrat eingerichtet.[408] Auch der im Mai 1920[409] gebildete vorläufige Reichswirtschaftsrat wurde nie voll institutionalisiert und blieb damit ebenfalls weitgehend ohne Bedeutung.[410]

Den Gegensatz bildete die betriebliche Ebene. Noch ohne den konkreten Auftrag der Verfassung hatte die Nationalversammlung auf Grundlage des Gesetzes über die vorläufige Reichsgewalt vom 11. Februar 1919[411] mit den Beratungen zum Betriebsrätegesetz begonnen, welches am 4. Februar 1920 in Kraft trat. Auf

406 *Krause*, Recht der Arbeit, S. 129, 132.

407 *Gamillscheg*, Arbeit und Recht 1991, S. 272, 273.

408 *Gamillscheg*, Arbeit und Recht 1991, S. 272, 273; *Richardi*, in: *Richardi*, BetrVG, Einl. Rn. 10.

409 Verordnung über den Vorläufigen Reichswirtschaftsrat vom 4. Mai 1920, RGBl. 1920, S. 858.

410 *Gamillscheg*, Arbeit und Recht 1991, S. 272, 273.

411 RGBl. 1919, S. 169.

seiner Grundlage wurde, solange die Weimarer Zeit währte, ein weitgehend funktionierendes System betrieblicher Beteiligung geschaffen, das von den Arbeitgebern zumindest akzeptiert und von den Gewerkschaften aktiv unterstützt wurde.[412] Mit dem Arbeitsgerichtsgesetz vom 13. Dezember 1926[413] wurde zudem eine speziell für arbeitsrechtliche Streitigkeiten zuständige Gerichtsbarkeit geschaffen.[414] Diese löste auch im Anwendungsbereich des Betriebsrätegesetzes in vielen Fällen die vorher zuständigen Wirtschaftsräte und Schlichtungsstellen als Streitentscheidungsorgan ab.[415]

2. Roaring Twenties

Das Ende des Ersten Weltkriegs hatte auch im Vereinigten Königreich weitreichende Konsequenzen für die Arbeitsbeziehungen.[416] Die Verknappung der Arbeitskraft, wie sie im Krieg geherrscht hatte, wandelte sich durch die zu Hunderttausenden in die Betriebe zurückströmenden ehemaligen Soldaten in das Gegenteil. Die Wirtschaft rutschte in eine längere Krise, die Arbeitslosigkeit stieg und die Machtverhältnisse in der Arbeitswelt kippten wieder deutlich zugunsten der Arbeitgeber. Schon bald nahmen die meisten Arbeitgeber wieder ihre traditionelle, ablehnende Haltung gegenüber jeder betrieblichen Beteiligung von Arbeitnehmern ein. Hinzu kam, dass die Gewerkschaften weder den verbliebenen Shop Stewards noch den *Works Committees* des Whitley Systems besondere Sympathien entgegenbrachten.[417] Stattdessen betonten sie wieder verstärkt ihren Alleinvertretungsanspruch und schlugen weitgehend ihren alten, konfrontativen Kurs ein.[418]

Durch den aufkommenden Widerstand von vielen Seiten ebbte auch das Interesse der Regierung am Whitley System ab.[419] Das Arbeitsministerium löste die mit der Einführung des Systems befasste Abteilung auf. Damit verlor das System

412 Im Detail siehe unten D. III.

413 RGBl. I S. 507.

414 *Weiss*, Von den Gewerbegerichten zu den Arbeitsgerichten, in: Die Arbeitsgerichtsbarkeit, S. 85.

415 Im Detail ebenfalls unten D. III.

416 *Rückert/Friedrich*, Betriebliche Arbeiterausschüsse in Deutschland, Großbritannien und Frankreich im späten 19. und frühen 20. Jahrhundert, S. 57.

417 *Cole*, Workshop Organisation, in: *Marsh*, G. D. H. Cole, Workshop Organisation, S. 120; *Seymour*, The Whitley Councils Scheme, S. 85 f.

418 Vgl. *Rückert/Friedrich*, Betriebliche Arbeiterausschüsse in Deutschland, Großbritannien und Frankreich im späten 19. und frühen 20. Jahrhundert, S. 57.

419 *Stitt*, Whitley Councils, S. 169 ff.

seine treibende Kraft. Da es vollständig auf Freiwilligkeit beruhte, konnten die Betriebsparteien es zukünftig einfach ignorieren und in der gewohnten, schon vor dem Krieg erprobten Manier interagieren. Im Ergebnis verschwanden viele der bereits eingerichteten *Works Committees* schon in der ersten Hälfte der 1920er Jahre wieder oder drifteten in Passivität und Bedeutungslosigkeit ab.[420] Die übrigen in der freien Wirtschaft wurden dann spätestens mit der Weltwirtschaftskrise 1929 aufgelöst. Halten konnten sich *Works Committees* praktisch nur in der öffentlichen Verwaltung und einigen Staatsbetrieben.[421]

Auch die betriebliche Beteiligung durch Shop Stewards verlor in den 1920er Jahren wieder deutlich an Bedeutung. Dies lag zum einen in der Skepsis begründet, mit der sie in der Öffentlichkeit aufgrund ihrer radikalen Haltung in der Shop Stewards Bewegung während des Krieges gesehen wurden, zum anderen an der mangelnden Unterstützung durch die Gewerkschaften.

Auch die Tatsache, dass unter Premierminister Ramsay MacDonald 1924 die erste Labor Regierung des Vereinigten Königreichs an die Macht kam, brachte keinen neuen Impuls für die betriebliche Beteiligung. Die Regierung verfolgte weitgehend den Kurs der Gewerkschaften, die eine zweite Beteiligungsebene neben sich ablehnten. Die 1920er Jahre waren daher eher ein Jahrzehnt des Rückgangs als des Fortschritts für die betriebliche Beteiligung im Vereinigten Königreich.

3. Drittes Reich

Das Dritte Reich brachte nicht nur auf staatlicher Ebene das Ende der demokratischen Beteiligung. Auch die betriebliche Arbeitnehmerbeteiligung nach dem Betriebsrätegesetz wurde schnell abgeschafft. Durch § 65 des Gesetzes zur Ordnung der Nationalen Arbeit (AOG) vom 20. Januar 1934[422] wurde die alte Betriebsverfassung außer Kraft gesetzt. Entsprechend der nationalsozialistischen Ideologie hielt auch in den Betrieben und Unternehmen das

---

420 *Goodman/Whittingham*, Shop Stewards in British Industry, S. 32; *Seymour*, The Whitley Councils Scheme, S. 85.

421 Vgl. *Cole*, Workshop Organisation, in: *Marsh*, G. D. H. Cole, Workshop Organisation, S. 121 f.; *Rückert/Friedrich*, Betriebliche Arbeiterausschüsse in Deutschland, Großbritannien und Frankreich im späten 19. und frühen 20. Jahrhundert, S. 57; *Wendt*, Whitleyism – Versuch einer Institutionalisierung des Sozialkonflikts in England am Ausgang des Ersten Weltkriegs, in: *Stegmann/Wendt/Witt*, Industrielle Gesellschaft und politisches System, S. 349.

422 RGBl. 1, S. 45.

Führerprinzip Einzug.[423] Der Gegensatz zwischen den Interessen der Arbeitnehmer und des Arbeitgebers sollte durch die Betonung der gemeinsamen Interessen der Betriebsgemeinschaft und des betrieblichen Nutzens für Volk und Staat aufgelöst werden.[424] Der Arbeitgeber wurde zum Betriebsführer, dem die Arbeitnehmer als Gefolgschaft zu Treue und Gehorsam verpflichtet waren. Andererseits sollte der Arbeitgeber sich in seinen Entscheidungen an die Interessen der Betriebsgemeinschaft halten.[425] Hierbei wurde ihm der betriebliche Vertrauensrat zur Seite gestellt, dem er selbst vorstand. Die übrigen Mitglieder, Vertrauensmänner genannt, wurden anhand einer vom Arbeitgeber gemeinsam mit dem Betriebsobmann der Deutschen Arbeitsfront, also des nationalsozialistischen Nachfolgeverbandes der Gewerkschaften, bestimmten Liste gewählt.[426] Die Kandidaten mussten Betriebsangehörige sein. Zudem wurde durch die Beschränkung auf Mitglieder der Deutschen Arbeitsfront sichergestellt, dass „Nichtarier […] nicht in Betracht" kamen.[427] Freie Wahlvorschläge waren aber ohnehin nicht möglich. Sollten die Listenkandidaten keine Mehrheit erreichen oder konnten sich Arbeitgeber und Betriebsobmann nicht auf eine Liste einigen, so wurden die Vertrauensmänner mit dem Treuhänder der Arbeit von einer staatlichen Stelle bestellt.[428] Ihren Aufgaben nach waren die Vertrauensmänner auf eine rein beratende Tätigkeit beschränkt.[429] Dabei sollte sich ihr Hauptaugenmerk wiederum nicht primär auf die Beförderung der Interessen der Arbeitnehmer, sondern auf die der gesamten Betriebsgemeinschaft richten.[430] Wenn mit den Vertrauensräten noch ein formelles Element betrieblicher Beteiligung bestehen blieb, war es doch soweit in das nationalsozialistische System von Führerprinzip und Volksgemeinschaft eingebettet, dass

423 §§ 1 f. AOG; *Dietz,* in: *Hueck/Nipperdey/Dietz,* AOG, § 1 Rn. 1; *Fitting/Engels/Schmidt/Trebinger/Linsenmaier,* BetrVG, Einl. Rn. 2; *Rüthers,* Arbeit und Recht 1970, S. 97, 98 ff.

424 *A. Hueck,* Deutsches Arbeitsrecht, S. 180; *Rüthers,* Arbeit und Recht 1970, S. 97, 98 f., 100 ff.

425 *Dietz,* in: *Hueck/Nipperdey/Dietz,* AOG, § 2 Rn. 11; *Hueck,* Deutsches Arbeitsrecht, S. 188.

426 Eingehend zur Wahl, Berufung genannt, *Dietz,* in: *Hueck/Nipperdey/Dietz,* AOG, § 9.

427 *A. Hueck,* Deutsches Arbeitsrecht, S. 190.

428 *A. Hueck,* Deutsches Arbeitsrecht, S. 190.

429 *Dietz,* in: *Hueck/Nipperdey/Dietz,* AOG, § 6 Rn. 4; *Rüthers,* Arbeit und Recht 1970, S. 97, 99.

430 *A. Hueck,* Deutsches Arbeitsrecht, S. 192.

eine unabhängige Arbeitnehmerbeteiligung hieraus nicht erwachsen konnte.[431] Die verbliebenen Elemente der betrieblichen Beteiligung reihten sich vielmehr ein in den vielschichtigen Machtapparat des Dritten Reichs. Ein Neuanfang für eine freie, demokratische, betriebliche Beteiligung war daher erst nach dem vollständigen Zusammenbruch des deutschen Staates am Ende des Zweiten Weltkriegs wieder möglich.

4. Von der Krise zum Krieg

Auch die erste Hälfte der 1930er Jahre brachte keine neuen Impulse für die betriebliche Beteiligung im Vereinigten Königreich. Erst mit dem ab 1935 einsetzenden wirtschaftlichen Aufschwung veränderte sich dies.[432] Insbesondere die Shop Stewards forderten wieder mehr Beteiligung ein und agierten auch wieder unabhängiger von den hauptamtlichen Gewerkschaftsfunktionären. Eine deutliche Ausweitung erfuhr die betriebliche Beteiligung dann unmittelbar vor und nach dem Ausbruch des Zweiten Weltkriegs.[433] Hierbei kamen ähnliche Faktoren zum Tragen, wie die, die auch schon zur Burgfriedenspolitik während des Ersten Weltkriegs im Deutschen Reich geführt hatten. Zum einen kam es wieder zu einer Arbeitskraftverknappung, zum anderen schweißte die gemeinsame nationale Anstrengung im Krieg die Betriebsparteien und ihre Vertreter in Gewerkschaften, Verbänden und Politik zusammen. Durch die Beteiligung der Arbeitnehmer an den betrieblichen Entscheidungsprozessen sollte ein reibungsloser Ablauf der Rüstungsproduktion gewährleistet und das Produktionspotenzial optimal genutzt werden. Vehikel der Beteiligung waren oft die bereits bekannten gewerkschaftlichen Shop Stewards.

Daneben wurden aber auch sogenannte *Joint Consultation Committees* auf betrieblicher Ebene gebildet.[434] In diesen berieten Vertreter der Arbeitnehmer, Gewerkschaften und des Arbeitgebers gemeinsam anstehende betriebliche Probleme und Entscheidungen. Diese *Committees* weisen ähnliche Funktionen und Gestaltung auf wie die *Works Committees* des Whitley Systems. Dennoch wurden sie oft ohne einen bewussten Bezug zu letzteren eingerichtet. Beide

---

431 So auch *Rüthers,* Arbeit und Recht 1970, S. 97, 99.

432 Vgl. *Lerner/Bescoby,* British Journal of Industrial Relations 1966, S. 154, 155.

433 *Goodman/Whittingham,* Shop Stewards in British Industry, S. 34 ff.

434 *Gamillscheg,* Kollektives Arbeitsrecht, S. 123; *Gamillscheg,* Kollektives Arbeitsrecht, S. 16; *Wendt,* Whitleyism – Versuch einer Institutionalisierung des Sozialkonflikts in England am Ausgang des Ersten Weltkriegs, in: *Stegmann/Wendt/Witt,* Industrielle Gesellschaft und politisches System, S. 349 f.

teilten aber nicht nur Funktion und Gestaltung, sondern auch die nur kurze Bestehensdauer. Nach dem Ende des Weltkriegs flaute das Interesse an ihnen bald wieder ab.[435] Anders verhielt es sich dagegen mit den wiedererstarkten Shop Stewards. Diese etablierten sich während des Zweiten Weltkriegs als feste Größe in den Betrieben des Vereinigten Königreichs. Eine Position, die sie nicht so schnell wieder abgeben sollten.

V. Seit dem Zweiten Weltkrieg

Die Entwicklung der betrieblichen Beteiligung seit dem Ende des Zweiten Weltkriegs beschreibt sowohl in Deutschland wie im Vereinigten Königreich einen durchgehenden Weg zum heutigen Status quo. Im Vereinigten Königreich wurden dabei die vor und während des Kriegs bestehenden Entwicklungen fortgeschrieben. In Deutschland erfolgte mit dem Bruch im politischen System und der Rückkehr zur Demokratie im Recht der betrieblichen Beteiligung ebenfalls eine Rückbesinnung auf und Anknüpfung an die Konzepte der Zeit vor 1933. Allerdings galt dies nur für den einen Teil des zunächst geteilten Deutschlands. Die Deutsche Demokratische Republik suchte nicht nur die Arbeitnehmer an betrieblichen Entscheidungen zu beteiligen, sondern machte sie – zumindest formell – zu den neuen „Herren der Betriebe“.

Neben die beiden nationalen Rechtsordnungen trat ab den 1950er Jahren eine dritte Entwicklungslinie der betrieblichen Beteiligung auf der europäischen Ebene. Hatte diese in ihren Anfängen noch kaum Wirkung auf die betriebliche Arbeitnehmerbeteiligung in den Mitgliedstaaten, änderte sich dies mit der Zunahme der europäischen Regelungskompetenzen, so dass sie spätestens ab den 1990er Jahren wahrnehmbaren Einfluss hatte.

1. Besatzungsrecht

Kein Jahr nach der bedingungslosen Kapitulation des Deutschen Reichs schufen die Alliierten mit dem Kontrollratsgesetz Nr. 22 vom 10. April 1946[436] eine neue Rechtsgrundlage für die Wahl von Betriebsräten. Parallel wurde das Gesetz zur Ordnung der Nationalen Arbeit aufgehoben.[437] Das Kontrollratsgesetz Nr. 22 beschränkte sich nach seinem Umfang und seiner Regelungstiefe auf das

---

435 *Wendt,* Whitleyism – Versuch einer Institutionalisierung des Sozialkonflikts in England am Ausgang des Ersten Weltkriegs, in: *Stegmann/Wendt/Witt,* Industrielle Gesellschaft und politisches System, S. 349 f.

436 KR-Abl. 1946 Nr. 6S. 133.

437 *Fitting/Engels/Schmidt/Trebinger/Linsenmaier,* BetrVG, Einl. Rn. 3.

Nötigste.[438] Es bestimmte, dass die Betriebsratswahlen „unter Anwendung demokratischer Grundsätze und mittels geheimer Abstimmung“ erfolgen mussten, gab dem Betriebsrat das Recht und die Pflicht, Versammlungen im Betrieb abzuhalten und belegte den Arbeitgeber mit der Pflicht, den Betriebsrat mit den für seine Aufgaben nötigen Unterlagen zu versorgen. Daneben enthielt es ein Benachteiligungsverbot zugunsten der Betriebsratsmitglieder und ein Gebot zur Kooperation mit den zugelassenen Gewerkschaften. Schließlich stellte es einen Katalog von Angelegenheiten zur Verfügung, mit denen sich der Betriebsrat befassen durfte, sofern keine Regelungen durch Landesgesetze oder, sofern solche nicht existierten, durch die Tarifparteien erfolgt waren. Der Katalog umfasste die Anwendung von Tarifverträgen und der Betriebsordnung, die Vereinbarung der selbigen, Vorschläge von Seiten des Betriebsrats für die Verbesserung der Arbeitsmethoden und der Produktionsweise, das Erörtern von Beschwerden der Arbeitnehmer mit dem Arbeitgeber und die Mitwirkung an der Einrichtung und Leitung von Wohlfahrtseinrichtungen. Zudem sollte der Betriebsrat auch mit den relevanten Behörden[439] zusammenarbeiten und die einzelnen Arbeitnehmer in ihrem Kontakt mit Behörden unterstützen.

In den meisten Ländern der westlichen Besatzungszonen wurden Gesetze erlassen, die das Kontrollratsgesetz Nr. 22 ergänzten und weiter ausgestalteten.[440] Beteiligungsintensität und Regelungscharakter variierten dabei abhängig von den politischen Konstellationen in den verschiedenen Ländern.[441] Insgesamt gab es daher unter dem alliierten Besatzungsrecht keine einheitliche Regelung der betrieblichen Beteiligung in Deutschland.[442] Dennoch ist bemerkenswert, dass die Alliierten Betriebsräte als Mittel der Redemokratisierung der deutschen Betriebe auffassten und fast unmittelbar nach ihrer Machtübernahme wieder einführten. Umso bemerkenswerter ist dies, da keiner der Alliierten in seinen eigenen nationalen Rechtsordnungen eine dem Kontrollratsgesetz

438 *Däubler*, Das Arbeitrecht 1, S. 466; *Fitting/Engels/Schmidt/Trebinger/Linsenmaier*, BetrVG, Einl. Rn. 3; *Richardi*, in: *Richardi*, BetrVG, Einl. Rn. 13.

439 Genannt waren hier insbesondere die Entnatzifizierungsbehörden, Art V 1 e) Kontrollratsgesetz Nr. 22.

440 *Däubler*, Das Arbeitsrecht 1, S. 467; *v. Hoyningen-Huene*, Betriebsverfassungsrecht, S. 12; *Thiel*, Arbeitsrecht in der DDR, S. 32.

441 *Fitting/Engels/Schmidt/Trebinger/Linsenmaier*, BetrVG, Einl. Rn. 3; ausführlich *Reichold*, Betriebsverfassung als Sozialprivatrecht, S. 361 ff.

442 *Däubler*, Das Arbeitsrecht 1, S. 467; *v. Hoyningen-Huene*, Betriebsverfassungsrecht, S. 12; *Richardi*, in: *Richardi*, BetrVG, Einl. Rn. 13.

Nr. 22, geschweige denn dem Betriebsrätegesetz entsprechende Regelung vorweisen konnte.

2. Deutsche Demokratische Republik

Nach der Teilung Deutschlands 1949 entwickelte sich auch die betriebliche Beteiligung in den beiden Staaten in gänzlich verschiedene Richtungen. In der Deutschen Demokratischen Republik (DDR) wurden die durch den Kontrollrat ermöglichten Betriebsräte schon durch das Gesetz vom 15. April 1950[443] wieder abgeschafft.[444] An ihre Stelle trat eine betriebliche Vertretung der Arbeitnehmer durch die betriebliche Gewerkschaftsleitung.[445] Hierdurch wurde das duale Beteiligungssystem, welches prägend sowohl für das Arbeitsrecht der Weimarer Zeit als auch das Arbeitsrecht der Bundesrepublik Deutschland war und ist, beseitigt und durch ein allein auf gewerkschaftlicher Vertretung beruhendes System ersetzt. Durch die Beschränkung auf die Einheitsgewerkschaft des Freien Deutschen Gewerkschaftsbundes (FDGB), die auf der marxistisch-leninistischen Gesellschaftsordnung fußte, wurde eine betriebliche Beteiligung außerhalb des staatlichen Machtapparats praktisch unmöglich gemacht.[446]

Bei diesen Grundsätzen blieb es auch mit der Einführung des Arbeitsgesetzbuchs der DDR vom 16. Juni 1977[447]. In seinem 2. Kapitel legte dieses unter dem Titel „Leitung des Betriebs und Mitwirkung der Arbeitnehmer" die Aufgaben und Kompetenzen der Betriebsgewerkschaftsorganisation, bestehend aus der betrieblichen Gewerkschaftsleitung, den Vertrauensleuten, der Vertrauensleutevollversammlung und der Gewerkschaftsmitgliederversammlung, nieder. Während all diesen Organen die Aufgabe zufiel, bei der Erreichung einer möglichst hohen Produktivität und Arbeitsmoral mitzuwirken, beschränkte sich ihre weitere Funktion weitgehend auf Informations-, Anhörungs- und teilweise Überwachungsfunktionen.[448] Eine weitergehende Beteiligung stand nur der betrieblichen Gewerkschaftsleitung zu. Insgesamt diente die Mitwirkung auf der betrieblichen Ebene daher kaum einer Beteiligung der Arbeitnehmer, sondern

443 DDR-GBl. 1950 S. 349.

444 *Gamillscheg,* Kollektives Arbeitsrecht, S. 4; *Richardi,* in: *Richardi,* BetrVG, Einl. Rn. 14.

445 *Thiel,* Arbeitsrecht in der DDR, S. 33, 58.

446 Vgl. *Thiel,* Arbeitsrecht in der DDR, S. 33 f.

447 DDR-GBl. I 1977 S. 185.

448 Zu diesen im Detail *Kunz/Thiel,* Arbeitsrecht, S. 107 ff.; auch *Thiel,* Arbeitsrecht in der DDR, S. 153 ff.

vielmehr der Durchsetzung der staatlichen Planvorgaben und der Kontrolle der Betriebe einschließlich ihrer Arbeitnehmer.[449]

Nach dem Zusammenbruch der Diktatur der Sozialistischen Einheitspartei übernahm die frei gewählte Staatsführung der DDR mit dem Staatsvertrag über die Schaffung einer Währungs-, Wirtschafts- und Sozialunion vom 18. Mai 1990[450] die Grundsätze des Arbeitsrechts der Bundesrepublik Deutschland und setzte mit dem Gesetz über das Inkrafttreten von Rechtsvorschriften der Bundesrepublik Deutschland in der DDR vom 21. Juni 1990[451] unter anderem das Betriebsverfassungsgesetz in der DDR in Kraft.[452] Somit wurde das betriebliche Beteiligungssystem der Bundesrepublik Deutschland schon vor seiner endgültigen Ausweitung auf die ostdeutschen Bundesländer durch den Staatsvertrag über die Herstellung der Einheit Deutschlands vom 31. August 1990[453] (Einigungsvertrag) in diesen eingeführt.

3. Betriebliche Beteiligung und Europa

Während in der DDR und Osteuropa die betriebliche Beteiligung praktisch ausgeschaltet blieb, begann in der Westeuropa ab den 1950er Jahren der europäische Einigungsprozess. In dessen Zentrum stand lange Zeit die Schaffung eines gemeinsamen Wirtschaftsraums. Primäres Ziel der ersten Jahre war die Herstellung eines gemeinsamen Marktes.[454] Die Arbeitsbeziehungen in den Mitgliedstaaten standen hingegen vorerst nicht auf der europäischen Agenda. Soweit man sich bei der initialen Schaffung der Europäischen Gemeinschaften mit ihnen befasste, wurde davon ausgegangen, dass eine wirtschaftliche Harmonisierung eine Harmonisierung auch der Arbeitsbeziehungen nach sich ziehen würde.[455] In Art. 118 des Vertrags zur Gründung der Europäischen Wirtschaftsgemeinschaft wurden die Institutionen der Gemeinschaft lediglich verpflichtet, die Zusammenarbeit unter den Mitgliedstaaten im Bereich des Arbeitsrechts zu fördern.

Erst Anfang der 1970er Jahre kam Bewegung auf. Ein erstes Anzeichen war der Entwurf der Europäischen Kommission für das Statut einer Europäischen

449 Vgl. auch *Richardi,* in: *Richardi,* BetrVG, Einl. Rn. 14.
450 BGBl. II 1990 S. 518.
451 DDR-GBl. I 1990 S. 357.
452 *Thiel,* Arbeitsrecht in der DDR, S. 188; *Richardi,* in: *Richardi,* BetrVG, Einl. Rn. 26.
453 BGBl. II 1990 S. 889.
454 *Bieber/Epiney/Haag,* Die Europäische Union, S. 39 f.; *Herdegen,* Europarecht, S. 50 f.
455 *Heinze,* Zeitschrift für Arbeitsrecht 1992, S. 331, 332; *Jacobs,* Neue Zeitschrift für Arbeitsrecht 1999, S. 23, 23.

Aktiengesellschaft vom 30. Juni 1970. In ihm vorgesehen war die Schaffung eines Europäischen Betriebsrats zur Beteiligung der Arbeitnehmer in supranationalen Fragen.[456] Freilich dauerte es bis zur Einführung der Europäischen Aktiengesellschaft noch über dreißig Jahre. Dies beruhte nicht zuletzt auf der langwierigen Einigung der Mitgliedstaaten über die Arbeitnehmerbeteiligung, die durch das für die europäischen Entscheidungsprozesse geltende Einstimmigkeitsprinzip zusätzlich erschwert wurde.[457] Unter dem Eindruck der sozialen Proteste am Ende der 1960er Jahre und begünstigt durch Regierungswechsel in zentralen Staaten der Gemeinschaft verschob sich die europäische Perspektive auch insgesamt hin zu sozialpolitischen Themen. Der damalige deutsche Bundeskanzler Willy Brandt forderte neben der Wirtschaftsgemeinschaft auch eine Sozialunion.[458] Eingeleitet wurde diese Hinwendung zu einer europäischen Sozialpolitik in dem Jahr vor dem Beitritt des Vereinigten Königreichs auf dem Pariser Gipfeltreffen 1972 und durch das in dessen Folge entwickelte sozialpolitische Aktionsprogramm der europäischen Gemeinschaft.[459] Das Programm hatte den Status einer Entschließung des Europäischen Rates. Es bildete daher keine Rechtsgrundlage für europäische Rechtsetzung im eigentlichen Sinne. Dennoch läutete es mit dem proklamierten Ziel einer „schrittweisen Förderung der Mitwirkung der Arbeitnehmer oder ihrer Vertreter am Leben der Unternehmen und Betriebe in der Gemeinschaft“[460] eine neue Entwicklungsphase betrieblicher Beteiligung auf der europäischen Ebene ein. Gestützt auf Art. 100 des Vertrags zur Gründung der Europäischen Wirtschaftsgemeinschaft[461] wurden in der Folge mit der Massenentlassungsrichtlinie 75/129/EWG und der Betriebsübergangsrichtlinie 77/187/EWG die beiden ersten Richtlinien verabschiedet, in denen Regelungen zur betrieblichen Beteiligung der Arbeitnehmer enthalten waren.[462] Beide Richtlinien verlangten, dass die Arbeitgeber ihre Arbeitnehmer vor einer geplanten Maßnahme, also einer Massenentlassung oder einem Betriebsübergang,

456 *Fuchs/Marhold,* Europäisches Arbeitsrecht, S. 301, 324.

457 *Fleischer,* Archiv für die civilistische Praxis 2004, S. 502, 533; *Fuchs/Marhold,* Europäisches Arbeitsrecht, S. 324 ff.; *Riesenhuber,* Europäisches Arbeitsrecht, S. 518.

458 *Jacobs,* Neue Zeitschrift für Arbeitsrecht 1999, S. 23, 23.

459 *Brors,* Das System der Arbeitnehmer-Beteiligungs-Richtlinien, S. 31; *Heinze,* Zeitschrift für Arbeitsrecht 1992, S. 331, 333; *Herdegen,* Europarecht, S. 54; *Seitz,* Europäisches Rahmenrecht für eine Europäische Betriebsverfassung, S. 5.

460 Zitiert nach *Riesenhuber,* Europäisches Arbeitsrecht, S. 463.

461 Heute Art. 115 AEUV.

462 Vgl. *Heinze,* Zeitschrift für Arbeitsrecht 1992, S. 331, 334; *Seitz,* Europäisches Rahmenrecht für eine Europäische Betriebsverfassung, S. 5 f.

informierten und konsultierten.[463] Ansprechpartner der Arbeitgeber sollten dabei primär bestehende Arbeitnehmervertretungen sein. Nur wo solche nicht existierten, sah zumindest die Betriebsübergangsrichtlinie eine direkte Information der einzelnen Arbeitnehmer vor. Die Richtlinien verpflichteten also nicht zur Bildung von Arbeitnehmervertretungen und enthielten auch keine organisatorischen Vorgaben für solche. Ziel der Information und Konsultation sollte eine Erörterung der Konsequenzen der geplanten Maßnahmen für die Arbeitnehmer und eine mögliche Abmilderung negativer Folgen sein.[464] Konsequenzen bei einem Scheitern solcher Verhandlungen sahen die Richtlinien aber nicht vor. Der Arbeitgeber sollte also nicht in seinem Letztentscheidungsrecht beschränkt werden, sondern lediglich gezwungen werden, sich mit den Interessen und Vorschlägen seiner Arbeitnehmer auseinanderzusetzen.

In den 1980er Jahren ebbte die sozialpolitische Rechtsetzungstätigkeit der Europäischen Gemeinschaft zunächst wieder ab.[465] Davon betroffen war auch der Bereich der betrieblichen Beteiligung.[466] Hintergrund waren erhebliche Widerstände aus den Unternehmerverbänden,[467] und nicht zuletzt die Regierungsübernahme konservativer Parteien unter Margaret Thatcher im Vereinigte Königreich und Helmut Kohl in der Bundesrepublik Deutschland. Allerdings hielt diese Zurückhaltung nicht allzu lange an. Schon 1989 wurde mit der von der Europäischen Kommission ausgearbeiteten „Gemeinschaftscharta der sozialen Grundrechte“[468] vom 9. Dezember ein neuer Anstoß für eine weiterführende Rechtsetzungstätigkeit gegeben.[469] Mit ihr wurde das Recht auf „Unterrichtung, Anhörung und Mitwirkung“[470] der Arbeitnehmer in den Betrieben in den Kanon der von der europäischen Gemeinschaft anerkannten sozialen Rechte aufgenommen. Unterzeichnet wurde die Gemeinschaftscharta zunächst jedoch nur von elf der zwölf damaligen Mitgliedstaaten der Europäischen Gemeinschaft. Das Vereinigte Königreich unter seiner Premierministerin Thatcher blieb außen vor. Durch das dem Vertrag von Maastricht beigefügte Protokoll und Abkommen über Sozialpolitik wurden 1992 neue Rechtsgrundlagen für die Verwirklichung

463 *Riesenhuber*, Europäisches Arbeitsrecht, S. 465.

464 Vgl. Erwägungsgründe Richtlinienen 75/129/EWG und 77/187/EWG.

465 *Jacobs*, Neue Zeitschrift für Arbeitsrecht 1999, S. 23, 23.

466 *Brors*, Das System der Arbeitnehmer-Beteiligungs-Richtlinien, S. 32 f.

467 *Fuchs/Marhold*, Europäisches Arbeitsrecht, S. 302.

468 KOM (89) 248.

469 *Heinze*, Zeitschrift für Arbeitsrecht 1992, S. 331, 335 f.; *Riesenhuber*, Europäisches Arbeitsrecht, S. 463.

470 Nr. 17 f. Gemeinschaftscharta der Sozialen Grundrechte.

der in der Gemeinschaftscharta geforderten Rechte geschaffen. Da das Vereinigte Königreich bei seiner ablehnenden Haltung gegenüber einer vereinheitlichten europäischen Sozialpolitik blieb, konnte das Abkommen über Sozialpolitik nicht in den eigentlichen Text des Vertrags von Maastricht aufgenommen werden. Es galt daher, wie die Gemeinschaftscharta, ebenfalls zunächst nur für die elf unterzeichnenden Mitgliedstaaten und nicht für das Vereinigte Königreich. Dennoch konnte auf der Grundlage des Abkommens mit der Europäischen Betriebsräterichtlinie 94/45/EG eine erste allgemeingültige Regelung über die betriebliche Arbeitnehmerbeteiligung auf europäischer Ebene geschaffen werden.[471]

Nachdem das Vereinigte Königreich unter seinem neuen Premierminister Tony Blair 1998 der Gemeinschaftscharta der sozialen Grundrechte beigetreten war und auch einer Integration des Abkommens über Sozialpolitik in die Europäischen Verträge durch den Amsterdamer Vertrag von 1997 zustimmte, galten die sozialpolitischen Regelungskompetenzen seit dem Ende des letzten Jahrtausends für alle Mitgliedstaaten der Europäischen Gemeinschaft. In der Folge wurde auch die Europäische Betriebsräterichtlinie auf das Vereinigte Königreich ausgeweitet.[472] Außerdem traten neben diese erste Richtlinie mit der SE-Beteiligungsrichtlinie 2001/86/EG und der Unterrichtungsrahmenrichtlinie 2002/14/EG noch zwei weitere Richtlinien, die heute gemeinsam die Basis des europäischen Systems betrieblicher Beteiligung bilden. Schließlich wurde die Europäische Betriebsräterichtlinie als Richtlinie 2009/38/EG im Jahr 2009 überarbeitet. Die Änderungen sollten die Beteiligung stärken und gleichzeitig effektiver machen,[473] hielten sich aber insgesamt in Grenzen und berührten nicht den Kerngehalt der Richtlinie.

4. Betriebsverfassungsgesetze der Bundesrepublik Deutschland

Mit der Gründung der Bundesrepublik Deutschland am 23. Mai 1949 wurde die Notwendigkeit, die betriebliche Beteiligung für die gesamte Republik einheitlich zu gestalten, akut.[474] Nicht nur die unter dem Besatzungsrecht entstandene Zersplitterung in verschiedene Landesgesetze, die auf der Grundlage des Kontrollratsgesetzes Nr. 22 fußten, machte eine Einigung in diesem Bereich schwer.

---

471 *Riesenhuber,* Europäisches Arbeitsrecht, S. 463; *Seitz,* Europäisches Rahmenrecht für eine Europäische Betriebsverfassung, S. 6; eingehender zu dieser siehe oben B. II. 1.1.

472 *Fuchs/Marhold,* Europäisches Arbeitsrecht, S. 303.

473 *Riesenhuber,* Europäisches Arbeitsrecht, S. 490.

474 *Richardi,* in: *Richardi,* BetrVG, Einl. Rn. 15.

Hinzu kam, dass die Frage der betrieblichen Beteiligung Teil einer größeren Auseinandersetzung um die „Neuordnung der Wirtschaft" insgesamt war.[475] Aus diesem Konflikt entstand das von der Regierungskoalition von Christlich Demokratischer Union (CDU) und Freier Demokratischer Partei (FDP) vorangetriebene und schließlich beschlossene Betriebsverfassungsgesetz vom 11. Oktober 1952.[476]

In inhaltlicher Richtung und Konzeption weist das erste Betriebsverfassungsgesetz eine deutliche Kontinuität zum Betriebsrätegesetz, aber auch eine große Übereinstimmung mit dem heutigen Betriebsverfassungsgesetz, auf.[477] Insofern kann und soll hier auf eine eingehende Darstellung verzichtet werden. Insgesamt hat sich das Gesetz während seines zwanzigjährigen Bestehens bewährt.[478] Dennoch wurde es von den tatsächlichen Entwicklungen in der modernen Wirtschaft überholt. Anstelle einer Reform des alten Gesetzes entschied man sich für eine vollständige Neukodifizierung, die mit dem Betriebsverfassungsgesetz vom 18. Januar 1972[479] umgesetzt wurde. Auch hier hatte es wieder erhebliche politische Auseinandersetzungen um das Gesetzesvorhaben gegeben. Größere Reformen des Gesetzes erfolgten im Jahr 1988 und schließlich 2001. Inhaltlich kann insoweit auf die Ausführungen zur gesetzlichen Ausgangslage dieser Arbeit verwiesen werden.[480]

5. Betriebliche Beteiligung im Vereinigten Königreich

Im Vereinigten Königreich erfolgte, anders als in Deutschland, kein Bruch durch das Ende des Zweiten Weltkriegs. So blieb auch das System der Arbeitsbeziehungen von der Umstellung der Kriegswirtschaft zurück zu einer Friedenswirtschaft in seinen Grundsätzen weitgehend unangetastet. Auf betrieblicher Ebene bedeutete dies, dass zwar viele *Joint Cosulative Committees* wieder verschwanden, dass aber der Einfluss der Shop Stewards, anders als noch nach dem Ersten Weltkrieg nicht zurückging. Die gewerkschaftsfreundliche Politik der Nachkriegsregierungen, insbesondere denen der Labour Party, sowie die allgemein

---

475 *Richardi,* Arbeitsrecht als Teil freiheitlicher Ordnung, S. 101 ff.; *Richardi,* in: *Richardi,* BetrVG, Einl. Rn. 16; zu dem Begriff siehe den Titel des Gesetzentwurfs der SPD vom 25. Juli 1950, BT-Drucks. I/1229.

476 BGBl. I 1952 S. 681.

477 Vgl. *Gamillscheg,* Arbeit und Recht 1991, S. 272, 273.

478 *Fitting/Engels/Schmidt/Trebinger/Linsenmaier,* BetrVG, Einl. Rn. 7; v. *Hoyningen-Huene,* Betriebsverfassungsrecht, S. 13.

479 BGBl. I 1972 S. 13.

480 Siehe oben B. II. 2.

gute wirtschaftliche Lage gab den Gewerkschaften und ihren Vertretern in den Betrieben eine starke Position gegenüber den Arbeitgebern. Durch die weiterhin herrschende Knappheit an Arbeitskraft waren die Arbeitgeber zusätzlich bereit, deutliche Konzessionen im Bereich der betrieblichen Beteiligung zu machen.[481] Dennoch blieb es bei den oft informellen, teilweise allein auf betrieblicher Übung beruhenden Beteiligungsformen. Eine gesetzliche Fixierung oder auch nur der Versuch einer solchen fand nicht statt. Dies gründete nicht zuletzt auch auf der gewerkschaftlichen Skepsis gegenüber einer Normierung der betrieblichen Beteiligung.

Durch das Ende des wirtschaftlichen Aufschwungs und den Regierungswechsel im Jahr 1979 hin zu der gewerkschaftsfeindlichen Regierung unter Premierministerin Margret Thatcher wurde auch die betriebliche Beteiligung der Arbeitnehmer zurückgedrängt.[482] Mit den *Employment Acts* von 1980, 1982 und 1988 sowie dem Trade Union Act von 1984 verschlechterte sich die rechtliche Stellung der Gewerkschaften und ihrer Vertreter deutlich. So wurde es in die Entscheidungsfreiheit der Arbeitgeber gestellt, ob sie die in ihren Betrieben tätigen Gewerkschaften als legitime Vertreter ihrer Arbeitnehmer anerkannten.[483] Gleichzeitig wurde der Katalog zulässiger Streikziele stark eingeschränkt und eine Kündigung streikender Arbeitnehmer erleichtert.[484] Schließlich wurde die gesetzliche Begünstigung der *closed shops* aufgehoben.[485] Dennoch zeigen die Statistiken, dass in einigen Teilen der Wirtschaft die Shop Stewards, und mit ihnen zumindest Ansätze betrieblicher Beteiligung, die 1980er Jahre überdauerten.[486] Mit dem erneuten Regierungswechsel hin zu der Regierung unter Premierminister Toni Blair 1997 öffnete sich das Vereinigte Königreich dann für die europäischen Richtlinien zur betrieblichen Beteiligung.[487] Damit war nun auch im Vereinigten Königreich eine minimale rechtliche Grundlage für die Arbeitnehmerbeteiligung geschaffen.[488]

---

481 *Goodman/Whittingham,* Shop Stewards in British Industry, S. 7.

482 *Gamillscheg,* Kollektives Arbeitsrecht, S. 17; zu der Gewerkschaftspolitik Thatchers siehe *Towers,* Industrial Labor Relations Review 1989, S. 163, 167 ff.

483 *Towers,* Industrial Labor Relations Review 1989, S. 163, 168 f.

484 *Towers,* Industrial Labor Relations Review 1989, S. 163, 169 f.

485 *Towers,* Industrial Labor Relations Review 1989, S. 163, 169.

486 *Millward/Stevens/Smart u. a.,* Workplace Industrial Relations in Transition, S. 142 f.

487 *Fuchs/Marhold,* Europäisches Arbeitsrecht, S. 303.

488 Zu deren Ausgestaltung siehe oben B. II. 3.

D. Einzelne Beteiligungsmodelle

Nach dem historischen Überblick soll nun die detaillierte Betrachtung der zu untersuchenden Beteiligungsmodelle anhand der im ersten Teil beschriebenen Methode[489] folgen.

I. Konstitutionelle Fabrik

Erster konkreter Untersuchungsgegenstand dieser Arbeit ist das betriebliche Beteiligungsmodell, das der Fabrikant Heinrich Johannes Carl Freese (*1853–†1944), beginnend in den 1880er Jahren, in seiner Berliner Jalousien und Holzpflaster Fabrik eingeführt hat und für das er selbst den von Friedrich Albert Lange geprägten[490] Begriff „konstitutionelle Fabrik" wählte. Dieses Modell eignet sich als Untersuchungsgegenstand, da es in Ausgestaltung und Funktion durch Freese selbst detailliert dokumentiert ist und auch in der zeitgenössischen und neueren Literatur eingehend Beachtung gefunden hat. Schließlich ist es eine beispielhafte Umsetzung der Idee einer konstitutionellen Fabrik, wie sie in interessierten Kreisen des deutschen Kaiserreichs immer wieder diskutiert wurde, auch wenn sich die verschiedenen Umsetzungen in der Praxis als sehr vielgestaltig darstellten.[491]

Freeses Berliner Jalousien und Holzpflaster Fabrik selbst war ein typischer Industriebetrieb der damaligen Zeit. Er war 1854 in Hamburg vom Vater Heinrich Freeses, Heinrich Johannes Markus Freese, gegründet worden,[492] der die Leitung 1874 an den nach Berlin übergesiedelten Sohn weitergegeben hatte. Neben dem neuen Hauptwerk in Berlin gab es zeitweise Zweigstellen in Hamburg, Breslau und Leipzig sowie Betriebsstellen[493] in Frankfurt am Main und Mannheim. Das Berliner Hauptwerk hatte 1888 etwa einhundert Arbeitnehmer im Winter und 200 Arbeitnehmer im Sommer, 1907 war die Zahl auf etwa 400 Arbeitnehmer im Sommer angestiegen.[494] Damit gehörte Fresse nicht zu den damaligen

489 Siehe oben A. II.

490 *John,* Zeitschrift für Geschichtswissenschaft 1987, S. 589, 596; *Lange,* Die Arbeiterfrage, S. 370 ff.

491 *Sterzenbach,* Die konstitutionelle Fabrik in Deutschland, S. 24.

492 *Gabbert,* Heinrich Freese, S. 18.

493 Sie dienten ab 1920 als Ausgangspunkt für die Verlegung von Holzpflaster und hatten keine eigene Produktion, *Gabbert,* Heinrich Freese, S. 32.

494 *Gabbert,* Heinrich Freese, S. 28 f.

Großindustriellen wie Bosch, Siemens oder Abbe, sondern war der Gruppe mittlerer Industrieller zuzurechnen,[495] die auch damals das Rückgrat der deutschen Wirtschaft bildeten.[496]

Beginnend mit der Einführung eines Festausschusses zur Organisation der jährlichen Fabriklandpartie,[497] schuf Freese eine Arbeitervertretung, der er nach und nach mehr Beteiligungs- und Mitbestimmungsrechte übertrug. So entwickelte sich ein Beteiligungsmodell, das den gesetzlichen Bestimmungen um Jahre und teilweise Jahrzehnte voraus war. Als im Kaiserreich erst fakultativ und dann obligatorisch Arbeiterausschüsse eingeführt wurden, erfüllte die Arbeitervertretung in Freeses Fabrik die gesetzlichen Anforderungen bereits weitgehend – nur der Name musste angepasst werden.[498] Die Einführung des Betriebsrätegesetzes von 1920 brachte zwar auch für die Arbeitervertretung in Freeses Fabrik beträchtliche Veränderungen, das Bestehen einer etablierten Arbeitervertretung ermöglichte aber eine verhältnismäßig einfache und unkomplizierte Überführung in die neue, nunmehr gesetzlich festgelegte Struktur.[499]

1. Begriffsbestimmung

Wie oben erwähnt ist der Begriff der „konstitutionellen Fabrik" von dem deutschen Philosophen, Pädagogen und Sozialisten Friedrich Albert Lange geprägt worden.[500] Er nutzte ihn in der dritten Auflage seines 1865 erstmals erschienenen Werks „Die Arbeiterfrage" zur Beschreibung eines anzustrebenden Systems betrieblicher Ordnung.[501] Danach wurde der Begriff auch von weiteren Autoren aufgenommen.[502] Der Begriff selbst gliedert sich in die Wörter „konstitutionell" und „Fabrik". Beide erscheinen aus heutiger Sicht in dieser Verwendung nicht sofort schlüssig, waren aber in der damaligen Zeit durchaus konsequent.

Der Begriff „Fabrik" hat in den vergangenen 150 Jahren einen Teil seiner Bedeutung geändert. Er steht heute für eine körperliche Produktionsstätte, während er damals synonym war mit dem, was wir heute als „Betrieb"

---

495 *John,* Zeitschrift für Geschichtswissenschaft 1987, S. 589, 597.

496 Vgl. nur die Zahlen bei *Bieber,* Zwischen Kasernenhof und Rätesystem, in: *Nutzinger,* Perspektiven der Mitbestimmung, S. 28 f.

497 *Freese,* Die konstitutionelle Fabrik, S. 2.

498 *Freese,* Die konstitutionelle Fabrik, S. 5 f.

499 *Freese,* Die konstitutionelle Fabrik, S. 41 ff.

500 *John,* Zeitschrift für Geschichtswissenschaft 1987, S. 589, 596.

501 *Lange,* Die Arbeiterfrage, S. 370 ff.

502 *Hitze,* Arbeiterwohl – Organ des Verbandes katholischer Industrieller und Arbeiterfreunde 1881, S. 85, 87.

bezeichnen.[503] Er beschreibt also aus damaliger Sicht die gesamte wirtschaftliche Einheit, in der die Arbeitnehmer, der Arbeitgeber, die Produktionsprozesse und die Produktionsstätten mit eingeschlossen sind.

„Konstitutionell" war und ist ein System, in dem Macht durch eine Reihe von Grundregeln, die zwischen den Subjekten des Systems gelten, eingegrenzt und verteilt wird. Als konstitutionell bezeichnete man dabei im 19. Jahrhundert, wie auch heute noch, vor allem eine Monarchie, in der die Macht des Monarchen durch eine Verfassung mit demokratischen Elementen beschränkt ist. Es war damit vor allem ein im Bereich des Staatsrechts geläufiger Begriff. Dieses Konzept ließ sich auf die Fabriken des Zeitalters übertragen.[504] Hier hatte der Fabrikherr wie ein Monarch unbeschränkte Macht über seine Arbeitnehmer. In Ermangelung gesetzlicher Regelungen konnte eine Beschränkung dieser Macht nur durch eine Verfassung in der Fabrik selbst eingeschränkt werden. Die Fabrik sollte also wie die Monarchie konstitutionell werden.[505]

Übersetzt man den Begriff der „konstitutionellen Fabrik" demnach in die heutige Rechtssprache, würde man also vom „konstitutionellen" oder auch „verfassten Betrieb" sprechen. Der letzte Begriff weist eine nicht wirklich überraschende Ähnlichkeit zum heutigen Begriff des „Betriebsverfassungsrechts" auf, das auch heute als „Verfassung der Betriebe" verstanden wird.[506]

2. Gründe für die Einführung

Die Einführung der konstitutionellen Fabrik in der Berliner Jalousien und Holzpflaster Fabrik ist untrennbar mit der Person Heinrich Freeses verbunden. In einer Zeit, in der sich die Mehrzahl der Unternehmer noch als die unbeschränkten Herrscher über ihre Unternehmung und die darin beschäftigten Arbeitnehmer verstanden, hat er aus eigenem Antrieb ein Beteiligungsmodell erdacht und umgesetzt. Die Initiative hierzu ging allein von ihm, dem Arbeitgeber, aus. Er wurde weder von seinen Arbeitnehmern, ihren gewerkschaftlichen Vertretern noch aus der Politik dazu gedrängt. Insofern ist Freese als Pionier der betrieblichen Beteiligung in Deutschland zu sehen.

---

503 *Gabbert,* Heinrich Freese, S. 45.

504 Siehe auch oben C. II. 4.

505 Vgl. hierzu auch *Senne/Köhler/Krauskopf Martin,* Heinrich Freese und sein Modell der konstitutionellen Fabrik, in: *Beer,* Heinrich-Freese-Seminar, S. 24.

506 *Brox/Rüthers/Henssler,* Arbeitsrecht, S. 288; *Richardi,* in: *Richardi,* BetrVG, Einleitung Rn. 1.

Freese war politischer Vertreter des linken Bürgertums.[507] Seit 1878 war er aktives Mitglied der Fortschrittspartei und, nach ihrer Fusion mit den Nationalliberalen, auch bis in die 1890er Jahre hinein der Freisinnigen Partei.[508] Das linke Bürgertum trat für demokratische Mitbestimmung der Bürger in allen politischen Entscheidungsprozessen ein. Es sah sich in der Tradition der 1848er Revolutionäre und hatte seine politischen Vorbilder in der konstitutionellen Monarchie Englands oder der Demokratie der USA.[509] Die Leitideen dieses aufgeklärten Bürgertums waren die Gleichheit und Freiheit der Menschen, die sich im Rechtsstaat und der parlamentarischen Monarchie manifestieren sollten.[510] Wirtschaftspolitisch vertraten sie jedoch weitgehend die Ideen des Manchesterkapitalismus und lehnten zum Beispiel jede Einschränkung der arbeitsrechtlichen Vertragsfreiheit und auch die Gewerkschaften ab.[511] Viele Anhänger dieser politischen Richtung waren wie Freese Fabrikanten. Obwohl sie auf politischer Ebene für Gleichheit und Mitbestimmung eintraten, führten sie ihre Fabriken nach streng patriarchalem Muster. Eine Beteiligung ihrer Arbeitnehmer an betrieblichen Entscheidungsprozessen war ihnen fremd.

Freese empfand diese Diskrepanz zwischen den Rechten, die er und seine Meinungsgenossen im politischen Diskurs gegenüber Adel und Kaiser für sich einforderten, und dem, was sie ihren eigenen Arbeitnehmern in ihren Fabriken zugestanden, als unbefriedigend.[512] Eine solche rigorose Trennung zwischen politischen Forderungen und geschäftlicher Praxis gerade in zentralen Wertefragen ließ er nicht gelten.[513]

Freese fasste daher den Entschluss, die Arbeitnehmer in seiner Fabrik an den Entscheidungsprozessen in betrieblichen Angelegenheiten zu beteiligen. Vorbild für sein Beteiligungsmodell war die politische Beteiligung der Bürger an den staatlichen Entscheidungen, wie sie in den parlamentarischen Monarchien der damaligen Zeit existierten. So wie im Staat die Macht des Monarchen durch Beteiligungs- und Mitbestimmungsrechte eines vom Volk gewählten Parlaments

---

507 *Freese,* Die konstitutionelle Fabrik, S. 1; *Senne/Köhler/Krauskopf Martin,* Heinrich Freese und sein Modell der konstitutionellen Fabrik, in: *Beer,* Heinrich-Freese-Seminar, S. 20.

508 *Gabbert,* Heinrich Freese, S. 34 f.; *Küster,* Berlinische Monatschrift 1999, S. 36, 37.

509 Vgl. *Pflüger,* Das betriebliche Repräsentativsystem, S. 120.

510 *Deutscher Bundestag* (Hrsg.), Fragen an die deutsche Geschichte, S. 204.

511 Vgl. *Huber,* Deutsche Verfassungsgeschichte seit 1789, S. 76.

512 *Freese,* Die konstitutionelle Fabrik, S. 1; *Pflüger,* Das betriebliche Repräsentativsystem, S. 120.

513 *Freese,* Die konstitutionelle Fabrik, S. 1.

begrenzt wurde, sollte in seiner Fabrik die Macht des Eigentümers und Arbeitgebers durch Beteiligungs- und Mitbestimmungsrechte einer von den Arbeitnehmern gewählten Arbeitervertretung beschränkt werden.[514] Und wie in der parlamentarischen Demokratie Entscheidungen in wichtigen, das Volk und den Staat betreffenden Angelegenheiten nur mit der Zustimmung von dessen Vertretern getroffen werden können, so sollten auch in der Fabrik die wichtigen, die Arbeitnehmer betreffenden Entscheidungen nur unter Beteiligung der Arbeitervertretung erfolgen können.

Neben diesen gesellschaftspolitischen Beweggründen bestärkten Freese auch seine eigenen positiven Erfahrungen, die er schon früher mit der Beteiligung seiner Arbeitnehmer an Entscheidungsprozessen in seiner Fabrik gemacht hatte. Schon 1879 hatte er die Organisation der jährlichen Fabriklandpartie in die Hände eines von einer Vollversammlung aller Arbeitnehmer der Fabrik gewählten Festausschusses gelegt.[515] Der Erfolg dieses Versuchs war so durchschlagend, dass Freese auch für die zukünftigen Jahre bei dieser Regelung blieb und seine Entscheidung, seine Arbeitnehmer auch in weiteren Fragen zu beteiligen, zusätzlichen Antrieb erhielt.[516] Freese erkannte, dass mit der Verlagerung der Entscheidungskompetenz im Bewusstsein seiner Arbeitnehmer auch eine Verlagerung der Verantwortung für die Konsequenzen der Entscheidung einher ging. Die Arbeitnehmer fühlten sich nun selbst für den Erfolg der Landpartie in der Verantwortung und entwickelten eine viel positivere Einstellung ihr gegenüber.[517]

Schließlich hatte sich Freese auch mit den bereits bestehenden Arbeitnehmerbeteiligungsmodellen in Deutschland und dem europäischen Ausland, insbesondere in England,[518] befasst. Auch diese Berichte hatten ihn in seiner Meinung bestärkt, dass eine Beteiligung der Arbeitnehmer an betrieblichen Entscheidungsprozessen richtig war und für beide Seiten von Vorteil sein würde.

514 Vgl. *Freese,* Die konstitutionelle Fabrik, S. 6; *Senne/Köhler/Krauskopf Martin,* Heinrich Freese und sein Modell der konstitutionellen Fabrik, in: *Beer,* Heinrich-Freese-Seminar, S. 24.

515 *Freese,* Die konstitutionelle Fabrik, S. 2.

516 *Freese,* Die konstitutionelle Fabrik, S. 2; *Senne/Köhler/Krauskopf Martin,* Heinrich Freese und sein Modell der konstitutionellen Fabrik, in: *Beer,* Heinrich-Freese-Seminar, S. 24.

517 Vgl. *Senne/Köhler/Krauskopf Martin,* Heinrich Freese und sein Modell der konstitutionellen Fabrik, in: *Beer,* Heinrich-Freese-Seminar, S. 24 f.

518 *Freese,* Die konstitutionelle Fabrik, S. 1.

Die eigentliche Entscheidung, eine Arbeitervertretung einzuführen, ist dann wohl recht spontan gefallen. Freese selbst nennt als letztlichen Auslöser einen Hinweis zu englischen Arbeiterausschüssen, den er in der Berliner Volkszeitung gefunden hatte.

3. Art der Einführung

All die vorgenannten Gründe zusammen bewogen Freese dazu, die Einführung einer neuen Fabrikordnung im Jahre 1884 zu nutzen, um seine Ideen von der Beteiligung seiner Arbeitnehmer in die Tat umzusetzen. Anstatt die Fabrikordnung – wie es zuvor auch in seiner Fabrik üblich war – einfach zu erlassen, schuf er eine Arbeitervertretung und legte ihr die Fabrikordnung zur Diskussion und Annahme vor.[519]

Abgesehen von dem seit fünf Jahren regelmäßig gebildeten Festausschuss, gab es in Freeses Fabrik zu diesem Zeitpunkt keine relevanten oder gar formalisierten Beteiligungsstrukturen. Die Art und Weise, wie die Arbeitervertretung zu bilden war, konnte Freese daher selbst frei bestimmen. Nach seinen eigenen Berichten hat er dies auch getan, und zwar ohne jede Mitsprache oder auch nur vorherige Konsultation seiner Arbeiter oder der Fabrikbeamten.[520] Er fügte hierzu zwei handgeschriebene Paragraphen an den Entwurf der neuen Fabrikordnung an und hängte diesen dann aus. Damit war die rechtliche Basis für die Beteiligung formuliert. Durch ihre Aufnahme in die Fabrikordnung war die Arbeitervertretung verbindlich eingeführt.[521] Als Arbeitgeber hätte Freese sie allerdings aufgrund seiner praktisch unbeschränkten Kompetenz zum Erlass der Fabrikordnung wiederum eigenmächtig einschränken oder ganz abschaffen können.

Bei der Zusammensetzung der ersten Arbeitervertretung ließ Freese noch große Vorsicht walten. Anstatt ihre Mitglieder insgesamt von seiner Arbeitnehmerschaft wählen zu lassen, griff er auf bewährte Personen zurück, denen er einen verantwortungsbewussten Umgang mit dem neuen Einfluss zutraute. Zum einen waren das seine Fabrikbeamten, d. h. die Werkstattältesten, der Werkführer

---

519 *Freese,* Die konstitutionelle Fabrik, S. 2 f.

520 Der Begriff der Fabrikbeamten entspricht in vieler Hinsicht den heutigen außertariflichen Angestellten oder leitenden Angestellten, vgl. *Richardi,* Gliederung nach Berufszugehörigkeit und Arbeitsaufgabe, in: *Richardi/Wißmann/Wlotzke u. a.,* Münchener Handbuch zum Arbeitsrecht, S. § 18 Rn. 23 f.; *Senne/Köhler/Krauskopf Martin,* Heinrich Freese und sein Modell der konstitutionellen Fabrik, in: *Beer,* Heinrich-Freese-Seminar, S. 24; *Sinzheimer,* Grundzüge des Arbeitsrechts, S. 35.

521 Zur Bedeutung der Fabrikordnung siehe unten 4.1.

und der stellvertretende Werkführer, zum andern die Mitglieder des bereits bestehenden Festausschusses.[522] Nur letztere waren von der Arbeiterschaft gewählt – wenn auch eigentlich für eine andere Aufgabe. Durch die Zusammensetzung war zudem sichergestellt, dass die Werkbeamten die Mehrheit in dem zehnköpfigen Gremium hatten.

Trotz dieser anfänglichen Einseitigkeit in der Art der Einführung und der Bestimmung der Zusammensetzung, wurde Freeses Initiative von seinen Arbeitnehmern mit Freude begrüßt. In der ersten Sitzung der Arbeitervertretung erhoben sich die neuen Arbeitnehmervertreter in Anerkennung für Freese und zum Zeichen ihres Dankes.[523]

4. Ausgestaltung der Beteiligung

Im Folgenden wird die genaue Ausgestaltung der Arbeitervertretung dargestellt. Da das Freesesche Modell nicht statisch war, sondern mit der Zeit den Bedürfnissen des Betriebs und dem wachsenden Vertrauen der Betriebsparteien angepasst und erweitert wurde, wird hier auch ein möglichst genaues Bild dieses Entwicklungsprozesses wiedergegeben.

4.1 Rechtliche Grundlage

Rechtliche Grundlage für die Arbeit der Arbeitervertretung war primär die Fabrikordnung in ihrer jeweils geltenden Fassung.[524] In Ermangelung konkreter und umfassender gesetzlicher Vorschriften über die Rechte und Pflichten der Arbeitnehmer in den neu entstandenen Fabrikbetrieben war die Fabrikordnung das zentrale, seit dem Arbeiterschutzgesetz von 1891 auch durch § 134 Gewerbeordnung gesetzlich obligatorische Regelwerk für die betrieblichen Angelegenheiten.[525] Sie enthielt Vorschriften zu allen Bereichen des Arbeitsverhältnisses und der Arbeitsbeziehungen. Neben Vorschriften zu Arbeitsablauf und -weise regelte

---

522 Arbeiter-Vertretung der Hamburg-Berliner Jalousie-Fabrik, Geschäfts-Bericht der Arbeiter-Vertretung der Hamburg-Berliner Jalousie-Fabrik (Heinrich Freese) 1884 –1894, S. 2; *Freese,* Die konstitutionelle Fabrik, S. 3.

523 *Freese,* Die konstitutionelle Fabrik, S. 4.

524 In Freeses Fabrik war die Fabrikordnung als „Arbeitordnung" betitelt. Sie ist in ihren wesentlichen Teilen in verschiedener Fassung abgedruckt im Anhang von *Freese,* Das konstitutionelle System im Fabrikbetriebe, und in den einzelnen Auflagen von Freese, Konstitutionelle Fabrik, ausführlich zur Fabrikordnung siehe unten 4.6.1.

525 Siehe hierzu oben C. II. 4.

sie bzw. schuf sie die rechtlichen Grundlagen für das Verhältnis zu Vorgesetzten, die Fabrikstrafen, die Arbeitszeiten, den Urlaubsanspruch, die Entlohnung, die fabrikeigenen Sozialeinrichtungen und schließlich auch die Arbeitervertretung selbst. Aufgrund der unbeschränkten betrieblichen Entscheidungskompetenz des Arbeitgebers war die Fabrikordnung durch ihn zu erlassen und konnte auch jederzeit von ihm geändert und ergänzt werden.[526] Die Fabrikordnung ergänzte bzw. ersetzte dabei die arbeitsvertraglichen Vereinbarungen. Ihre genaue Rechtsnatur war dabei umstritten. Teilweise wurde ihr vertraglicher, teilweise öffentlich-rechtlicher Charakter beigemessen.[527] Sie war, wie Freese es ausdrückt, die Verfassung einer Fabrik.[528] Eine durchaus treffende Aussage, wenn man diesen ursprünglich staatsrechtlichen Begriff auf die betriebliche Ebene überträgt.[529]

In der Freesischen Fabrikordnung waren, neben den oben genannten Regeln zu allgemeinen betrieblichen Angelegenheiten, die grundlegenden Regelungen zu der Arbeitervertretung festgelegt. Hierzu zählten das Wahlverfahren sowie die wichtigsten Verfahrensregeln und Kompetenzen. Zudem war der Arbeitervertretung die Pflicht auferlegt einen jährlichen Rechenschaftsbericht vorzulegen und sich eine Geschäftsordnung zu geben.

In dieser Geschäftsordnung, die sich die Arbeitervertretung 1888 erstmals gegeben hatte,[530] regelte sie ihre Geschäftsführung. Insbesondere enthielt sie Vorschriften über Aufgaben und Wahl des Vorstands der Arbeitervertretung und über die Führung und Einberufungen ihrer Versammlungen.

4.2 Zusammensetzung

Die Zusammensetzung der Arbeitervertretung änderte sich zwischen ihrer Einführung und dem Ausbruch des Ersten Weltkriegs zweimal. Grund für beide Veränderungen war vornehmlich, dass Freese seinen Arbeitnehmern mit der Zeit mehr und mehr Vertrauen schenkte und er die Ergebnisse der Arbeit der Arbeitnehmervertretung als sehr positiv empfand. Mit seinem wachsenden Vertrauen und dem Erfolg des Modells wurde das Vertretungsorgan der Arbeitnehmer

526 Für das Freesische Beteiligungsmodell siehe aber unten 4.6.1.

527 *Becker*, Arbeitsvertrag und Arbeitsverhältnis in Deutschland, S. 96 f.; *Koehne*, Die Arbeitsordnungen im deutschen Gewerberecht, S. 112 ff.; *Rehm*, Annalen des deutschen Reichs, 1984, S. 132 ff.; *Waltermann*, Rechtsetzung durch Betriebsvereinbarung zwischen Privatautonomie und Tarifautonomie, S. 103 ff.

528 Vgl. *Freese*, Die konstitutionelle Fabrik, S. 5.

529 So auch *Gabbert*, Heinrich Freese, S. 62 ff.

530 *Freese*, Die konstitutionelle Fabrik, S. 6.

zunehmend demokratischer gestaltet und Freese zog seinen eigenen Einfluss auf dessen Zusammensetzung immer mehr zurück.

Die ursprüngliche, 1984 eingeführte Arbeitervertretung setzte sich, wie beschrieben, zusammen aus den Angehörigen des bestehenden Festausschusses, den Werkstattältesten, dem Werkführer sowie dem stellvertretenden Werkführer. Insgesamt ergab dies zehn Mitglieder, wobei die drei Mitglieder des Festausschusses in der Minderheit waren.[531] Nur sie waren, wenn auch nicht für die Tätigkeit als umfassende Arbeitervertreter, von allen Arbeitnehmern gewählt. Die übrigen waren aufgrund ihrer betrieblichen Stellung Mitglieder der Arbeitervertretung. Sie waren von Freese eingestellt und seine Repräsentanten und Vertrauenspersonen in der Fabrik.

In der ursprünglichen Arbeitervertretung waren die von den Arbeitnehmern gewählten Mitglieder also in der Minderheit. Zudem waren die drei gewählten Mitglieder für die Planung des Fabrikfestes und nicht für die Arbeit in einer Arbeitervertretung gewählt worden und hatten sich in dieser ursprünglichen Funktion bereits bewährt. Diese Zusammensetzung war eine Vorsichtsmaßnahme. Freese erwartete von den Fabrikbeamten eine besonnenere Beratung und Entschlussfassung als von den gewählten Mitgliedern des Festausschusses.[532] Diese Vorsichtsmaßnahmen erwiesen sich aber nach Freeses eigener Angabe als unbegründet und die gemeinsamen Beratungen der Fabrikordnung verliefen weitestgehend harmonisch.

Die anfänglichen Vorsichtsmaßnahmen erscheinen dennoch verständlich. Mit der Beteiligung seiner Arbeitnehmer an der Verabschiedung der neuen Fabrikordnung betrat Freese weitgehend unternehmerisches Neuland. Er hatte zwar zuvor positive Berichte über die Beteiligung von Arbeitnehmern in betrieblichen Entscheidungsprozessen gelesen, dies waren aber nur ganz vereinzelte Berichte, gesicherte wissenschaftliche Erkenntnisse gab es hierzu nicht einmal ansatzweise.

Nachdem sich für Freese die Beteiligung, und gerade auch die drei von den Arbeitnehmern gewählten Mitglieder seiner Arbeitervertretung, bewährten, nahm er die erste Reform seines Beteiligungsmodells in Angriff.[533] 1890 schlug er der bestehenden Arbeitervertretung eine neue Zusammensetzung für die künftigen Arbeitervertretungen vor. Fortan sollte die Arbeitervertretung nicht mehr zehn sondern fünfzehn Mitglieder haben. Davon sollten nunmehr elf Mitglieder

531 Arbeiter-Vertretung der Hamburg-Berliner Jalousie-Fabrik, Geschäfts-Bericht der Arbeiter-Vertretung der Hamburg-Berliner Jalousie-Fabrik (Heinrich Freese) 1884 –1894, S. 2; *Freese,* Die konstitutionelle Fabrik, S. 3.

532 *Freese,* Die konstitutionelle Fabrik, S. 3.

533 *Freese,* Die konstitutionelle Fabrik, S. 6.

von den Arbeitnehmern gewählt und vier Mitglieder vom Arbeitgeber bestellt werden.[534] Freese war zu der Überzeugung gekommen, dass auch eine mehrheitlich aus gewählten Vertretern der Arbeitnehmer bestehende Arbeitervertretung verantwortungsbewusst und vertrauensvoll mit ihm zusammenarbeiten würde. Um die Beteiligung der Fabrikbeamten an der Arbeitervertretung zu gewährleisten, behielt sich Freese das Bestellungsrecht für vier der Mitglieder vor. Hierdurch wollte er vermeiden, dass sich die Fabrikbeamten und die Arbeitervertretung entfremdeten und somit Unstimmigkeiten in der Fabrik entstehen könnten. Die Reform wurde von der Arbeitervertretung auf ihrer Sitzung vom 3. März 1890 angenommen.[535]

Die zweite Veränderung wurde zum 25-jährigen Jubiläum der Gründung der Arbeitervertretung am 3. August 1909 vorgenommen. Freese kündigte an, in Zukunft ganz auf sein Bestellungsrecht zu verzichten. Gleichzeitig wurde von 1910 an die Zahl der Mitglieder der Arbeitervertretung von fünfzehn auf zwölf reduziert.[536] Sie wurden nunmehr alle von den Arbeitnehmern gewählt. Ein grundlegendes Zerwürfnis zwischen Arbeitervertretung und Fabrikbeamten erschien Freese zu diesem Zeitpunkt wohl nicht mehr als wahrscheinlich. Zum einen hatten sich die Fabrikbeamten an das Bestehen der Arbeitervertretung gewöhnt, zum anderen hatten die Arbeitnehmer mehrfach von sich aus Fabrikbeamte in die Arbeitervertretung gewählt.

Neben der Anwesenheit von Fabrikbeamten war Freese auch an der ausreichenden Repräsentanz seiner weiblichen Beschäftigten in der Arbeitervertretung gelegen. Er nominierte daher regelmäßig Arbeitnehmerinnen in die Arbeitervertretung.[537] Denn obwohl Freese durchaus einige Frauen in seiner Fabrik beschäftigte, wählten seine Arbeitnehmer bis 1922 nur ein einziges Mal von sich aus eine Frau in die Arbeitervertretung. Entsprechend verloren die

---

534 *Freese,* Die konstitutionelle Fabrik, S. 7.

535 Arbeiter-Vertretung der Hamburg-Berliner Jalousie-Fabrik, Geschäfts-Bericht der Arbeiter-Vertretung der Hamburg-Berliner Jalousie-Fabrik (Heinrich Freese) 1884–1894, S. 11. Die Annahme durch die Arbeitervertretung hatte aufgrund der gesetzlichen Alleinentscheidungsgewalt des Arbeitgebers außerhalb des Beteiligungsmodells keine Verbindlichkeit.

536 *Freese,* Die konstitutionelle Fabrik, S. 8; *Arbeitervertretung der Fabrik von Heinrich Freese,* Geschäftsbericht der Arbeitervertretung der Fabrik von Heinrich Freese, S. 9. Diese Reform wurde stärker als die erste gemeinsam von Freese und seiner Arbeitervertretung entschieden. Aufgrund des unveränderten gesetzlichen Rahmens kam der Zustimmung der Arbeitervertretung wiederum keine Außenwirkung zu.

537 *Freese,* Die konstitutionelle Fabrik, S. 8.

weiblichen Beschäftigten mit der Abschaffung des arbeitgeberseitigen Bestellungsrechts ihre Repräsentanz. Ein Ergebnis, das Freese zwar bedauerte, aber doch in Kauf nahm.[538]

Aus den Geschäftsberichten der Arbeitervertretung[539] geht hervor, dass die personelle Zusammensetzung der Arbeitervertretung in einem gewissen Maße variierte. Neben einigen Personen, die regelmäßig von Jahr zu Jahr wieder in die Arbeitervertretung gewählt wurden, gab es auch einen regelmäßigen Austausch von Mitgliedern.

4.3 Wahl und Bestellung

Das Wahl- und Bestellungsverfahren änderte sich zwar während des Bestehens der Arbeitervertretung ähnlich ihrer Zusammensetzung, seine für die damalige Zeit sehr liberalen Grundsätze blieben aber durchgehend erhalten. Von Beginn an wurden die gewählten Mitglieder der Arbeitervertretung von einer Generalversammlung aller Arbeitnehmer der Fabrik für ein Jahr gewählt. Die Wahl erfolgte im Januar und durch Stimmzettel,[540] unmittelbar und geheim. Das aktive Wahlrecht hatten alle volljährigen Arbeitnehmer der Fabrik. Es gab weder eine Beschränkung nach Geschlecht noch nach der beruflichen Stellung. Frauen und Fabrikbeamte waren wahlberechtigt. In Hinblick auf die Gleichstellung der Geschlechter war Freese dem üblichen gesetzlichen Wahlrecht seiner Zeit damit deutlich voraus.[541] Wählbar waren zunächst alle volljährigen Arbeitnehmer, die mindestens seit sechs Monaten in der Fabrik beschäftigt waren. 1909 wurde diese Grenze auf ein Jahr angehoben.[542] Weitere Einschränkungen der Wählbarkeit neben der Mindestbeschäftigungsdauer gab es nicht. Auch in dieser Hinsicht war das Wahlrecht also liberal und modern.

Bei der bis 1909 praktizierten Bestellung von Mitgliedern der Arbeitervertretung durch Freese war er keinen Beschränkungen unterworfen. Er konnte jeden seiner Arbeitnehmer in die Arbeitervertretung bestellen. Wie oben

538 *Freese,* Die konstitutionelle Fabrik, S. 8.

539 *Arbeiter-Vertretung der Hamburg-Berliner Jalousie-Fabrik,* Geschäfts-Bericht der Arbeiter-Vertretung der Hamburg-Berliner Jalousie-Fabrik (Heinrich Freese) 1884–1894.; *Arbeitervertretung der Fabrik von Heinrich Freese,* Geschäftsbericht der Arbeitervertretung der Fabrik von Heinrich Freese.

540 *Freese,* Die konstitutionelle Fabrik, S. 9.

541 Das aktive Wahlrecht hatten Frauen im Deutschen Reich zum ersten Mal bei der Wahl zur Nationalversammlung 1919, *Deutscher Bundestag* (Hrsg.), Fragen an die deutsche Geschichte.

542 *Freese,* Die konstitutionelle Fabrik, S. 7 f.

geschildert, hat er diese Möglichkeit regelmäßig genutzt, um eine gewisse Minderheitenbeteiligung in der Arbeitervertretung zu gewährleisten, insbesondere für seine Fabrikbeamten und weiblichen Beschäftigten.

Für den Fall, dass ein Mitglied der Arbeitervertretung vorzeitig ausschied waren zunächst Nachwahlen vorgesehen. Später wurde diese Regel durch ein Nachrücksystem ersetzt.[543]

4.4 Vorstand

Die Arbeitervertretung wählte aus ihrer Mitte einen dreiköpfigen Vorstand. Er bestand aus einem ersten und zweiten Vorsitzenden sowie einem Schriftführer. Die Wahl hatte, wie die Wahl der Arbeitervertretung selbst, im Januar jeden Jahres zu erfolgen und galt für die folgende Amtsperiode. Ein besonderer Wahlmodus war nicht vorgesehen.

Wichtigste Aufgaben des ersten Vorsitzenden waren die Einberufung der Versammlungen der Arbeitervertretung sowie Aufstellung der Tagesordnung und Leitung der Versammlung. Zudem hatte er den Einberufungsaushang und die Tagesordnung zu unterzeichnen. In seiner Abwesenheit wurden diese Aufgaben durch den zweiten Vorsitzenden wahrgenommen.

Der Schriftführer war für den Schriftverkehr der Arbeitervertretung zuständig, also insbesondere für die Sitzungsprotokolle und den Geschäftsbericht. Zudem erstattete er auf der Generalversammlung der Arbeitnehmer den Jahresbericht der Arbeitervertretung.[544] Der Schriftführer war auch das einzige Mitglied der Arbeitervertretung, das für seine Tätigkeit eine kleine Aufwandsentschädigung erhielt.[545]

Fehlten auf einer Versammlung der Arbeitervertretung entweder die beiden Vorsitzenden oder der Schriftführer, so bestimmte die Versammlung einen Ersatz.

Die Arbeitervertretung war ein ausgeprägtes Kollektivgremium. Die einzelnen Vorstandsmitglieder waren folglich nicht mit weitergehenden, eigenständigen Kompetenzen ausgestattet. So wurden zum Beispiel wichtige Dokumente, die von der Arbeitervertretung beschlossen oder mit beschlossen wurden – Arbeitsordnung, Geschäftsordnung und Geschäftsberichte –, nie vom ersten Vorsitzenden alleine, sondern vom zweiten Vorsitzenden und/oder dem Schriftführer oder von der gesamten Arbeitervertretung mit unterzeichnet.

543 *Axhausen,* Utopie und Realismus im Betriebsrätegedanken, S. 33.

544 *Freese,* Die konstitutionelle Fabrik, S. 13.

545 Ausführlicher unten 4.7.

Auch bei den Tarifverhandlungen[546] für die einzelnen Werkstätten, an denen nicht die gesamte Arbeitervertretung teilnehmen konnte, nahmen alle Vorstandsmitglieder gemeinsam teil.

4.5 Versammlungen

Es gab ordentliche und außerordentliche Sitzungen der Arbeitervertretung. Die ordentlichen Sitzungen hatten vier Mal im Jahr jeweils am ersten Montag (später Dienstag) des Vierteljahres stattzufinden. Die außerordentlichen Sitzungen konnten oder mussten nach Bedarf einberufen werden. Zusammen ergab dies nach Freese acht Sitzungen im Jahr.[547] Die Geschäftsberichte der Arbeitervertretung zeigen aber, dass in manchen Jahren auch weit mehr außerordentliche Sitzungen stattfanden.[548] Schließlich hatte die Arbeitervertretung das Recht, bei außergewöhnlichen Anlässen eine Generalversammlung aller Arbeitnehmer einzuberufen.

Die Einberufung der Sitzungen der Arbeitervertretung erfolgte, wie oben erwähnt, durch den Vorsitzenden, der auch die Tagesordnung festlegte. Die Einberufung und die Tagesordnung waren mindestens zwei Werktage vor der Sitzung durch Anschlag in der Fabrik bekannt zu machen. Neben der Einberufung der ordentlichen Sitzungen waren die außerordentlichen Sitzungen „nach Bedarf“ einzuberufen. Der Vorsitzende war zur Einberufung einer außerordentlichen Sitzung der Arbeitervertretung verpflichtet, wenn Freese oder fünf Mitglieder der Arbeitervertretung dies verlangten oder die Arbeitervertretung dies beschlossen hatte. In der Gestaltung der Tagesordnung war der Vorsitzende an die Beschlüsse der Arbeitervertretung und gegebenenfalls an die Anträge der fünf Mitglieder, die die Versammlung veranlasst hatten, gebunden. Zudem war in jede Tagesordnung als letzter Punkt „Beschwerden und Wünsche der Arbeiter“ aufzunehmen.

Die Sitzungen der Arbeitervertretung waren fabriköffentlich. Es konnte also jedes Fabrikmitglied an ihnen teilnehmen. Eine Trennung zwischen normalen Arbeitnehmern, Arbeitnehmern in leitender Funktion und dem Arbeitgeber erfolgte nicht. Die Anwesenheit Freeses als Arbeitgeber war sogar ausdrücklich

---

546 Siehe unten D. I. 4.6.2.

547 *Freese,* Die konstitutionelle Fabrik, S. 9.

548 Vgl. *Arbeiter-Vertretung der Hamburg-Berliner Jalousie-Fabrik,* Geschäfts-Bericht der Arbeiter-Vertretung der Hamburg-Berliner Jalousie-Fabrik (Heinrich Freese) 1884–1894.; *Arbeitervertretung der Fabrik von Heinrich Freese,* Geschäftsbericht der Arbeitervertretung der Fabrik von Heinrich Freese.

vorgesehen. An der Debatte durften sich aber nur die Mitglieder der Arbeitervertretung und Freese bzw. dessen Vertreter beteiligen. Freese war dabei als einziger nicht an die Rednerliste gebunden und konnte somit jederzeit das Wort ergreifen. Anders war dies beim letzten, obligatorischen Tagesordnungspunkt „Beschwerden und Wünsche der Arbeiter". Hier konnte sich jedes Fabrikmitglied zu Wort melden und seine Wünsche und Beschwerden vortragen. Eine Möglichkeit von der nach Freese reger Gebrauch gemacht wurde.[549]

Die Sitzungen fanden grundsätzlich außerhalb der Arbeitszeit statt,[550] gewöhnlich eine Viertelstunde nach Arbeitsschluss, und dauerten meist um die zwei Stunden.[551]

4.6 Aufgaben und Kompetenzen

Der Arbeitervertretung sollte die Interessen der Arbeiterschaft in „allen inneren Fabrikangelegenheiten" wahrnehmen.[552] Damit erstreckte sich ihr Aufgabenbereich auf praktisch alle betrieblichen Belange. Die Entscheidungskompetenz Freeses in unternehmerischen Angelegenheiten wurde hingegen nicht angetastet.[553]

4.6.1 Fabrikordnung

Die wichtigste Mitbestimmungskompetenz der Arbeitervertretung lag auf dem Gebiet der Fabrikordnung. Sie konnte nur gemeinsam mit der Arbeitervertretung verändert und ergänzt werden.[554]

Die erste mitbestimmte Fabrikordnung war als erste Amtshandlung von der ersten Arbeitervertretung 1884 mit Freese verhandelt und erlassen worden.[555] Auch wenn die Fabrikordnung alle drei bis vier Jahre neu verhandelt wurde, ergaben sich über die Jahre nur kleinere Veränderungen und Anpassungen.

---

549 *Freese,* Die konstitutionelle Fabrik, S. 10; vgl. zudem die Sitzungsprotokolle der Arbeitervertretung *Arbeiter-Vertretung der Hamburg-Berliner Jalousie-Fabrik,* Geschäfts-Bericht der Arbeiter-Vertretung der Hamburg-Berliner Jalousie-Fabrik (Heinrich Freese) 1884–1894; *Arbeitervertretung der Fabrik von Heinrich Freese,* Geschäftsbericht der Arbeitervertretung der Fabrik von Heinrich Freese.

550 Siehe unten 4.7.

551 *Freese,* Die konstitutionelle Fabrik, S. 9 f.

552 § 55 der Arbeitordnung von 1898, abgedruckt in *Freese,* Das konstitutionelle System im Fabrikbetriebe, S. 73.

553 *Nansen,* Die konstitutionelle genossenschaftliche Fabrik, S. 8.

554 Zur Bedeutung der Fabrikordnung siehe oben 4.1.

555 *Freese,* Die konstitutionelle Fabrik, S. 4 f.

Dabei handelte es sich – neben Änderungen aus Optimierungsgründen – vor allem um die Aufnahme neu geschaffener Sozialeinrichtungen in die Fabrikordnung und um Verbesserungen der Arbeitsbedingungen, insbesondere bei der Arbeitszeit.[556] Der Kern der Fabrikordnung von 1884 blieb hingegen erhalten. In den Verhandlungen scheinen sich beide Seiten kooperativ und einigungsorientiert gezeigt zu haben.[557]

Ergänzt wurde die Fabrikordnung durch eine ganze Reihe von themenbezogenen Vorschriften. Es ging zum Ersten um Vorschriften zu den sozialen Einrichtungen der Fabrik wie der Unterstützungskasse, der gemeinschaftlichen Feuerversicherung, der Fabrikbibliothek, den Erholungs- und Baderäumen sowie dem Luisengarten. Zum Zweiten handelte es sich um die Geschäftsordnungen der Arbeitervertretung und des Festausschusses und zum Dritten um die Vorschriften über die Verleihung des Fabrikkreuzes für treue, langjährige Dienste. Bis auf die letzte wurden alle diese Vorschriften gemeinsam von Freese und der Arbeitervertretung beraten und erlassen.

4.6.2 Entlohnung

Mit der Einführung der mitbestimmten Fabrikordnung hatte Freese auch sein Recht auf einseitige Festsetzung der Tarife, nach denen die Arbeitnehmer in seinen einzelnen Werkstätten bezahlt wurden, abgegeben. Von nun an wurden die Tarife zwischen Freese und den jeweilig betroffenen Arbeitnehmern ausgehandelt und für zwei Jahre, später für drei Jahre, in einem Kollektivvertrag festgesetzt.[558]

Die Arbeitnehmer wurden in diesen Verhandlungen von in den Werkstätten bestimmten Vertrauenspersonen und dem Vorstand der Arbeitervertretung vertreten.[559] Inhaltlich ging es in den Verhandlungen um die Festsetzung der Zeit- und Akkordlöhne für die verschiedenen in der Fabrik ausgeübten Tätigkeiten.[560]

Im Gegensatz zu den Verhandlungen über die Fabrikordnung, gestaltete sich die Festsetzung der Tarife nicht ganz so kooperativ und leicht. Die Verhandlungen

---

556 Vgl. *Axhausen*, Utopie und Realismus im Betriebsrätegedanken, S. 35 ff.; *Gabbert*, Heinrich Freese, S. 64, 76 ff.

557 *Axhausen*, Utopie und Realismus im Betriebsrätegedanken, S. 31 f.; *Gabbert*, Heinrich Freese, S. 63 f.

558 *Freese*, Die konstitutionelle Fabrik, S. 17 f.

559 *Freese*, Die konstitutionelle Fabrik, S. 18; *Küster*, Berlinische Monatschrift 1999, S. 36, 39.

560 Vgl. hierzu *Senne/Köhler/Krauskopf Martin*, Heinrich Freese und sein Modell der konstitutionellen Fabrik, in: *Beer*, Heinrich-Freese-Seminar, S. 27.

zogen sich teilweise über Wochen hin und forderten immer wieder von beiden Seiten erhebliche Konzessionen. Dennoch ist den Betriebsparteien immer eine Einigung gelungen.[561]

Neben der Rolle als Verhandlungspartei oblag es dem ersten Vorsitzenden der Arbeitervertretung auch, eine unterzeichnete Ausfertigung des vereinbarten Kollektivvertrags aufzubewahren. Die anderen beiden Ausfertigungen wurden im Fabrikkontor aufbewahrt bzw. in der jeweiligen Werkstatt ausgehängt. Durch dieses Verfahren sollten Manipulationsversuche und -vorwürfe von Anfang an ausgeschlossen werden.[562] Die Arbeitervertretung fungierte hier also in ihrer Funktion als Vertrauensinstanz der Arbeitnehmer.

4.6.3 Arbeitszeit

Auch die Arbeitszeit setzte Freese nicht mehr alleine fest, die Arbeitervertretung hatte umfassende Mitbestimmungsrechte. Sowohl die wöchentliche Gesamtarbeitszeit als auch deren Lage und die Pausen waren in der mitbestimmten Fabrikordnung festgesetzt. Zudem konnten Mehrarbeit und Überstunden sowie eine Verkürzung der Arbeitszeit ebenfalls nur mit Zustimmung der Arbeitervertretung angeordnet werden.[563]

Freese war ein überzeugter Anhänger des Acht-Stunden-Tages. Er erwartete hierdurch eine größere Effizienz und Produktivität und damit einen Mehrwert für Arbeitgeber und Arbeitnehmer.[564] Interessanterweise war es die Arbeitervertretung, die die Umsetzung dieser Idee verzögerte, weil die Arbeiter Lohneinbußen befürchteten.[565] So konnte die Arbeitszeit nur nach und nach abgesenkt werden.[566] Der Acht-Stunden-Tag wurde schließlich, nach einem vorigen Probelauf, im März 1892 dauerhaft eingeführt.[567] Freeses Erwartungen erfüllten sich und auch seine Arbeitnehmer waren zufrieden.[568]

---

561 *Gabbert,* Heinrich Freese, S. 56.

562 *Freese,* Die konstitutionelle Fabrik, S. 18.

563 Auf den Baustellen, wo die Arbeitervertretung nicht erreichbar war, konnten Überstunden auch mit Zustimmung der betroffenen Arbeitnehmer angeordnet werden.

564 *Axhausen,* Utopie und Realismus im Betriebsrätegedanken, S. 36; ausführlich hierzu *Freese,* Die konstitutionelle Fabrik, S. 24 ff.

565 *Senne/Köhler/Krauskopf Martin,* Heinrich Freese und sein Modell der konstitutionellen Fabrik, in: *Beer,* Heinrich-Freese-Seminar, S. 28.

566 *Axhausen,* Utopie und Realismus im Betriebsrätegedanken, S. 36; *Gabbert,* Heinrich Freese, S. 76 f.; *Küster,* Berlinische Monatschrift 1999, S. 36, 40.

567 *Freese,* Die konstitutionelle Fabrik, S. 27.

568 *Gabbert,* Heinrich Freese, S. 78; *Küster,* Berlinische Monatschrift 1999, S. 36, 40.

Für einen Dissens zwischen Arbeitgeber und Arbeitervertretung bei der Anordnung von Überstunden und Mehrarbeit gab es kein Schlichtungsinstrument.[569] Als Konsequenz mussten Überstunden ohne die Zustimmung der Arbeitervertretung unterbleiben. In der Praxis scheint dies aber kein Problem gewesen zu sein. Dies erklärt sich wohl zum einen aus dem praktisch nicht vorhandenen Kündigungsschutz, der die schnelle Einstellung und Entlassung von Arbeitnehmern in hohen Produktionsphasen ermöglichte und so Überstunden nur in begrenztem Maße nötig werden ließ. Zum anderen waren die gewöhnlichen Arbeitszeiten bei Freese für die damalige Zeit ohnehin relativ gering, so dass die Arbeiter auch bei Überstunden kaum mehr gearbeitet haben als Arbeiter in herkömmlichen Betrieben.

4.6.4 Kündigungen

Bei Kündigungen und Entlassungen blieb es hingegen weitgehend bei der alleinigen Entscheidungskompetenz des Arbeitgebers. Die Arbeitervertretung hatte lediglich das Recht, bei Freese eine Rücknahme einer Kündigung oder Entlassung zu befürworten.[570] Inwieweit von diesem Recht Gebrauch gemacht wurde und ob ein Einwand der Arbeitervertretung Erfolg versprach, ist nicht dokumentiert. Die Entscheidung blieb aber ohnehin bei Freese.

Einstellungen blieben vollends im Kompetenzbereich des Arbeitgebers. In diesem Punkt ließ Freese keine Beteiligung der Arbeitnehmervertretung zu.

4.6.5 Strafen

Als Arbeitgeber hatte Freese das Recht wegen Verfehlungen einzelner Arbeitnehmer Strafen gegen diese zu verhängen.[571] Es handelte sich zumeist um Geldstrafen in geringfügiger Höhe, die zum Beispiel für Zuspätkommen, Unsauberkeit, Streitigkeiten, Beleidigungen und ähnliche Verfehlungen verhängt werden konnten.[572] Dieses Recht wurde von den Vorgesetzten gegenüber den Arbeitnehmern ausgeübt, wobei die bestraften Arbeitnehmer sich zumeist an den Arbeitgeber selbst wenden konnten. Mit der Einführung der Arbeitervertretung stand den Arbeitnehmern in Freeses Fabrik neben dieser Appelationsmöglichkeit auch die Anrufung der Arbeitervertretung offen.

---

569 Zu dieser Problematik ausführlich unten 6.2.

570 *Gabbert*, Heinrich Freese, S. 60.

571 *Gamillscheg*, Kollektives Arbeitsrecht, S. 882; *Löwisch*, Juristische Schulung 1970, S. 261, 264.

572 *Freese*, Die konstitutionelle Fabrik, S. 34; *Gabbert*, Heinrich Freese, S. 57.

Diese hatte bei den Fabrikstrafen eine sehr weitgehende Kompetenz. Die Farbrikstrafen waren der Höhe nach in der Fabrikordnung festgelegt und unterlagen daher schon bei ihrer abstrakten Festsetzung der Mitbestimmung der Arbeitervertretung.[573] Wandte sich ein Arbeitnehmer wegen einer von einem Vorgesetzten verhängten Strafe an die Arbeitervertretung, hatte diese volle Entscheidungskompetenz.[574] In jeder Sitzung der Arbeitervertretung während des Tagesordnungspunktes „Beschwerden und Wünsche der Arbeiter" war dazu die Möglichkeit geboten. Die Arbeitervertretung diskutierte die Strafe dann fabriköffentlich und zumeist in Anwesenheit Freeses.[575] Schließlich konnte sie die Strafe aufheben, abmildern, bestätigen oder gar verschärfen. Ihre Entscheidungen waren endgültig und konnten auch von Freese nicht geändert werden. Dies hatte zur Folge, dass die Arbeitnehmer in der Mehrheit der Fälle nicht Freese, sondern die Arbeitervertretung anriefen.[576]

Neben ihrer Funktion als Berufungsinstanz konnte die Arbeitervertretung auch selbstständig Strafen verhängen.[577] Insbesondere in Fällen, in denen nicht nur der Arbeitgeber, sondern auch andere Arbeitnehmer betroffen waren, hat die Arbeitervertretung von dieser Möglichkeit auch Gebrauch gemacht.[578] Ihre Entscheidungen waren endgültig.

4.6.6 Wohlfahrsteinrichtungen

In der Fabrik Freeses gab es eine ganze Reihe von Wohlfahrtseinrichtungen.[579] Hierzu zählten erstens die Hilfskassen und Versicherungen, die Leistungen an Kranke, Witwen und Alte zahlten und bei Feuer den Schaden regulierten. Zweitens gehörte die Fabriksparkasse dazu, in der die Arbeitnehmer zu guten Konditionen Geld anlegen konnten. Drittens schließlich gab es gesellschaftliche und kulturelle Einrichtungen und Veranstaltungen der Fabrik. Dazu zählten eine Fabrikbücherei, Erholungsräume, ein Baderaum und schließlich der Luisengarten mit Sportplätzen, Kinderspielplatz und Schrebergärten. Zusätzlich gab es noch die Sommer- und Winterfeste.

---

573 Siehe oben 4.6.1.

574 *Freese,* Die konstitutionelle Fabrik, S. 35 f.; *Gabbert,* Heinrich Freese, S. 57.

575 *Freese,* Die konstitutionelle Fabrik, S. 35 f.

576 *Freese,* Die konstitutionelle Fabrik, S. 35.

577 *Freese,* Die konstitutionelle Fabrik, S. 36.

578 Siehe die Beispiele hierzu bei *Gabbert,* Heinrich Freese, S. 57.

579 Ausführlich hierzu *Freese,* Die konstitutionelle Fabrik, S. 49 ff. u. 107 ff.; *Gabbert,* Heinrich Freese, S. 78 ff.; *Senne/Köhler/Krauskopf Martin,* Heinrich Freese und sein Modell der konstitutionellen Fabrik, in: *Beer,* Heinrich-Freese-Seminar, S. 30 ff.

Bei der Verwaltung dieser Einrichtungen und Veranstaltungen kam der Arbeitervertretung eine zentrale Rolle zu. Einige der Wohlfahrtseinrichtungen waren sogar durch die Initiative der Arbeitervertretung entstanden. Die Satzungen und Benutzungsordnungen der Einrichtungen wurden von der Arbeitervertretung und Freese gemeinsam festgelegt. Auch bei der praktischen Ausgestaltung hatte die Arbeitervertretung immer mitzureden.

Die weitgehendste Kompetenz stand der Arbeitervertretung aber bei den Hilfskassen zu. Sie war es, die im konkreten Einzelfall entschied, ob die Voraussetzungen erfüllt waren und ob Leistungen gewährt wurden. Auch setzte sie die von den Arbeitnehmern zu zahlenden Beitragsätze fest und passte diese selbstständig an. Freese hatte nur eine passive, beratende Funktion. Allerdings blieben seine eigenen Leistungen an die Kassen in seiner Diskretion. Insofern wird er einen nicht zu vernachlässigenden Einfluss auf die Entscheidungen der Arbeitervertretung gehabt haben.

Dennoch hatte die Arbeitervertretung auch bei den Wohlfahrtseinrichtungen erhebliche Beteiligungs- und Mitbestimmungsrechte.

4.6.7 Beschwerden und Wünsche

Schließlich diente die Arbeitervertretung auch als Anlaufstelle für die Beschwerden und Wünsche der Arbeitnehmer. In jeder Sitzung der Vertretung konnten diese unter dem letzten Tagesordnungspunkt vorgetragen werden. Die Beschwerden und Wünsche betrafen neben den oben angesprochenen Strafen viele allgemeine Dinge des Fabrikalltags, wie Beschaffenheit des Arbeitsplatzes, den Arbeitsablauf oder die Erholungseinrichtungen, aber auch Kollegen und Vorgesetzte.[580]

In einigen Fällen konnte die Arbeitervertretung – wie bei den Strafen und einigen Erholungseinrichtungen – selbst Abhilfe schaffen. In vielen Fällen hatte sie aber keine eigene Entscheidungskompetenz. Dann diente die Arbeitervertretung als Vermittlungsinstanz zwischen dem Beschwerdeführer und der Fabrikleitung. Durch das Vorbringen in der Arbeitervertretung war ein sachlicher Umgang mit der Beschwerde gewährleistet und auch der Beschwerdeführer war durch die Fabriköffentlichkeit besser vor etwaigen Repressalien betroffener Vorgesetzter geschützt.[581]

---

580 Vgl. *Axhausen,* Utopie und Realismus im Betriebsrätegedanken, S. 34; *Gabbert,* Heinrich Freese, S. 59.

581 *Freese,* Die konstitutionelle Fabrik, S. 11.

4.7 Schutz und Aufwandsentschädigung

Die Mitgliedschaft in der Arbeitervertretung war Ehrenamt.[582] Ihre Mitglieder erhielten keine Aufwandsentschädigung und hatten auch keinen Anspruch auf Freistellung von ihren arbeitsvertraglichen Leistungspflichten. Die Sitzungen fanden regelmäßig nach Feierabend statt. Auch ein besonderer Diskriminierungs- oder Kündigungsschutz bestand nicht. Die Mitglieder der Arbeitervertretung waren also weder rechtlich noch praktisch anders gestellt als die übrigen Arbeitnehmer.

Die einzige Ausnahme bildete der Schriftführer der Arbeitervertretung. Er erhielt für seine Tätigkeit eine kleine Aufwandsentschädigung.[583] Dies erklärt sich wohl daraus, dass die Anfertigung der Sitzungsprotokolle und Jahresberichte der Arbeitervertretung unter den damaligen Bedingungen einen erheblichen Mehraufwand im Vergleich zu der Tätigkeit der übrigen Mitglieder der Arbeitervertretung bedeutete.

Trotz dieser weitgehenden Schutzlosigkeit scheint es nie wirklich Probleme gegeben zu haben. Bezüglich der Arbeitszeit mag sich das schon aus den für damalige Verhältnisse vergleichsweise kurzen Arbeitszeiten in Freeses Fabrik erklären.[584] Auch muss berücksichtigt werden, dass Freese als Arbeitgeber der stärkste Befürworter seines konstitutionellen Fabriksystems und damit seiner Arbeitervertretung war. Dementsprechend waren Repressalien von seiner Seite kaum zu erwarten. Und auch die leitenden Angestellten werden wohl kein Interesse daran gehabt haben, sich durch eine unfaire Behandlung der Arbeitervertreter bei Freese in Ungnade zu setzen.

5. Institutionelle Elemente und Verfahrenselemente

Die konstitutionelle Fabrik wies ein System mit sowohl institutionellen Elementen als auch Verfahrenselementen auf. Die verschiedenen Elemente ergänzten und unterstützten sich gegenseitig und trugen zur Effizienz der Arbeitnehmerbeteiligung bei. Die Institutionen gewährleisteten vornehmlich die Konstanz in dem Beteiligungsmodell, während die Verfahren der konkreten Durchführung der Beteiligung dienten.

---

582 *Freese,* Die konstitutionelle Fabrik, S. 9.

583 *Freese,* Die konstitutionelle Fabrik, S. 9.

584 Vgl. oben 4.6.3.

5.1 *Institutionelle Elemente*

Die zentrale Institution der konstitutionellen Fabrik war die Arbeitervertretung. Über sie als Repräsentationsorgan der Arbeitnehmer lief deren Beteiligung und Mitbestimmung. Sie war als dauerhaftes Organ angelegt, das durch die Fabrikordnung geschaffen wurde und in seiner Struktur unabhängig von seinen konkreten Mitgliedern existierte. Auch die innere Struktur der Institution war durch die Fabrikordnung, konkretisiert durch ihre eigene Geschäftsordnung, auf Dauer angelegt.

Neben der Arbeitervertretung existierte mit der Generalversammlung aller Arbeitnehmer der Fabrik noch eine weitere Institution. Sie hat aber im Vergleich zur Arbeitervertretung kaum eine eigenständige Bedeutung. Ihre wichtigste Aufgabe bestand in der Wahl der Arbeitervertretung. Daneben konnte sie von der Arbeitervertretung einberufen werden, wenn diese es für nötig erachtete, um eine sehr weitreichende Entscheidung zu treffen. Letzteres ist aber nur in absoluten Ausnahmen vorgekommen.

5.2 *Verfahrenselemente*

Für die praktische Durchführung der Beteiligung der Arbeitervertretung existierten in der konstitutionellen Fabrik verschiedene Verfahren. Sie reichten von der alleinigen Entscheidung der Arbeitervertretung über die gemeinsame Beratung und Beschlussfassung von Arbeitgeber und Arbeitervertretung bis zur bloßen Appellation der Arbeitervertretung an den Arbeitgeber. Welches Verfahren zur Anwendung kam, war in der Fabrikordnung festgelegt und richtete sich nach dem Thema der Beteiligung und der Kompetenz der Arbeitervertretung.

5.2.1 Alleinige Entscheidung der Arbeitervertretung

Die alleinige Entscheidung stand der Arbeitervertretung zu, wenn es um Fabrikstrafen ging oder um Zuwendungen aus einigen Wohlfahrtseinrichtungen, zum Beispiel um Leistungen der Unterstützungskasse. Die Arbeitervertretung beriet in öffentlicher Sitzung über den zu entscheidenden Sachverhalt und traf anschließend durch Mehrheitsabstimmung ihre Entscheidung. Bei den Beratungen durfte sich der Arbeitgeber oder sein Vertreter immer beteiligen und jederzeit das Wort ergreifen, mit abstimmen durfte er aber nicht. Nachdem die Arbeitervertretung ihre Entscheidung getroffen hatte, wurde sie im Protokoll der Sitzung veröffentlicht und war damit für alle Mitglieder der Fabrik bindend.

5.2.2 Gemeinsame Entscheidung

Bei Veränderungen des Systems der konstitutionellen Fabrik oder der entscheidenden Arbeitsbedingungen, kurz bei einer Änderung der Fabrikordnung, mussten die Arbeitervertretung und der Arbeitgeber zu einer gemeinsamen Entscheidung kommen. Diese wurde wie bei einer alleinigen Entscheidung der Arbeitervertretung in öffentlicher Sitzung beraten. Nach der Beratung musste dem Ergebnis aber neben der Mehrheit der Mitglieder der Arbeitervertretung auch der Arbeitgeber zustimmen. Auch hier wurde die so getroffene Entscheidung im Protokoll der Sitzung veröffentlicht und war für alle Mitglieder der Fabrik bindend.

5.2.3 Kollektivvertrag

Bei Entscheidungen über das Entgelt der Arbeitnehmer mussten sich die Betriebsparteien auch einigen. Das hierzu benutzte Verfahren wich aber von den vorstehenden ab. Erstens wurde nicht miteinander beraten, sondern verhandelt. Der Begriff zeigt dabei auf ein durchaus konfrontatives Verfahren. Zweitens nahm auf der Seite der Arbeitnehmer nur der Vorstand der Arbeitervertretung, ergänzt jeweils durch Vertrauenspersonen der einzelnen Werkstätten, teil. Auf der anderen Seite wurde der Arbeitgeber durch die leitenden Angestellten der Werkstätten unterstützt. Drittens wurde das Ergebnis der Verhandlungen in einem von beiden Seiten unterzeichneten Kollektivvertrag fixiert und veröffentlicht, der aber nur für die Arbeitnehmer der jeweiligen Werkstatt und begrenzt auf zwei bis drei Jahre Geltung hatte.

5.2.4 Mitberatung

Einige der Beschwerden und Wünsche, die Arbeitnehmer auf den Sitzungen der Arbeitervertretung vortrugen, fielen in die alleinige Entscheidungskompetenz des Arbeitgebers. War eine Beschwerde oder ein Wunsch aber in der Sitzung der Arbeitervertretung aufgebracht worden, beriet die Arbeitervertretung den Fall dennoch mit dem anwesenden Arbeitgeber. Dieser traf seine Entscheidung danach aber selbstständig und machte sie auch eigenständig bekannt. In ähnlicher Weise konnte die Arbeitervertretung auch selbst jedes Anliegen an den Arbeitgeber herantragen und mit ihm beraten. Sie konnte dazu das Anliegen entweder auf die Tagesordnung einer anstehenden Sitzung setzen oder es aus ihrer Mitte unter dem Tagesordnungspunkt „Wünsche und Beschwerden" ansprechen.

5.2.5 Appellation

Schließlich hatte die Arbeitervertretung auch die Möglichkeit, an den Arbeitgeber zu appellieren, eine Entscheidung, die alleine in seinen Kompetenzbereich fiel, zu ändern oder zurückzunehmen. Dies betraf insbesondere Kündigungen und Entlassungen. Dieses Verfahren war insbesondere außerhalb der Sitzungen der Arbeitervertretungen oder wenn kein Beratungsbedarf bestand gangbar, da ansonsten das eben beschriebene Mitberatungsverfahren effektiver war.

6. Tragweite der Beteiligung

Untersucht man die konstitutionelle Fabrik auf die Tragweite und Tragfähigkeit der Beteiligung, kommt man zu einem geteilten Ergebnis. Dies erklärt sich aus den das Beteiligungsmodell umgebenden und prägenden Rahmenbedingungen. So sind zum einen die Beteiligungsrechte der Arbeitervertretung und die thematische Vielfalt der Rechte ausgeprägt. Andererseits bleiben einige betriebliche Bereiche ausgespart. Zudem zeigt das Beteiligungsmodell einige organisatorische Defizite.

Im Folgenden werden daher die verschiedenen thematischen Beteiligungsbereiche angesprochen, die das Freesesche Modell abdeckt beziehungsweise auslässt. Danach wird auf einige organisatorische Besonderheiten und Defizite sowie ihre möglichen Konsequenzen eingegangen.

6.1 Thematische Beteiligungsbereiche

Die Reichweite der Beteiligung ist an dem jeweils betroffenen Thema zu messen. Sie ist dabei insgesamt durchaus beachtlich. Gerade die Bereiche, in denen die Arbeitervertretung alleine oder gemeinsam mit dem Arbeitgeber entscheiden konnte und damit ein echtes Mitbestimmungsrecht hatte, umfassten viele zentrale Bereiche auf betrieblicher Ebene.

So sind die sozialen Belange weitgehend von den Mitbestimmungsrechten der Arbeitervertretung bei der Aufstellung der Fabrikordnung, der Einrichtung und Verwaltung der Wohlfahrtseinrichtungen und der Verhängung von Strafen abgedeckt. Auch in der konkreten Ausgestaltung von Arbeitsplatz, -ablauf und -prozess konnte die Arbeitervertretung, soweit dies nicht schon in der Fabrikordnung geregelt wurde, zumindest mitberatend tätig werden. In personellen Angelegenheiten hatte die Arbeitervertretung hingegen wenige Kompetenzen. Sie konnte nur appellativ oder mitberatend tätig werden. Letzteres kam wohl insbesondere bei innerbetrieblichen personellen Maßnahmen wie Versetzungen oder Umgruppierungen in Frage. Schließlich war eine Beteiligung der

Arbeitervertretung bei Entscheidungen, die den Betrieb in seinem Bestand betrafen, ebenfalls nicht vorgesehen.[585]

Neben diesen betrieblichen Themen war die Arbeitervertretung auch für die Aushandlung der Tarife zuständig. Damit ist ein Bereich betroffen, der heute nicht mehr zu den betrieblichen gezählt wird. Zur damaligen Zeit war diese Abgrenzung aber noch nicht entstanden. Da Freese Gewerkschaften nicht als legitime Vertreter der Arbeitnehmer in seiner Fabrik anerkannte, existierten neben der Arbeitervertretung kein kompetenter Verhandlungspartner zum Aushandeln der Tarife. Die Übertragung dieser Aufgabe an die betriebliche Arbeitervertretung ist daher auch aus heutiger Sicht konsequent.

6.2 Organisatorische Besonderheiten und Defizite

Das Freesesche Modell weist aber auch einige Besonderheiten und Defizite auf. Aus Sicht der heutigen betrieblichen Beteiligung in Deutschland war die Beteiligung des Arbeitgebers an den Sitzungen der Arbeitervertretung ungewöhnlich. Defizite liegen erstens in den mangelnden Lösungsmechanismen im Fall eines Konflikts zwischen der Arbeitervertretung und dem Arbeitgeber, zweitens in den fehlenden Informations- und Auskunftsansprüchen der Arbeitervertretung gegenüber eben diesem und drittens in den fehlenden Schutzmaßnahmen für die Mitglieder der Arbeitervertretung. Diese Defizite und Besonderheiten hatten das Potenzial, die Beteiligung der Arbeitnehmer im äußersten Fall zu entwerten. Dass dies nicht geschehen ist, beruhte auf dem guten kooperativen Verhältnis der Betriebsparteien.

Der Arbeitgeber oder dessen Vertreter hatten das Recht, an allen Sitzungen der Arbeitervertretung teilzunehmen, welches Freese in den allermeisten Fällen persönlich wahrnahm.[586] Zudem hatte der Arbeitgeber in den Sitzungen jederzeit das Rederecht; er musste insoweit noch nicht einmal die Rednerliste beachten.[587] Durch die Anwesenheit Freeses werden die Diskussionen in der Arbeitervertretung zwangsläufig nicht so frei gewesen sein, wie sie ohne die Anwesenheit des Arbeitgebers hätten sein können. Auch interne Absprachen der Arbeitervertretung über ein gemeinsames Auftreten gegenüber dem Arbeitgeber wurden so zumindest erschwert. Dies mag dem Arbeitgeber sogar die Möglichkeit

---

585 Ob und inwieweit die Arbeitervertretungen bei der Schließung bzw. Veräußerung der Niederlassungen Freeses in Leipzig und Hamburg mitgewirkt haben ist nicht bekannt.

586 *Freese,* Die konstitutionelle Fabrik, S. 12 f.

587 Siehe oben 4.5.

eröffnet haben, lenkend auf die Beteiligung der Arbeitnehmer Einfluss zu nehmen.[588] Auf der anderen Seite konnten durch die Anwesenheit des Arbeitgebers viele Dinge bereits in den Sitzungen der Arbeitervertretung endgültig beraten und entschieden werden. Dies wird gerade auch den Bereich der „Beschwerden und Wünsche" betroffen haben. Schließlich stand der Arbeitgeber der Arbeitervertretung so auch immer für die Beantwortung von aufkommenden Fragen bereit.

Bei einem Streit über eine Entscheidung, die von Arbeitervertretung und Arbeitgeber gemeinsam zu treffen war, wäre eine Patt-Situation entstanden. Der einzige in der Fabrikordnung vorgesehene Lösungsweg war der Kompromiss. Auch die allgemeinen Gesetze hielten für einen solchen, ihnen völlig fremden Konflikt, keinen Lösungsmechanismus bereit. Es hätte also zu einem offenen Kräftemessen der Betriebsparteien kommen können. Nach der damaligen Rechtslage hätten die Arbeitnehmer dieses aller Wahrscheinlichkeit nach verloren. Die Einführung der konstitutionellen Fabrik beruhte auf einer unternehmerischen Entscheidung Freeses, die er auch ändern oder revidieren konnte.[589] Nach § 134 Gewerbeordnung war die Fabrikordnung durch den Arbeitgeber zu erlassen, eine Beteiligung der Arbeitnehmer war dabei nicht vorgesehen. Unabhängig davon, ob ein von der Arbeitervertretung angerufenes ordentliches Gericht[590] die Rechtswirkung der Freesischen Fabrikordnung als vertraglich oder öffentlich-rechtlich eingestuft hätte,[591] ist es daher kaum vorstellbar, dass das Gericht der Arbeitervertretung einen durchsetzbaren Beteiligungsanspruch zugestanden hätte. Schließlich existierte noch kein Kündigungsschutz und Arbeitskampf galt noch als Straftat.[592] Somit hätte sich Freese unliebsamer Mitglieder der Arbeitervertretung jederzeit durch deren Kündigung entledigen können. Einem zur Durchsetzung der Beteiligung geführten Streik hätte Freese auch mit Hilfe staatlicher Stellen begegnen können.

Weiter hatte die Arbeitervertretung kein eigenständiges Informations- und Auskunftsrecht gegenüber dem Arbeitgeber. Eine effektive Mitberatung und Entscheidung ist aber ohne eine entsprechende Wissensgrundlage gar nicht möglich. Auch hier waren die Arbeiter in einer schwachen Stellung. Sie waren

588 So *Senne/Köhler/Krauskopf Martin,* Heinrich Freese und sein Modell der konstitutionellen Fabrik, in: *Beer,* Heinrich-Freese-Seminar, S. 22.

589 Siehe hierzu oben 3. und 4.1.

590 Die Arbeitsgerichtsbarkeit wurde in Deutschland erst ab 1926 als eigener Rechtszweig eingeführt, siehe oben C. IV. 1.

591 Siehe hierzu oben 4.1.

592 *Kittner,* Arbeitskampf, S. 255 ff.

darauf angewiesen, dass ihnen der Arbeitgeber die nötigen Informationen für die Arbeit der Arbeitervertretung zur Verfügung stellte.

Schließlich hatten die Mitglieder der Arbeitervertretung wenig Schutz vor Repressalien von Seiten des Arbeitgebers. Da es keinen Kündigungsschutz gab, hätte der Arbeitgeber die Mitglieder der Arbeitervertretung zum Beispiel jederzeit entlassen können oder sie in eine andere Abteilung seines Betriebs versetzen können.

Aus dem Vorgesagten wird deutlich, dass die konstitutionelle Fabrik Heinrich Freeses ein durchweg konsensuales System war. Es beruhte auf und lebte von der kooperativen Einstellung der Betriebsparteien. Ein ernsthafter Konflikt über betriebliche Angelegenheiten, der nicht durch einen Kompromiss gelöst werden konnte, war in diesem Beteiligungsmodell nicht vorgesehen. Er ist in der gesamten über 35-jährigen Geschichte der konstitutionellen Fabrik auch nie vorgekommen. Insofern ist auch die Anwesenheit des Arbeitgebers bei den Sitzungen der Arbeitervertretung nicht negativ aufgefallen. Inwieweit diese beiden Elemente zusammenspielen, ist nicht mehr mit Genauigkeit zu ermitteln. Man kann aber wohl davon ausgehen, dass die Anwesenheit des Arbeitgebers in den Sitzungen der Arbeitervertretung die Herausbildung von zu gegensätzlichen Positionen zwischen den Betriebsparteien behindert hat. Allerdings kann dies wohl nur ein kleiner Aspekt einer Erklärung sein.

Entscheidender scheinen die äußeren Rahmenbedingungen des Mitbestimmungsmodells gewesen zu sein. Erstens ist da der Arbeitgeber Heinrich Freese selbst. Wie oben beschrieben war Freese ein sehr fortschrittlicher Arbeitgeber, der seinen Arbeitnehmern sehr gute Arbeitsbedingungen bot. Bezahlung, Arbeitszeit und Wohlfahrtseinrichtungen in seiner Fabrik waren deutlich besser als in vergleichbaren Betrieben der damaligen Zeit. Hinzu kam die Beteiligung der Arbeitnehmer selbst. Wo Beteiligungs- und Mitbestimmungsrechte für viele heutige deutsche Arbeitnehmer eine Selbstverständlichkeit geworden sind, war es für die damaligen Arbeitnehmer ein Novum. Dieses Mitbestimmungsmodell beruhte ja auch auf keinerlei verpflichtender rechtlicher Grundlage und war ihnen sozusagen von Gnaden des Arbeitgebers zugestanden worden. Entsprechend wird die Bereitschaft der Arbeitnehmer, all diese Errungenschaften in einem Konflikt über eine konkrete Frage zu gefährden, nicht allzu hoch gewesen sein. Hinzu kommt, dass Freese selbst durchaus bereit war, seinen Arbeitnehmern in vielen Fragen entgegenzukommen.

Schließlich einigten sich die Betriebsparteien in einigen Fällen auch auf einen Dissens. So hatte die Arbeitervertretung mehrfach gefordert, die Fabrik am 1. Mai zu schließen, damit die Arbeitnehmer an den Maifeierlichkeiten der Gewerkschaften teilnehmen konnten. Diesem Wunsch wollte Freese nicht entsprechen. Als Kompromiss durften alle entbehrlichen Arbeitnehmer am 1. Mai Urlaub nehmen. Andere Arbeitnehmer, die der Arbeit fernblieben, wurden nach der Fabrikordnung mit Geldstrafen belegt. Entlassungen gab es aber nicht.[593] Dies war im Ergebnis nur möglich, weil beide Seiten bereit waren, gewisse Abstriche an ihrer Position zu machen. Auch insoweit war also das kooperative Verhalten der Betriebsparteien entscheidend.

Es gab in der Freesischen Fabrik aber durchaus Konflikte die nicht konsensuell gelöst wurden. Sie waren unabhängig von den betrieblichen Belangen, führten aber in einem Fall sogar zum Streik. Hierzu kam es als die sozialdemokratischen Gewerkschaften ihre Meinungsführerschaft gegen Freeses Willen unter seinen Arbeitnehmern durchsetzen wollten. Den Gewerkschaften gelang es aber nicht die Mehrheit der Arbeitnehmer für sich zu gewinnen und auch die Arbeitervertretung unterstützte sie nicht. Der Konflikt endete folgerichtig mit der Niederlage der Gewerkschaften.[594]

7. Ende des Beteiligungsmodells

Mit dem Inkrafttreten des Betriebsrätegesetzes von 1920 wurde die Arbeitervertretung Freeses in weiten Teilen überflüssig. Viele ihrer Kernkompetenzen standen nun von Gesetzes wegen dem in jedem Betrieb zu wählenden Betriebsrat zu. Auch die übrigen Aufgaben der Arbeitervertretung konnte der Betriebsrat mit übernehmen. Am 30. November 1920 fand die letzte Sitzung der alten Arbeitervertretung statt. Sie übergab die Verwaltung der Unterstützungskasse und der anderen Wohlfahrtseinrichtungen an den sieben Monate zuvor gewählten Betriebsrat und löste sich auf.[595] Die Fabrikordnung wurde den neuen gesetzlichen Rahmenbedingungen angepasst. Der Begriff Arbeiterausschuss wurde durch den Begriff Betriebsrat ersetzt. Die Bestehenden, über das Betriebsrätegesetz hinausgehenden, Rechte der Arbeitnehmervertretung blieben in der Fabrikordnung festgeschrieben.[596] Die Fabrikordnung bestand so in ihrer grundlegenden Struktur von 1884 weiter. Die betriebliche Beteiligung der Arbeitnehmer existierte

593 *Freese,* Die konstitutionelle Fabrik, S. 12 f.

594 *Freese,* Die konstitutionelle Fabrik, S. 20 ff.; vgl. auch *Küster,* Berlinische Monatschrift 1999, S. 36, 41.

595 *Freese,* Die konstitutionelle Fabrik, S. 42; *Küster,* Berlinische Monatschrift 1999, S. 36, 42; *Senne/Köhler/Krauskopf Martin,* Heinrich Freese und sein Modell der konstitutionellen Fabrik, in: *Beer,* Heinrich-Freese-Seminar, S. 24.

596 *Freese,* Die konstitutionelle Fabrik, S. 41 ff.

also auch während der Weimarer Republik in Freeses Betrieben. Erst mit dem Gesetz zur Ordnung der nationalen Arbeit vom 20. Januar 1934 wurde auch die konstitutionelle Fabrik Freeses durch die Nationalsozialisten gleichgeschaltet. Neben dem Führerprinzip war kein Platz mehr für betriebliche Beteiligung.

Mit dem Betriebsrätegesetz war für alle Betriebe verbindlich eingeführt worden, was Freese seit langem von seinen Standesgenossen auf freiwilliger Basis gefordert hatte. Dennoch stand er den konkreten Regelungen des Betriebsrätegesetzes in einigen Punkten ablehnend gegenüber.[597] Insbesondere das Recht des Betriebsrats, den Arbeitgeber von seinen Sitzungen auszuschließen, mochte Freese nicht gut heißen. Er sah in den gemeinsamen Sitzungen einen zentralen Vorteil seines Beteiligungsmodells zunichte gemacht und in dem Ausschlussrecht eine Gefahr für die gute Kooperation zwischen den Betriebsparteien.[598] Im Ergebnis hat sich Freese aber wohl mit dem Betriebsrätegesetz arrangiert.[599] Es bleibt festzuhalten, dass das Freesesche Beteiligungsmodell bis zu seiner Ablösung durch das Betriebsrätegesetz bestand und die Erwartungen seines Gründers mehr als erfüllt hat.

8. Fazit

Die konstitutionelle Fabrik ist in weiten Teilen der sie behandelnden Literatur, sowohl der zeitgenössischen als auch der neueren, positiv aufgenommen und bewertet worden.[600] Sie ist dabei als fortschrittlich, modern und voll demokratischen Geistes gelobt worden. Auch Heinrich Freese hat sein Experiment mit der Beteiligung und Mitbestimmung seiner Arbeitnehmer nicht bereut. Vielmehr haben die guten Ergebnisse seine Erwartungen insgesamt übertroffen.[601] Unter vielen Arbeiternehmern hat das Modell ebenfalls Zustimmung erhalten.

Kritischer wurde es hingegen in Teilen der zeitgenössischen, insbesondere der sozialdemokratischen Arbeiterverbände und Gewerkschaften gesehen, die darin

---

597 Vgl. *Freese,* Die konstitutionelle Fabrik, S. 37 ff.

598 *Freese,* Die konstitutionelle Fabrik, S. 38 f.

599 Vgl. *Freese,* Die konstitutionelle Fabrik, S. 43 f.

600 *Axhausen,* Utopie und Realismus im Betriebsrätegedanken, S. 109 ff.; *Gabbert,* Heinrich Freese, S. 178 ff.; *Senne,* Das Heinrich-Freese-Seminar, in: *Beer,* Heinrich-Freese-Seminar, S. 16; *Senne/Köhler/Krauskopf Martin,* Heinrich Freese und sein Modell der konstitutionellen Fabrik, in: *Beer,* Heinrich-Freese-Seminar, S. 35 ff.; siehe auch die Zusammenstellung zur zeitgenössischen Rezeption bei *Freese,* Die konstitutionelle Fabrik, S. 132 ff.

601 Vgl. *Freese,* Das konstitutionelle System im Fabrikbetriebe, S. 63 ff.; *Freese,* Die konstitutionelle Fabrik, S. 145 ff.

ein patriarchales Modell zum Ruhigstellen der Arbeitnehmer in einem anderweitig unveränderten kapitalistischen Wirtschaftssystem sahen.[602]

Der überwiegend positiven Bewertung kann man sich im Allgemeinen anschließen. Mit seinem Beteiligungsmodell hat Freese vieles vorweggenommen, was später durch den Gesetzgeber erst im Betriebsrätegesetz und dann in den Betriebsverfassungsgesetzen für alle Betriebe in Deutschland verbindlich wurde. Er war dabei seiner Zeit oft um Jahrzehnte voraus. Zudem hat Freese mit seinen Ideen ein beeindruckendes demokratisches Selbstverständnis bewiesen, mit dem er den meisten anderen Industriellen seiner Zeit ebenfalls deutlich voraus war. Das Modell selbst hat zu einer sehr frühen Zeit in der Geschichte der betrieblichen Arbeitnehmerbeteiligung ein sehr umfassendes und weitgehendes System von Beteiligungs- und Mitbestimmungsrechten geschaffen. Dabei hat er einen bedeutenden Teil seiner innerbetrieblichen Entscheidungskompetenzen abgegeben oder zumindest geteilt. Es war damit in vielen Bereichen wegweisend für die spätere Entwicklung der betrieblichen Beteiligung in Deutschland.

Die konstitutionelle Fabrik muss aber immer als ein Produkt der besonderen Bedingungen, unter denen sie entstanden ist, gesehen werden. Hierzu gehört, neben den gesellschaftlichen und rechtlichen Rahmenbedingungen, die das Deutsche Kaiserreich bot, vor allem die Person Heinrich Freeses. Er hat die konstitutionelle Fabrik entworfen und umgesetzt. Weiter hat er sie durch immer neue Verbesserungen und eine teilweise erstaunliche Kompromissbereitschaft mit Leben gefüllt und zum Funktionieren gebracht.

Es bleibt anzumerken, dass auch das zweistufige deutsche Repräsentationssystem mit seiner Aufteilung der Repräsentation der Arbeitnehmer zwischen Betriebsrat und Gewerkschaften in dem Freeseschen Beteiligungsmodell schon angelegt war. Freeses Verhältnis, insbesondere zu den sozialdemokratischen Arbeiterverbänden und Gewerkschaften, war nicht immer gut. Er hatte aber die auf den Betrieb begrenzte Bedeutung einer Arbeitnehmervertretung erkannt. Um eine umfassende gesamtgesellschaftliche Vertretung der Interessen der Arbeitnehmer zu gewährleisten, hatten für ihn die Arbeiterverbände und Gewerkschaften eine legitime Daseinsberechtigung.[603] Im Kern ist die heutige Aufgabenteilung zwischen Betriebsräten und Gewerkschaften in seinen Ideen bereits angelegt.

---

602 Vorwärts – Berliner Volksblatt 26.01.1911, S. 1.; *Freese,* Die konstitutionelle Fabrik, S. 141 f.; *Senne/Köhler/Krauskopf Martin,* Heinrich Freese und sein Modell der konstitutionellen Fabrik, in: *Beer,* Heinrich-Freese-Seminar, S. 35 f.

603 *Freese,* Die konstitutionelle Fabrik, S. 16; *Pflüger,* Das betriebliche Repräsentativsystem, S. 122.

II. Whitley Committees

Das nächste zu betrachtende Beteiligungsmodell sind die *Works Committees,* wie sie nach den Vorstellungen der Whitley Kommission[604] ab dem Ende des Ersten Weltkriegs in britischen Betrieben eingeführt werden sollten. In der Praxis haben diese *Works Committees* in ihrer angedachten Wirkung weitgehend versagt.[605] Dennoch sind sie ein lohnenswertes Untersuchungsobjekt. Erstens wurde ihre Einführung im Rahmen der übrigen Vorschläge der Whitley Kommission von der britischen Regierung unmittelbar nach dem Ersten Weltkrieg im großen Stil betrieben. Zweitens haben die Ideen und Konzepte der Kommission im Vereinigten Königreich und auf der ganzen Welt, gerade auch in Deutschland, weitgehende Beachtung gefunden.[606] Schließlich sind gerade auch die Bedingungen und Gründe des Scheiterns der *Works Committees* instruktiv.

Die *Works Committees* waren Teil der politischen Antwort der britischen Regierung auf die vor und während des Ersten Weltkriegs deutlich gewordenen Spannungen in der britischen Industriegesellschaft.[607] Dabei sollten sie innerhalb einer neu zu schaffenden Gesamtstruktur stehen, mit der die Arbeitsbeziehungen im Vereinigten Königreich auf eine kooperative und institutionalisierte Basis gestellt werden sollten.[608] Die *Works Committees* sollten auf der betrieblichen Ebene entstehen und sich aus Vertretern der jeweiligen Arbeitnehmer und des Arbeitgebers zusammensetzen. Sie waren somit als das unterste Glied in einer Kette von Repräsentationsorganen vorgesehen. Darüber hinaus sollte es, ähnlich der Struktur des Art. 165 Weimarer Reichsverfassung, noch *Joint Councils* aus Arbeitgeber- und Gewerkschaftsvertretern auf Bezirksebene sowie nationaler Ebene geben.

---

604 Ausführlich zur Kommission siehe unten 2.

605 *Wendt,* Whitleyism – Versuch einer Institutionalisierung des Sozialkonflikts in England am Ausgang des Ersten Weltkriegs, in: *Stegmann/Wendt/Witt,* Industrielle Gesellschaft und politisches System, S. 349.

606 *Rückert/Friedrich,* Betriebliche Arbeiterausschüsse in Deutschland, Großbritannien und Frankreich im späten 19. und frühen 20. Jahrhundert, S. 53; vgl. auch *Plaut,* Entstehung, Wesen und Bedeutung des Whitleyismus des englischen Typs der Betriebsräte; *Wendt,* Whitleyism – Versuch einer Institutionalisierung des Sozialkonflikts in England am Ausgang des Ersten Weltkriegs, in: *Stegmann/Wendt/Witt,* Industrielle Gesellschaft und politisches System.

607 *Gamillscheg,* Kollektives Arbeitsrecht, S. 111.

608 *Wendt,* Whitleyism – Versuch einer Institutionalisierung des Sozialkonflikts in England am Ausgang des Ersten Weltkriegs, in: *Stegmann/Wendt/Witt,* Industrielle Gesellschaft und politisches System, S. 343 f.

Das von der Whitley Kommission vorgeschlagene System zur Neuordnung der Arbeitsbeziehungen nahm Bezug auf im Vereinigten Königreich bereits bestehende Ansätze institutionalisierter Verständigung zwischen Arbeitgebern und Arbeitnehmervertretern. Anders als die schon vor dem Ersten Weltkrieg bestehenden *Joint Committees, Review Panels* oder *Conciliation Boards* sollten die neuen Ausschüsse aber nicht lediglich als Bühne für weitgehend konfrontative Kollektivverhandlungen dienen.[609] Vielmehr sollten die *Joint Councils* und *Committees* die Kooperation und Zusammenarbeit zwischen Arbeitgebern und Arbeitnehmervertretern bestärken und konfrontative Elemente so auf Dauer verdrängen helfen.

Obwohl das Whitley System mit dem Ende des Ersten Weltkriegs in weiten Teilen der britischen Industrie und mit anfangs starker Unterstützung durch die Regierung eingeführt wurde, konnte es sich nur wenige Jahre halten. In großen Teilen der Privatwirtschaft war es schon Mitte der zwanziger Jahre weitgehend verschwunden oder zumindest in Funktionslosigkeit verfallen. Nur in der öffentlichen Verwaltung und in einigen staatlich kontrollierten Industriezweigen besteht das System, zumindest in seiner Grundkonzeption, zum Teil bis heute fort.

1. Begriffsbestimmung

Die im Zusammenhang mit dem Whitley System in der Literatur verwendeten Begriffe sind nicht einheitlich. Die Whitley Kommission selbst hat für die von ihr vorgeschlagenen Gremien auf der betrieblichen Ebene den Begriff der „*Works Committees*" verwandt. In der späteren Literatur kommt auch oft der Begriff „*Whitley Committees*" vor. Es wird teilweise nicht oder nur unzureichend zwischen den *Works Committees* und den doch recht anders strukturierten *Joint Councils* der höheren Ebenen unterschieden. Aus diesem Grund werden die *Works Committees* auch verallgemeinernd mit unter den Begriff der „*Whitley Councils*" gefasst. Der Begriff des „*Works Committees*" ist nicht erst durch die Whitley Kommission geprägt worden. Er wurde schon vor der Veröffentlichung des Berichts der Whitley Kommission für zum Teil sehr verschiedenartige betriebliche Beteiligungsgremien verwendet. Der Begriff erfuhr durch das Whitley System auch keine endgültige Prägung, sondern wurde und wird weiterhin für anderweitige Gremien verwandt.

609 Zu den bereits bestehenden Ausschüssen siehe *Stitt,* Whitley Councils, S. 6; vgl. auch *Cole,* Workshop Organisation, in: *Marsh,* G. D. H. Cole, Workshop Organisation, S. 122.

Für die vorliegende Untersuchung von Interesse sind allein die *Works Committees* der Whitley Kommission. Mit diesem Begriff beschreibt die Kommission in den einzelnen Betrieben zu gründende Gremien, in denen Vertreter der Betriebsparteien betriebliche Fragen in einer kooperativen Art und Weise besprechen sollten. Dabei sollte sich die Arbeit der *Works Committees* innerhalb der Vorgaben der Tarifverträge bewegen, die auf den höheren Ebenen in den *Joint Councils* geschlossen wurden. Es war nicht vorgesehen, dass in den *Works Committees* bindende Beschlüsse gefasst oder Kollektivvereinbarungen geschlossen werden. Somit ergeben sich zwei entscheidende Charakteristika der *Works Committees*. Erstens waren sie, wenn auch nicht notwendigerweise paritätisch, mit Vertretern sowohl der Arbeitnehmer- als auch der Arbeitgeberseite besetzt. Zweitens dienten sie lediglich dem gegenseitigen Austausch, ohne dabei eigene Entscheidungsbefugnisse zu haben.

Übersetzt man den Begriff „*Works Committee*" ins Deutsche, kommt man auf den „Betriebsausschuss".[610] Dieser Begriff ist nicht nur die wörtliche Übersetzung, sondern wurde im zeitgenössischen Deutschland auch für Ausschüsse gebraucht, die den *Works Committees* ähnlich sind.[611] Entsprechend hat er auch in der zeitgenössischen deutschen Übersetzung der Berichte der Whitley Kommission, zumindest in den Überschriften, Verwendung gefunden.[612] Mit Einführung des Betriebsrätegesetzes wurde der Begriff „Betriebsausschuss" in dieser Bedeutung durch den gesetzlichen Begriff des „Betriebsrats" verdrängt. In der Folge wurde er für verschiedenartige anderweitige Gremien verwandt. Der Eindeutigkeit halber soll daher auf eine Übersetzung des englischen Begriffs verzichtet werden. Dies gilt ebenfalls für die Bezeichnungen der verschiedenen *Joint Councils*, auch hier soll es bei den englischen Begriffen bleiben.

2. Gründe für die Einführung

Das System der Arbeitsbeziehungen, das während des Ersten Weltkriegs im Vereinigten Königreich bestand, hatte sich in den Augen der Zeitgenossen in vieler Hinsicht als dysfunktional und reformbedürftig erwiesen. Entstanden

---

610 *Langenscheidt*, Handwörterbuch Englisch, Eintr. „committee" S. 123 und Eintr. „works" S. 641; *Pons*, Großwörterbuch Englisch, Eintr. „committee" S. 174.

611 Anderes aber *Pons*, Großwörterbuch Englisch, Eintr. „works committee" S. 1132, die in „Betriebsrat" übersetzen.

612 Vgl. *Schippel*, Arbeitsgemeinschaften, Betriebsräte und Gewerkschaften in England, S. 29, im Text wird dann der Begriff „Betriebsrat" synonym gebracht.

war das System aus einem sich über das gesamte 19. Jahrhundert ziehenden organischen Prozess. Eine einheitliche Konzeption von Seiten der Regierung oder der Beteiligten hatte es nicht gegeben.[613] Zwar war es zu vereinzelten gesetzgeberischen Eingriffen gekommen und auch die Gewerkschaften und Arbeitgeberverbände hatten nach ihrer Entstehung einzelne, zaghafte Versuche unternommen, eine stärkere Vereinheitlichung zu erreichen, im Großen und Ganzen war es aber bei einem zersplitterten System aus konfrontativ verhandelten und erstrittenen Positionen und Vereinbarungen geblieben.[614] Einzig die Kollektivverhandlungen als zentrales Element für die Regelung der Arbeitsbeziehungen hatten sich weitgehend durchgesetzt.[615] Auf dieser Grundlage waren in vielen Industrien oder Regionen Verfahren und Institutionen entstanden, innerhalb derer die Verhandlungen der Gewerkschaften und Arbeitgeber stattfanden.[616]

Das entstandene System verhinderte jedoch nicht, dass es im demokratisch geprägten Vereinigten Königreich immer wieder zu schweren Arbeitskämpfen kam. Ganz besonders unruhig waren die Jahre unmittelbar vor dem Ersten Weltkrieg.[617] In dieser Zeit reihten sich Streiks in fast allen Schlüsselindustrien aneinander und legten zeitweise weite Teile der britischen Wirtschaft lahm. Selbst nach Kriegsausbruch hielt der wirtschaftliche Frieden, anders als im Deutschen Reich, nicht. In vielen Industrien streikten die Arbeiter gegen die kriegsbedingten Arbeitsgesetze, obwohl diese von ihren eigenen Gewerkschaften und den arbeitnehmernahen Parlamentsabgeordneten mitgetragen wurden.

Als Folge dieser Konflikte entschied das Parlament, eine Kommission einzusetzen, die Vorschläge für eine sinnvolle Neugestaltung der industriellen Beziehungen machen sollte. Diese nach ihrem Vorsitzenden, dem liberalen Parlamentarier John Henry Whitley so benannte „Whitley Kommission"

---

613 *Wendt,* Whitleyism – Versuch einer Institutionalisierung des Sozialkonflikts in England am Ausgang des Ersten Weltkriegs, in: *Stegmann/Wendt/Witt,* Industrielle Gesellschaft und politisches System, S. 345 f.; siehe auch *Goodman/Whittingham,* Shop Stewards in British Industry, S. 22.

614 Vgl. *Daly,* Industrial Relations, S. 62.

615 Vgl. *Ministry of Labour, Industrial Relations Department,* Report on the Establishment and Progress of Joint Industrial Councils, S. 1; *Rückert/Friedrich,* Betriebliche Arbeiterausschüsse in Deutschland, Großbritannien und Frankreich im späten 19. und frühen 20. Jahrhundert, S. 44 f.

616 Siehe zu diesen *Rückert/Friedrich,* Betriebliche Arbeiterausschüsse in Deutschland, Großbritannien und Frankreich im späten 19. und frühen 20. Jahrhundert, S. 36 ff.

617 *Degen,* Shop Stewards, S. 48; vgl. auch *Stitt,* Whitley Councils, S. 3.

tagte von Oktober 1916 bis in das Jahr 1918 hinein.[618] Die Kommission bestand aus Mitgliedern aller relevanten gesellschaftlichen Gruppen, allen voran aus Gewerkschaftlern und Arbeitgebervertretern.[619] Ihr Auftrag war sehr weit gefasst.[620] Die Kommission konzentrierte sich in ihrer Arbeit besonders auf die Ausarbeitung eines Systems regelmäßigen gegenseitigen Austauschs zwischen Arbeitnehmer- und Arbeitgeberseite. Dahinter stand die Überzeugung, dass es ein gemeinsames Interesse der Arbeitnehmer und Arbeitgeber am wirtschaftlichen Fortkommen der jeweiligen Industriebranche, aber auch des einzelnen Unternehmens oder Betriebs gab. Dieses gemeinsame Interesse sollte zur entscheidenden Triebkraft des angestrebten Systems der Arbeitsbeziehungen werden. Um es herauszuarbeiten und zu fördern, sollten auf allen Ebenen der Wirtschaft regelmäßige Treffen zwischen Arbeitnehmer- und Arbeitgebervertretern stattfinden. Der Glaube war, dass sich das in diesen Treffen aufgebaute Vertrauen zwischen den teilnehmenden Parteien auf die Arbeitsbeziehungen insgesamt übertragen würde. Damit sollten Interessenkonflikte zwar nicht aufgehoben werden, ihre Lösung sollte aber in friedlichere Bahnen gelenkt werden und Arbeitskämpfe somit weitgehend überflüssig machen.

Entscheidendes Ergebnis dieses auf „Kooperation aus Vernunft“ basierenden Ansatzes war, dass die Kommission ihr gesamtes System auf Freiwilligkeit aufbauen wollte.[621] Es sollte also weder eine Verpflichtung geben, die Vorschläge der Kommission in den einzelnen Industriezweigen umzusetzen, noch sollten einzelne Arbeitgeber oder Gewerkschaften gezwungen werden, sich an einem in ihrem Industriezweig eingeführten System zu beteiligen. Ferner sollten auch die in den Treffen gefassten Beschlüsse weitgehend unverbindlich bleiben. Das Primat der Gewerkschaften bei der Vertretung der Arbeitnehmerinteressen sollte nicht in Frage gestellt werden.[622]

Strukturell schlug die Kommission die Schaffung einer Reihe verschiedener Gremien vor, in denen die gemeinsamen Treffen zwischen Arbeitnehmer- und Arbeitgeberseite stattfinden sollten. Sie sollten auf nationaler Ebene von einem

---

618 Vgl. *Ministry of Labour, Industrial Relations Department,* Report on the Establishment and Progress of Joint Industrial Councils, S. 1 f.

619 Im Detail hierzu oben C. III. 4.

620 *Ministry of Labour, Industrial Relations Department,* Report on the Establishment and Progress of Joint Industrial Councils, S. 2.

621 *Rückert/Friedrich,* Betriebliche Arbeiterausschüsse in Deutschland, Großbritannien und Frankreich im späten 19. und frühen 20. Jahrhundert, S. 54 f.

622 *Rückert/Friedrich,* Betriebliche Arbeiterausschüsse in Deutschland, Großbritannien und Frankreich im späten 19. und frühen 20. Jahrhundert, S. 55.

Joint Industrial Council für jeden Industriezweig über einen *Joint Council* für jeden Bezirk bis hin zu *Works Committees* in den einzelnen Betrieben reichen.[623] Die *Works Committees* als unterste Instanz sollten dabei der gemeinsamen Besprechung betrieblicher Fragen dienen, die nicht schon auf einer der höheren Ebenen erörtert wurden.

3. Art der Einführung

Bei den *Works Committees,* wie bei allen anderen Teilen des Whitley Systems, sollte es sich nach dem Willen der Whitley Kommission um freiwillige Einrichtungen handeln. Sie sollten nicht von oben verordnet oder gar zwangsweise eingeführt werden. Die Vorschläge der Kommission sollten vielmehr kooperativ von Arbeitnehmern, Gewerkschaften und Arbeitgebern umgesetzt werden, wobei auch diese keinen Umsetzungszwang gegenüber den jeweils unteren Ebenen ausüben sollten.[624] Das System sollte dem schon im 19. Jahrhundert vorherrschenden Prinzip der *„abstention of law"*,[625] das heißt der minimalsten gesetzgeberischen Einwirkung auf die Arbeitsbeziehungen, folgen.

Die Einführung sollte mit der Schaffung der *Joint Industrial Councils* auf nationaler Ebene für alle wichtigen Industriezweige beginnen. Diese sollten dann in ihrem Industriezweig die Einführung der bezirklichen *Joint Councils* und schließlich der *Works Committees* in den einzelnen Betrieben befördern.

Wenn die Regierung auch nicht unmittelbar regulierend eingreifen sollte, so fiel ihr dennoch eine wichtige Unterstützungsfunktion bei der Einführung des Whitley Systems zu.[626] Sie sollte Arbeitnehmern, Gewerkschaften und Arbeitgebern auf allen Ebenen des Systems bei dessen Einführung und praktischer Umsetzung assistieren.[627] Dabei blieb sie nicht auf eine passive Rolle beschränkt. Vielmehr ging die Regierung in Form des Arbeitsministeriums aktiv die

---

623 Im Detail hierzu oben C. III. 4.

624 *Wendt,* Whitleyism – Versuch einer Institutionalisierung des Sozialkonflikts in England am Ausgang des Ersten Weltkriegs, in: *Stegmann/Wendt/Witt,* Industrielle Gesellschaft und politisches System, S. 346.

625 *Wendt,* Whitleyism – Versuch einer Institutionalisierung des Sozialkonflikts in England am Ausgang des Ersten Weltkriegs, in: *Stegmann/Wendt/Witt,* Industrielle Gesellschaft und politisches System, S. 346.

626 *Rückert/Friedrich,* Betriebliche Arbeiterausschüsse in Deutschland, Großbritannien und Frankreich im späten 19. und frühen 20. Jahrhundert, S. 54.

627 *Wendt,* Whitleyism – Versuch einer Institutionalisierung des Sozialkonflikts in England am Ausgang des Ersten Weltkriegs, in: *Stegmann/Wendt/Witt,* Industrielle Gesellschaft und politisches System, S. 346.

einzelnen Industriezweige an, schuf Satzungsentwürfe und leistete andere Vorarbeiten.[628] Im Ministerium wurde eine eigene Abteilung für das Whitley System gegründet und spezialisierte Beamte halfen bis in die einzelnen Betriebe hinein bei der Schaffung von *Works Committees*.[629]

4. Ausgestaltung der Beteiligung

Anders als bei den bisher beschriebenen Beteiligungsmodellen sind die *Works Committees* der Whitley Kommission kaum praktisch erprobt worden. Im Folgenden wird daher hauptsächlich das Modell beschrieben, wie es sich die Kommission und die nachfolgend für seine Umsetzung zuständigen Stellen im Arbeitsministerium vorstellten. Die Kommission selbst hat sich dabei in ihren Berichten darauf beschränkt, den allgemeinen Rahmen für die Beteiligung durch die *Works Committees* vorzugeben.[630] Die Ausführungen des Arbeitsministeriums sind hingegen detaillierter. Zu einem geringeren Anteil fließen zudem die Ausgestaltungsvarianten ein, die in einigen Industriezweigen und Betrieben ab 1919 eingeführt und dokumentiert wurden, die aber bis Mitte der 20er Jahre fast vollständig wieder aufgegeben wurden. Aufgrund dieser wenig einheitlichen Quellenlage sind die hier gemachten Ausführungen dort, wo es an relevanten Informationen mangelt, wenig detailreich oder sogar lückenhaft. Dennoch ergibt sich aus der Summe der verschiedenen Quellen insgesamt ein geschlossenes Bild der betrieblichen Beteiligung durch die *Works Committees*.

4.1 Rechtliche Grundlage

Für die *Works Committees* gab es keine für alle Betriebe vereinheitlichte rechtliche Grundlage. Vielmehr sollte in jedem Betrieb eine eigene Satzung für das dortige *Works Committee* durch die Betriebsparteien verabschiedet werden. Um dennoch eine gewisse Einheitlichkeit zu gewährleisten, sollten die *Joint Industrial Councils* Entwürfe für die Satzungen der in ihrem Arbeitsbereich

---

628 Vgl. *Ministry of Labour, Industrial Relations Department,* Report on the Establishment and Progress of Joint Industrial Councils, S. 3.

629 *Ministry of Labour, Industrial Relations Department,* Report on the Establishment and Progress of Joint Industrial Councils, S. 72 f.

630 Cole, Workshop Organisation, in: Marsh, G. D. H. Cole, Workshop Organisation, S. 116 f.; Ministry of Labour, Industrial Relations Department, Report on the Establishment and Progress of Joint Industrial Councils, S. 17; *Seymour,* The Whitley Councils Scheme, S. 82.

einzurichtenden *Works Committees* herausgeben.[631] Sie selbst wurden dabei durch einen Satzungsentwurf unterstützt, den das Arbeitsministerium im Januar 1919 publiziert hatte.[632] Die Satzungsentwürfe waren lediglich als Vorschläge gemeint, die den Betriebsparteien eine Orientierung geben, aber keine Bindungswirkung auf sie ausüben sollten.

Inwieweit die von den Betriebsparteien selbst festgelegten Satzungen der *Works Committees* rechtlich verbindlich sein sollten, geht nicht eindeutig aus den Vorschlägen der Whitley Kommission und des Arbeitsministeriums hervor. In Anbetracht der Tatsache, dass auch Tarifverträgen im Vereinigten Königreich keine rechtliche, sondern nur eine moralisch-faktische Bindung zugedacht wurde und wird,[633] kann nicht von einer Rechtsverbindlichkeit der Satzungen ausgegangen werden. Hierfür spricht weiter die starke Betonung der Freiwilligkeit auf allen Ebenen des Whitley Systems. Die Bindung der Betriebsparteien an eine starre Satzung für ihre Kooperation würde diesem Grundgedanken widersprechen.

Insofern sah das Konzept der *Works Committees* der Whitely Kommission zwar ein Regelwerk vor, auf dessen Grundlage die *Committees* arbeiten sollten. Rechtlich verbindlich oder durchsetzbar sollte dieses aber wohl nicht sein. Vielmehr sollte sich die grundlegende Funktionalität der *Committees* unabhängig, und damit im Denken der Kommission auch unbelastet, von starren Gesetzmäßigkeiten allein aus der Kooperation der Betriebsparteien ergeben.

4.2 Zusammensetzung

Die *Works Committees* sollten sich aus Vertretern der Arbeitnehmer des Betriebs und des Arbeitgebers zusammensetzen.[634] Ihre Anzahl konnte in Abhängigkeit von der Größe und Komplexität des einzelnen Betriebs erheblich variieren.[635]

---

631 *Seymour,* The Whitley Councils Scheme, S. 84.

632 *Ministry of Labour, Industrial Relations Department,* Report on the Establishment and Progress of Joint Industrial Councils, S. 69.

633 *Harth/Taggert,* Arbeitsrecht in Großbritannien, in: *Henssler/Braun,* Arbeitsrecht in Europa, S. 558; *Wendt,* Whitleyism – Versuch einer Institutionalisierung des Sozialkonflikts in England am Ausgang des Ersten Weltkriegs, in: *Stegmann/Wendt/Witt,* Industrielle Gesellschaft und politisches System, S. 352.

634 *Ministry of Labour, Industrial Relations Department,* Report on the Establishment and Progress of Joint Industrial Councils, S. 69; *Seymour,* The Whitley Councils Scheme, S. 82.

635 *Plaut,* Entstehung, Wesen und Bedeutung des Whitleyismus des englischen Typs der Betriebsräte, S. 147.

Als optimale Größe wurden aber *Works Committees* mit zwei bis fünf Arbeitgeber- und fünf bis zwölf Arbeitnehmervertretern beschrieben. Dabei sollten für den Arbeitgeber auf jeden Fall der Betriebsleiter und, soweit vorhanden, die personalverantwortliche Führungskraft bestellt werden.[636] Mit den Arbeitnehmervertretern sollten in den *Works Committees* möglichst alle Abteilungen des Betriebs vertreten sein.[637] Eine paritätische Besetzung des Ausschusses war also nicht notwendig vorgesehen.[638]

4.3 *Wahl und Bestellung*

Wie die Größe und Zusammensetzung der Ausschüsse konnte auch das Auswahlverfahren in Abhängigkeit von den Gegebenheiten des Betriebs variieren.[639] Die Vertreter der Arbeitgeberseite wurden aber generell einseitig vom Arbeitgeber bestimmt. Zudem konnte er sie jederzeit abberufen und ersetzen oder selbst Mitglied im *Works Committee* werden. Die Arbeitnehmervertreter wurden dagegen meist durch geheime Wahl bestimmt.[640] Wahlberechtigt waren dann alle Arbeitnehmer des jeweiligen Betriebs, unabhängig von Alter oder Gewerkschaftsmitgliedschaft.[641] Ob die Wahl direkt war, hing von der Ausgestaltung des konkreten *Works Committees* ab. Gerade in größeren Betrieben konnten die Wahlen auch dezentral nach Abteilung stattfinden oder eine mittelbare Wahl durch Unterausschüsse des zentralen *Works Committees* erfolgen.[642] Die Amtszeit der Ausschussmitglieder der Arbeitnehmer sollte sich zwischen sechs und zwölf Monaten bewegen und eine Wiederwahl möglich sein.[643]

---

636 *Ministry of Labour, Industrial Relations Department,* Report on the Establishment and Progress of Joint Industrial Councils, S. 69; vgl. auch *Ministry of Reconstruction,* Industrial Councils, S. 7; *Plaut,* Entstehung, Wesen und Bedeutung des Whitleyismus des englischen Typs der Betriebsräte, S. 147.

637 *Ministry of Reconstruction,* Industrial Councils, S. 7; *Seymour,* The Whitley Councils Scheme, S. 231.

638 *Seymour,* The Whitley Councils Scheme, S. 83.

639 *Ministry of Labour, Industrial Relations Department,* Report on the Establishment and Progress of Joint Industrial Councils, S. 70.

640 *Plaut,* Entstehung, Wesen und Bedeutung des Whitleyismus des englischen Typs der Betriebsräte, S. 147; *Seymour,* The Whitley Councils Scheme, S. 229.

641 Vgl. *Seymour,* The Whitley Councils Scheme, S. 229.

642 Vgl. *Plaut,* Entstehung, Wesen und Bedeutung des Whitleyismus des englischen Typs der Betriebsräte, S. 147.

643 *Ministry of Reconstruction,* Industrial Councils, S. 7; *Plaut,* Entstehung, Wesen und Bedeutung des Whitleyismus des englischen Typs der Betriebsräte, S. 147; *Seymour,* The Whitley Councils Scheme, S. 229.

Teilweise gab es persönliche Beschränkungen für das passive Wahlrecht. Hierzu gehörten ein Mindestalter, die Beschränkung auf Arbeitnehmer des Betriebs oder auf Gewerkschaftsmitglieder.[644] Von der Beschränkung auf Mitglieder einer Gewerkschaft sollte allerdings in solchen Betrieben abgesehen werden, in denen es eine Vielzahl von nichtorganisierten Arbeitnehmern gab.[645] Der gewerkschaftliche Alleinvertretungsanspruch musste insoweit zugunsten der Legitimität der *Works Committees* zurücktreten.

4.4 Vorstand

Die *Works Committees* bestimmten aus ihrer Mitte einen Vorstand, dessen genaue Zusammensetzung und Aufgaben wiederum variabel waren. Allgemein sollten sowohl die Arbeitnehmer- als auch die Arbeitgebervertreter jeweils aus ihrer Mitte eine Führungsperson, meist Sekretär genannt, wählen.[646] Diese konnten dann noch durch einen ersten und zweiten Vorsitzenden, einen Schatzmeister oder Schriftführer ergänzt werden.[647] In kleineren Ausschüssen konnten auch alle Positionen in zwei Personen verschmolzen werden. Entscheidend war nur, dass der Vorsitz zwischen Arbeitnehmer- und Arbeitgeberseite geteilt wurde. Dies konnte durch eine Doppelspitze oder durch einen zwischen den beiden Seiten hin und her wechselnden Vorsitz erreicht werden.[648]

Die Aufgaben der Vorsitzenden lagen primär in der Vorbereitung und Durchführung der Versammlungen der *Works Committees*. Die Sekretäre der beiden Betriebsparteien hatten dagegen vor allem Koordinations- und Leitungsaufgaben bezüglich ihrer jeweiligen Gruppe wahrzunehmen. Daneben waren sie aber auch in die Bearbeitung der Wünsche, Beschwerden und Vorschläge der einzelnen Arbeitnehmer des Betriebs eingebunden. Die Sekretäre der Arbeitnehmerseite dienten als erste Anlaufstation. Wenn sie eine Sache nicht selbst zufriedenstellend bearbeiten konnten, bezogen sie den Sekretär der Arbeitgeberseite mit ein.

644 *Seymour,* The Whitley Councils Scheme, S. 229; vgl. auch *Ministry of Labour, Industrial Relations Department,* Report on the Establishment and Progress of Joint Industrial Councils, S. 70; *Ministry of Reconstruction,* Industrial Councils, S. 7.

645 *Ministry of Labour, Industrial Relations Department,* Report on the Establishment and Progress of Joint Industrial Councils, S. 70; *Plaut,* Entstehung, Wesen und Bedeutung des Whitleyismus des englischen Typs der Betriebsräte, S. 147.

646 *Ministry of Reconstruction,* Industrial Councils, S. 7.

647 Vgl. *Seymour,* The Whitley Councils Scheme, S. 230.

648 Vgl. *Seymour,* The Whitley Councils Scheme, S. 230.

Erst wenn auch gemeinsam keine Lösung gefunden werden konnte, wurde das *Works Committee* selbst mit der Sache befasst.[649]

4.5 Versammlungen

Versammlungen der *Works Committees* sollten regelmäßig, meist alle zwei Wochen oder monatlich, stattfinden.[650] Es konnten jederzeit außerordentliche Sitzungen einberufen werden. Die genauen Modalitäten variierten, meist war der Antrag einer bestimmten Anzahl von Mitgliedern an den oder die Vorsitzenden nötig.[651] Mit beratender Funktion durften an den Versammlungen neben den Mitgliedern der *Works Committees* auch Vertreter der *Joint Councils* teilnehmen.[652] Wurde über Themen verhandelt, die einen bestimmten Bereich des Betriebs betrafen, konnten auch weitere in diesem Bereich tätige Personen hinzugezogen werden.[653]

Entscheidungen wurden in den Versammlungen nicht durch eine Abstimmung nach Köpfen gefasst. Vielmehr wurde nach Lagern abgestimmt. Es musste sich also immer sowohl eine Mehrheit der Arbeitnehmervertreter als auch der Arbeitgebervertreter für einen Beschluss aussprechen, damit dieser gefasst werden konnte.[654] Über die Versammlungen wurde Protokoll geführt. Dabei war vorgesehen, dass jede der beiden Betriebsparteien einen eigenen Protokollanten hatte und es demnach auch jeweils zwei Protokolle gab. Diese wurden regelmäßig den nächst höheren *Joint Councils* vorgelegt.[655]

---

649 *Plaut,* Entstehung, Wesen und Bedeutung des Whitleyismus des englischen Typs der Betriebsräte, S. 148.

650 *Ministry of Labour, Industrial Relations Department,* Report on the Establishment and Progress of Joint Industrial Councils, S. 17, 70; *Ministry of Reconstruction,* Industrial Councils, S. 7.

651 *Plaut,* Entstehung, Wesen und Bedeutung des Whitleyismus des englischen Typs der Betriebsräte, S. 147; *Seymour,* The Whitley Councils Scheme, S. 230.

652 *Plaut,* Entstehung, Wesen und Bedeutung des Whitleyismus des englischen Typs der Betriebsräte, S. 148.

653 *Ministry of Labour, Industrial Relations Department,* Report on the Establishment and Progress of Joint Industrial Councils, S. 69.

654 *Ministry of Labour, Industrial Relations Department,* Report on the Establishment and Progress of Joint Industrial Councils, S. 69; *Seymour,* The Whitley Councils Scheme, S. 83.

655 *Plaut,* Entstehung, Wesen und Bedeutung des Whitleyismus des englischen Typs der Betriebsräte, S. 147 f.

In großen Betrieben konnte es neben den zentralen *Works Committees* weitere *Committees* für einzelne Betriebsteile oder -abteilungen geben.[656] Diese konnten entweder als Ausschüsse des *Works Committees* eingerichtet werden oder aus eigenem Recht gewählte *Committees* sein, die dann gegebenenfalls auch gleichzeitig Wahlgremien für mittelbar gewählte zentrale *Works Committes* waren.[657] Bei einer solchen Untergliederung teilten die verschiedenen Ausschüsse die Zuständigkeiten untereinander auf. Meist waren die Ausschüsse auf Abteilungsebene für alle Fragen zuständig, die sich auf die einzelne Abteilung beschränken ließen, während sich die zentralen *Works Committees* mit betriebsweiten Angelegenheiten beschäftigten.[658]

Neben den gemeinsamen Versammlungen aller Mitglieder der *Works Committees* gab es auch Treffen, an denen ausschließlich die Arbeitnehmervertreter teilnahmen.[659] Sie dienten ihnen zur Vorbesprechung der von einzelnen Arbeitnehmern an sie herangetragenen Beschwerden und Wünschen, zur Koordination mit ihren Gewerkschaften und zur Absprache ihrer Verhandlungsstrategien für die Treffen mit der Arbeitgeberseite. Damit sollten sie auch der allgemeinen inhaltlichen Entlastung und Straffung der gemeinsamen Versammlungen im *Works Committee* dienen.

4.6 Aufgaben

Entsprechend der kooperativen Grundausrichtung des Beteiligungsmodells sollten die *Works Committees* mit praktisch allen betrieblichen Belangen befasst werden können. Ausgeschlossen waren lediglich Fragen, die den *Joint Councils* auf der nationalen und Bezirksebene vorbehalten waren.[660] Dies betraf insbesondere Entgelthöhe und die Länge der Wochenarbeitszeit.[661] Ausdrücklich sollten sich die *Works Committees* nicht nur mit den Beschwerden einzelner Arbeitnehmer beschäftigen, sondern selbst proaktiv betriebliche Fragen

656 Vgl. *Seymour*, The Whitley Councils Scheme, S. 90.
657 Vgl. oben 4.3.
658 *Ministry of Labour, Industrial Relations Department*, Report on the Establishment and Progress of Joint Industrial Councils, S. 70.
659 *Ministry of Labour, Industrial Relations Department*, Report on the Establishment and Progress of Joint Industrial Councils, S. 70.
660 *Cole*, Workshop Organisation, in: *Marsh*, G. D. H. Cole, Workshop Organisation, S. 117 f.
661 *Ministry of Labour, Industrial Relations Department*, Report on the Establishment and Progress of Joint Industrial Councils, S. 17.

aufgreifen und Lösungs- und Verbesserungsvorschläge erarbeiten.[662] Auf der anderen Seite sollten die Ausschüsse aber keine für die Betriebsparteien bindenden Entscheidungen treffen.[663] Ihr thematisch sehr weiter Aufgabenbereich beschränkte sich somit qualitativ auf eine reine Beratungsfunktion.

Als klassische Themen für die *Works Committees* wurden angesehen: die Beratung der Arbeitsordnung, Fragen der Gestaltung der Arbeitsumgebung, die Aufrechterhaltung der Disziplin unter den Arbeitnehmern, die Verwaltung etwaiger im Betrieb vorhandener Wohlfahrts- und Freizeiteinrichtungen und schließlich die Behandlung der Wünsche, Beschwerden und Vorschläge der einzelnen Arbeitnehmer. Daneben stand den Ausschüssen auch die Überwachung der Umsetzung der auf höheren Ebenen geschlossenen Tarifverträge und teilweise deren betriebliche Ausgestaltung zu. Dabei ging es vor allem um die Zahlungsmodalitäten für die Entgelte, die Festlegung der genauen Stücklöhne sowie die Gestaltung der Arbeitszeit und Pausen, des Urlaubs oder der Arbeitszeiterfassung. Als letztes großes Feld wurden die *Works Committees* auch in die Planung der betrieblichen Aus- und Weiterbildung einbezogen, was ihre Zuständigkeit für die Auszubildenden und die übrige Fabrikjugend bedeutete.[664]

In all diesen Bereichen fungierten die *Works Committees* als Plattform für den Austausch zwischen den Betriebsparteien. Es war dabei jeder Seite möglich, ein bestimmtes Thema auf die Tagesordnung für eine kommende Sitzung zu setzen oder in dringenden Fällen auch eine Sondersitzung zu beantragen. In den Sitzungen konnte das Thema dann vorgestellt und mit der anderen Partei besprochen werden. Sofern sich die Parteien auf einen gemeinsamen Standpunkt einigten, konnten sie einen Beschluss fassen oder eine Resolution verabschieden. Die Umsetzung derselben oblag dann der Geschäftsleitung. Da keine der Handlungen des *Works Committees* bindend war, konnte diese aber auch entscheiden, den Beschluss oder die Resolution der Arbeitnehmervertretung einfach zu ignorieren.[665]

---

662 *Ministry of Labour, Industrial Relations Department,* Report on the Establishment and Progress of Joint Industrial Councils, S. 17.

663 Vgl. *Seymour,* The Whitley Councils Scheme, S. 83.

664 Zu Allem *Ministry of Labour, Industrial Relations Department,* Report on the Establishment and Progress of Joint Industrial Councils, S. 70 f.; *Ministry of Reconstruction,* Industrial Councils, S. 7; *Plaut,* Entstehung, Wesen und Bedeutung des Whitleyismus des englischen Typs der Betriebsräte, S. 147; *Seymour,* The Whitley Councils Scheme, S. 82 f., 84.

665 Zu den Auswirkungen siehe unten 7.

4.7 Schutz und Aufwandsentschädigung

Den Mitgliedern der *Works Committees* sollten durch ihre Tätigkeit keine Nachteile entstehen. Daher fanden die Versammlungen der Ausschüsse grundsätzlich während der Arbeitszeit statt. Arbeitnehmer, die kein zeit-, sondern ein leistungsbezogenes Entgelt bekamen, sollten für ihren Ausfall eine Entschädigung erhalten.[666] So wurde finanziellen Nachteilen entgegengewirkt. Für die Treffen, an denen nur die Arbeitnehmervertreter teilnahmen, gab es keine entsprechende Regelung. Sie fanden nach dem Modell außerhalb der Arbeitszeit und ohne Entgeltausgleich statt.[667]

Einen über den Schutz vor finanziellen Nachteilen hinausgehenden Diskriminierungsschutz gab es nicht. Er war nach der grundlegenden Konzeption des Modells auch nicht nötig, da in den *Works Committees* schließlich in einem Grundton der gemeinsamen Kooperation miteinander diskutiert werden sollte. Auch konnten ja keine bindenden Entscheidungen getroffen werden. Kritische Themen wie Entgelthöhe und Wochenarbeitszeit sollten nicht durch die *Works Committees,* sondern durch die *Joint Councils* auf den höheren Ebenen gelöst werden. In diesen saßen dann aber für die Arbeitnehmerseite keine Angestellten der Betriebe sondern hauptamtliche Gewerkschaftsfunktionäre, die einer Diskriminierung durch die Arbeitgeber entzogen waren.

4.8 Konfliktlösungsmechanismen

Konnten die Betriebsparteien in den *Works Committees* zu einem Thema keine Einigung erzielen, konnten sie die Sache an die zuständigen bezirklichen *Joint Councils* verweisen. Eine solche Verweisung konnte durch jede der beiden Betriebsparteien erfolgen. Meist mussten die Betriebsparteien dazu ihren Verband, also ihre Gewerkschaft oder Arbeitgeberorganisation, einschalten. In den bezirklichen *Joint Councils* wurde das Thema dann erneut beraten. Kam es wiederum zu keiner Einigung, verwies man das Thema an die nationalen *Joint Councils,* wenn es als ausreichend relevant angesehen wurde. Dort wurde die Sache erneut verhandelt[668] und blieb ungelöst, falls keine Einigung erzielt werden konnte. Doch auch eine von den oberen *Joint Councils* getroffene Entscheidung

---

666 *Seymour,* The Whitley Councils Scheme, S. 90 f.; vgl. auch *Ministry of Reconstruction,* Industrial Councils, S. 7.

667 *Ministry of Labour, Industrial Relations Department,* Report on the Establishment and Progress of Joint Industrial Councils, S. 70.

668 Zu allem vgl. *Plaut,* Entstehung, Wesen und Bedeutung des Whitleyismus des englischen Typs der Betriebsräte, S. 148.

entfaltete für die Betriebsparteien keine bindende Wirkung. Obwohl ein gestufter Konfliktlösungsmechanismus in dem Whitley System vorhanden war, konnte es also sein, dass dieser am Ende keine bindende Entscheidung herbeiführte. Es blieb dann nur eine Lösung außerhalb des Beteiligungsmodells, in letzter Konsequenz durch Arbeitskampf.

5. Institutionelle Elemente und Verfahrenselemente

Aufgrund der wenig detaillierten Ausarbeitung des betrieblichen Beteiligungsmodells der *Works Committees* durch die Whitley Kommission sind auch die institutionellen Elemente, und besonders die Verfahrenselemente, weniger scharf gezeichnet. Beide sollten dabei den Gegebenheiten der Betriebe, in denen sie eingerichtet wurden, angepasst werden und sich optimal gegenseitig unterstützen. Die institutionelle Komponente war etwas detailreicher.[669] Sie sollte als stabile Grundstruktur des Beteiligungsmodells für dessen zeitliche Kontinuität und insgesamt für eine zumindest rudimentäre Uniformität sorgen.

5.1 Institutionelle Elemente

Herzstück des Beteiligungsmodells der Whitley Kommission waren auf der betrieblichen Ebene die *Works Committees*. Sie waren als dauerhafte Institution für den Austausch zwischen den Betriebsparteien angelegt und sollten unabhängig von ihrer jeweiligen personellen Zusammensetzung existieren. Die Arbeitgeber konnten jederzeit ihre Vertreter in den *Works Committees* abberufen und ersetzen, ohne dass die Institution *Works Committee* davon berührt wurde. Auch auf der Arbeitnehmerseite war die personelle Konstanz nicht relevant für den Fortbestand der Institution. Durch eine regelmäßige Neuwahl der Mitglieder sollte eine möglichst hohe Legitimation der *Works Committees* gegenüber den Arbeitnehmern im Betrieb erreicht werden.

In ihrer Funktion waren die *Works Committees* eine Plattform für den Austausch zwischen den Betriebsparteien. Eigene Entscheidungskompetenzen kamen ihnen dabei nicht zu. In größeren Betrieben konnte es neben dem zentralen *Works Committee* auch noch Abteilungs- oder Fachausschüsse geben. Diese teilten sich dann, wie oben beschrieben, die Aufgaben der Institution *Works Committee* untereinander auf.

---

669 *Wendt*, Whitleyism – Versuch einer Institutionalisierung des Sozialkonflikts in England am Ausgang des Ersten Weltkriegs, in: *Stegmann/Wendt/Witt*, Industrielle Gesellschaft und politisches System, S. 348.

Eingebettet waren die *Works Committees* in ein System weiterer Institutionen. Zum einen waren da die über ihnen angesiedelten und stark institutionalisierten *Joint Counicls* auf nationaler und Bezirksebene. Zum anderen gab es die Versammlungen der Arbeitnehmervertreter der *Works Committees*. In das betriebliche Beteiligungsmodell eingebaut waren die *Joint Councils* in zweifacher Hinsicht. Erstens gestalteten sie durch den Abschluss von Tarifverträgen den Rahmen der innerbetrieblichen Beteiligung. Zweitens fungierten sie als Konfliktlösungsinstanzen für die *Works Committees*.

Die Versammlung der Arbeitnehmervertreter war weniger stark in das Whitley System eingebunden. Ihr Zweck bestand vornehmlich darin, den Arbeitnehmervertretern die Möglichkeit zu bieten, sich miteinander zu koordinieren und gemeinsame Strategien zu entwickeln. Mit eigenen Rechten und Pflichten in dem System waren sie hingegen nicht ausgestattet. Auch personell hingen sie vollständig von den eigentlichen *Works Committees* ab.

5.2 Verfahrenselemente

Die betriebliche Beteiligung durch *Works Committees* basierte auf dem Prinzip der Kooperation zwischen den Betriebsparteien. Das zentrale Verfahren des Systems war die gemeinsame Besprechung im Rahmen der Versammlungen der *Works Committees*. Eine detaillierte Ausgestaltung für dieses Verfahren fehlte, sie sollte durch die Betriebsparteien erfolgen und auf die Besonderheiten des jeweiligen Betriebs abgestimmt sein. Man kann davon ausgehen, dass sich in Abhängigkeit von Thema und Betrieb Verfahren mit sehr verschiedenem Charakter entwickelt haben. Die Möglichkeiten reichen von gemeinsamen Besprechungen mit anschließender gemeinsamer Beschlussfassung bei nicht polarisierenden Themen bis hin zu harten Verhandlungen bei konfrontativen Themen .

Etwas detaillierter waren die zwei weiteren in diesem Beteiligungsmodell zum Tragen kommenden Verfahren ausgestaltet. Als Konfliktlösungsmechanismus war die Abgabe einer strittigen Frage an die *Joint Councils* vorgesehen. Jede der Betriebsparteien konnte sich bei Scheitern der innerbetrieblichen Gespräche an ihre Gewerkschaft bzw. ihren Arbeitgeberverband wenden und diesen bitten, die Frage dem bezirklichen *Joint Council* vorzulegen. Fand auch dieser keine Lösung, konnte der bezirkliche *Joint Council* wiederum den nationalen *Joint Council* anrufen. Es bestand also ein dreistufiges Konfliktlösungsverfahren, das allerdings auch nur begrenzt ausgestaltet war. Insbesondere Angaben dazu, wann eine innerbetriebliche Besprechung als gescheitert anzusehen war, fehlten.

Das zweite vereinheitlichte Verfahren diente der Bewahrung der *Works Committees* vor der Befassung mit zu einfachen Wünschen, Beschwerden und Vorschlägen der einzelnen Arbeitnehmer des jeweiligen Betriebs. Die Arbeitnehmer mussten sich zuerst an den Sekretär der Arbeitnehmervertreter im *Works Committee,* oder teilweise auch an ein anderes Mitglied des *Committees,* wenden. Diese versuchten dann, gegebenenfalls unter Hinzuziehung des Sekretärs der Arbeitgeberseite, das Anliegen zu erledigen. Erst wenn dies nicht gelang, wurde das *Works Committee* selbst mit der Sache befasst.[670] Hier war also ebenfalls ein mehrstufiges Verfahren vorgesehen.

6. Tragweite der Beteiligung

Die Tragweite der Beteiligung in dem *Works Committee* System der Whitley Kommission war zwar inhaltlich sehr weitgehend, durch das völlige Fehlen zwingender Regelungen verlor das Beteiligungsmodell aber viel an Durchsetzungskraft und praktischer Relevanz. Dieses Fehlen konnte auch durch den kooperativen Ansatz des Modells nicht ausgeglichen werden. Welche Intensität die Beteiligung in den einzelnen Betrieben erreichte, lag aufgrund dieser Gegebenheiten vollständig in den Händen der Arbeitgeber.

Es wird daher zuerst auf die thematische Bandbreite der Beteiligung eingegangen, um danach die Probleme darzustellen, die aus dem kooperativen Ansatz und der mangelnden Regelungsdichte erwuchsen.

6.1 Thematische Beteiligungsbereiche

Thematisch war das Beteiligungsmodell, wie dargestellt, nur durch die Vorgaben der auf höherer Ebene geschlossenen Tarifverträge beschränkt. Grundsätzlich konnten Arbeitnehmervertreter wie Arbeitgeber daher jedes betriebliche Thema in den Versammlungen der *Works Committees* aufbringen. Dabei gab es theoretisch noch nicht einmal eine Beschränkung auf betriebliche Fragestellungen. Auch eine verbindliche Ausnahme bestimmter Bereiche, die der unternehmerischen Entscheidungsprärogative vorbehalten blieben, gab es nicht. Diese inhaltliche Weite hatte aber ihre Kehrseite. So frei eine Seite war, ein Thema auf einer Versammlung anzusprechen, so frei war die andere Seite, eine Besprechung eben dieses Themas zu verweigern. Einen Zwang zur gemeinsamen Behandlung eines Themas gab es nach dem Grundkonzept des Beteiligungsmodells gerade nicht.

---

670 Vgl. *Ministry of Reconstruction,* Industrial Councils, S. 7; *Plaut,* Entstehung, Wesen und Bedeutung des Whitleyismus des englischen Typs der Betriebsräte, S. 148 und oben 4.4.

Das absolute Fehlen von Zwang betrifft aber nicht nur die Frage der thematischen Beteiligungsbereiche. Es zieht sich vielmehr durch das gesamte Beteiligungsmodell. Besonders deutlich wird dies, wenn man sich das weitgehende Fehlen einheitlicher Regelungen für die *Works Committees* vor Augen hält. Die Whitley Kommission hatte zwar einen Rahmen geschaffen und einige Grundprinzipien niedergelegt, innerhalb derer sich die Beteiligung bewegen sollte, wirkliche Regeln ist sie aber schuldig geblieben. Eine Vereinheitlichung durch Vorgaben von oben wäre auch systemfremd gewesen.[671] Die Ausgestaltung der einzelnen *Works Committees* sollte sich an den Besonderheiten der Branchen und Betriebe ausrichten. Schließlich sollte auch die Behandlung einzelner Sachfragen nicht unnötig in vorgefertigte Schablonen gepresst werden.

Konsequenz hieraus war die weitgehende Verlagerung der inhaltlichen und organisatorischen Gestaltungsfreiheit in das Beteiligungssystem hinein. Die *Joint Councils* und die Betriebsparteien mussten selbst ein für sie passendes System ausarbeiten. Die in der kurzen Phase der Existenz des Whitely Systems ausgearbeiteten Satzungen für verschiedene *Works Committees* blieben allerdings ebenfalls wenig detailliert. Es dominierte der Glaube, dass eine kooperative Lösung des Einzelfalls einer starren, notwendigerweise abstrakten Regelung vorzuziehen war. Dass auch die wenigen bestehenden Regeln keine rechtlich bindende Wirkung hatten, vervollständigt das Gesamtbild.[672]

Überhaupt sollte das gesamte Beteiligungsmodell der Whitley Kommission weniger aufgrund festgelegter Regeln als aus dem Geist gemeinsamer Kooperation heraus funktionieren. Dieses Konzept der gegenseitigen Kooperation ist wahrscheinlich auch das bemerkenswerteste Element des Modells. Nach der Vorstellung der Whitley Kommission wurde wegen dieses Prinzips jeder Zwang überflüssig. Die Kommission ging davon aus, dass eine Beteiligung der Arbeitnehmer an betrieblichen Entscheidungen insgesamt positive wirtschaftliche Ergebnisse produzieren würde. Die Beteiligung sollte sich für beide Betriebsparteien als monetär gewinnbringend auszahlen und mit der Zeit zu einer Gewohnheit werden. Der kooperative Ansatz des Systems sollte sich potenzieren und zum allgemein beherrschenden Prinzip der Arbeitsbeziehungen werden. In der Praxis ist dieses Konzept nicht aufgegangen. Durch das Whitley System bewegten sich weder die Arbeitsbeziehungen als Ganzes noch die Beziehungen

---

671 Ausführlich hierzu unten 8.

672 Hierzu siehe oben 4.1.

zwischen Arbeitnehmern und Arbeitgebern in den einzelnen Betrieben von einem tendenziell konfrontativen Ansatz hin zu einem kooperativen Ansatz.

7. Scheitern des Beteiligungsmodells

Das Scheitern des kooperativen Ansatzes hat auch maßgeblich zum Scheitern des gesamten Whitley Systems geführt. Die Whitley Kommission hatte ihr Modell auf der Grundlage der Erfahrungen der Vorkriegsjahre und der Entwicklungen während des Ersten Weltkriegs entworfen. Erstere hatten dabei die destruktiven Auswirkungen konfrontativer Arbeitsbeziehungen deutlich gemacht, während die Kriegsjahre auch erfolgversprechende Ansätze kooperativer Modelle gezeitigt hatten. Mit dem siegreichen Ende des Krieges veränderten sich die grundlegenden wirtschaftlichen und politischen Rahmenbedingungen jedoch entscheidend. Diese Veränderungen schlugen auf die Arbeitsbeziehungen durch.[673] Waren Arbeitskräfte während des Kriegs noch ein schwer zu bekommendes Gut, strömten nunmehr hunderttausende ehemalige Soldaten in eine Wirtschaft, die am Anfang einer längeren Krise stand. Für die Arbeitgeber reduzierte sich damit die Notwendigkeit mit ihren Arbeitnehmern zu kooperieren deutlich. Innerhalb kurzer Zeit besann sich der größere Teil der Arbeitgeber zurück auf seine traditionelle, eine Beteiligung ablehnende Haltung.

Auch in den Gewerkschaften fanden die *Works Committees* und das Whitley System als Ganzes oft keine besondere Unterstützung.[674] Mit dem Ende des Kriegs kehrten die Gewerkschaften zu ihren alten konfrontativen Strategien zurück.[675] Die *Works Committees* mit ihrer Abhängigkeit von der Kooperation der Arbeitgeber konnten dabei im besten Fall als nutzlos für die Beförderung der Arbeitnehmerinteressen angesehen werden. Einige Gewerkschaftsfunktionäre sahen in den direkt gewählten Arbeitnehmervertretern auch potenzielle Konkurrenten für den Einfluss der Gewerkschaften auf betrieblicher Ebene. Die schlechten Erfahrungen mit der radikalen Shop Steward Bewegung förderten solche Ressentiments noch.[676]

Schließlich trafen die *Works Committees* auch auf den Widerstand der noch vorhandenen Shop Stewards. Für sie war es wenig einladend, ihre vor und

---

673 *Rückert/Friedrich,* Betriebliche Arbeiterausschüsse in Deutschland, Großbritannien und Frankreich im späten 19. und frühen 20. Jahrhundert, S. 57.

674 *Seymour,* The Whitley Councils Scheme, S. 85 f.

675 Vgl. *Rückert/Friedrich,* Betriebliche Arbeiterausschüsse in Deutschland, Großbritannien und Frankreich im späten 19. und frühen 20. Jahrhundert, S. 57.

676 Siehe hierzu oben C. III. 4.

während des Kriegs erkämpfte Position in den Betrieben gegen einen Sitz in einem *Works Committee* zu tauschen.[677] Selbst dort, wo sie nicht offziell von den Arbeitgebern anerkannt waren, sahen sie größere Möglichkeiten, die betrieblichen Interessen der Arbeitnehmer mithilfe der überkommenen Druckmechanismen durchzusetzen als in den *Works Committees.*

Durch den aufkommenden Widerstand von vielen Seiten ebbte auch das Interesse der Regierung an der Durchsetzung des Whitley Systems insgesamt ab.[678] Im Arbeitsministerium wurde die mit der Einführung des Systems befasste Abteilung aufgelöst und vielen entscheidenden Personen wurden andere Aufgaben zugewiesen.

In Ermangelung zwingender Vorschriften waren weder die Arbeitgeber noch die Gewerkschaften gezwungen, sich mit den *Works Committees* zu arrangieren. Als Resultat verschwanden viele der bereits eingerichteten *Committees* im Laufe der 1920er Jahre oder drifteten in völlige Passivität und damit Bedeutungslosigkeit ab.[679] Für eine Reihe weiterer *Works Committees* brachte die Weltwirtschaftskrise 1929 das Ende.[680] Erhalten blieben sie praktisch nur noch in der öffentlichen Verwaltung und manchen Staatsbetrieben.[681] Im Zweiten Weltkrieg kamen sogenannte *Joint Consultation Committees* auch auf betrieblicher Ebene auf, die aber, wie nach dem Ersten Weltkrieg, schon bald nach Kriegsende wieder verschwanden.[682] Wenn diese *Committees* auch ähnliche Funktionen hatten und eine ähnliche Gestaltung aufwiesen wie die *Works Committees* der Whitley Kommission, so wurden sie dennoch oft ohne einen bewussten Bezug zu letzteren eingerichtet. Eine Einbettung in ein auf Dauer angelegtes größeres System der Arbeitsbeziehungen fehlte.

---

677 *Cole,* Workshop Organisation, in: *Marsh,* G. D. H. Cole, Workshop Organisation, S. 120.

678 *Stitt,* Whitley Councils, S. 169 ff.

679 vgl. *Seymour,* The Whitley Councils Scheme, S. 85.

680 *Gamillscheg,* Kollektives Arbeitsrecht, S. 123.

681 Vgl. *Cole,* Workshop Organisation, in: *Marsh,* G. D. H. Cole, Workshop Organisation, S. 121 f.; *Rückert/Friedrich,* Betriebliche Arbeiterausschüsse in Deutschland, Großbritannien und Frankreich im späten 19. und frühen 20. Jahrhundert, S. 57; *Wendt,* Whitleyism – Versuch einer Institutionalisierung des Sozialkonflikts in England am Ausgang des Ersten Weltkriegs, in: *Stegmann/Wendt/Witt,* Industrielle Gesellschaft und politisches System, S. 349.

682 *Gamillscheg,* Kollektives Arbeitsrecht, S. 123; *Wendt,* Whitleyism – Versuch einer Institutionalisierung des Sozialkonflikts in England am Ausgang des Ersten Weltkriegs, in: *Stegmann/Wendt/Witt,* Industrielle Gesellschaft und politisches System, S. 349 f.

Insgesamt ist den *Works Committees* der Whitley Kommission ein dauerhafter Erfolg weitgehend verwehrt geblieben. In den meisten Industriezweigen bestanden sie nur wenige Jahre und bewährten sich in der Praxis nicht.

8. Fazit

Die Vorschläge der Whitley Kommission wurden bei ihrer Veröffentlichung national wie international mit großem Interesse und auch mit weitgehender Zustimmung aufgenommen.[683] Gerade der kooperative, auf vollständiger Freiwilligkeit basierende Ansatz des Systems erschien vielen zeitgenössischen Beobachtern als richtungsweisend. Schnell fanden sich aber auch kritische Stimmen. Von der einen Seite wurden die Vorschläge als zu weit gehende Eingriffe in die Alleinentscheidungskompetenzen der Arbeitgeber gesehen.[684] Von der anderen wurde angemahnt, dass durch das Whitley System der Alleinvertretungsanspruch der Gewerkschaften gefährdet würde und damit letztlich die Interessenvertretung der Arbeitnehmer insgesamt.[685] Auch wurde kritisiert, dass in vielen Betrieben bereits durchgesetzte Beteiligungsrechte der Shop Stewards durch die *Works Committees* auf eine rein freiwillige Basis zurückgestuft würden.[686] Schließlich wurde auch die Unterordnung der betrieblichen *Works Committees* unter die bezirklichen und nationalen *Joint Councils* angegriffen.[687] Wieder andere Stimmen betonten den Kompromisscharakter des Systems.[688] Es wurde herausgestellt, dass jeder Kompromiss naturgemäß hinter den von manchen Kreisen im Optimalfall gewünschten Regelungen zurückblieb.

Die neuere Literatur ist in ihrer Rezeption des Beteiligungsmodells vom Scheitern desselben geprägt. So trug das System nach Bernd-Jürgen Wendt aufgrund „Struktureller Unvereinbarkeit und funktionaler Überfrachtung“ von Anfang an

683 Vgl. *Stitt,* Whitley Councils, S. 165.

684 Vgl. *Stitt,* Whitley Councils, S. 168; auch *Cole,* Workshop Organisation, in: *Marsh,* G. D. H. Cole, Workshop Organisation, S. 120.

685 Vgl. *Stitt,* Whitley Councils, S. 156 f.; *Wendt,* Whitleyism – Versuch einer Institutionalisierung des Sozialkonflikts in England am Ausgang des Ersten Weltkriegs, in: *Stegmann/Wendt/Witt,* Industrielle Gesellschaft und politisches System, S. 350.

686 Vgl. *Cole,* Workshop Organisation, in: *Marsh,* G. D. H. Cole, Workshop Organisation, S. 120; *Stitt,* Whitley Councils, S. 156; *Wendt,* Whitleyism – Versuch einer Institutionalisierung des Sozialkonflikts in England am Ausgang des Ersten Weltkriegs, in: *Stegmann/Wendt/Witt,* Industrielle Gesellschaft und politisches System, S. 347.

687 *Stitt,* Whitley Councils, S. 158.

688 *Clynes,* Chapter II, in: *Chapman,* Labour and Capital after the War, S. 36.

den „Keim des Scheiterns" in sich.[689] Dabei bedeute der kooperative Ansatz eine so nicht mögliche Negierung des Interessengegensatzes zwischen Kapital und Arbeit.[690] Positiv hervorzuheben sei allerdings die Flexibilität des Systems und die damit verbundene hohe Anpassungsfähigkeit an die jeweiligen betrieblichen Produktions- und Organisationsbedingungen.[691] Auch Joachim Rückert sieht in dem „Prinzip der Freiwilligkeit" und der Ermangelung größeren Rückhalts bei Arbeitnehmern, Gewerkschaften und Arbeitgebern den Hauptgrund für das Scheitern des Modells.[692]

Der Kritik in der neuen Literatur muss man im Ergebnis zustimmen. Das Whitley System hat sich in der Praxis als nicht lebensfähig erwiesen. Für seinen Misserfolg waren die äußeren Rahmenbedingungen mit verantwortlich, der größte Fehler lag aber in dem System selbst. Das vollständige Abstellen auf Freiwilligkeit und Kooperation mag auf den ersten Blick anziehend wirken. Auf den zweiten Blick wird aber schnell klar, dass ein solches System von teilweise utopischen Annahmen ausgeht. Es setzt die Überzeugung der Arbeitnehmer, Gewerkschaften und Arbeitgeber voraus, dass eine gemeinsame Besprechung und in letzter Konsequenz auch gemeinsame Entscheidung betrieblicher Belange im egoistischen Interesse der jeweiligen Beteiligten sei. Der Glaube an diesen Sachverhalt hatte sich unter dem Einruck des Ersten Weltkriegs bei den deutschen Betriebsparteien durchgesetzt, aber schon bei ihren britischen Pendants war er weit weniger ausgeprägt. Zu meinen, dass er nach dem Krieg im Vereinigten Königreich unter total veränderten äußeren Bedingungen als Basis eines funktionstüchtigen Mitbestimmungsmodells taugen würde, war mehr als gewagt.

Das Prinzip der Freiwilligkeit hat aber auch noch eine weitere, entscheidende Schwäche. Es führte dazu, dass das Beteiligungsmodell nur dort wirklich erfolgreich sein konnte, wo die Arbeitgeber ohnehin bereit waren, ihre Arbeitnehmer

---

689 *Wendt,* Whitleyism – Versuch einer Institutionalisierung des Sozialkonflikts in England am Ausgang des Ersten Weltkriegs, in: *Stegmann/Wendt/Witt,* Industrielle Gesellschaft und politisches System, S. 346.

690 *Wendt,* Whitleyism – Versuch einer Institutionalisierung des Sozialkonflikts in England am Ausgang des Ersten Weltkriegs, in: *Stegmann/Wendt/Witt,* Industrielle Gesellschaft und politisches System, S. 350.

691 *Wendt,* Whitleyism – Versuch einer Institutionalisierung des Sozialkonflikts in England am Ausgang des Ersten Weltkriegs, in: *Stegmann/Wendt/Witt,* Industrielle Gesellschaft und politisches System, S. 348.

692 *Rückert/Friedrich,* Betriebliche Arbeiterausschüsse in Deutschland, Großbritannien und Frankreich im späten 19. und frühen 20. Jahrhundert, S. 57.

zu beteiligen. In vielen der Betriebe, in denen die Arbeitgeber weitsichtig waren, gab es schon vor den Vorschlägen der Whitley Kommission Beteiligungsmodelle, oft sogar mit einer höheren Beteiligungsintensität als in dem von der Kommission erdachten Modell. Wo die Arbeitgeber einer Beteiligung hingegen ablehnend gegenüber standen, gab es keine Handhabe, eine solche in den Betrieben durchzusetzen. In beiden Fällen waren die *Works Committees* somit ohne praktische Bedeutung. Lehnte der Arbeitgeber eine Beteiligung ab, konnte er sich entweder schon der Einführung eines *Works Committees* verweigern oder aber dessen Arbeit in seinen Entscheidungen ignorieren. Letzteres musste zwangsläufig zu einer Frustration der Arbeitnehmer und deren Rückbesinnung auf die traditionelle gewerkschaftliche Interessenwahrnehmung führen. Bestand dagegen bereits ein Beteiligungsmodell mit höherer Beteiligungsintensität, gab es keine Notwendigkeit für die Einrichtung eines *Works Committees.*

Aus den Erfahrungen mit den *Works Committees* der Whitley Kommission zeigt sich, dass eine dauerhafte Beteiligung ein gewisses Grundgerüst an verbindlichen Regeln benötigt, um nicht in die Bedeutungslosigkeit abzugleiten.[693] Nur wenn ein solcher Minimalstandard besteht, kann sich ein stabiles System entwickeln, in dem dann gegebenenfalls auch ein hohes Maß an organisatorischer Flexibilität erlaubt sein kann.

III. Betriebsrätegesetz

Drittes zu untersuchendes Beteiligungsmodell sind die Betriebsräte, die mit dem Betriebsrätegesetz von 4. Februar 1920 (BRG)[694] im Deutschland der Weimarer Republik eingeführt wurden. Anders als bei den beiden vorherigen Beteiligungsmodellen handelt es sich bei den Betriebsräten nicht um eine freiwillige, sondern um eine vom Gesetzgeber weitgehend verbindlich eingeführte und geregelte Arbeitnehmerbeteiligung. Mit dem Betriebsrätegesetz wurde damit erstmals ein betriebliches Beteiligungsmodell auch in solchen Unternehmen implementiert, deren Betriebsparteien dem Konzept einer betrieblichen Beteiligung ihrer Arbeitnehmer ablehnend gegenüberstanden. Das Gesetz war, neben der zu erwartenden Behandlung durch die Gesetzeskommentatoren, auch schon während

693 Vgl. hierzu auch *Rückert/Friedrich*, Betriebliche Arbeiterausschüsse in Deutschland, Großbritannien und Frankreich im späten 19. und frühen 20. Jahrhundert, S. 57.

694 RGBl. 1920, S. 147; abgedruckt in der Fassung vom 28. Februar 1928 bei *Eichelsbacher*, Betriebsrätegesetz mit den Nebengesetzen, den Wahlordnungen und Ausführungsbestimmungen, S. 14 ff.

der Weimarer Zeit Objekt verschiedener, wirkungsbezogener Untersuchungen. Daneben hat es auch in der späteren Literatur – oft begrenzt auf spezielle Anwendungsfälle – Beachtung erfahren.

Das Betriebsrätegesetz war von der Fortschreibung der kaiserzeitlichen Entwicklung auf dem Gebiet der betrieblichen Arbeitnehmerbeteiligung geprägt.[695] So knüpfte es mit seinem Grundkonzept einer formell gewerkschaftsunabhängigen, von den Arbeitnehmern gewählten betrieblichen Arbeitnehmervertretung an die Arbeiterausschüsse der Vorkriegszeit an. Weiter haben die rechtlichen Entwicklungen während des Erstens Weltkriegs, und nicht zuletzt die revolutionären Umwälzungen der Nachkriegszeit 1918/19, in dem Gesetz ihren Niederschlag gefunden. Dies wird besonderes an der Einbettung der Betriebsräte in der Weimarer Reichsverfassung deutlich. Eigentlich sollten sie die unterste Stufe in einer durch Artikel 165 Weimarer Reichsverfassung vorgesehenen Hierarchie von Arbeits- und Wirtschaftsräten bilden.[696] Aufgrund der politischen Umstände in der jungen Republik ist dieses Konzept allerdings Programm geblieben. Eingeführt wurden nur der Reichswirtschaftsrat und eben die Betriebsräte. Der Mittelbau an Räten wurde nicht eingeführt.

Trotz dieser mangelnden Einfassung bestand das Betriebsrätegesetz während der gesamten Weimarer Republik. Auch blieben seine Regelungen über diese gesamte Zeit unter wechselnden Regierungsmehrheiten und teilweise erheblichen Angriffen aus der radikalen politischen Rechten und Linken praktisch unverändert.[697] Erst die Nationalsozialisten setzten 1934 das Betriebsrätegesetz außer Kraft. Durch das Gesetz zur Ordnung der nationalen Arbeit vom 20. Januar 1934 wurde die betriebliche Beteiligung der Arbeitnehmer durch Betriebsgemeinschaft und Führerprinzip ersetzt.[698]

1. Begriffsbestimmung

Zentraler Begriff des Betriebsrätegesetzes war der Betriebsrat. Darin lag die Abkehr des Gesetzgebers von dem Begriff des Arbeiterausschusses, der bis dahin auch in der Gesetzessprache vorherrschend war.[699] Die sprachliche Veränderung

---

695 *Plumpe,* Betriebliche Mitbestimmung in der Weimarer Republik, S. 50 der aber in seiner Bewertung den sozialdemokratischen Einfluss auf das Gesetz verkennt.

696 *Nörr,* Zeitschrift für Arbeitsrecht 1986, S. 403, 428; *Nörr,* Zwischen den Mühlsteinen, S. 203; *Weber,* Vom Klassenkampf zur Partnerschaft, S. 109 ff.

697 *Mansfeld,* BRG, S. 1; *Plumpe,* Betriebliche Mitbestimmung in der Weimarer Republik, S. 56 ff.

698 *Deventer,* Juristische Schulung 1988, S. 13, 15.

699 Vgl. das Vaterländische Hilfsdienstgesetz von 1916.

entsprach der Begrifflichkeit der Nachkriegszeit und war eine Anknüpfung an die revolutionären Arbeiter- und Soldatenräte der Jahre 1918/19. Diese von den sich auflehnenden Soldaten und Arbeitern bei und nach Kriegsende in vielen deutschen Regionen nach dem Vorbild der russischen Sowjets gebildeten Gremien wurden von ihren Zeitgenossen teilweise auch als Betriebsräte bezeichnet.[700] Nach ihrer revolutionären Konzeption sollten sie Vehikel zur Übernahme der wirtschaftlichen Entscheidungsgewalt der Arbeitnehmer über die Unternehmen sein und letztlich deren Sozialisierung durchführen.[701] Sie wichen damit erheblich von der späteren Konzeption der Betriebsräte nach dem Betriebsrätegesetz ab. Denn trotz der nominellen Anlehnung an den revolutionären Rat weist der Betriebsrat des Betriebsrätegesetzes nach Zusammensetzung, Aufgabe und Funktion eine eindeutige Kontinuität zu den rein beteiligungsorientierten Arbeiterausschüssen der Kaiserzeit auf.[702] Revolutionäre oder klassenkämpferische Tendenzen fehlen ihm dabei praktisch vollständig.[703] Insoweit ist es konsequent, dass in der historischen Terminologie nur revolutionäre „Arbeiter und Soldatenräte" vorkommen, der Begriff Betriebsrat hingegen erst im Zusammenhang mit dem Betriebsrätegesetz verwendet wird.

Mit Betriebsrat ist also das zentrale und institutionalisierte, auf Grundlage des Betriebsrätegesetzes gebildete Beteiligungsorgan der Arbeitnehmer gemeint. Der Begriff beschreibt dabei das Kollektivgremium und nicht dessen einzelne Mitglieder. Mit dieser Bedeutung hat sich der Begriff im deutschen Sprachgebrauch eingebürgert, was auch durch die Betriebsverfassungsgesetze von 1952 und 1972 weitergeführt worden ist. Ein weiteres wichtiges Begriffspaar, das durch das Betriebsrätegesetzes mitgeprägt wurde, ist das der Arbeiter und Angestellten.[704] Es wird dabei zwischen den vornehmlich körperliche Tätigkeiten ausführenden Arbeitern und den überwiegend geistige bzw. „höhere oder kaufmännische oder bureaumäßige Tätigkeiten" verrichtenden Angestellten unterschieden.[705] Zusammen umfassen die beiden Gruppen alle Arbeitnehmer des Unternehmens.

700 *Feig/Sitzler*, BRG, S. XI.

701 *Feig/Sitzler*, BRG, S. XI; *Berthelot*, Die Betriebsräte in Deutschland, S. 57 ff.

702 *Plumpe*, Betriebliche Mitbestimmung in der Weimarer Republik, S. 44; auch die selbstverständliche historische Bezugnahme bei *Flatow/Kahn-Freund*, BRG, S. 19 f.

703 *Bieber*, Zwischen Kasernenhof und Rätesystem, in: *Nutzinger*, Perspektiven der Mitbestimmung, S. 88.

704 §§ 11, 12 BRG; *Richardi*, Gliederung nach Berufszugehörigkeit und Arbeitsaufgabe, in: *Richardi/Wißmann/Wlotzke u. a.*, Münchener Handbuch zum Arbeitsrecht, § 18 Rn. 24 f.; auch *Mansfeld*, BRG, S. 91.

705 *Mansfeld*, BRG, S. 87 ff., 91; *Sinzheimer*, Grundzüge des Arbeitsrechts, S. 34.

Eine solche Unterscheidung der verschiedenen Arbeitnehmergruppen nach ihrem Tätigkeitsprofil war auch im Kaiserreich schon üblich.[706] Genaue, gesetzlich vorgegebene Begriffe hatte es aber nicht gegeben, so dass die Definition weitgehend Rechtsprechung und Lehre überlassen blieb. Die Unterscheidung hat sich bis ins beginnende 21. Jahrhundert gehalten. Im gesetzlichen und tarifrechtlichen Gebrauch ist sie inzwischen weitgehend bedeutungslos.[707]

Mit dem „Betrieb" hat der Gesetzgeber schließlich einen weiteren Begriff für ein bereits vorhandenes Konzept bestimmt, bei dem zuvor keine einheitliche Begrifflichkeit bestand. So konkurrierte der Betriebsbegriff vorher mit dem der Fabrik, dem Geschäft oder der Verwaltung. Diese Bezeichnungen wurden zum Teil synonym, zum Teil für bestimmte Branchen verwendet.[708] Das Konzept, für das es einen Begriff zu bilden galt, war die Organisationseinheit, in der eine Arbeitnehmervertretung gebildet werden sollte. Das Betriebsrätegesetz verwendete den Begriff des Betriebs allerdings ohne dabei eine Legaldefinition aufzustellen. Dies blieb Wissenschaft und Rechtsprechung überlassen. Nach Hugo Sinzheimer ist der Betrieb im Sinne des Betriebsrätegesetzes der „Herrschaftsbereich einer Person in dem eine Mehrheit von Arbeitnehmern zu einheitlichem Wirken zusammengefasst ist".[709] Nach Erwin Jacobi ist er „eine Vereinigung von persönlichen, sachlichen und immateriellen Mitteln zur Verfolgung eines von einem Rechtssubjekt gesetzten technischen Zwecks".[710] Alfred Hueck definiert den Betrieb schließlich als eine „organisatorische Einheit, innerhalb derer ein Unternehmer allein oder in Gemeinschaft mit seinen Mitarbeitern mit Hilfe von sächlichen und immateriellen Mitteln bestimmte arbeitstechnische Zwecke fortgesetzt verfolgt"[711]. Wie der Begriff des Betriebsrats ist auch der Betriebsbegriff bis in die heutige Zeit im deutschen Gesetzesgebrauch geblieben. Seine Definition entspricht dabei heute noch weitgehend der Alfred Huecks.[712]

---

706 *Richardi,* Gliederung nach Berufszugehörigkeit und Arbeitsaufgabe, in: *Richardi/Wißmann/Wlotzke u. a.,* Münchener Handbuch zum Arbeitsrecht, Rn. § 18 Rn. 20 ff.; man denke ferner an die Fabrikbeamten bei Heinrich Freese.

707 *Richardi,* Gliederung nach Berufszugehörigkeit und Arbeitsaufgabe, in: *Richardi/Wißmann/Wlotzke u. a.,* Münchener Handbuch zum Arbeitsrecht, § 18 Rn. 26 ff.

708 Vgl. *Gabbert,* Heinrich Freese, S. 45; *Mansfeld,* BRG, S. 69 f.

709 *Sinzheimer,* Grundzüge des Arbeitsrechts, S. 214.

710 *Jacobi,* Betrieb und Unternehmen als Rechtsbegriffe, S. 9.

711 *Hueck/Nipperdey,* Lehrbuch des Arbeitsrechts, S. 93.

712 *Richardi,* in: *Richardi,* BetrVG, § 1 Rn. 17, oben A. II. 3.

2. Gründe für die Einführung

Das Betriebsrätegesetz ist ein Produkt der historischen Umstände. Die langzeitlichen gesellschaftlichen und politischen Umwälzungen während der Kaiserzeit spielen bei seiner Entstehung genauso eine Rolle wie die unmittelbaren Einflüsse des allgemeinen Umbruchs der Nachkriegsjahre.[713]

Zum Zeitpunkt seiner Einführung hatte sich die Einstellung der Mehrheit der sozialdemokratischen Kräfte in Deutschland von einer strikten Ablehnung jeder Form der betrieblichen Beteiligung noch dreißig Jahre zuvor hin zu einer starken Unterstützung für dieselbe gewandelt. In dieser Entwicklung spiegelt sich der lange Wandlungsprozess der Sozialdemokratie weg von einer revolutionären hin zu einer reformistischen Bewegung. Ein ähnlicher Prozess hatte sich auch in der Einstellung des liberalen und katholischen Bürgertums vollzogen. Waren die Ausgestaltung der Arbeit betreffende Themen lange Zeit nur selten in den Vordergrund des bürgerlichen Interesses gerückt, so hatte sich dies in den letzten Jahrzehnten gewandelt. Damit einhergehend hatte sich gerade bei den Anhängern der Liberalen und des Zentrums eine breite Unterstützung für die Idee einer Arbeitnehmerbeteiligung auf betrieblicher Ebene eingestellt.[714] Schließlich sahen weite Teile der Gewerkschaften in betrieblichen Beteiligungsorganen keine Bedrohung mehr für ihren Alleinvertretungsanspruch bezüglich der Interessen der Arbeitnehmer. Sie begriffen die betriebliche Beteiligung vielmehr als Chance, ihren Einfluss in institutionalisierter Form in den Betrieben zu erweitern und so eine effektive Interessenvertretung auszuweiten.[715] Zu diesem Wandel haben nicht zuletzt die weitgehend positiven Erfahrungen beigetragen, die mit der betrieblichen Beteiligung während des Kaiserreichs in staatlichen wie privaten Betrieben gemacht worden waren. Neben den verbindlichen Bergarbeiterausschüssen waren auch die freiwilligen Modelle wie die oben behandelte Konstitutionelle Fabrik Heinrich Freeses entscheidend.

Als im Nachkriegsdeutschland in der Nationalversammlung die Weimarer Koalition aus SPD, Zentrum und Deutscher Demokratischer Partei (DDP) an die Macht gelangte, war der politische Boden für die gesetzliche Einführung der betrieblichen Beteiligung geschaffen.

Die gesellschaftlichen Gegner des Beteiligungsgedankens waren durch die Revolution bzw. deren Niederschlagung in der Defensive. Dies galt für die

---

713 Ebenso *Plumpe,* Betriebliche Mitbestimmung in der Weimarer Republik, S. 130.

714 Siehe oben C. IV. 1.

715 *Bieber,* Zwischen Kasernenhof und Rätesystem, in: *Nutzinger,* Perspektiven der Mitbestimmung, S. 81 f., 90.

konservativen Verfechter der patriarchalischen Unternehmensführung, denen es nur mit Hilfe der gemäßigten sozialdemokratischen Gewerkschaften gelungen war, die vollständige revolutionäre Umwälzung der wirtschaftlichen Verhältnisse zu verhindern. Es galt aber auch für die kommunistischen und sozialistischen Kräfte, deren Revolution niedergeschlagen worden war.

Schließlich bestanden mit den ursprünglich auf Grundlage des Hilfsdienstgesetzes geschaffenen Arbeiterausschüssen, deren Kompetenzen teilweise schon durch einzelstaatliche Verordnungen fortgeschrieben und erweitert worden waren, und mit den in einigen Industrien nach dem Krieg tariflich eingeführten Beteiligungsorganen in praktisch allen relevanten Betrieben bereits Arbeitnehmervertretungen.[716] Somit waren während des Krieges und in seinem unmittelbaren Nachgang bereits Fakten für eine flächendeckende, institutionalisierte und verbindliche Beteiligung der Arbeitnehmer geschaffen worden. Allerdings waren diese Institutionen wegen des zeitlichen Auslaufens ihrer rechtlichen Grundlagen gefährdet. Es lastete daher ein erheblicher Ergebnisdruck auf den neuen Gesetzgebern,[717] die die betriebliche Beteiligung ja gerade ausbauen wollten.

Anders als bei den Arbeiterausschüssen der Vorkriegs- und Kriegszeit sollte die Beteiligung der Arbeitnehmer nach der eigentlichen Konzeption der Weimarer Reichsverfassung nicht auf die betriebliche Ebene beschränkt bleiben. Das Betriebsrätegesetz war in diesem Sinn nur ein Element in einer größeren Beteiligungskonzeption der in Artikel 165 der Weimarer Reichsverfassung niedergelegten Reichsarbeitsverfassung.[718] Neben den Betriebsräten, in der Reichsverfassung als Betriebsarbeiterräte bezeichnet, sollten noch Bezirksarbeiterräte, ein Reichsarbeiterrat sowie Bezirkswirtschaftsräte und ein Reichswirtschaftsrat gebildet werden. Diese auf verschiedenen Ebenen angesiedelten Räte sollten den Arbeitnehmern und ihren Vertretern recht umfassenden Einfluss auf die wirtschaftlichen Entscheidungen im Reich, aber auch in den einzelnen Betrieben verschaffen. Die Reichsverfassung hatte die weitere Ausgestaltung dieser Beteiligungsstruktur der einfachen Gesetzgebung überlassen. Als Folge wurde neben

716 *Eichelsbacher*, Betriebsrätegesetz mit den Nebengesetzen, den Wahlordnungen und Ausführungsbestimmungen, S. 3 f.

717 *Eichelsbacher*, Betriebsrätegesetz mit den Nebengesetzen, den Wahlordnungen und Ausführungsbestimmungen, S. 4.

718 *Feig/Sitzler*, BRG, S. XII f.; *Flatow/Kahn-Freund*, BRG, S. 24 ff., siehe auch oben C. IV. 1.

den Betriebsräten nur der Reichswirtschaftsrat tatsächlich ins Leben gerufen. Die übrigen Teile der Reichswirtschaftsverfassung blieben Programm.[719]

3. Art der Einführung

Die Betriebsräte der Weimarer Republik wurden durch Reichsgesetz verbindlich für das gesamte Reichsgebiet eingeführt. Aufgrund seiner gerade beschriebenen, auch verfassungsrechtlich zentralen Bedeutung und der bestehenden gesellschaftlichen Spannungen wurde das Betriebsrätegesetz noch von der Weimarer Nationalversammlung, und nicht von dem im Juni 1920 erstmals gewählten Reichstag, auf der Grundlage des Gesetzes über die vorläufige Reichsgewalt vom 11. Februar 1919[720] verhandelt und beschlossen. Trotz der eindeutigen Mehrheit der Koalitionsparteien war das Gesetz im Plenum und außerhalb des Parlaments stark umstritten.[721]

Von Seiten des konservativen Unternehmertums gab es Drohungen, Betriebe still zu legen, sollte das Gesetz verabschiedet werden. Kommunistische Arbeiterorganisationen drohten mit Generalstreik, da sie das Gesetz zu wenig weitgehend empfanden.[722] Bei Demonstrationen gegen das Gesetz vor dem Reichstagsgebäude kam es mehrfach zu schweren Zusammenstößen.[723] Während der ersten Lesung des Gesetzes am 13. Januar 1920 kam es sogar zu Toten und Schwerverletzen, als die Sicherheitspolizei Versuche, das Reichstagsgebäude zu erstürmen, nur mit Maschinengewehrfeuer abwehren konnte.[724]

Auch in dem für die Vorbereitung des Gesetzes zuständigen sozialpolitischen Ausschuss der Nationalversammlung entfalteten sich heftige Debatten zu dem Gesetzentwurf. Insbesondere von Seiten der Interessenvertreter der Industrie

719 *Bieber*, Zwischen Kasernenhof und Rätesystem, in: *Nutzinger*, Perspektiven der Mitbestimmung, S. 87; *Weber*, Vom Klassenkampf zur Partnerschaft, S. 109 f.

720 RGBl. 1919, S. 169.

721 *Plumpe*, Betriebliche Mitbestimmung in der Weimarer Republik, S. 43.

722 *Eichelsbacher*, Betriebsrätegesetz mit den Nebengesetzen, den Wahlordnungen und Ausführungsbestimmungen, S. 8; vgl. auch *Berthelot*, Die Betriebsräte in Deutschland, S. 26 ff.; *Weber*, Vom Klassenkampf zur Partnerschaft, S. 107 f.

723 *Eichelsbacher*, Betriebsrätegesetz mit den Nebengesetzen, den Wahlordnungen und Ausführungsbestimmungen, S. 8.

724 *Berthelot*, Die Betriebsräte in Deutschland, S. 37; *Weber*, Vom Klassenkampf zur Partnerschaft, S. 108.

kam Kritik. Am meisten umstritten waren dabei die Mitsprache der Betriebsräte bei Einstellungen und Entlassungen sowie die wirtschaftliche Mitbestimmung.[725]

Unter dem Eindruck der blutigen Proteste wurde das Gesetzgebungsverfahren im Plenum schnell durchgeführt. Längere Debatten blieben aus und die Änderungsanträge der Oppositionsparteien wurden weitgehend abgelehnt. Schließlich wurde das Betriebsrätegesetz am 18. Januar 1920 mit 213 Ja zu 64 Neinstimmen in der Nationalversammlung beschlossen.[726]

4. Ausgestaltung der Beteiligung

Das Betriebsrätegesetz ist über seine gesamte Bestehensdauer fast unverändert geblieben. Daher dient das Gesetz in seiner spätesten Fassung vom 28. Februar 1928 als Grundlage dieser Untersuchung. Wo sich Änderungen ergeben haben, werden diese aber dennoch dargestellt.

4.1 Rechtliche Grundlage

Primäre rechtliche Grundlage für die Arbeit der Betriebsräte war das Betriebsrätegesetz. In ihm waren alle wichtigen Regelungen zu Ausgestaltung, Aufgaben und Kompetenzen der Betriebsräte enthalten. Hinzu kamen noch einige Nebengesetze wie die Wahlordnung zum Betriebsrätegesetz vom 5. Februar 1920 (WO-BRG)[727] und das Gesetz über die Betriebsbilanz und die Betriebsgewinn- und -verlustrechnung vom 5. Februar 1921 (Betriebsbilanzgesetz)[728]. Zusammen legten die Gesetze Mindeststandards für die betriebliche Beteiligung fest. Eine Abweichung von den gesetzlichen Vorgaben war nur zugunsten der Arbeitnehmer und weitgehend nur durch Tarifvertrag möglich.[729]

Für die Ausgestaltung ihrer täglichen Arbeit konnten sich die Betriebsräte eine Geschäftsordnung geben,[730] die ihnen dazu diente, die im Betriebsrätegesetz enthaltenen Vorgaben zur Geschäftsführung weiter auszugestalten und ihren konkreten Bedürfnissen anzupassen.

---

725 *Berthelot,* Die Betriebsräte in Deutschland, S. 27 ff.; *Plumpe,* Betriebliche Mitbestimmung in der Weimarer Republik, S. 43.

726 *Berthelot,* Die Betriebsräte in Deutschland, S. 38.

727 RGBl. 1920, S. 175.

728 RGBl. 1921, S 159.

729 *Flatow/Kahn-Freund,* BRG, S. 29.

730 § 34 BRG; *Eichelsbacher,* Betriebsrätegesetz mit den Nebengesetzen, den Wahlordnungen und Ausführungsbestimmungen, S. 9 f.

4.2 *Einführungszwang*

In allen Betrieben mit mindestens zwanzig Arbeitnehmern waren zwingend Betriebsräte zu bilden. In kleineren Betrieben mit mindestens fünf zur Betriebsratswahl berechtigten Arbeitnehmern, von denen wiederum mindestens drei selbst wählbar sein mussten, war ebenfalls zwingend ein Betriebsobmann zu wählen.[731] Das Betriebsrätegesetz schrieb also die Einrichtung der betrieblichen Arbeitnehmervertretungen gesetzlich verbindlich und damit unabhängig vom Willen der Betriebsparteien vor.[732] Sie war auch dann einzuführen, wenn sich die Arbeitnehmer aus freien Erwägungen gegen sie entschieden. Es sollte so ein flächendeckendes System von betrieblichen Arbeitnehmervertretungen aufgebaut werden, um eine möglichst reichsweite betriebliche Interessenwahrnehmung zu gewährleisten.

Allerdings konnten die Arbeitnehmer durch eine Verweigerung ihrer Mitwirkung an der Wahl des Betriebsrats seine Bildung verhindern. In Ermangelung einer gesetzlichen Regelung für diesen Fall ging die herrschende Meinung in der Literatur und Rechtsprechung davon aus, dass die Arbeitnehmer dann ihre Beteiligungsrechte für die Dauer einer Betriebsratswahlperiode verlören.[733]

Nicht anwendbar war das Betriebsrätegesetz auf die öffentliche Verwaltung, die ein eigenes Personalvertretungsrecht erhielt.[734] Gleiches galt für die See- und Binnenschifffahrt,[735] für die allerdings das vorgesehene, spezielle Arbeitnehmervertretungsgesetz nicht erlassen wurde.[736] In sogenannten Tendenzbetrieben, wozu neben kirchlichen und anderweitig konfessionellen auch politische, gewerkschaftliche, militärische, wissenschaftliche und künstlerische Betriebe gehörten, waren die Beteiligungsrechte des Betriebsrats eingeschränkt.[737] In Ausnahmefällen konnte der gesetzliche Betriebsrat zudem durch eine abweichende tarifvertragliche Vereinbarung oder Verordnung durch eine anders ausgestaltete

---

731 §§ 1, 2 BRG; Die Betriebsobmänner als Form der betrieblichen Beteiligung sind indes nicht Gegenstand dieser Untersuchung und bleiben daher in ihrer genauen, von den Betriebsräten abweichenden, Ausgestaltung im weiteren unberücksichtigt.

732 *Sinzheimer,* Grundzüge des Arbeitsrechts, S. 219 f.

733 *Flatow/Kahn-Freund,* BRG, S. 118, 153 f.; vgl. auch *Gürteler,* BRG, S. 40, 51, 57.

734 *Berthelot,* Die Betriebsräte in Deutschland, S. 40.

735 § 5 BRG.

736 Vgl. *Eichelsbacher,* Betriebsrätegesetz mit den Nebengesetzen, den Wahlordnungen und Ausführungsbestimmungen, S. 15.

737 § 67 BRG; *Berthelot,* Die Betriebsräte in Deutschland, S. 40 f.

Arbeitnehmervertretung ersetzt werden.[738] Diese hatte dann die Rechte des Betriebsrats nach dem Betriebsrätegesetz wahrzunehmen.[739]

Neben dem Betriebsrat waren, bestehend aus dessen jeweiligen Mitgliedern, je ein Arbeiter- und Angestelltenrat zu bilden.[740] Diese Reglung war auf Druck der DDP in das Gesetz eingeführt worden und sollte den besonderen Interessenlagen der beiden verschiedenen Gruppen von Arbeitnehmern Rechnung tragen.[741] Auch konnten in größeren oder zersplitterten Unternehmen Gesamt- oder gemeinsame Betriebsräte gebildet werden.[742] Diese Möglichkeit war immer dann eröffnet, wenn ein Unternehmen mehrere gleichartige Betriebe in der gleichen oder in zusammenhängenden Gemeinden hatte. Neben einem solchen Gesamt- oder gemeinsamen Betriebsrat mussten keine Gesamtangestellen- oder -arbeiterräte gebildet werden. Hier blieb also die vorherige Kleinteiligkeit bestehen.

4.3 Zusammensetzung

Die Größe des Betriebsrats richtete sich nach der Größe des Betriebs selbst und stieg mit der Arbeitnehmerzahl an.[743] Das Gesetz enthielt diesbezüglich eine Tabelle, die von Betriebsräten mit drei Mitgliedern in Betrieben zwischen zwanzig und 49 Arbeitnehmern bis hin zu Betriebsräten mit dreißig Mitgliedern in Betrieben ab 15.000 Arbeitnehmern reicht. Der Anstieg der Betriebsratsgröße erfolgte nicht proportional. Vielmehr kamen in größeren Betrieben deutlich mehr Arbeitnehmer auf ein Betriebsratsmitglied als in kleineren. Dies zeigen anschaulich die gerade genannten Zahlen. In dem dreiköpfigen Betriebsrat kamen maximal 16,33 Arbeitnehmer auf ein Betriebsratsmitglied, bei einem dreißigköpfigen Betriebsrat waren es hingegen mindestens 500 Arbeitnehmer pro Betriebsratsmitglied. Durch diese abgeflachte Progression und die Begrenzung auf maximal dreißig Mitglieder sorgte das Betriebsrätegesetz dafür, dass die Größe der Betriebsräte einem effektiven Arbeiten nicht abträglich wurde. So war weder eine Überlastung der Betriebsräte in kleineren Betrieben noch ein organisatorischer Kollaps oder eine interne Lähmung der Betriebsräte in größeren Betrieben zu befürchten.

---

738 §§ 62 ff. BRG.

739 *Berthelot,* Die Betriebsräte in Deutschland, S. 40; *Sinzheimer,* Grundzüge des Arbeitsrechts, S. 223.

740 § 6 BRG.

741 *Berthelot,* Die Betriebsräte in Deutschland, S. 41; *Eichelsbacher,* Betriebsrätegesetz mit den Nebengesetzen, den Wahlordnungen und Ausführungsbestimmungen, S. 8.

742 § 50 ff. BRG; *Sinzheimer,* Grundzüge des Arbeitsrechts, S. 223.

743 § 15 BRG.

Der Betriebsrat umfasste Arbeiter und Angestellte gleichermaßen. Der Anteil der Vertreter der beiden Gruppen im Betriebsrat hatte ihrem Anteil an der Gesamtbelegschaft zu entsprechen.[744] Für Betriebe, in denen eine der beiden Gruppen in deutlicher Minderheit war, gab es festgelegte Mindestzahlen.[745] In solchen Fällen konnte sich ausnahmsweise auch eine überproportionale Vertretung der kleineren Gruppe im Betriebsrat ergeben. Wenn einer Gruppe nicht mehr als fünf Arbeitnehmer angehörten und diese nicht einmal ein Zwanzigstel der Gesamtbelegschaft ausmachten, blieb sie ohne Vertreter im Betriebsrat.[746] Der Betriebsrat behielt dann aber die Zuständigkeit für die Vertretung der Rechte der Minderheitengruppe als Arbeitnehmer.[747] Das Gesetz stellte damit sicher, dass auch in Betrieben, in denen eine Arbeitnehmergruppe gegenüber der anderen dominierte, die Interessen beider Gruppen angemessen durch den Betriebsrat vertreten wurden. Gerade in den großen Industriebetrieben der damaligen Zeit mit ihren unzähligen Fließbandarbeitern war ein solches Ungleichgewicht zulasten der Angestellten keine Seltenheit.

Die neben dem Betriebsrat bestehenden Arbeiter- und Angestelltenräte setzten sich aus den Betriebsratsmitgliedern der jeweiligen Arbeitnehmergruppe und etwaigen Ergänzungsmitgliedern zusammen. Letztere waren zu wählen, wenn die Anzahl der Gruppenmitglieder des Betriebsrats kleiner war als die vorgesehene Größe des Gruppenrats.[748] Denn auch die Größe der Arbeiter- und Angestelltenräte richtete sich nach der die Betriebsratsgröße bestimmenden Tabelle. Durch die oben beschriebene, abgeflachte Progression in der Tabelle kam es deshalb häufig zur Wahl von Ergänzungsmitgliedern für die Gruppenräte.[749]

Sowohl der Betriebsrat als auch die Gruppenräte setzten sich ausschließlich aus Arbeitnehmern des Betriebs zusammen, in dem sie gebildet wurden.[750] Dabei sollten die im Betrieb vertretenen Berufsgruppen sowie die Geschlechter angemessen berücksichtigt werden.[751] Diese durchaus modern anmutende Vorschrift war indes nicht zwingend und ihre Nichtbefolgung barg keinerlei rechtliche Konsequenzen. Im Hinblick auf die Geschlechtergleichstellung ist sie

744 § 16 Abs. 1 BRG.

745 § 16 Abs. 2, 3 BRG.

746 § 16 Abs. 5 BRG.

747 *Flatow/Kahn-Freund,* BRG, S. 127.

748 § 15 Abs. 4 BRG.

749 *Flatow/Kahn-Freund,* BRG, S. 118 mit Berechnungsbeispielen; *Mansfeld,* BRG, S. 111 f.

750 § 20 Abs. 2 BRG.

751 § 22 BRG.

dennoch bemerkenswert, da sie in der Praxis durchaus berücksichtigt wurde.[752] Betriebsfremde oder Vertreter des Arbeitgebers waren weder wählbar noch konnten sie an der Wahl teilnehmen.[753] Damit waren insbesondere hauptamtliche Gewerkschaftsfunktionäre von einer federführenden Mitwirkung in den Betriebsräten ausgeschlossen. Das Betriebsrätegesetz vollzog insofern konsequent die Teilung zwischen der Vertretung der Arbeitnehmer auf betrieblicher Ebene durch den Betriebsrat einerseits und der überbetrieblichen Vertretung durch die Gewerkschaften andererseits.

4.4 Wahl

Das Wahlverfahren für die Betriebsräte war in der das Betriebsrätegesetz ergänzenden Wahlordnung vom 5. Februar 1920[754] festgelegt. Danach wählten die Arbeiter und Angestellten in getrennten Wahlkörpern je ihre Vertreter für den Betriebsrat. Mit dieser Wahl wurden außerdem die etwaigen Ergänzungsmitglieder für die Arbeiter- und Angestelltenräte bestimmt. Es war auch möglich, einen gemeinsamen Wahlkörper zu bilden und – unter Beachtung des Gruppenproporz – die Mitglieder der Arbeitnehmervertretung zusammen zu wählen.[755]

Wählen durften alle Arbeitnehmer des Betriebs, die über achtzehn Jahre alt waren, unabhängig von ihrem Geschlecht[756] und ihrer Staatsangehörigkeit.[757] Sie mussten lediglich im vollen Besitz der bürgerlichen Ehrenrechte sein.[758] Um die Wählbarkeit zu erreichen, waren neben den vorgenannten noch weitere Voraussetzungen zu erfüllen.[759] So waren nur diejenigen Wahlberechtigten auch wählbar, die über 24 Jahre alt waren und ihre Berufsausbildung bereits abgeschlossen hatten. Weiter mussten sie mindestens sechs Monate Betriebs- oder Unternehmenszugehörigkeit und drei Jahre Gewerbe- oder Berufszugehörigkeit vorweisen können. Durch diese Vorgaben sollte erreicht werden, dass die zu wählenden Arbeitnehmer die nötigen betrieblichen und fachlichen Kenntnisse für

752 Vgl. *Flatow/Kahn-Freund*, BRG, S. 152.

753 *Mansfeld*, BRG, S. 135.

754 Siehe oben 4.1.

755 *Berthelot*, Die Betriebsräte in Deutschland, S. 41 f.; *Eichelsbacher*, Betriebsrätegesetz mit den Nebengesetzen, den Wahlordnungen und Ausführungsbestimmungen, S. 9; *Sinzheimer*, Grundzüge des Arbeitsrechts, S. 227.

756 § 20 Abs. 1 BRG.

757 *Mansfeld*, BRG, S. 137.

758 § 20 Abs. 1 BRG; *Sinzheimer*, Grundzüge des Arbeitsrechts, S. 227.

759 § 20 Abs. 2 BRG.

eine sinnvolle und effektive Betriebsratstätigkeit hatten.[760] Von dem Erfordernis der sechsmonatigen Betriebszugehörigkeit konnte in bestimmten Ausnahmefällen abgewichen werden.[761] Dies galt allen voran bei neu gegründeten Betrieben oder bei einem Mangel an wählbaren Arbeitnehmern. Schließlich mussten die zu wählenden Arbeitnehmer Reichsangehörige sein; sie mussten also die deutsche Staatsbürgerschaft besitzen. Sowohl die aktive als auch die passive Wahl waren freiwillig. Kein Arbeitnehmer konnte gegen seinen Willen zur Ausübung des Betriebsratsmandats gezwungen werden.[762]

Die Wahl zum Betriebsrat erfolgte nach dem Verhältniswahlrecht in Form einer unmittelbaren, geheimen Listenwahl.[763] Die Verteilung der Betriebsratsmandate auf die verschiedenen Listen erfolgte nach dem Höchstzahlensystem.[764] Im gleichen Wahlgang mit den Mitgliedern des Betriebsrats wurden auch die Ergänzungsmitglieder für die Gruppenräte gewählt.[765] Sie bestimmten sich nach den niedrigeren Höchstzahlen, die nicht mehr für die Mitgliedschaft im Betriebsrat ausreichten. Die Listenmitglieder, die nicht in den Betriebsrat gewählt worden waren, wurden automatisch zu Ersatzmitgliedern für ihre Liste. Sie konnten zeitweilig verhinderte Betriebsratsmitglieder in deren Tätigkeit vertreten und rückten beim endgültigen Ausscheiden eines Mitglieds ihrer Liste nach.[766]

Die Wahl des Betriebsrats erfolgte für ein Jahr.[767] Diese Dauer der Amtsperiode hatte auch in den meisten Beteiligungsmodellen der Kaiserzeit bestanden. Die mit dieser relativ kurzen Wahlperiode einhergehende Problematik der Störung einer konstanten Betriebsratsarbeit durch regelmäßige personelle Veränderungen in den Betriebsräten wurde durch die Möglichkeit der unbegrenzten Wiederwahl der einzelnen Betriebsratsmitglieder abgemildert.[768] Eingeleitet wurde die Wahl durch den amtierenden Betriebsrat. Er hatte spätestens vier Wochen vor dem Ende seiner Amtszeit einen Wahlvorstand einzuberufen, der die Wahl vorbereitete und durchführte.[769] In Betrieben, in denen noch kein Betriebsrat

760 *Mansfeld,* BRG, S. 139.
761 § 21 BRG.
762 *Gürteler,* BRG, S. 51.
763 § 18 Abs. 1 BRG; § 5 WO-BRG.
764 § 13 WO-BRG; *Sinzheimer,* Grundzüge des Arbeitsrechts, S. 227.
765 § 18 Abs. 1 BRG.
766 § 15 WO-BRG; *Berthelot,* Die Betriebsräte in Deutschland, S. 42; *Mansfeld,* BRG, S. 229.
767 § 18 Abs. 1 BRG.
768 *Berthelot,* Die Betriebsräte in Deutschland, S. 42.
769 § 23 Abs. 1 BRG.

bestand oder wenn der Betriebsrat seiner Verpflichtung nicht nach kam, hatte der Arbeitgeber die Wahl mit der Bestellung eines aus den drei ältesten Arbeitnehmers bestehenden Wahlvorstands einzuleiten.[770] Weigerte sich der Arbeitgeber einen Wahlvorstand zu bestellen, gab es bis 1928 keine effektiven Durchsetzungsmechanismen.[771] Durch Gesetz vom 28. Februar 1928[772] wurde jedem Wahlberechtigten sowie der Gewerbeaufsicht das Recht gegeben, bei dem Vorsitzenden des zuständigen Arbeitsgerichts die Einsetzung eines Wahlvorstands zu beantragen.[773]

Der Betriebsrat blieb grundsätzlich für die gesamte Wahlperiode im Amt. In bestimmten Fällen konnte aber die Mitgliedschaft einzelner Mitglieder oder der gesamte Betriebsrat erlöschen. In solchen Fällen endeten parallel auch die Mitgliedschaft im Arbeiter- oder Angestelltenrat bzw. die Gruppenräte selbst.[774] Die einzelnen Betriebsratsmitglieder konnten ihr Amt durch eigene Niederlegung, durch die Beendigung des Arbeitsverhältnisses in dem Betrieb oder den Verlust der eigenen Wählbarkeit verlieren.[775] Zudem konnte es ihnen aufgrund von groben Verletzungen ihrer gesetzlichen Pflichten durch einen Beschluss des zuständigen Arbeitsgerichts aberkannt werden.[776] Nach dem Ausscheiden eines Betriebsratsmitglieds wurde dessen Platz automatisch durch seinen Listennachfolger besetzt.[777] Auch der Betriebsrat insgesamt konnte bei grober Verletzung seiner gesetzlichen Pflichten durch einen Beschluss des Arbeitsgerichts aufgelöst werden.[778] In diesem Fall mussten Neuwahlen angesetzt werden.[779] Gleiches musste geschehen, wenn die Zahl der Betriebsratsmitglieder und der auf den

770 § 23 Abs. 2, 4 BRG.

771 *Gürteler*, BRG, S. 56 f.; *Plumpe*, Betriebliche Mitbestimmung in der Weimarer Republik, S. 46.

772 RGBl. I 1928, S. 46.

773 § 23 Abs. 3 BRG.

774 § 39 Abs. 3 BRG.

775 § 39 Abs. 1 BRG.

776 § 39 Abs. 2 BRG; vor Einführung der Arbeitsgerichte waren hierfür primär die – nie eingerichteten – Bezirkswirtschaftsräte und subsidiär die Schlichtungsausschüsse zuständig, § 39 Abs. 2 BRG a. F.

777 Zur Wahl dieser Ersatzmitglieder siehe soeben.

778 § 40 BRG; vor Einführung der Arbeitsgerichte waren hierfür ebenfalls – aufgrund des Nichtbestehens der Bezirkswirtschaftsräte die Schlichtungsausschüsse zuständig § 40 BRG a. F.; auch *Sinzheimer*, Grundzüge des Arbeitsrechts, S. 229.

779 § 42 Abs. 2 BRG.

Listen verbleibenden Ersatzmitglieder zusammengenommen die gesetzliche Mindestzahl an Betriebsratsmitgliedern unterschritt.[780]

4.5 *Vorstand*

Die Ausgestaltung seines Vorstands war abhängig von der Größe des Betriebsrats. Bei Betriebsräten mit weniger als neun Mitgliedern waren ein erster Vorsitzender und ein zweiter Vorsitzender als dessen Stellvertreter zu wählen. Zusammen bildeten beide den Vorstand des Betriebsrats.[781] Betriebsräte mit neun oder mehr Mitgliedern mussten hingegen einen fünfköpfigen Betriebsausschuss bilden, der dann wiederum aus seiner Mitte den ersten und zweiten Betriebsratsvorsitzenden wählte.[782] Hiermit trug das Gesetz grundsätzlich der höheren Arbeitsbelastung und Arbeitskomplexität von Betriebsräten in größeren Betrieben Rechnung.

Der Aufgabenbereich des Betriebsausschusses war nach der eigentlichen gesetzlichen Konzeption begrenzt.[783] Er beschränkte sich weitgehend auf die Entgegennahme von vertraulichen Erklärungen und Berichten des Arbeitgebers sowie auf betriebsratsinterne Geschäftsführungsfunktionen. Die Vertretung des Betriebsrats nach außen, also insbesondere gegenüber dem Arbeitgeber, den Schlichtungseinrichtungen und den Arbeitsgerichtsbehörden oblag alleine den beiden Vorsitzenden.[784] Sie hatten auch im Bereich der allgemeinen Geschäftsführung des Betriebsrats die weitaus größeren gesetzlichen Kompetenzen als der Betriebsausschuss. So hatte der Vorsitzende die Betriebsratssitzungen einzuberufen, deren Tagesordnung festzulegen und die Sitzungsleitung zu übernehmen.[785]

Durch die Geschäftsordnung des Betriebsrats oder tarifvertragliche Vereinbarung konnten die Kompetenzen des Betriebsausschusses indes erweitert werden, eine Möglichkeit, die die Tarifparteien aus praktischen Erwägungen rege nutzten.[786] So wurde der Betriebsausschuss in vielen Fällen zu einem erweiterten Vorstand des Betriebsrats, in dem eine Aufgabenteilung zwischen den verschiedenen Mitgliedern erfolgte.[787] Welche Aufgaben, die nach dem Gesetz eigentlich den Vorsitzenden zustanden, auf den Betriebsausschuss übertragen werden

780 § 42 Abs. 1 BRG.
781 § 26 BRG.
782 § 27 BRG.
783 *Flatow/Kahn-Freund*, BRG, S. 169; *Mansfeld*, BRG, S. 164, 167 f.
784 § 28 BRG.
785 § 29 Abs. 1 BRG.
786 Vgl. *Gürteler*, BRG, S. 61.
787 Vgl. *Flatow/Kahn-Freund*, BRG, S. 169; *Gürteler*, BRG, S. 61.

durften und in welcher rechtlichen Ausgestaltung die Erfolgen konnte, war in Lehre und Rechtsprechung im einzelnen umstritten.[788]

Die Vorsitzenden und der Betriebsausschuss als Vorstand des Betriebsrats hatten also insgesamt eine herausgehobene Stellung gegenüber den anderen Betriebsratsmitgliedern. Dennoch handelte es sich bei den Betriebsräten um Kollektivgremien, in denen es dem Vorstand weitgehend untersagt war, eigenständige Entscheidungen zu treffen. Vielmehr war es seine Aufgabe, die Entscheidungen des Gesamtgremiums umzusetzen.[789] Um den Einfluss des Vorstands zu begrenzen, gab das Betriebsrätegesetz den einzelnen Betriebsratsmitgliedern eine Reihe von Kontroll- und Einflussmöglichkeiten. So mussten die vom Vorstand unterzeichneten Sitzungsprotokolle der Betriebsratssitzungen von einem weiteren Betriebsratsmitglied gegengezeichnet werden und die einfachen Betriebsratsmitglieder hatten das Recht, auf die Einberufung und Tagesordnung der Betriebsratssitzungen Einfluss zu nehmen.[790]

Schließlich wählten auch die Arbeiter- und Angestelltenräte aus ihrer Mitte einen ersten und zweiten Vorsitzenden. Sie hatten für die Gruppenräte dieselben Befugnisse wie die Vorsitzenden des Betriebsrats.[791] Oft bestand hier eine Personalunion, wenngleich diese nicht vorgeschrieben war.[792] Ein dem Betriebsausschuss entsprechendes Gremium war für die Gruppenräte selbst in großen Betrieben nicht vorgesehen.[793] Eine Entlastung der Vorsitzenden konnte daher nur informell, durch die Geschäftsordnung oder tarifvertragliche Abreden erfolgen.

4.6 Versammlungen

Wie eben dargestellt lag die Kompetenz zur Einberufung, Festlegung der Tagesordnung und Sitzungsleitung bei dem Vorsitzenden der Arbeitnehmervertretung. Ein regelmäßiger Turnus für Betriebsratssitzungen war durch das Gesetz nicht vorgegeben. Sowohl ein Viertel seiner Mitglieder als auch der Arbeitgeber konnten aber eine Sitzung des Betriebsrats beantragen.[794] Diese musste der Vorsitzende dann anberaumen und auch etwaig beantragte Besprechungspunkte auf die Tagesordnung setzen.

---

788 Vgl. *Feig/Sitzler*, BRG, S 91; *Mansfeld*, BRG, S. 168; auch *Gürteler*, BRG, S. 61; *Wölbling/Schultz/Sell*, BRG, S. 80.

789 *Gürteler*, BRG, S. 61, 63.

790 Hierzu sogleich unten 4.5.

791 § 38 BRG.

792 *Mansfeld*, BRG, S. 214.

793 *Mansfeld*, BRG, S. 214 f.

794 § 29 Abs. 1 BRG.

Die Sitzungen selbst waren nicht öffentlich.[795] Dies schloss Betriebsfremde genauso aus wie Arbeitnehmer des Betriebs, die keine Betriebsratsmitglieder waren. Der Arbeitgeber durfte an den Sitzungen nur teilnehmen, wenn er die Sitzung selbst beantragt hatte oder wenn der Betriebsrat ihn ausdrücklich eingeladen hatte.[796] In diesen Fällen konnte ihm sogar die Sitzungsleitung übertragen werden. Ein eigenes Stimmrecht hatte der Arbeitgeber aber in keinem Fall.[797]

Eine Ausnahme von dem Grundsatz, dass keine betriebsfremden Personen an den Sitzungen des Betriebsrats teilnehmen durften, konnte für Beauftragte der im Betrieb vertretenen Gewerkschaften gemacht werden, wenn ein Viertel der Betriebsratsmitglieder deren Teilnahme beantragte.[798] Die Beauftragten aller vertretenen Gewerkschaften durften nur gemeinsam zugezogen werden, die Hinzuziehung des Beauftragten nur einer bestimmten Gewerkschaft war nicht zulässig.[799] Die Gewerkschaftsbeauftragten nahmen, wie der Arbeitgeber, nur beratend an den Sitzungen teil. War der Arbeitgeber zu einer Sitzung zugelassen, konnte er verlangen, dass auch je ein Beauftragter der Arbeitgeberverbände, denen er angehörte, teilnahm.[800] Auch diese hatten nur beratende Funktion.

Der Betriebsrat war beschlussfähig, wenn alle seine Mitglieder ordnungsgemäß und unter Mitteilung der Tagesordnung eingeladen worden waren und mindestens die Hälfte der Betriebsratsmitglieder anwesend war.[801] Die ordentlichen Mitglieder der Betriebsrats konnten sich im Falle ihrer Verhinderung von Ersatzmitgliedern ihrer Liste, nicht aber von anderen Personen, vertreten lassen.[802] Beschlüsse fasste der Betriebsrat mit der einfachen Mehrheit der anwesenden Stimmen.[803] Über die Sitzungen und die Beschlüsse war ein Protokoll zu führen, das vom Betriebsratsvorsitzenden und einem weiteren Mitglied zu unterzeichnen war.[804] Weitere Regelungen zur Niederschrift, zum Beispiel über die Bestimmung eines Schriftführers, enthielt das Gesetz nicht. Sie konnten aber in der Geschäftsordnung des Betriebsrats festgelegt werden. Das Protokoll

---

795 § 30 Abs. 1 BRG.

796 § 29 Abs. 2 BRG.

797 *Sinzheimer,* Grundzüge des Arbeitsrechts, S. 227.

798 § 31 Abs. 1 BRG; siehe auch *Sinzheimer,* Grundzüge des Arbeitsrechts, S. 222.

799 *Mansfeld,* BRG, S. 183 f.

800 § 31 Abs. 2 BRG.

801 § 32 Abs. 1 BRG.

802 §§ 32 Abs. 1 i.V.m. 40 BRG; *Flatow/Kahn-Freund,* BRG, S. 192; *Mansfeld,* BRG, S. 187.

803 § 32 Abs. 2 BRG.

804 § 33 Abs. 1 BRG.

war erforderlich, da der Betriebsrat nur so gegenüber dem Arbeitgeber, den Schlichtungsstellen und den Arbeitsgerichten eine ordnungsgemäße Sitzungsleitung und Beschlussfassung nachweisen konnte.[805] Eine weitere Ausprägung des Gruppenschutzes fand sich in der Regelung, dass die Vertreter der sich in der Minderheit befindlichen Arbeitnehmergruppe, also entweder der Arbeiter oder Angestellten, einen Minderheitenbeschluss fassen konnten.[806] Dieser war dann neben dem Mehrheitsbeschluss in die Sitzungsniederschrift aufzunehmen und die Minderheitsvertreter durften ihn gegenüber dem Arbeitgeber vertreten.

Neben seinen Sitzungen sollte der Betriebsrat auch Sprechstunden abhalten, um den Arbeitnehmern die Möglichkeit zu geben, ihre Wünsche und Beschwerden kundzutun.[807] In Betrieben mit über einhundert Arbeitnehmern war die Sprechstunde ausdrücklich im Gesetz vorgesehen.[808] Aber auch in kleineren Betrieben wurde sie in der Literatur als sinnvoll und zulässig erachtet.[809] Die Sprechstunde war nach der Konzeption des Gesetzes der Ausgleich für die Nichtöffentlichkeit der Betriebsratssitzungen. Sie wurde in der Regel nicht vom gesamten Betriebsrat sondern von, durch diesen dazu bestimmten, Betriebsratsmitgliedern abgehalten.[810] So wie in der konstitutionellen Fabrik Heinrich Freeses die Arbeitnehmer am Ende jeder Sitzung des Arbeiterausschusses ihre Wünsche und Beschwerden äußern konnten,[811] gab ihnen nunmehr die Sprechstunde des Betriebsrats die gleiche Möglichkeit.

Die Räumlichkeiten für die Sitzungen und Sprechstunden des Betriebsrats hatte der Arbeitgeber zur Verfügung zu stellen.[812] Die Sitzungen selbst hatten grundsätzlich außerhalb der Arbeitszeiten stattzufinden.[813] Nur in begründeten oder besonders dringenden Fällen konnten sie in die Arbeitszeit verlegt werden. Mit dieser Regelung wollte das Betriebsrätegesetz den widerstreitenden Interessen des Arbeitgebers auf die Ableistung der vertraglich vereinbarten Arbeitszeit seiner Arbeitnehmer einerseits und der Arbeitnehmer an einer möglichst

---

805 *Mansfeld*, BRG, S. 191 f.

806 § 33 Abs. 3 BRG.

807 *Sinzheimer*, Grundzüge des Arbeitsrechts, S. 220.

808 § 76 BRG.

809 *Feig/Sitzler*, BRG, S. 195; *Flatow/Kahn-Freund*, BRG, S. 389; *Gürteler*, BRG, S. 138; *Mansfeld*, BRG, S. 375 f.

810 *Gürteler*, BRG, S. 138; *Feig/Sitzler*, BRG, S. 195.

811 Siehe oben I. 4.6.7.

812 § 36 BRG; *Sinzheimer*, Grundzüge des Arbeitsrechts, S. 220; für die Sprechstunde *Mansfeld*, BRG, S. 376.

813 § 30 Abs. 1 BRG.

effizienten betrieblichen Arbeitnehmervertretung andererseits gerecht werden.[814] Auch sollten wohl unnötige Betriebsratssitzungen vermieden werden. Ob die gesetzlich vorgesehenen Sprechstunden innerhalb oder außerhalb der Arbeitszeiten abzuhalten waren, regelte das Gesetz nicht. Es bestimmte stattdessen, dass sie mit dem Arbeitgeber zu vereinbaren seien. Wo keine Vereinbarung erreicht werden konnte, gab das Gesetz dem Betriebsrat die Befugnis zur Anrufung der Schlichtungsstelle.[815]

Die Regelungen über die Versammlungen des Betriebsrats fanden entsprechende Anwendung auf die Versammlungen der Gruppenräte.[816] Einzige Ausnahme bildeten die gesetzlich vorgesehenen Sprechstunden des Betriebsrats in Betrieben mit mehr als einhundert Arbeitnehmern. Dennoch war für die Gruppenräte das Abhalten von Sprechstunden genauso möglich und vom Gesetzgeber erwünscht wie für Betriebsräte in kleineren Betrieben.[817]

Neben dem Betriebsrat und den Gruppenräten der Arbeiter und Angestellten kannte das Betriebsrätegesetz auch die Institutionen einer Betriebsversammlung[818] und der Gruppenversammlungen[819]. In diesen kamen die gesamten Arbeitnehmer bzw. alle Arbeiter oder Angestellten des Betriebs zusammen. Mit diesen Versammlungen sollte, wie mit den Sprechstunden des Betriebsrats, die Anbindung des Betriebsrats an die Gesamtbelegschaft gesichert werden.[820] Sie konnten daher entweder durch den Betriebsratsvorsitzenden alleine oder auf Antrag des Arbeitgebers oder eines Viertels der Arbeitnehmer einberufen werden.[821] In den Versammlungen konnten Wünsche und Anträge an den Betriebsrat gerichtet werden.[822] An ihre Entscheidungen binden konnten sie ihn aber nicht.[823] Sie dienten daher vor allem dem Betriebsrat als Plenum, in dem er sich über die Meinungen, Wünsche und Probleme der Arbeitnehmer informieren und ihnen seine Pläne und Entscheidungen präsentieren und erklären konnte.[824]

---

814 *Gürteler*, BRG, S. 67; *Mansfeld*, BRG, S. 179.
815 *Gürteler*, BRG, S. 138; *Mansfeld*, BRG, S. 377 f.; zur Schlichtung siehe unten III. 5.2.6.
816 § 38 BRG.
817 Vgl. *Flatow/Kahn-Freund*, BRG, S. 388 f.; *Gürteler*, BRG, S. 138.
818 § 45 BRG.
819 § 49 BRG.
820 *Mansfeld*, BRG, S. 249.
821 § 46 Abs. 1 BRG.
822 § 48 BRG.
823 *Gürteler*, BRG, S. 94.
824 *Gürteler*, BRG, S. 94; *Mansfeld*, BRG, S. 242.

4.7 *Aufgaben und Kompetenzen*

Die programmatischen Aufgabensätze für die Betriebsräte waren in § 1 Betriebsrätegesetz niedergelegt. Hiernach sollte der Betriebsrat die „gemeinsamen wirtschaftlichen Interessen der Arbeiternehmer gegenüber dem Arbeitgeber vertreten“ und diesen „in der Erfüllung der Betriebszwecke“ unterstützen. Die Aufgaben der Betriebsräte bezogen sich damit auf ein weites Feld betrieblicher Belange. Eingegrenzt wurde es durch den alleinigen unternehmerischen Entscheidungsbereich einerseits und die gewerkschaftlichen Kompetenzen andererseits. Insbesondere bei der Abgrenzung zu dem gewerkschaftlichen Beteiligungsbereich konnte es zu Schwierigkeiten und gegenseitigen Überlagerungen kommen. In solchen Fällen gingen Tarifabreden betrieblichen Regelungen grundsätzlich vor.[825] Im Kernbereich der gewerkschaftlichen Tätigkeit, wie der überbetrieblichen Interessenvertretung oder dem Arbeitskampf, durften die Betriebsräte gar nicht tätig werden.[826] Schließlich musste auch betriebsintern nochmals unterschieden werden. Denn wo nur die Interessen einer der beiden Arbeitnehmergruppen betroffen waren, sollte nicht der Betriebsrat als Gesamtvertretungsorgan, sondern nur der Arbeiter- bzw. Angestelltenrat für die Beteiligung zuständig sein.[827]

Was genau unter die programmatischen Aufgabensätze fiel, definierte das Gesetz in abschließender Aufzählung selbst. Es waren sowohl die einzelnen Kompetenzen der Arbeitnehmervertretung als auch deren Aufteilung zwischen dem Betriebsrat und den Gruppenräten festgelegt.[828] § 1 Betriebsrätegesetz war also keine Generalklausel, sondern hatte einen rein programmatischen Charakter.

4.7.1 Betriebsvereinbarungen[829], Arbeitsordnung und Dienstvorschriften

Ein zentrales Gestaltungsmittel für die Beteiligung der Arbeitnehmervertretungen war die Betriebsvereinbarung. Sie war eine Kollektivvereinbarung zur Regelung betrieblicher Belange zwischen dem Arbeitgeber auf der einen und

825 *Berthelot,* Die Betriebsräte in Deutschland, S. 44 f.

826 *Sinzheimer,* Das Rätesystem, S. 14 f. mit ausführlicher Begründung, 32; *Sinzheimer,* Grundzüge des Arbeitsrechts, S. 232.

827 *Gürteler,* BRG, S. 139; *Mansfeld,* BRG, S. 294.

828 §§ 66, 78 BRG.

829 Die genaue rechtsdogmatische und -prakitsche Ausgestaltung der Betriebsvereinbarung war zur Weimarer Zeit in vieler Hinsicht umstritten und ist dies teilweise noch heute. Eine Darstellung der einzelnen Streitpunkte ist jedoch weder für die vorliegende Arbeit nötig noch in vertretbarem Rahmen darstellbar. Sie werden daher im folgenden nur grob angerissen.

dem Betriebsrat oder dem zuständigen Gruppenrat auf der anderen Seite. Die Möglichkeit, Betriebsvereinbarungen abzuschließen, war damit eine der wichtigsten Kompetenzen der Arbeitnehmervertretung. Ihre genaue Rechtsnatur war indes stark umstritten.[830] Das Betriebsrätegesetz benutzte den auf *Georg Flatow* zurückgehenden[831] Begriff der Betriebsvereinbarung nicht und auch die später erlassenen Nebengesetze, die ihn enthielten, lieferten keine Definition. Dennoch war der Begriff an sich schon zur Weimarer Zeit bekannt und gebräuchlich.[832] Für die grundsätzliche Regelungswirkung der Betriebsvereinbarung war ihre genaue Rechtsnatur kaum von Bedeutung.[833] Weitgehend Konsens war, dass sie gegenüber den Betriebsparteien normative Wirkung entfaltete und dann unmittelbar, wenn auch nicht notwendig unabdingbar,[834] auf die Einzelarbeitsverhältnisse der ihr unterfallenden Arbeitnehmer wirkte. Inhaltlich konnten die Betriebsparteien über alle Materien, die in den Beteiligungsbereich der Arbeitnehmervertretung fielen, Betriebsvereinbarungen abschließen. War eine Einigung zwischen den Betriebsparteien nicht möglich, konnten sie die Schlichtungsstelle anrufen.[835] Deren Spruch hatte in den meisten Fällen unverbindlichen Charakter. In einigen Fällen ersetzte er aber auch die Einigung der Betriebsparteien, war also verbindlich. Die beiden wichtigsten Materien waren die Arbeitsordnung und die Dienstvorschriften.

Die Gewerbeordnung des Kaiserreichs galt auch in der Weimarer Republik weiter. Dabei war mit § 134 GewO die Vorschrift bestehen geblieben, dass in allen Betrieben mit mehr als zwanzig Arbeitnehmern eine Fabrikordnung oder, nach der neueren, gesetzlichen Terminologie, eine Arbeitsordnung zu erlassen war. Nach der zum Betriebsrätegesetz entwickelten Systematik war die Arbeitsordnung eine Betriebsvereinbarung,[836] wenngleich sie einige Besonderheiten aufwies, die vor allem ihren in Teilen zwingenden Charakter betrafen. Sie war daher zwischen den Betriebsparteien auszuhandeln und gemeinsam zu beschließen.[837]

830 *Mansfeld,* BRG, S. 310 f.; ein Streit der bis heute nicht vollständig entschieden ist vgl. *Richardi,* in: *Richardi,* BetrVG, § 77 Rn. 23 ff.

831 *Richardi,* in: *Richardi,* BetrVG, § 77 Rn. 21.

832 Vgl. *Flatow/Kahn-Freund,* BRG, S. 308; *Mansfeld,* BRG, S. 310.

833 Vgl. *Richardi,* in: *Richardi,* BetrVG, § 77 Rn. 24.

834 Zu diesem Streit *Mansfeld,* BRG, S. 311 f., *Flatow/Kahn-Freund,* BRG, S. 319 ff.

835 *Gürteler,* BRG, S. 142.

836 *Flatow/Kahn-Freund,* BRG, S. 313, 317; *Hueck/Nipperdey,* Lehrbuch des Arbeitsrechts, S. 327.

837 §§ 78 Nr. 3, 80 BRG.

Inhaltlich hatte die Arbeitsordnung durch die größere Zahl arbeitsrechtlicher Gesetze im Vergleich zur Vorkriegszeit etwas an Regelungsbreite verloren. Sie blieb aber dennoch die Grundlage der Ausgestaltung der betrieblichen Arbeitsbedingungen. Nach den §§ 134a ff. GewO waren in ihr zwingend die Anfangs- und Endzeiten der täglichen Arbeit sowie die Pausen zu regeln. Zudem mussten auch die Grundlagen für Lohnabrechnung und -auszahlung in ihr festgesetzt werden.[838] Daneben gab es eine Reihe von Regelungen, die nur in der Arbeitsordnung getroffen werden konnten, ansonsten mussten sie ganz unterbleiben.[839] Hierzu gehörten zuungunsten der Arbeitnehmer erfolgende Abweichungen von den gesetzlichen Kündigungsfristen und -gründen sowie alle Regelungen über Betriebsstrafen. Schließlich war es den Betriebsparteien unbenommen, noch weitere Regelungen in der Arbeitsordnung zu treffen, die ansonsten auch in Form einer regulären Betriebsvereinbarung hätten erfolgen können.

Die Arbeitsordnung war zwischen dem Arbeitgeber und dem Arbeiter- oder Angestelltenrat und nicht dem Betriebsrat zu verhandeln.[840] Der Gesetzgeber folgte mit dieser Kompetenzzuordnung der allgemeinen Ansicht, dass für die beiden Gruppen von Arbeitnehmern auch eine deutlich verschiedentliche Ausgestaltung der grundlegenden betrieblichen Arbeitsbedingungen notwendig war. Konnte im Wege der Verhandlungen keine Einigung erzielt werden, wurde diese durch den Spruch der Schlichtungsstelle ersetzt.[841] Im Falle einer Nichteinigung über die Regelungen zu den Betriebsstrafen entschieden ab 1926 die neu eingeführten Arbeitsgerichte.[842] Insofern zeigte sich deutlich der besondere Charakter der Arbeitsordnung im Vergleich zu anderen Betriebsvereinbarungen. Der Arbeitgeber konnte eine Arbeitsordnung, anderes als vor der Geltung des Betriebsrätegesetzes, nicht mehr alleine festsetzen. Nach außen deutlich dokumentiert wurde dies auch durch die Vorgabe, dass der vorgeschriebene Aushang der Arbeitsordnung nicht nur vom Arbeitgeber, sondern auch vom Vorsitzenden des jeweiligen Gruppenrats zu unterzeichnen war.[843]

Neben der Arbeitsordnung war der Arbeitnehmervertretung auch ein Beteiligungsrecht bei Dienstvorschriften gegeben.[844] Formell handelte es sich bei diesen um Betriebsvereinbarungen, die die Ordnung und das Verhalten der

---

838 *Hueck/Nipperdey,* Lehrbuch des Arbeitsrechts, S. 333.

839 *Hueck/Nipperdey,* Lehrbuch des Arbeitsrechts, S. 334; *Mansfeld,* BRG, S. 310 f.

840 *Gürteler,* BRG, S. 146; *Hueck/Nipperdey,* Lehrbuch des Arbeitsrechts, S. 330 f.

841 §§ 80 Abs. 1 i.V.m. 75 Abs.1 BRG.

842 § 80 Abs. 2 BRG.

843 *Hueck/Nipperdey,* Lehrbuch des Arbeitsrechts, S. 331.

844 § 75 BRG.

Arbeitnehmer im Betrieb betrafen.[845] Aus der fehlenden gesetzlichen Definition des Begriffs der Dienstvorschrift und damit der fehlenden inhaltlichen Abgrenzung zum Direktionsrecht des Arbeitgebers ergaben sich einige praktische Probleme. Dogmatisch wurde die Grenze zwischen einseitigem Direktionsrecht und zu vereinbarender Dienstvorschrift meist dort gezogen, wo es nicht mehr um die allgemeine Ordnung und das allgemeine Verhalten im Betrieb, sondern um Anweisungen zur Ausführung der technischen Arbeits- und Produktionsprozesse ging.[846] Besonders entscheidend war diese Abgrenzung, da im Bereich der beteiligungsrelevanten Dienstvorschriften der Spruch des Schlichtungsausschusses, wie bei der Arbeitsordnung, bindend war.[847] Im Hinblick auf das Ausführungsverhalten bei Produktionsprozessen konnte der Arbeitgeber hingegen weitgehend alleine entscheiden. Die Zuständigkeitsverteilung für die Vereinbarung einer Dienstvorschrift zwischen Betriebsrat und den Gruppenräten richtete sich danach, ob alle Arbeitnehmer oder nur Arbeiter bzw. Angestellte von der Dienstvorschrift erfasst werden sollten.[848]

4.7.2 Entlohnung, Arbeitszeit und Urlaub

Auch bei der Festsetzung der Entlohnungssysteme, der Akkord- und Stücklöhne, der Arbeitszeit, einschließlich Kurzarbeit und Überstunden, sowie der Urlaubsregeln konnte die Arbeitnehmervertretung mitwirken.[849] Die Betriebsparteien unterlagen hierbei aber dem Tarifvorrang.[850] Bestand also schon eine tarifvertragliche Reglung, hing die Regelungskompetenz der Betriebsparteien davon ab, ob erstere noch Raum für eine Konkretisierung durch eine betriebliche Abrede erlaubte oder ob sie in sich abschließend war.[851] Gerade im Bereich der Arbeitszeit waren neben den Tarifverträgen auch gesetzliche Regelungen entscheidend zu beachten. So war der Acht-Stunden-Tag der gesetzliche Normalfall, der nur mit Genehmigung der Behörden oder durch Tarifvertrag verlängert werden durfte.[852]

Wie genau die Festsetzung von Lohnfragen, Arbeitszeit und Urlaubsregeln auf betrieblicher Ebene erfolgen sollte, war im Gesetz nicht festgelegt. Nur die

845 *Mansfeld*, BRG, S. 319.
846 *Mansfeld*, BRG, S. 320.
847 § 75 Abs. 1 BRG.
848 *Flatow/Kahn-Freund*, BRG, S. 377; *Mansfeld*, BRG, S. 365.
849 § 78 Nr. 2BRG.
850 *Feig/Sitzler*, BRG, S. 201.
851 *Flatow/Kahn-Freund*, BRG, S. 398.
852 *Mansfeld*, BRG, S. 401.

Arbeitszeiten waren zum Teil zwingend in der Arbeitsordnung zu regeln. Intern war die Kompetenz nicht dem Betriebsrat, sondern dem Arbeiter- oder Angestelltenrat zugewiesen.[853] In der Praxis setzte sich der Abschluss von Betriebsvereinbarungen weitgehend durch.[854] Damit näherten sich die Positionen der Betriebsparteien in diesem Bereich stark an die der Tarifvertragsparteien an. Entsprechend kontrovers und konfrontativ konnten wohl auch Verhandlungen zwischen ihnen werden. Dennoch blieben die entscheidenden Unterschiede der beiden großen Vertretungsebenen präsent. Konnten die Gewerkschaften ihre Forderungen, notfalls im Arbeitskampf, durchsetzen, waren die Arbeitnehmervertreter auf betrieblicher Ebene auf die Anrufung des Schlichtungsausschusses beschränkt. Dieser konnte in den meisten Fällen nur eine unverbindliche Empfehlung aussprechen.

4.7.3 Kündigungen und Einstellungsrichtlinien

Das Betriebsrätegesetz gab dem Arbeiter- bzw. Angestelltenrat auch eine Beteiligungsmöglichkeit bei arbeitgeberseitigen Kündigungen.[855] Damit stellte das Gesetz zum ersten Mal in der deutschen Geschichte Regelungen zum allgemeinen Kündigungsschutz auf. Es schränkte damit das aus dem bürgerlichen Recht stammende und zuvor auch im Arbeitsrecht geltende Prinzip der jederzeit grundlos möglichen, wenn auch fristgebundenen Kündigung von Dauerschuldverhältnissen ein.[856]

Ein gekündigter Arbeitnehmer konnte innerhalb von fünf Tagen Einspruch bei dem zuständigen Gruppenrat einlegen.[857] Bei einer ordentlichen Kündigung war dies allerdings nur möglich, wenn er die Kündigung aus einem von mehreren im Gesetz definierten Gründen für unwirksam hielt und er dies auch darlegen konnte. Allen voran war danach der Einspruch möglich, wenn der Arbeitnehmer meinte, die Kündigung beruhe auf einer geschlechtlichen, politischen, religiösen oder gewerkschaftlichen Diskriminierung. Möglich war der Einspruch auch, wenn die Kündigung ohne Begründung oder aufgrund der Weigerung des Arbeitnehmers dauerhaft nicht vereinbarte Arbeit zu verrichten beruhte. Schließlich bestand das Einspruchsrecht auch, wenn die Kündigung eine unbillige und ungerechtfertigte Härte für den Arbeitnehmer bedeutete. Bei einer außerordentlichen Kündigung war der Einspruch hingegen immer möglich,

853 §§ 78 Nr. 3, 80 BRG.

854 *Mansfeld,* BRG, S. 386.

855 §§ 78 Nr. 9, 84–90 BRG.

856 *Hueck/Nipperdey,* Lehrbuch des Arbeitsrechts, S. 302.

857 § 84 Abs. 1 BRG.

wenn der Arbeitnehmer darlegte, dass kein wichtiger Kündigungsgrund vorlag.[858]

Nach einer Prüfung des Einspruchs konnte der Arbeiter- oder Angestelltenrat innerhalb einer Woche mit dem Arbeitgeber Verhandlungen über die Kündigung aufnehmen.[859] Wurde keine Lösung gefunden, konnten der Gruppenrat oder der betroffene Arbeitnehmer das Arbeitsgericht anrufen. Befand dieses den Einspruch des Arbeitnehmers aufgrund eines der im Gesetz genannten Gründe für berechtigt, hatte der Arbeitgeber ein Wahlrecht.[860] Er konnte den Arbeitnehmer entweder weiterbeschäftigen oder aber ihm eine Abfindung zahlen. Die Höhe der Abfindung war durch das Gericht unter Ansehung des Einzelfalls festzusetzen. Sie durfte aber pro Beschäftigungsjahr ein zwölftel des letzten Jahresgehalts nicht überschreiten. Eine aufschiebende Wirkung gegenüber der Kündigung hatte der Einspruch nicht.[861] Im Fall der Weiterbeschäftigung schuldete der Arbeitgeber dem Arbeitnehmer jedoch rückwirkend Entgeltzahlung für die aufgrund der unberechtigten Kündigung verpasste Arbeitszeit.[862] Ein Arbeitnehmer, der im Arbeitsgerichtsverfahren Recht bekam, aber bereits eine neue Arbeitsstelle hatte, konnte zudem eine angebotene Weiterbeschäftigung bei seinem alten Arbeitgeber verweigern.[863] In diesem Fall bekam er zwar keinen Abfindungs-, aber ebenfalls einen rückwirkenden Entgeltanspruch bis zum Zeitpunkt des Urteils. Allerdings musste sich der betroffene Arbeitnehmer gemäß § 615 Absatz 2 des Bürgerlichen Gesetzbuchs in beiden Fällen anderweitig erlangtes oder schuldhaft nicht erlangtes Entgelt auf den rückwirkenden Entgeltanspruch anrechnen lassen.

Auch bei Einstellungen hatte die Arbeitnehmervertretung ein Beteiligungsrecht.[864] Es bezog sich nicht auf die einzelne Einstellung, sondern beschränkte sich auf das Mitwirken beim Aufstellen von Einstellungsrichtlinien.[865] An dem eigentlichen Einstellungsprozess, auch bei Einstellungen, die auf der Grundlage der Richtlinien erfolgten, war die Arbeitnehmervertretung nicht beteiligt. Zum Inhalt der Richtlinien machte das Gesetz wenige Vorgaben. Es legte aber fest, dass die Richtlinien nicht aufgrund von politischer, militärischer, konfessioneller

858 § 84 Abs. 2 BRG.
859 § 86 Abs. 1 BRG.
860 § 87 BRG.
861 § 86 Abs. 2 BRG.
862 § 88 BRG.
863 § 89 BRG.
864 §§ 78 Nr. 8, 81–83 BRG.
865 *Feig/Sitzler*, BRG, S. 217; *Gürteler*, BRG, S. 149.

oder gewerkschaftlicher Zugehörigkeit diskriminieren durften.[866] Verstieß der Arbeitgeber bei einer Einstellung nach Meinung des zuständigen Gruppenrates gegen die Einstellungsrichtlinie, konnte der Rat das Arbeitsgericht anrufen, sofern keine Einigung mit dem Arbeitgeber möglich war.[867] Das Gericht konnte sodann das Arbeitsverhältnis des neu Eingestellten unter Einhaltung der ordentlichen Kündigungsfrist auflösen.[868]

Während das Beteiligungsrecht bei Einstellungen wenig praktische Relevanz entwickelte,[869] wurde das Einspruchsrecht bei Kündigungen zu einem der wichtigsten und meistgenutzten Beteiligungsrechte des Betriebsratsgesetzes überhaupt.[870] Mit dem Recht der Arbeitnehmer, bei ihrer Arbeitnehmervertretung Einspruch gegen eine Kündigung zu erheben und mit dem Katalog an Gründen, aufgrund derer eine arbeitsrechtliche Kündigung unwirksam sein konnte, obwohl sie nach dem bürgerlichen Recht an sich rechtswirksam gewesen wäre, ist das Betriebsrätegesetz sowohl Vorläufer des modernen deutschen Kündigungsschutzrechts als auch des Einspruchsrechts des Betriebsrats bei Kündigungen nach § 102 BertVG.

Schließlich war die Arbeitnehmervertretung nach dem Betriebsverfassungsrecht auch dann zu beteiligen, wenn es um die Kündigung oder Einstellung einer Vielzahl von Arbeitnehmern ging.[871] Bei solchen Massenentlassungen oder -einstellungen musste sich der Arbeitgeber laut Gesetz vor der Maßnahme mit dem Betriebsrat „ins Benehmen setzen". Was genau hierunter zu verstehen war, definierte es nicht. Der Arbeitgeber sollte aber wohl den Betriebsrat über die geplanten Maßnahmen informieren und mit diesem Möglichkeiten zur sozialadäquaten bzw. betriebsverträglichen Gestaltung erörtern.[872] Zu etwaigen Konsequenzen, falls der Arbeitgeber dieser Verpflichtung nicht nachkam, schwieg das Gesetz ebenfalls. In Literatur und Praxis entwickelte sich insoweit keine einheitliche Linie. Weitgehende Einigkeit bestand darin, dass ein Verstoß keinen Einfluss auf die Wirksamkeit der einzelnen Einstellungen oder Entlassungen hatte.[873] Zudem sollten die Arbeitnehmer und ihre Vertretung die Einspruchs- und Klagerechte wie bei

---

866 § 81 Abs. 1 BRG.

867 § 82 BRG.

868 § 83 BRG.

869 *Feig/Sitzler,* BRG, S. 217.

870 *Plumpe,* Betriebliche Mitbestimmung in der Weimarer Republik, S. 49.

871 § 74 BRG.

872 *Flatow/Kahn-Freund,* BRG, S. 374.

873 Kammergericht Berlin, Urteil vom 27. Juni 1923, RABl. 1923, S. 711; OLG Stettin, Urteil vom 9. August 1923, RABl. 1923, S. 679; *Feig/Sitzler,* BRG, S. 190; *Flatow/*

Einzelentlassungen oder -einstellungen behalten.[874] Teilweise wurden den entlassenen Arbeitnehmern zusätzlich Schadensersatzansprüche zugesprochen.[875] Schließlich wurde Vertreten, dass die Missachtung des Beteiligungsrechts für den Arbeitgeber strafbewehrt war.[876]

4.7.4 Strafen

Auch in der Weimarer Zeit konnten weiterhin arbeitsrechtliche Strafen, meist in Form von Geldstrafen, vereinbart werden. Die Strafen konnten im einzelnen Arbeitsvertrag, in der Arbeitsordnung oder einem Tarifvertrag festgelegt werden.[877] Als strafwürdiges Verhalten wurden regelmäßig Zuspätkommen, Unsauberkeit, Streitigkeiten, Beleidigungen und entsprechende Verfehlungen innerhalb des Betriebs qualifiziert. Durch das Betriebsrätegesetz war es dem Arbeitgeber nun nicht mehr möglich, solche Strafen eigenmächtig zu verhängen.[878] Vielmehr brauchte er die Zustimmung des Arbeiter- bzw. Angestelltenrats. Konnten sich Arbeitgeber und Gruppenrat nicht verständigen, musste das Arbeitsgericht über die Festsetzung der Strafe in jedem einzelnen Fall entscheiden.

4.7.5 Wohlfahrtseinrichtungen

Ein weiteres wichtiges Betätigungsfeld der Arbeitnehmervertretung blieben die in vielen Unternehmen bestehenden betrieblichen Wohlfahrtseinrichtungen.[879] Sie reichten von verschiedenen Betriebskassen bis zur Ergänzung der staatlichen Sozialversicherungen über Wohnheime und Betriebswohnungen bis hin zu verschiedenen Freizeit- und Bildungseinrichtungen.[880] Bei ihrer Verwaltung sollten der Arbeitnehmervertretung Mitwirkungsrechte eingeräumt werden. Die Ausgestaltung der Mitwirkung blieb dabei einer Betriebsvereinbarung überlassen. Konnten sich die Betriebsparteien nicht einigen, blieb ihnen die Anrufung des

---

Kahn-Freund, BRG, S. 375; *Gürteler,* BRG, S. 135; *Kieschke/Syrup/Krause,* BRG, S. 108; *Mansfeld,* BRG, S. 362; *Wölbling/Schultz/Sell,* BRG, S. 177.

874 *Flatow/Kahn-Freund,* BRG, S. 375; *Mansfeld,* BRG, S. 362 der hierbei zusätzlich einen Anscheinsbeweis mit entsprechender Beweislastumkehr für die Unzulässigkeit einer Kündigung annahm; ähnlich wie *Mansfeld* auch *Gürteler,* BRG, S. 135.

875 OLG Stettin, Urteil vom 9. August 1923, RABl. 1923, S. 679.

876 *Flatow/Kahn-Freund,* BRG, S. 375; *Mansfeld,* BRG, S. 364; im Ergebnis auch *Gürteler,* BRG, S. 135.

877 *Flatow/Kahn-Freund,* BRG, S. 412 f; *Sinzheimer,* Grundzüge des Arbeitsrechts, S. 246.

878 § 80 Abs. 2 BRG; *Gürteler,* BRG, S. 148.

879 § 66 Nr. 9BRG.

880 *Flatow/Kahn-Freund,* BRG, S. 348 f.

Schlichtungsausschusses. Dessen Spruch hatte aber keinen zwingenden Charakter. Die Reichweite der Mitwirkung an der Verwaltung der Wohlfahrtseinrichtungen lag damit weitgehend im Entscheidungsbereich des Arbeitgebers, auch wenn er die Mitwirkung nicht vollständig ausschließen durfte.

4.7.6 Beschwerden und Wünsche

Der Betriebsrat und die Gruppenräte fungierten ferner als Sprachrohr für die Beschwerden und Wünsche der Arbeitnehmer.[881] Dabei hatten die einzelnen Arbeitnehmer sich zuvorderst an ihren Gruppenrat zu halten. Erst wenn es diesem nicht gelang, für Abhilfe zu sorgen, konnte der Betriebsrat eingeschaltet werden. Blieb auch dieser erfolglos, konnte der Betriebsrat bei Sachen mit kollektivem Bezug den Schlichtungsausschuss anrufen. War nur das Arbeitsverhältnis eines einzelnen Arbeitnehmers betroffen, war dies hingegen nicht möglich. Der Arbeitnehmer war dann auf eine Klage vor dem Arbeitsgericht beschränkt.[882]

4.7.7 Arbeitsschutz

In direktem Zusammenhang mit den Beschwerden der Arbeitnehmer standen die Kompetenzen des Betriebsrats und der Gruppenräte im Bereich des Arbeitsschutzes.[883] Hier fungierten alle drei Organe als Gehilfen der für den Arbeitsschutz zuständigen Gewerbeaufsicht.[884] Allem voran konnten sie in diesem Bereich Beschwerden der Belegschaft aufnehmen und diese, sofern die Missstände nicht durch den Arbeitgeber abgestellt wurden, an die Gewerbeaufsicht weiterleiten. Zudem hatten sie die Aufgabe, eigenständig für die Einhaltung des Unfall- und Gesundheitsschutzes zu sorgen. Sie hatten insofern eine gesetzlich geschützte Überwachungsfunktion, die es ihnen erlaubte, alle relevanten Betriebsräume zu betreten und die Arbeitnehmer zu befragen.[885] Die Räte konnten dem Arbeitgeber dann aus eigenem Antrieb Anregungen geben und auf Verbesserungen hinwirken. In Streitfällen konnten sie, wie bei den Beschwerden der Arbeitnehmer, die Gewerbeaufsicht einschalten.

Da insbesondere die Überwachung des gesetzlichen Unfall- und Gesundheitsschutzes gute Kenntnisse der entsprechenden Gesetze und Verordnungen

---

881 Vgl. §§ 66 Nr. 7, 76, 78 Nr. 4BRG; *Sinzheimer,* Grundzüge des Arbeitsrechts, S. 242.

882 *Flatow/Kahn-Freund,* BRG, S. 343 f.; *Gürteler,* BRG, S. 144.

883 *Jacobi,* Einführung in das Gewerbe- und Arbeitsrecht, S. 52 f.; *Sinzheimer,* Grundzüge des Arbeitsrechts, S. 242 f.

884 §§ 66 Nr. 8, 77, 78 Nr. 6BRG.

885 *Flatow/Kahn-Freund,* BRG, S. 345; *Gürteler,* BRG, S. 120 f.

voraussetzte,[886] war es in vielen Betrieben sinnvoll, ein oder mehrere Betriebsratsmitglieder als Arbeitsschutzbeauftragte zu bestellen.[887] Diese wurden dann in der Materie geschult und dienten Gewerbeaufsicht, Arbeitnehmern und anderen Betriebsratsmitgliedern als Ansprechpartner.

Gerade auch in den immer technisierter arbeitenden Betrieben der Weimarer Zeit war die Überwachung des Arbeitsschutzes eine wichtige soziale Aufgabe. Mit ihrer anteiligen Übertragung auf den Betriebsrat wurde eine weitergehende Einhaltung der relevanten Normen gefördert. Durchgesetzt wurden die Arbeitsschutzgesetze allerdings nicht durch das Instrumentarium des Betriebsrätegesetzes. Vielmehr erfolgte sie auf dem verwaltungsrechtlichen Weg durch die Gewerbeaufsicht. Die Arbeitnehmervertretungen hatten auf diesem Gebiet nur eine, wenn auch wichtige, Hilfsfunktion.

4.7.8 Überwachung von Tarifverträgen und Schiedssprüchen

Eine ähnliche Überwachungsfunkion oblag dem Betriebsrat und den Gruppenräten bezüglich der im Betrieb geltenden Tarifverträge und Schiedssprüche der Schlichtungsstellen.[888] Auch deren Einhaltung hatten sie zu überwachen und auf ihre konsequente Umsetzung hinzuwirken.[889]

Im Bereich der Tarifverträge bedeutete diese Aufgabe eine erhebliche Verzahnung der betrieblichen Arbeitnehmervertretung mit den im Betrieb vertretenen Gewerkschaften. Bei einer guten Kooperation der beiden Vertretungsebenen konnte diese Befugnis zu einer erheblichen Reduktion ansonsten nötiger Doppelstrukturen in den Betrieben führen.

Gleichzeitig war dem Betriebsrat durch seine gesetzlichen Auskunfts- und Informationsrechte eine Überwachung der Tarifbestimmungen möglich, die den Gewerkschaften in solcher Effektivität nicht möglich gewesen wäre.[890] Denn der Betriebsrat oder der Betriebsausschuss, wo er bestand, konnte vom Arbeitgeber umfassende Informationen über alle die Dienstverträge und Tätigkeiten der Arbeitnehmer betreffenden Betriebsvorgänge verlangen.[891] Gleichzeitig mussten ihm auch die Lohnbücher und anderen Unterlagen vorgelegt werden, die zur Überwachung der Tarifverträge nötig waren. Diese Informationsrechte konnten

886 Mit einer Aufzählung der insoweit einschlägigen Normen *Flatow/Kahn-Freund*, BRG, S. 393 f.
887 *Flatow/Kahn-Freund*, BRG, S. 345; vgl. insoweit auch § 77 BRG.
888 *Sinzheimer*, Grundzüge des Arbeitsrechts, S. 242.
889 §§ 66 Nr. 4, 78 Nr. 1BRG.
890 *Jacobi*, Einführung in das Gewerbe- und Arbeitsrecht, S. 52.
891 § 71 Abs. 1 BRG.

nur eingeschränkt werden, wenn eine konkrete Gefahr für Betriebs- oder Geschäftsgeheimnisse bestand, die das Interesse der Arbeitnehmervertretung an den Informationen überwog.[892] Die Betriebsratsmitglieder waren im Gegenzug unter Strafdrohung zum Stillschweigen über die erhaltenen vertraulichen Informationen verpflichtet.[893]

4.7.9 Wirtschaftliche Beteiligungsrechte

Neben den sozialen Beteiligungsrechten bildete die wirtschaftliche Beteiligung den zweiten großen Kompetenzbereich des Betriebsrats. Dieser Bereich war deutlich weniger vielschichtig als die Beteiligung in personellen und sozialen Belangen und gewährte dem Betriebsrat lediglich Informations- und Vorschlagsrechte und keine echten Mitbestimmungsrechte.[894] Ferner standen die wirtschaftlichen Beteiligungsrechte auch nur den Betriebsräten von Betrieben zu, die einen wirtschaftlichen Zweck verfolgten. Insbesondere Betriebe, die ausschließlich dem Allgemeinwohl dienten und nicht auf die Erzielung wirtschaftlicher Vorteile gerichtet waren, fielen nicht unter die Beteiligung.

Zentral für die wirtschaftliche Beteiligung des Betriebsrätegesetzes war das Recht des Betriebsrats, den Arbeitgeber durch seinen Rat bei der Betriebsleitung zu unterstützen.[895] Dieses Recht bedeutete aber kein echtes Mitbestimmungsrecht des Betriebsrats in den wirtschaftlichen Angelegenheiten des Betriebs. Vielmehr hatte der Arbeitgeber dem Betriebsrat lediglich die Möglichkeit zu geben, Vorschläge für die Betriebsleitung zu unterbreiten und diese ernsthaft zu erörtern.[896] Folgen musste der Arbeitgeber den Vorschlägen des Betriebsrats hingegen nicht. Kehrseite dieses Beratungsrechts war die Pflicht des Betriebsrats, den Arbeitgeber bei der Betriebsleitung beratend zu unterstützen. Forderte also der Arbeitgeber die Meinung des Betriebsrats zu einer geplanten oder bestehenden betrieblichen Maßnahme ein, durfte der Betriebsrat eine Stellungnahme nicht verweigern.[897]

Ziel der wirtschaftlichen Beratung des Arbeitgebers durch den Betriebsrat sollte ein möglichst hohes Maß an Effizienz und Wirtschaftlichkeit in der Betriebsleitung sein.[898] Der Gesetzgeber ging davon aus, dass die Erfahrungen

---

892 *Flatow/Kahn-Freund,* BRG, S. 345.
893 §§ 71 Abs. 1 i.V.m. 100 BRG.
894 *Jacobi,* Einführung in das Gewerbe- und Arbeitsrecht, S. 53.
895 § 66 Nr. 1BRG.
896 *Hueck/Nipperdey,* Lehrbuch des Arbeitsrechts, S. 557; *Mansfeld,* BRG, S. 302.
897 *Hueck/Nipperdey,* Lehrbuch des Arbeitsrechts, S. 557; *Mansfeld,* BRG, S. 303.
898 *Mansfeld,* BRG, S. 303.

der Arbeitnehmer und ihrer Vertreter gewinnbringend und produktionsfördernd in die Betriebsleitung eingebracht werden konnten.

In Verbindung mit den Auskunfts- und Informationsrechten des Betriebsrats erhielt die wirtschaftliche Beteiligung aber dennoch eine wichtige Stellung im Aufgabenspektrum des Betriebsrats. So musste der Arbeitgeber dem Betriebsrat oder dort, wo er bestand, dem Betriebsausschuss, vierteljährlich einen Bericht über die wirtschaftliche Lage des Unternehmens und die allgemeine Wirtschaftslage, in der es sich bewegte, erstatten.[899] In größeren Betrieben mit mehr als fünfzig Angestellten oder 300 Arbeitern, in denen eine kaufmännische Buchführung obligatorisch war, mussten dem Betriebsrat zudem jährlich die Betriebsbilanz und eine betriebliche Gewinn- und Verlustrechnung vorgelegt werden.[900] Beide Berichtspflichten sollten den Betriebsrat mit den nötigen Informationen für seine Tätigkeit im Allgemeinen und seine wirtschaftlichen Beratungsaufgaben im Besonderen versorgen.[901] Zum Schutz der Interessen des Arbeitgebers waren die Betriebsratsmitglieder auch hier strafbewehrt zum Stillschweigen über die erhaltenen vertraulichen Informationen verpflichtet.[902]

4.8 Schutz und Aufwandsentschädigung

Die Betriebsratstätigkeit war Ehrenamt.[903] Die Mitglieder der Arbeitnehmervertretung erhielten keine Aufwandsentschädigung und die Tätigkeit war grundsätzlich außerhalb der Arbeitszeit auszuüben.[904] Nur wenn es wirklich nötig war, konnten die Tätigkeiten auch während der Arbeitszeit und dann auch bei weiterbestehendem Lohnanspruch verrichtet werden.[905]

Das Betriebsrätegesetz gab den Mitgliedern der Arbeitnehmervertretung ein gewisses Maß an Schutz gegenüber dem Arbeitgeber.[906] So bestand ein Willkürschutz durch die Vorgabe, dass den Arbeitnehmern kein Nachteil aus der

899 § 71 Abs. 2 BRG.

900 § 72 Abs. 2 BRG i.V.m. dem Betriebsbilanzgesetz.

901 *Feig/Sitzler*, BRG, S. 185; *Mansfeld*, BRG, S. 348, 351 f.

902 §§ 71 Abs. 3, 72 Abs. 2, 100 BRG.

903 *Berthelot*, Die Betriebsräte in Deutschland, S. 42; *Jacobi*, Einführung in das Gewerbe- und Arbeitsrecht, S. 50; *Sinzheimer*, Grundzüge des Arbeitsrechts, S. 228.

904 *Berthelot*, Die Betriebsräte in Deutschland, S. 43.

905 *Eichelsbacher*, Betriebsrätegesetz mit den Nebengesetzen, den Wahlordnungen und Ausführungsbestimmungen, S. 10.

906 *Plumpe*, Betriebliche Mitbestimmung in der Weimarer Republik, S. 49.

Ausübung der sich aus dem Gesetz ergebenden Rechte entstehen durfte.[907] Auch konnten die Mitglieder der Arbeitnehmervertretung nur mit der Zustimmung der anderen Mitglieder entlassen oder versetzt werden.[908] Wurde die Zustimmung verweigert konnte der Arbeitgeber beim Arbeitsgericht die Ersetzung der Zustimmung beantragen.[909] Bis zu dessen Urteil war der Arbeitgeber zur Weiterbeschäftigung verpflichtet. Diese Vorschriften waren für den Arbeitgeber strafbewehrt.[910] Der Sonderkündigungsschutz erstreckte sich aber nicht auf die Wahlvorstände und Listenkandidaten. [911]

5. Institutionelle Elemente und Verfahrenselemente

Wie die konstitutionelle Fabrik weist auch die Beteiligung nach dem Betriebsrätegesetz sowohl institutionelle als auch Verfahrenselemente auf. Auch hier ergänzten und unterstützten die verschiedenen Elemente sich gegenseitig. Die institutionellen Elemente waren im Betriebsrätegesetz allerdings deutlich ausdifferenzierter, um eine optimale Vertretung und Wahrung der verschiedenen im Betrieb vorhandenen Interessen zu gewährleisten. Die Verfahrenselemente hingegen dienten wiederum vornehmlich der praktischen Durchführung der Beteiligung.

5.1 Institutionelle Elemente

Wie sich schon aus dem Namen der gesetzlichen Grundlage des Beteiligungsmodells ergibt, war dessen zentrale Institution der Betriebsrat. Neben diesem standen aber noch weitere Institutionen, die zwar teilweise mit diesem weitgehend personell deckungsgleich waren, aber dennoch ausgeprägte eigene Aufgaben und Zielsetzungen hatten. Dies waren zum einen der Arbeiter- und der Angestelltenrat als Vertreter der beiden großen Arbeitnehmergruppen und zum anderen Betriebsausschuss, Gesamtbetriebsrat und Betriebsversammlung als Ergänzungen des Betriebsrats in bestimmten Angelegenheiten.

Alle diese Institutionen waren auf Dauer angelegte Organe und existierten unabhängig von ihrer konkreten personellen Zusammensetzung. Sie fanden ihre rechtliche Basis im Betriebsrätegesetz, welches auch ihre grundlegende innere und äußere Struktur bestimmte.

---

907 § 95 BRG; *Sinzheimer*, Grundzüge des Arbeitsrechts, S. 228.
908 § 96 BRG.
909 § 97 BRG.
910 § 99 BRG.
911 *Plumpe*, Betriebliche Mitbestimmung in der Weimarer Republik, S. 49 f.

5.1.1 Betriebsrat

Der Betriebsrat bildete den Kern des Beteiligungsmodells. Er war das Repräsentationsorgan aller Arbeitnehmer gegenüber dem Arbeitgeber und damit Träger der die Gesamtheit der Arbeitnehmer im Betrieb betreffenden Beteiligungsrechte. Besonders deutlich war seine zentrale Stellung in der institutionellen Struktur des Beteiligungsmodells im Bereich der Wahlen. Die Arbeitnehmer wählten jährlich die Mitglieder des Betriebsrats. Die Mitglieder der anderen im Modell verorteten Institutionen leiteten ihre demokratische Legitimation sodann von dieser Wahl ab.

5.1.2 Betriebsausschuss und Gesamtbetriebsrat

So wurden die Mitglieder des Betriebsausschusses und des Gesamtbetriebsrats von den Betriebsratsmitgliedern aus ihrer Mitte gewählt. Sofern die Voraussetzungen für die Bildung dieser beiden Institutionen vorlagen, übernahmen sie die ihnen im Gesetz und etwaigen Kollektivvereinbarungen zugewiesenen Aufgaben für den Betriebsrat. Die institutionelle Existenz des Betriebsausschusses gründete dennoch nicht auf einer Entscheidung des Betriebsrats. Vielmehr hatte er eine eigenständige gesetzliche Legitimation, denn in größeren Betrieben musste der Betriebsrat zwingend einen Betriebsausschuss bilden. Ob ein Gesamtbetriebsrat geschaffen wurde, hing hingegen von der Entscheidung der Einzelbetriebsräte des betroffenen Unternehmens ab.

5.1.3 Gruppenräte, Betriebs- und Gruppenversammlungen

Die Gruppenräte waren wie der Betriebsausschuss zwingend zu bilden, wenn es in einem Betrieb Arbeitnehmer beider Gruppen gab. Auch sie leiteten ihre Legitimation von der Wahl des Betriebsrats ab, aus dessen Mitgliedern und Ersatzmitgliedern sie sich zusammensetzten.

Als letzte Institutionen bestanden noch die Betriebs- und Gruppenversammlungen der Arbeitnehmer des Betriebs. Sie waren zwar als Institution durch das Gesetz vorgesehen, kamen aber nur auf Initiative des Betriebsrats, Arbeitgebers oder eines Viertels der Arbeitnehmer zusammen.

5.2 Verfahrenselemente

Für die praktische Durchführung der Beteiligung der Arbeitnehmervertretung sah das Betriebsrätegesetz verschiedene Verfahren vor. Sie reichten von Verhandlungen mit anschließenden gemeinsamen Vereinbarungen zwischen den Betriebsparteien über Überwachungs- und Informationsrechte der Arbeitnehmervertretung bis zur bloßen Appellation der Arbeitnehmervertretung an den

Arbeitgeber. In welchem Fall auf welches Verfahren zurückzugreifen war, war im Betriebsrätegesetz verbindlich geregelt.

5.2.1 Betriebsvereinbarung

Das im Rahmen des Betriebsrätegesetzes am häufigsten verwendete Verfahren für die Beteiligung der Arbeitnehmervertreter war der Abschluss von Betriebsvereinbarungen. Sie wurden zwischen Arbeitgeber und Arbeitnehmervertretung, oft vertreten durch ihren Vorsitzenden oder eine Gruppe ihrer Mitglieder, verhandelt. Die Abschlusskompetenz lag aber bei der Arbeitnehmervertretung, die in ordentlicher Sitzung über den Abschluss jeder Betriebsvereinbarung entscheiden musste. Die Betriebsparteien standen sich in diesem Verfahren als Verhandlungsgegner gegenüber. Zudem behandelten Betriebsvereinbarungen relativ konfliktträchtige Themen wie Arbeitsordnung, -zeit oder -entgelte. In diesem Verfahren war also eine konfrontative Situation angelegt.

An eine bestimmte Form waren die Vereinbarungen nicht gebunden. Eine Ausnahme bildete lediglich die zwingend schriftliche Arbeitsordnung. Alle übrigen Betriebsvereinbarungen konnten auch formlos geschlossen werden.

5.2.2 Überwachung

Die Arbeitnehmervertretung hatte die Aufgabe, die Einhaltung der Tarifverträge, Schlichtungssprüche und Arbeitsschutzvorschriften zu überwachen. Dies geschah in einem mehrstufigen Verfahren. Auf dessen erster Stufe sollten die Betriebs- und Gruppenratsmitglieder auf die Einhaltung aktiv achten und Verstöße an die Arbeitnehmervertretung zurückmelden. Auf der zweiten Stufe war die Arbeitnehmervertretung gehalten, beim Arbeitgeber für Abhilfe zu sorgen. Verweigerte sich der Arbeitgeber, war es in einer dritten Stufe Aufgabe der Arbeitnehmervertretung, sich an die zuständigen Stellen außerhalb des Betriebs zu wenden, damit diese für Abhilfe sorgen konnten. Bei Tarifverträgen konnten hier die Gewerkschaften gefragt sein, ansonsten die staatlichen Gewerbe- und Arbeitsschutzbehörden.

5.2.3 Beratung

Insbesondere im Bereich der wirtschaftlichen Beteiligung stand dem Betriebsrat eine rein beratende Funktion zu. Mit dieser verbunden waren Informationsrechte. Es bestand auch hier ein mehrstufiges Verfahren. Als erste Stufe hatte der Betriebsrat umfassende Informationsrechte zu der wirtschaftlichen Lage des Unternehmens. Der Arbeitgeber war, wie oben beschrieben, dem Betriebsrat bzw. -ausschuss auskunfts- und unterrichtungspflichtig. Auf Grundlage der so erhaltenen Informationen konnten die Arbeitnehmervertreter als zweite Stufe

Vorschläge und Konzepte für die wirtschaftliche Gestaltung und Planung des Betriebs und der Betriebsabläufe machen. Anschließend war der Arbeitgeber verpflichtet, die so entstandenen Ideen der Arbeitnehmervertreter ernsthaft zu erörtern. Dabei reichte es nicht, die Arbeitnehmervertretung lediglich passiv anzuhören. Vielmehr musste der Arbeitgeber in einen ernsthaften Diskurs über die vorgebrachten Ideen eintreten.

5.2.4 Einspruch

Bei Kündigungen und Einstellungen konnten den Gruppenräten Einspruchsrechte gegenüber dem Arbeitgeber zustehen. Voraussetzung war im Fall einer Kündigung ein seinerseits an den Gruppenrat ergangener Einspruch des betroffenen Arbeitnehmers, im Fall einer Einstellung das Bestehen einer vorher mit dem Arbeitgeber vereinbarten Einstellungsrichtlinie. In beiden Fällen konnte der Gruppenrat beim Arbeitgeber Einspruch gegen die geplante Einzelmaßnahme einlegen und über deren Rücknahme verhandeln. Konnte keine Einigung erzielt werden, stand dem Arbeiter- oder Angestelltenrat der Gang vor das Arbeitsgericht offen.

5.2.5 Appellation

Ferner hatte die Arbeitnehmervertretung die Möglichkeit, an den Arbeitgeber zu appellieren, eine Entscheidung, die alleine in seinen Kompetenzbereich fiel, zu ändern oder zurückzunehmen. Inwiefern ein Arbeitgeber einem solchen Wunsch tatsächlich nachkam, hing wohl stark von den betrieblichen Gegebenheiten und vor allem dem Verhältnis der Betriebsparteien zu einander ab.

5.2.6 Anrufung des Schlichtungsausschusses

Schließlich hielt das Betriebsrätegesetz auch mehrere Streitlösungsverfahren vor. Neben den gerade bei einzelnen Verfahren beschriebenen Möglichkeiten, die Arbeitsgerichte, Behörden oder Gewerkschaften anzurufen, war im Betriebsrätegesetz insbesondere die Möglichkeit vorgesehen, ein Schlichtungsverfahren einzuleiten. Die Schlichtungsausschüsse waren dabei keine neue Konzeption des Betriebsrätegesetzes, sondern waren zuvor in verschiedenen Industriezweigen und während des Ersten Weltkriegs flächendeckend im Deutschen Reich eingeführt worden.[912]

Nach der ursprünglichen Konzeption des Betriebsrätegesetzes sollten ihnen umfangreiche Aufgaben zuwachsen. So waren sie bis Oktober 1923 auch für die

---

912 Siehe oben C. III. 1. und C. III. 3.

später den Arbeitsgerichten übertragene Überprüfung von Kündigungen und Entlassungen zuständig.[913] Daneben konnten sie in fast allen kollektiven Streitigkeiten zwischen Arbeitgeber und Arbeitnehmervertretung vermitteln. Sie waren in dieser Funktion aber auf die Abgabe eines nicht bindenden Schlichtungsvorschlags beschränkt.[914] Besetzt waren die Schlichtungsausschüsse mit einem neutralen Vorsitzenden und einer gleichen Zahl von durch Arbeitnehmer und Arbeitgeber bestimmten Beisitzern.

Obwohl ihre genaue Struktur, Funktion und rechtliche Grundlage in der Weimarer Republik noch im Fluss war,[915] haben die Schlichtungsausschüsse des Betriebsrätegesetzes als Vorbild für die heutigen Einigungsstellen des § 76 Betriebsverfassungsgesetz gedient und damit Wirkung bis in die heutige Zeit entfaltet.

6. Tragweite der Beteiligung

Betrachtet man die Tragweite der Arbeitnehmerbeteiligung des Betriebsrätegesetzes, ergibt sich kein einheitliches Bild. Die Beteiligungsrechte reichten ihrer Ausgestaltung nach von echten Mitbestimmungsrechten bis zu reinen Informations- und Beratungsrechten. Die Intensität der Beteiligung hing von dem einzelnen inhaltlichen Themenbereich ab. Es ist aber festzuhalten, dass praktisch alle betrieblichen Angelegenheiten in der einen oder anderen Beteiligungsform durch das Betriebsrätegesetz erfasst wurden.

Folgend werden daher die thematischen Beteiligungsbereiche, die das Betriebsrätegesetz vorsieht, angesprochen. Danach werden die organisatorischen Besonderheiten des Beteiligungsmodells herausgestellt und analysiert.

6.1 Thematische Beteiligungsbereiche

Die Tragweite der Beteiligung nach dem Betriebsrätegesetz ist abhängig von der betroffenen betrieblichen Angelegenheit. Die eindeutigste Unterscheidung ist die zwischen den sozialen und den wirtschaftlichen Angelegenheiten. Im sozialen Bereich hatten die Arbeitnehmervertretungen erhebliche Beteiligungsrechte, die bis hin zu echten Mitbestimmungsrechten reichten. Bei der wirtschaftlichen Beteiligung blieb es hingegen bei Informations- und Beratungsrechten. Daneben war aber auch innerhalb der sozialen Angelegenheiten eine Abstufung

913 *Berthelot,* Die Betriebsräte in Deutschland, S. 168.
914 *Berthelot,* Die Betriebsräte in Deutschland, S. 168.
915 Vgl. *Berthelot,* Die Betriebsräte in Deutschland, S. 169 f.

vorhanden. So konnte die Arbeitsordnung nur durch eine Betriebsvereinbarung, also mit der Zustimmung der Arbeitnehmervertretung, erlassen werden.

6.2 Organisatorische Besonderheiten und Defizite

Aus heutiger Sicht liegt eine der Besonderheiten des Betriebsrätegesetzes in der starken Zersplitterung des Beteiligungsmodells auf institutioneller Ebene in eine Vielzahl verschiedener Vertretungsorgane. Hierin besteht auch schon eines seiner größten Defizite, da es so zu Kompetenzüberschneidungen und -unklarheiten kommen konnte. Das Gesetz trägt zudem einen deutlichen, seiner Entstehungsgeschichte geschuldeten, Kompromisscharakter. Ausgedrückt hat sich dieser zum einen in einigen übermäßig komplizierten Verfahren, zum anderen in der ehrenamtlichen Stellung der Mitglieder der Arbeitnehmervertretungen. Beides konnte eine effiziente Beteiligung zumindest gefährden. Schließlich war das Betriebsrätegesetz ein sehr starres und durch seine vielen verschiedenen institutionellen und verfahrensmäßigen Komponenten kompliziertes Beteiligungsmodell. Auch wenn durch den äußeren Druck des Gesetzgebers die Minimalfunktionen des Beteiligungsmodells in allen von ihm erfassten Betrieben gewährleistet waren, konnten die modellspezifischen Defizite doch einen erheblichen negativen Einfluss auf die Funktionalität der Beteiligung haben.

Anders als bei den bisher untersuchten Beteiligungsmodellen war die Wahrnehmung der Arbeitnehmerinteressen durch das Betriebsrätegesetz nicht nur auf der vertikalen Ebene zwischen Betrieb, Unternehmen und Konzern, sondern auch auf der horizontalen auf verschiedene Gremien verteilt. Zwar kennt das heutige deutsche Betriebsverfassungsrecht mit der Jugend- und Auszubildendenvertretung, der Schwerbehindertenvertretung und dem Sprecherausschuss auch weitere Vertretungsgremien auf derselben Ebene neben dem Betriebsrat. Deren Kompetenzbereich ist aber schon durch die besondere Interessenlage des jeweils vertretenen Personenkreises deutlich eingegrenzt und damit gut von dem des Betriebsrats trennbar. Mit Betriebs-, Angestellten- und Arbeiterrat hatte das Betriebsrätegesetz hingegen drei parallel nebeneinander existierende Gremien geschaffen, deren Aufgabenbereiche teilweise schwer voneinander abgrenzbar waren oder sich sogar überlappten. Insgesamt führte dies zu einer gewissen Unübersichtlichkeit und sicherlich auch zu relevanten Reibungsverlusten in dem Beteiligungsmodell.

Das Betriebsrätegesetz ist zudem von einem deutlichen Kompromisscharakter zwischen den Vorstellungen der Gewerkschaften und Sozialdemokraten einerseits und denen der Vertreter der Industrie andererseits geprägt. Deutlich wird er gerade in der Tatsache, dass die Mitglieder der Arbeitnehmervertretungen ihr Amt als Ehrenamt ausübten. Sie wurden zwar durch das Gesetz vor Repressalien des Arbeitgebers geschützt, ihre Tätigkeit war aber grundsätzlich zusätzlich zu ihren gewöhnlichen Arbeitspflichten auszuüben. Den Arbeitnehmervertretern entstehende Nachteile, die auch auf die Effizienz ihrer Arbeit durchschlagen konnten, wurden durch den Gesetzgeber in kauf genommen. Der Kompromisscharakter drückt sich weiter in dem komplizierten Verfahren zur Beteiligung der Arbeitnehmervertretung an Kündigungen aus. Gewerkschaften und Sozialdemokraten wollten Kündigungen ohne Zustimmung der Arbeitnehmer möglichst ganz verbieten, während die Arbeitgebervertreter überhaupt keinen Einfluss auf das arbeitgeberseitige Kündigungsrecht zulassen wollten. Resultat desselben Interessengegensatzes waren die Regelungen zur wirtschaftlichen Beteiligung, die den Arbeitnehmervertretern zwar weitgehende Informations- und Vorschlagsrechte gegenüber dem Arbeitgeber einräumten, diesen aber keine verbindliche Wirkung gaben. Schließlich wird der Kompromisscharakter des Modells überhaupt in der Vielzahl an verschiedenen Beteiligungsverfahren, die für die verschiedenen thematischen Beteiligungsfelder bestanden, deutlich. Jedes einzelne war das Resultat einer eigenen zu diesem Beteiligungsthema geführten politischen Verhandlung. Im Ergebnis trug damit auch sein Kompromisscharakter zur Komplexität des gesamten Beteiligungsmodells bei.

Hinzu kam, dass diese Komplexität, selbst dort wo die Betriebsparteien sich einig waren, nur schwer aufgelöst werden konnte. Abweichungen von dem gesetzlichen System waren nur ausnahmsweise und dann im Wege der Kollektivvereinbarungen vorgesehen. Insofern wundert es nicht, dass es kaum zu nennenswerten Anpassungen kam.

In Entbehrung „natürlicher Einfachheit“[916] erforderte das Beteiligungsmodell des Betriebsrätegesetzes in seiner praktischen Anwendung einen erheblichen organisatorischen, wenn nicht sogar bürokratischen Aufwand. Dieser musste sich in solchen Betrieben, in denen der Arbeitgeber kein Interesse an der Beteiligung seiner Arbeitnehmer hatte oder sich keine kompetenten Arbeitnehmer zur Übernahme ihrer eigenen Interessenvertretung fanden, erheblich auf die Effektivität und sogar die Funktionalität der Beteiligung auswirken.

7. Ende des Beteiligungsmodells

Mit der Machtergreifung der Nationalsozialisten 1933 verlor das Betriebsrätegesetz seine politische Grundlage. In der Ideologie der neuen Machthaber war kein Platz für eine demokratisch legitimierte Beteiligung der Arbeitnehmer.

916 *Eichelsbacher*, Betriebsrätegesetz mit den Nebengesetzen, den Wahlordnungen und Ausführungsbestimmungen, S. 8.

Vielmehr sollte wie im Staat auch in den Betrieben das Führerprinzip gelten. Der Arbeitgeber wurde zum Betriebsführer, der der Betriebsgemeinschaft vorstand und dem deren Mitglieder zu unbedingtem Gehorsam verpflichtet waren. Entsprechend wurde das Betriebsrätegesetz durch das Gesetz zur Ordnung der Nationalen Arbeit vom 20. Januar 1934[917] außer Kraft gesetzt. Noch bestehende Betriebsräte wurden spätestens jetzt aufgelöst. Ihre Mitglieder verloren ihren gesetzlichen Schutz. Die Arbeitgeber hatten damit die Möglichkeit, sich von unliebsamen Betriebsratsmitgliedern zu trennen. Neben diesen potenziellen Repressionen durch den Arbeitgeber waren gerade Betriebsratsmitglieder, die während der Weimarer Zeit gewerkschaftlich oder parteipolitisch aktiv waren, zudem gegebenenfalls einer Verfolgung durch den nationalsozialistischen Machtapparat ausgesetzt.

8. Fazit

Der Kompromisscharakter des Betriebsrätegesetzes ist schon eingehend betont worden. Dieser war zugleich Schwäche und Stärke des Beteiligungsmodell. Die Schwäche lag zum einen darin, dass der Kompromiss zu einem insgesamt sehr komplexen und teilweise bürokratischen System betrieblicher Beteiligung geführt hatte. Dabei konnte das System zwar aufgrund seiner gesetzlichen Verbindlichkeit eine flächendeckende Einführung der Beteiligung bewirken, nicht jedoch deren flächendeckende Funktionalität. Durch den Kompromisscharakter verlor das Beteiligungssystem zum anderen die Unterstützung der radikaleren politischen und gesellschaftlichen Flügel. Weder für die erzkonservativen Unternehmer und die aufkommenden Faschisten noch für die rätebewegten Gewerkschaftler und die Kommunisten waren die Regelungen des Betriebsrätegesetzes passend. Für die einen waren sie zu weitgehend, für die anderen nur ein unzureichendes Feigenblatt eines ohnehin falschen Wirtschafts- und Gesellschaftssystems.

Der Kompromisscharakter des Gesetzes war aber auch seine Stärke. Denn die weiten Kreise der gemäßigten Arbeitgeber und Arbeitnehmer gleichermaßen arrangierten sich mit der betrieblichen Beteiligung, die das Betriebsrätegesetzes ihnen vorgab. Im Ergebnis lebten sich Betriebsparteien in das gesetzliche System ein; ein Fakt, der sich auch in den Kommentierungen und anderen wissenschaftlichen Bearbeitungen des Gesetzes widerspiegelt. Zwar wurden ebenfalls die übermäßige Komplexität und fehlende oder zu weitgehende Rechte der Arbeitnehmervertretungen kritisiert. Die Kritik beschränkte sich dabei aber

917 RGBl. I, S. 45.

weitestgehend auf das dem normalen, auf Reform und Verbesserung gerichteten wissenschaftlichen Diskurs immanente Maß. Insgesamt bewährte sich das Beteiligungsmodell in der Praxis der Weimarer Republik. Den bestehenden Mangel an demokratischer Gesinnung im Deutschland dieser Zeit konnte es aber auch nicht ändern.

Aus historischer Sicht wichtiger als seine Wirkung in der Zeit seines Bestehens ist aber wohl ohnehin die Vorreiter- und Vorbildfunktion, die das Betriebsrätegesetz für das spätere Betriebsverfassungsrecht in der Bundesrepublik Deutschland hatte. Schon die einzelnen Landesregierungen, die die gesetzlich vorgeschriebene betriebliche Beteiligung nach dem Krieg wieder einführten, orientierten sich stark an dem alten Gesetz. Gleiches galt auch für die konservative Bundesregierung unter Konrad Adenauer, die mit dem Betriebsverfassungsgesetz von 1952 wieder ein das gesamte westdeutsche Bundesgebiet umfassendes System betrieblicher Beteiligung einführte. Dabei orientierte sich der neue Gesetzgeber nicht nur an dem alten Gesetzestext selbst, sondern auch an der an diesem geübten Kritik. Folge war insbesondere die Abschaffung der institutionellen Zersplitterung und die Bündelung der Beteiligungsrechte beim Betriebsrat als dem weiterhin zentralen Beteiligungsorgan. Beachtet man die Beachtung und den Einfluss, den das deutsche Betriebsverfassungsrecht über die letzten sechzig Jahre international und besonders auf der europäischen Ebene hatte,[918] wird die Dimension der Strahlwirkung des Betriebsrätegesetzes deutlich. Trotz seines zeitlich relativ kurzen Bestehens von gerade mal dreizehn Jahren war das Betriebsrätegesetz daher insgesamt ein großer gesetzgeberischer Erfolg und beteiligungsrechtlicher Meilenstein, der die betriebliche Wirklichkeit in Deutschland heute, und in gewissem Maße auch in Europa, prägt.

IV. Shop Stewards

Das nächste betriebliche Beteiligungsmodell stammt wiederum aus dem Vereinigten Königreich. Sogenannte Shop Stewards sind in britischen Betrieben schon seit den 20er Jahren des 19. Jahrhunderts dokumentiert.[919] Seitdem haben sie verschiedene Phasen der Ausbreitung und des Einflusses durchlaufen. Anders als die zuvor untersuchten Beteiligungsmodelle bestehen sie heute noch. Sie waren während ihrer Geschichte immer wieder Gegenstand wissenschaftlicher Untersuchungen und ausgedehnter empirischer Studien, die für diese Arbeit sehr

918 Vgl.*Däubler*, Das Arbeitsrecht 1, S. 114 ff.

919 *Goodman/Whittingham*, Shop Stewards in British Industry, S. 23.

fruchtbar waren. Allerdings sind solche Studien zeitlich nicht durchgehend verfügbar. Am besten dokumentiert ist dabei die Zeit vom Ende des Zweiten Weltkriegs bis in die frühen 1990er Jahre hinein. Auch die folgende Darstellung hat daher ihren Schwerpunkt in diesem Zeitraum.

In vieler Hinsicht sind die Shop Stewards die Antwort des monistischen britischen Systems von Wirtschaftsbeziehungen auf den Wunsch der Arbeitnehmer nach betrieblicher Beteiligung. Da dieses übergeordnete System von den Gewerkschaften unabhängigen Arbeitnehmervertretungen entgegen stand, etablierten sich auch auf der betrieblichen Ebene gewerkschaftliche Beteiligungsstrukturen. Ursprünglich als bloße Helfer der überbetrieblichen, hauptamtlichen Gewerkschaftsfunktionäre entstanden,[920] entwickelten sich diese Shop Stewards zu zeitweilig sehr wirksamen und eigenständigen Vertretern der betrieblichen Arbeitnehmerinteressen. Sie blieben dabei formal Organe der Gewerkschaften, wenn auch ihre Eingliederung in diese meist nur locker war.

Im Gegensatz zu den vorigen Beteiligungsmodellen fehlte es den Shop Stewards weitgehend an geschriebenen Rechtsgrundlagen für ihre Arbeit.[921] Die Regeln für ihre Tätigkeit entwickelten sich vielmehr aus der praktischen Anwendung heraus. Sie waren damit mehr als die anderen Modelle dem Einfluss der konkreten Gegebenheiten ihrer Zeit ausgesetzt. Auf der einen Seite ergab sich daraus die Inkonsistenz ihres Einflusses und ihrer Handlungsspielräume. Andererseits gewährleistete dies aber auch ihre hohe Anpassungsfähigkeit und damit letztlich ihr Überdauern bis in die heutige Zeit. Eine erste Spitze ihres Einflusses hatten die Shop Stewards während des Ersten Weltkriegs erreicht. Hier dienten sie teilweise als Alternative zu den die Kriegsanstrengung unterstützenden Gewerkschaften. Mit Ende des Krieges nahm ihr Einfluss wieder ab. Von beständigerer Dauer war hingegen der Einfluss, den sie ab dem Zweiten Weltkrieg gewannen und der sich in den Zeiten des wirtschaftlichen Aufschwungs bis in die 1970er Jahre noch verstärkte. In Folge der anti-gewerkschaftlichen Politik der konservativen Regierungen unter Margaret Thatcher,[922] und in geringerem Maße unter John Major, verloren auch die Shop Stewards in vielen Betrieben an Einfluss oder wurden sogar abgeschafft. Dennoch bestehen sie in einigen Betrieben des Vereinigten Königreichs bis heute weiter.

---

920 *Goodman/Whittingham*, Shop Stewards in British Industry, S. 23 f.

921 vgl. *Goodman/Whittingham*, Shop Stewards in British Industry, S. 6 f., 13; *McCarthy*, The Role of Shop Stewards in British Industrial Relations, S. 6 ff.

922 Siehe oben C. V. 5.

1. Begriffsbestimmung

„Shop Steward" ist der gebräuchlichste Begriff für diese Form eines betrieblichen Arbeitnehmervertreters im Vereinigten Königreich,[923] aber auch in anderen angelsächsischen Staaten.[924] Neben ihm gibt es eine Reihe weiterer Begriffe, wie *„Father of the Chapel"*, *„Walking Delegate"* *„Worker-"* oder *„Staff Representative"*, die im Kern dieselbe Funktion beschreiben.[925] Allen gemein ist, dass sie branchenspezifisch und historisch gewachsen sind. Der Begriff hat sodann in der Praxis auch keine wirklich einheitliche Definition erfahren.[926] Die Rolle eines Shop Stewards kann von Betrieb zu Betrieb im Detail sehr verschieden sein. In Gewerkschaftssatzungen, Betriebsordnungen und Kollektivvereinbarungen wird der Begriff meist undefiniert oder gar nicht verwandt.[927] Aus den verschiedenen wissenschaftlichen Abhandlungen lässt sich aber eine allgemein anerkannte Kerndefinition herleiten. Danach ist ein Shop Steward ein Arbeitnehmer, der von einer Gruppe seiner Kollegen gewählt wird, um diese in betrieblichen Angelegenheiten gegenüber dem Arbeitgeber zu vertreten, wobei die beteiligten Arbeitnehmer fast immer Mitglieder derselben Gewerkschaft sind.[928]

Diese hier verwendete Definition legt ihren Schwerpunkt bewusst auf die betrieblichen Aufgabenbereiche der Shop Stewards und weniger auf seine meist ebenfalls vorhandenen innergewerkschaftlichen Funktionen. Mit Blick auf den Untersuchungsgegenstand dieser Arbeit ist dies sinnvoll; sie bietet sich aber auch darüber hinaus an. Die Unterschiede zwischen verschiedenen Shop Stewards in Art und Ausgestaltung ihrer gewerkschaftlichen Einbindung waren und sind teilweise erheblich,[929] während ihnen allen die Bearbeitung betrieblicher Themen gemein war und ist.

---

923 *McCarthy*, The Role of Shop Stewards in British Industrial Relations, S. 4.

924 Vgl. de *Foenander*, Shop Stewards and Shop Committees, S. 41.

925 *Cole*, Workshop Organisation, in: *Marsh*, G. D. H. Cole, Workshop Organisation, S. 9; *Clegg/Killick/Adams*, Trade Union Officers, S. 24; *McCarthy*, The Role of Shop Stewards in British Industrial Relations, S. 4.

926 *Hepple/Fredman*, Labour Law and Industrial Relations in Great Britain, S. 249; *Millward/Stevens/Smart u. a.*, Workplace Industrial Relations in Transition, S. 144 En. 1.

927 *Goodman/Whittingham*, Shop Stewards in British Industry, S. 5.

928 vgl. *Goodman/Whittingham*, Shop Stewards in British Industry, S. 1 ff.; *McCarthy*, The Role of Shop Stewards in British Industrial Relations, S. 4.

929 Vgl. *Clegg/Killick/Adams*, Trade Union Officers, S. 24 ff.; *Goodman/Whittingham*, Shop Stewards in British Industry, S. 40 ff.; *McCarthy*, The Role of Shop Stewards in British Industrial Relations, S. 37.

Auch eine Übersetzung ins Deutsche fällt schwer. So vereinigen Shop Stewards Funktionen eines Betriebsratsmitglieds und einer gewerkschaftlichen Vertrauensperson, unterscheiden sich aber in entscheidenden Punkten von beiden.[930] Auch eine wörtliche Übersetzung hilft nicht weiter. Zwar kann man das Wort „*Shop*" in diesem Zusammenhang als „Betrieb" übersetzen,[931] ein deutsches passendes Pendant zu dem Wort „*Steward*" ist hingegen kaum zu finden.[932] Am ehesten treffend wäre noch der Begriff des „Obmanns". Damit käme man zu einem „betrieblichen Obmann" oder „Betriebsobmann". Letzterer Begriff ist aber schon durch das deutsche Betriebsverfassungsrecht belegt und birgt damit die Gefahr von Verwechslungen und falschen Assoziationen. Für diese Arbeit wird daher auf eine Übersetzung verzichtet und der englische Originalbegriff verwendet.

2. Entstehung

Die britischen Shop Stewards wurden, anders als die bisher behandelten Beteiligungsmodelle, nicht bewusst eingeführt. Sie sind vielmehr über einen langen Zeitraum sozusagen organisch gewachsen. Sie sind im Vereinigten Königreich parallel mit der Entstehung der ersten Gewerkschaften aufgetaucht und haben sich dann im Verlaufe des 19. und 20. Jahrhunderts bis in die hier untersuchte Form entwickelt. Von Anbeginn an handelte es sich bei den Shop Stewards um Arbeitnehmer eines Betriebs, die neben ihrer Tätigkeit für den Arbeitgeber auch Aufgaben für ihre Gewerkschaft bzw. deren Mitglieder in dem Betrieb wahrnahmen. Dabei ging es ursprünglich alleine um verwaltungstechnische und werbende Aufgaben. Allem voran waren die Shop Stewards dafür verantwortlich, in ihrem Betrieb Gewerkschaftsbeiträge einzusammeln, die Gewerkschaftsmitgliedschaft der anderen Arbeitnehmer zu überwachen und neue Mitglieder zu werben.[933] Eine darüber hinausgehende Rolle als Vertreter ihrer Wähler gegenüber dem Arbeitgeber verbot sich zu einer Zeit, in der noch die unumschränkte

---

930 *Hepple/Fredman,* Labour Law and Industrial Relations in Great Britain, S. 249; *Marsden,* Employee Relations 1980, S. 2, 3 ff.; siehe aber die zu engen Übersetzungen „gewerkschaftlicher Vertrauensmann" bei *Langenscheidt,* Handwörterbuch Englisch, Eintr. „shop steward" S. 512 und „Gewerkschaftsvertreter" bei *Pons,* Großwörterbuch Englisch, Eintr. „shop steward" S. 892.

931 *Langenscheidt,* Handwörterbuch Englisch, Eintr. „shop" S. 512; *Pons,* Großwörterbuch Englisch, Eintr. „shop" S. 892.

932 Vgl. *Langenscheidt,* Handwörterbuch Englisch, Eintr. „steward" S. 545; *Pons,* Großwörterbuch Englisch, Eintr. „steward" S. 956.

933 *Goodman/Whittingham,* Shop Stewards in British Industry, S. 22 f.

Herrschaft des Fabrikherren galt, ohnehin. Diese blieb noch alleine den hauptamtlichen Gewerkschaftsfunktionären vorbehalten, die unabhängig von direkten Repressalien der jeweiligen Arbeitgeber agieren konnten.

Mit der zunehmenden Größe der britischen Gewerkschaften kam den Shop Stewards aber immer mehr die Aufgabe von Mittlern zwischen den hauptamtlichen Gewerkschaftsfunktionären und den einfachen Mitgliedern in den Betrieben zu. In die eine Richtung gaben sie die Wünsche und Klagen der Mitglieder an die Gewerkschaftsfunktionäre weiter, in die andere erklärten sie im Betrieb die Strategien, Ziele und Maßnahmen der Gewerkschaft.[934] Weiter zum Aufstieg der Shop Stewards beigetragen hat, dass die meisten britischen Gewerkschaften nicht nach dem Arbeitsplatz, sondern nach dem Wohnort ihrer Mitglieder organisiert waren.[935] Die kleinste Gewerkschaftsgliederung, der sogenannte „Branch", bestand demnach regelmäßig aus Arbeitnehmern einer Vielzahl verschiedener Betriebe. In den Versammlungen dieser Gliederungen Fragen, die nur den einzelnen Betrieb betrafen, anzusprechen, war daher oft nur bedingt möglich. Durch ihren Shop Steward konnten die Arbeitnehmer solche Fragen hingegen an die entsprechenden hauptamtlichen Gewerkschaftsfunktionäre bringen. Weiterhin hatten aber diese und nicht die Shop Stewards zu entscheiden, wie die Gewerkschaft sich dazu verhalten sollte und ob sie gegebenenfalls Maßnahmen ergreifen wollte.

Im ausgehenden 19. und beginnenden 20. Jahrhundert wurden mit der Einführung neuer Maschinen, Arbeitsorganisationsformen und Entgeltsystemen die betrieblichen Strukturen komplexer und verschiedener. Gleichzeitig gelang es den Gewerkschaften immer mehr, den absoluten Machtanspruch der Arbeitgeber zurückzudrängen und diese an den Verhandlungstisch zu zwingen. Shop Stewards werden hierbei als betriebliche Streik- und Verhandlungsführer ihren Teil beigetragen haben.[936] Der wichtigste Teil der Arbeit blieb aber auch jetzt bei den hauptamtlichen, und damit vor arbeitgeberseitigen Repressalien geschützten, Gewerkschaftsfunktionären.

In der Zeit zwischen den Kriegen verlagerte sich der Fokus der Arbeitsbeziehungen wieder auf die überbetriebliche Ebene. Unterstützt durch die Regierung, schlossen Gewerkschaften und Arbeitgeber vor allem überbetriebliche Tarifverträge, um die Arbeitsbedingungen zu verbessern. Auch ließen die

934 Vgl. *Goodman/Whittingham,* Shop Stewards in British Industry, S. 7.

935 *Goodman/Whittingham,* Shop Stewards in British Industry, S. 25; auch *Degen,* Shop Stewards, S. 27.

936 Vgl. *Degen,* Shop Stewards, S. 32 ff.; *Goodman/Whittingham,* Shop Stewards in British Industry, S. 24.

Wirtschaftskrisen der frühen 20er und 30er Jahre die Arbeitnehmer mehr um ihr Überleben als um ihre Arbeitsbedingungen kämpfen.[937]

Die nächste Zunahme von Shop Stewards gab es unmittelbar vor und während des Zweiten Weltkriegs.[938] Erneut spielte die Arbeitskräfteverknappung, die zunächst der wirtschaftliche Aufschwung ab 1935 und dann der Krieg mit sich brachten, eine entscheidende Rolle.[939] Um einen reibungslosen Ablauf der Rüstungsproduktion zu gewährleisten, waren die Arbeitgeber zu weitgehenden Konzessionen gegenüber ihren Arbeitnehmern bereit. Zudem sollte durch einen formalisierten Austausch zwischen den Betriebsparteien das Produktionspotenzial optimal genutzt werden. Dazu gehörte auch, dass die Arbeitgeber die in ihren Betrieben vorhandenen Shop Stewards verstärkt in die Gestaltung der betrieblichen Verhältnisse einbanden.

Mit der Umstellung der Kriegswirtschaft zurück zu einer Friedenswirtschaft schwand der Einfluss der Shop Stewards in den späten 1940er Jahren, anders als noch nach dem Ersten Weltkrieg, nicht. Vielmehr blieb die Arbeitnehmerseite aufgrund des allgemeinen wirtschaftlichen Aufschwungs bis in die 1970er Jahre hinein in einer Position der Stärke gegenüber den Arbeitgebern. Es herrschte Vollbeschäftigung und die Arbeitgeber mussten sich das rare Gut Arbeitskraft auch durch Konzessionen im Bereich der betrieblichen Beteiligung sichern.[940] Durch den Rückhalt ihrer Wähler konnten sich Shop Stewards so Beteiligungsrechte in erheblichem Umfang sichern. Es war aber nicht nur der Druck ihrer Arbeitnehmer, der die Arbeitgeber dazu bewog, sich mit den Shop Stewards zu arrangieren. In vielen Fällen war es den Geschäftsleitungen lieber, innerbetriebliche Themen intern und nicht mit externen, hauptamtlichen Gewerkschaftsvertretern zu verhandeln. Die Gründe dafür waren vielfältig. Zum einen hat das Interesse an einer gewissen Vertraulichkeit über betriebsinterne Geschehnisse eine wichtige Rolle gespielt. Zudem waren die Shop Stewards für den Arbeitgeber gut erreichbar und meist deutlich besser mit relevanten Themen und betrieblichen Gegebenheiten vertraut. Daher versprachen sich die Geschäftsleitungen mit ihnen zu schnelleren und sachgerechten Ergebnissen zu kommen. Schließlich konnten die Shop Stewards auch in die Umsetzung der mit ihnen erzielten Ergebnisse eingebunden werden.[941]

---

937 Vgl. *Goodman/Whittingham*, Shop Stewards in British Industry, S. 34; *Lerner/Bescoby*, British Journal of Industrial Relations 1966, S. 154.

938 *Goodman/Whittingham*, Shop Stewards in British Industry, S. 34 ff.

939 Vgl. *Lerner/Bescoby*, British Journal of Industrial Relations 1966, S. 154, 155.

940 *Goodman/Whittingham*, Shop Stewards in British Industry, S. 7.

941 Zu allem *Goodman/Whittingham*, Shop Stewards in British Industry, S. 15 f.

Die Gewerkschaften ließen den Shop Stewards ebenfalls genügend Raum, sich zu entwickeln. Seit dem Ersten Weltkrieg hatte sich das britische Tarifvertragssystem von kleinteiligen Firmen- und Bereichstarifverträgen hin zu Branchen- und Flächentarifverträgen entwickelt. Diese legten weitgehend nur Mindeststandards fest und berührten viele betriebliche Fragen nicht. Damit blieb erheblicher Raum für eine weitere Ausgestaltung der Arbeitsbeziehungen auf der betrieblichen Ebene.[942] Da das britische System der industriellen Beziehungen hierfür kein formalisiertes System zur Verfügung stellte, übernahmen die Shop Stewards diese Aufgabe.

Teilweise hatten die Gewerkschaften auch *closed shops* durchgesetzt. Dies waren Betriebe, in denen nur Mitglieder bestimmter Gewerkschaften beschäftigt wurden.[943] Hierdurch wurden Rückhalt und Einfluss der Shop Stewards unter den Arbeitnehmern zusätzlich gesichert.[944]

3. Ausgestaltung der Beteiligung

Wie gerade dargestellt, ist die betriebliche Beteiligung durch Shop Stewards historisch gewachsen. Sie beruht daher nicht auf einem einheitlichen Satz an Regeln. Vielmehr kann sich die genaue Ausgestaltung der Beteiligung von Betrieb zu Betrieb, aber auch von Zeit zu Zeit erheblich unterscheiden. Im Folgenden wird daher ein flexibles Modell dargestellt, das sich auf die Ergebnisse einer ganzen Reihe von repräsentativen Studien bezieht, die zwischen 1947 und 1990 durchgeführt wurden.[945]

3.1 Rechtliche Grundlage

Die Shop Stewards stützten sich meist auf ungeschriebene Vereinbarungen mit ihrem Arbeitgeber sowie auf gewachsene Betriebs- und Gewerkschaftstraditionen. Zum Teil wurden sie auch in den Satzungen oder Handbooks einer

---

942 *Marsh,* Managers and Shop Stewards, in: *Marsh,* Managers and Shop Stewards, S. 19 f.

943 Zu dem Konzept der closed shops ausführlich *Dunn/Gennard,* The Closed Shop in British Industry, S. 1 ff; *McCarthy,* The Closed Shop in Britian, S. 3 ff.

944 Vgl. *McCarthy,* The Closed Shop in Britian, S. 146.

945 Diese sind dargestellt bei *Clegg/Killick/Adams,* Trade Union Officers; *Godfrey/Marchington,* Industrial Law Journal 1996, S. 339–344; *McCarthy,* The Role of Shop Stewards in British Industrial Relations; *McCarthy/Parker,* Shop Stewards and Workshop Relations; *Millward/Stevens/Smart u. a.,* Workplace Industrial Relations in Transition.

Gewerkschaft erwähnt. Noch seltener fanden die Shop Stewards Eingang in die von den Arbeitgebern aufgestellten Betriebsordnungen oder in Kollektivvereinbarungen. In den allermeisten Fällen enthielten diese aber ohnehin nur rudimentäre Regeln.[946] Schließlich hatten sich die Shop Stewards auch dort, wo es geschriebene Regeln gab, oft soweit von ihren Gewerkschaften verselbstständigt, dass diese für sie nicht viel mehr als eine Empfehlung darstellten.[947] Shop Stewards operierten folglich weitgehend ohne eine feste rechtliche Grundlage.

3.2 Zusammensetzung

Ein Shop Steward ist eine einzelne, zur Vertretung einer Anzahl von Arbeitnehmern berufenen Person. In großen Betrieben und Unternehmen gab es aber regelmäßig mehr als einen Shop Steward. Dies resultierte schon aus der Zersplitterung der britischen Gewerkschaftslandschaft, die zur Folge hatte, dass in einem Betrieb meist mehrere Gewerkschaften vertreten waren, die dann auch jeweils ihre eigenen Shop Stewards in dem Betrieb hatten. Aber auch innerhalb einer Gewerkschaft gab es in großen Betrieben regelmäßig mehrere Shop Stewards. Teilweise bestand dabei eine Trennung zwischen Angestellten und Arbeitern, teilweise gab es aber auch eine gemeinsame Repräsentation durch denselben Shop Steward.[948] In Ermangelung festgelegter Regeln hing ihre genaue Anzahl stark von den betrieblichen Gegebenheiten ab. Im Schnitt vertrat ein Steward zwischen 20 und 180 Arbeitnehmer.[949] Daran lässt sich erkennen, wie viele Shop Stewards es in einem großen Betrieb geben konnte.

Shop Stewards wurden als Mitglieder einer bestimmten, im Betrieb vertretenen Gewerkschaft von anderen Mitgliedern derselben Gewerkschaft gewählt. Ihr Mandat erstreckte sich nur auf ihre Wähler bzw. auf die im Betrieb arbeitenden Mitglieder ihrer Gewerkschaft. Nur in sehr seltenen Fällen gab es Shop Stewards, die ein gewerkschaftsübergreifendes, betriebsweites Mandat hatten.[950] In den meisten größeren Betrieben wurde eine Zersplitterung der betrieblichen Beteiligung durch die Bildung sogenannter „*Shop Stewards Committees*" verhindert. In

946 *Goodman/Whittingham,* Shop Stewards in British Industry, S. 6 f., 12 f.; *McCarthy,* The Role of Shop Stewards in British Industrial Relations, S. 6 ff.

947 *McCarthy,* The Role of Shop Stewards in British Industrial Relations, S. 5.

948 *Millward/Stevens/Smart u. a.,* Workplace Industrial Relations in Transition, S. 114 f.

949 *Goodman/Whittingham,* Shop Stewards in British Industry, S. 89; *McCarthy,* The Role of Shop Stewards in British Industrial Relations, S. 38; *Millward/Stevens/Smart u. a.,* Workplace Industrial Relations in Transition, S. 116 f.; vgl. auch *Clegg/Killick/Adams,* Trade Union Officers, S. 150.

950 *McCarthy,* The Role of Shop Stewards in British Industrial Relations, S. 51 f.

ihnen trafen sich alle Shop Stewards eines Betriebs, die derselben Gewerkschaft angehörten. Des Weiteren gab es, wenn auch nicht in allen Betrieben, Zusammenkünfte gewerkschafts-, betriebs- oder unternehmensübergreifender *„Joint Shop Stewards Committees"* oder *„Shop Steward Combine Comittees"*, in denen sich Shop Stewards austauschten und koordinierten.[951] Die genaue Terminologie konnte in beiden Fällen variieren.

3.3 Wahl

Das Verfahren zur Bestellung der Shop Stewards war unterschiedlich. In den meisten Fällen erfolgte sie aber durch irgendeine Form der Wahl. Dabei wurde die Mehrheit der Shop Stewards auf einer Versammlung der zu vertretenden Arbeitnehmer durch Handzeichen gewählt. Teilweise gab es aber auch geheime Wahlen. Seltener gab es Versammlungen, auf denen ein Shop Steward ohne Abstimmung bestimmt wurde. Dies konnte wohl vor allem dort geschehen, wo der Kandidat ohne Gegenkandidaten war und seine potenziellen Wähler ohnehin hinter sich wusste. Manche Gewerkschaften hatten sich die Bestätigung des gewählten Shop Stewards vorbehalten.[952] Es kann aber bezweifelt werden, dass dieser Vorbehalt in der Praxis eine wirkliche Rolle spielte. Schließlich gab es auch einige wenige Betriebe, in denen Shop Stewards von der Gewerkschaft ernannt wurden oder ihre Aufgaben, zumindest teilweise, von einem hauptamtlichen Gewerkschaftsfunktionär wahrgenommen wurden. Beides kam vor allem in kleineren Betrieben mit einem niedrigen Organisationsgrad vor, in denen eine anderweitige Bestellung nicht möglich war.[953]

Wie die Wahlverfahren variierten auch die Amtsperioden der Shop Stewards, wobei sie nicht notwendigerweise überhaupt festgelegt waren. Dennoch mussten sich die meisten Shop Stewards einer regelmäßigen Wiederwahl stellen.[954] Zudem konnten sie regelmäßig jederzeit von ihrer Wählerschaft abberufen oder

---

951 *Goodman/Whittingham,* Shop Stewards in British Industry, S. 19 f., 118 ff.; *Hepple/Fredman,* Labour Law and Industrial Relations in Great Britain, S. 249; *Millward/Stevens/Smart u. a.,* Workplace Industrial Relations in Transition, S. 131 ff.

952 *Clegg/Killick/Adams,* Trade Union Officers, S. 162; *Hepple/Fredman,* Labour Law and Industrial Relations in Great Britain, S. 249.

953 Zu allem *Millward/Stevens/Smart u. a.,* Workplace Industrial Relations in Transition, S. 136 f.; auch *McCarthy,* The Role of Shop Stewards in British Industrial Relations, S. 6, 37.

954 *Clegg/Killick/Adams,* Trade Union Officers, S. 163; *Goodman/Whittingham,* Shop Stewards in British Industry, S. 94; *Millward/Stevens/Smart u. a.,* Workplace Industrial Relations in Transition, S. 113 f.

ersetzt werden. Es scheint aber keine übermäßig hohe Fluktuation unter den Shop Stewards gegeben zu haben.[955]

3.4 *Vorstand*

Wo es eine größere Anzahl an Shop Stewards einer Gewerkschaft in einem Betrieb gab, wählten diese einen oder mehrere „Convenor", „*Senior Stewards*" oder „*Chief Stewards*". Diese fungierten dann als Sprecher oder Vorstand der übrigen Shop Stewards.[956] Ihre Aufgaben richteten sich stark nach den Gegebenheiten der einzelnen Betriebe. Generell saßen sie aber den *Shop Stewards Committees* vor und übten Vertretungsfunktionen gegenüber den höheren Geschäftsleitungs- und Gewerkschaftsebenen aus. Durch ihre meist größere Erfahrung und die damit verbundene größere Autorität gegenüber Belegschaft und Geschäftsleitung waren sie auch für die anderen Shop Stewards regelmäßige Ratgeber und Unterstützer. Dabei konnte es sein, dass ein Convenor seine Aufgabe als Shop Steward für eine Gruppe von Arbeitnehmern vollständig zugunsten der reinen Convenortätigkeit aufgab.

Teilweise wurden neben den Convenors der einzelnen Gewerkschaften auch gewerkschaftsübergreifende „*Federation Stewards*" gewählt.[957] Sie dienten als Vorsitzende der *Joint Shop Stewards Committees* und koordinierten die Arbeitnehmerschaft in gesamtbetrieblichen Belangen.

3.5 *Versammlungen*

Bei Shop Stewards handelte es sich eigentlich nicht um Kollektivorgane. Dennoch waren die Treffen der einzelnen Stewards auf betrieblicher Ebene in den *Shop Stewards Committees* eine wichtige Institution in diesem Beteiligungsmodell.[958] Gerade in großen Betrieben war nur durch die regelmäßige Verständigung der einzelnen Shop Stewards untereinander eine wirkungsvolle Beteiligung möglich. Es wurden betriebsweite Interessen und Forderungen formuliert, sowie einheitliche Strategien zu ihrer Durchsetzung entwickelt. Auch konnten sich die

---

955 *Goodman/Whittingham,* Shop Stewards in British Industry, S. 94 f.

956 *Goodman/Whittingham,* Shop Stewards in British Industry, S. 3, 131 ff.; *Hepple/Fredman,* Labour Law and Industrial Relations in Great Britain, S. 249; *Millward/Stevens/Smart u. a.,* Workplace Industrial Relations in Transition, S. 113.

957 *McCarthy,* The Role of Shop Stewards in British Industrial Relations, S. 52 Fn. 1.

958 *Goodman/Whittingham,* Shop Stewards in British Industry, S. 124 f.; *McCarthy/Parker,* Shop Stewards and Workshop Relations, S. 20; zu den verschiedenen Typen von *Committees* siehe oben 3.2.

Stewards über ihre Erfahrungen austauschen, wodurch ein einheitliches Beteiligungsniveau im Betrieb gefördert wurde. In den *Joint Shop Stewards Committees* konnten zudem die Unterschiede zwischen den verschiedenen im Betrieb vertretenen Gewerkschaften besprochen und überbrückt werden.[959]

Die Wichtigkeit der *Committee*treffen wurde auch durch die Regelmäßigkeit, mit der sie sich in der Mehrzahl der Betriebe stattfanden, deutlich. Der durchschnittliche Turnus für *Shop Stewards Committees* lag dabei zwischen ein- und dreimonatlich.[960] Bei Bedarf konnten aber auch außerplanmäßige Treffen einberufen werden.[961]

Teilweise gab es auch Treffen von Shop Stewards oberhalb der betrieblichen Ebene auf Unternehmensebene.[962] Wo sie existierten, dienten sie dem Austausch und der Absprache sowohl zu betrieblichen als auch überbetrieblichen Themen. Dabei sollte zum einen das Beteiligungsniveau unternehmensweit möglichst einheitlich gestaltet werden, zum anderen konnten gemeinsame Strategien entwickelt werden.[963] Allerdings erkannten die Arbeitgeber solche überbetrieblichen *Committees* in den seltensten Fällen als legitime Verhandlungspartner an.[964] Ihnen blieb daher meist nur eine interne, koordinierende Rolle.[965] In wenigen Fällen gab es auch industrieweite Treffen von Shop Stewards. Diese waren dann aber entweder eher politischer Natur oder dienten wiederum nur dem Austausch und der gemeinsamen Strategiebildung, ohne dabei eine wirklich aktive Rolle gegenüber den Arbeitgebern zu spielen.[966]

---

959 *Goodman/Whittingham*, Shop Stewards in British Industry, S. 10, 123 ff.; *McCarthy*, The Role of Shop Stewards in British Industrial Relations, S. 52; *Millward/Stevens/Smart u. a.*, Workplace Industrial Relations in Transition, S. 131 ff.

960 *McCarthy/Parker*, Shop Stewards and Workshop Relations, S. 20; *Millward/Stevens/Smart u. a.*, Workplace Industrial Relations in Transition, S. 133; siehe auch *Goodman/Whittingham*, Shop Stewards in British Industry, S. 126: teilweise wöchentliche Treffen.

961 *Goodman/Whittingham*, Shop Stewards in British Industry, S. 126.

962 *Goodman/Whittingham*, Shop Stewards in British Industry, S. 120; *Lerner/Bescoby*, British Journal of Industrial Relations 1966, S. 154, 157 ff.; *McCarthy*, The Role of Shop Stewards in British Industrial Relations, S. 52 f.; *Millward/Stevens/Smart u. a.*, Workplace Industrial Relations in Transition, S. 133 f.

963 *Goodman/Whittingham*, Shop Stewards in British Industry, S. 127 f.; *Lerner/Bescoby*, British Journal of Industrial Relations 1966, S. 154, 159 f.

964 *McCarthy*, The Role of Shop Stewards in British Industrial Relations, S. 53.

965 *Lerner/Bescoby*, British Journal of Industrial Relations 1966, S. 154, 157.

966 Vgl. *Lerner/Bescoby*, British Journal of Industrial Relations 1966, S. 154, 155 ff.; auch *Goodman/Whittingham*, Shop Stewards in British Industry, S. 122 f.

Nach unten hin fanden, wo es möglich war, auch regelmäßig Versammlungen der Shop Stewards mit ihren Wählern statt. Teilweise erlaubten es die Arbeitgeber, sie in der Arbeitszeit abzuhalten. Andernfalls fanden sie in den Pausen, vor oder nach der Arbeitszeit statt.[967] Wo auch dies nicht möglich war, hielten die Shop Stewards regelmäßig einzeln Rücksprache mit ihren Wählern.[968] Schließlich gab es auch Versammlungen aller Arbeitnehmer eines Betriebs unter der kollektiven Leitung aller bestehenden Shop Stewards oder, wo ein solcher existierte, des *Federation Stewards*.[969] Diese Versammlungen dienten erstens den Shop Stewards zur Rückversicherung und zum Austausch mit ihren Wählern und gaben letzteren zweitens die Gelegenheit, Probleme und Wünsche mit den Shop Stewards und ihren Kollegen zu besprechen.

3.6 Aufgaben und Kompetenzen

Aufgabe der Shop Stewards war das „*Workshop Bargaining*",[970] also das Verhandeln mit dem Arbeitgeber über betriebliche Belange. Welche Themen die Shop Stewards dabei in den einzelnen Betrieben behandelten und wieweit ihr Aufgabenbereich ging, hing wiederum von den betrieblichen Gegebenheiten ab. Generell haben sich die Shop Stewards aller Fragen angenommen, die Verbesserungen für die von ihnen vertretenen Arbeitnehmer bedeuten konnten.[971] Je stärker ihr Stand in den einzelnen Betrieben war, desto weitreichendere Kompetenzen konnten sich die Shop Stewards auf den für sie interessanten Gebieten sichern. Im Folgenden soll ein Überblick über die typischen Aufgabengebiete und Kompetenzen der Shop Stewards gegeben werden, wie sie sich in den diesbezüglichen Studien darstellten.

3.6.1 Arbeitsgestaltung

Shop Stewards befassten sich mit allen Fragen der Gestaltung der Arbeit in ihrem Betrieb. Dazu gehörten die Arbeitsabläufe und Prozesse einschließlich der Einführung neuer Arbeitsmethoden.[972] Weiter betraf es Fragen des Arbeitsplatzes,

---

967 *McCarthy/Parker*, Shop Stewards and Workshop Relations, S. 18.

968 *McCarthy*, The Role of Shop Stewards in British Industrial Relations, S. 6 f.

969 Vgl. *McCarthy*, The Role of Shop Stewards in British Industrial Relations, S. 7, 52.

970 Zu dem Begriff vgl. *Clegg*, The System of Industrial Relations in Great Britain, S. 244.

971 *Marsh*, Managers and Shop Stewards, in: *Marsh*, Managers and Shop Stewards, S. 18.

972 *McCarthy*, The Role of Shop Stewards in British Industrial Relations, S. 11 f.; *Clegg*, The System of Industrial Relations in Great Britain, S. 280 f.

der Arbeitsumgebung, der Arbeitskleidung und anderer Arbeitsausrüstung.[973] Es handelte sich also um ureigene betriebliche Belange, für die es weitestgehend keine überbetrieblichen oder gesetzlichen Regelungen gab. Diesen Themen immanent war zudem Arbeitssicherheit und Arbeitsschutz, auf die die Shop Stewards ebenfalls ein besonderes Augenmerk hatten.[974] Die Shop Stewards waren aufgrund ihrer direkten Verankerung im Betrieb die natürlichen Ansprechpartner sowohl für die Arbeitnehmer als auch die Geschäftsleitung. Aktiv wurden sie entweder aufgrund eigener Beobachtungen oder weil sie durch ihre Wähler auf Missstände oder Verbesserungsmöglichkeiten aufmerksam gemacht wurden. In einigen Betrieben wurden die Shop Stewards aber auch von der Geschäftsleitung aktiv in die Arbeitsgestaltung eingebunden.

In diesem Kompetenzbereich der Arbeitervertreter spielten *Consultative Committees*, bestehend aus Arbeitgeber- und Arbeitnehmervertretern, eine wichtige Rolle.[975] Während dieser Treffen konnten insbesondere Themen der Arbeitsgestaltung zwischen den Betriebsparteien besprochen und sich daraus ergebende Fragen gelöst werden.[976] Daneben konnten aber auch einzelne oder mehrere Shop Stewards, teilweise vertreten durch ihre Convenors, mit den verschiedenen Ebenen der Geschäftsleitung über solche Themen verhandeln. Ein Ergebnis sowohl der Gespräche in den *Committees* als auch der direkten Verhandlungen konnten gemeinsam entwickelte „*Works Rules*“, also Arbeitsordnungen, sein,[977] die dann verbindlich für alle Arbeitnehmer des Betriebs oder eines Betriebsteils in schriftlicher Form erlassen wurden.

3.6.2 Entlohnung

Zweite zentrale Aufgabe der Shop Stewards war das Verhandeln von Lohnfragen.[978] Dabei war die grundsätzliche Lohnstruktur und -höhe meist durch Tarifverträge vorgegeben. Diese wurden auf der überbetrieblichen Ebene zwischen den Gewerkschaften und dem Arbeitgeber ausgehandelt. Für die Shop Stewards ging es daher vornehmlich um die Ausgestaltung der durch die Tarifverträge gelassenen Spielräume. Dies betraf zuvorderst die Festsetzung von

---

973 *McCarthy,* The Role of Shop Stewards in British Industrial Relations, S. 11 f.; *Goodman/Whittingham,* Shop Stewards in British Industry, S. 163.

974 *Clegg,* The System of Industrial Relations in Great Britain, S. 286.

975 Genauer hierzu unten D. IV. 4.1.3.

976 *Clegg,* The System of Industrial Relations in Great Britain, S. 286.

977 *Goodman/Whittingham,* Shop Stewards in British Industry, S. 162.

978 *Goodman/Whittingham,* Shop Stewards in British Industry, S. 152.

leistungsorientierten Lohnkomponenten wie Akkord- und Stücklöhne.[979] Ihr Verhandlungsspielraum beschränkte sich nicht auf das bloße Aushandeln der Leistungssätze, sondern bezog sich auch auf die originäre Gestaltung des Festsetzungssystems und auf dessen spätere Anpassung.[980] Hinzu kam teilweise noch das Vereinbaren von Erschwerniszulagen und von Richtlinien für die tarifliche Eingruppierung.[981] Schließlich gelang es einigen Shop Stewards auch, in ihren Betrieben insgesamt Aufschläge auf die industrieweiten Tariflöhne durchzusetzen. Letzteres wurde allerdings teilweise von den hauptamtlichen Gewerkschaftsfunktionären nicht gerne gesehen.

Eine vereinheitlichte Art und Weise, wie Lohnfragen zwischen den Betriebsparteien verhandelt und festgesetzt wurden, ist nicht ersichtlich. Auf Seiten der Arbeitgeber gab es erhebliche Unterschiede in den Kompetenzzuweisungen an die verschiedenen Geschäftsleitungsebenen. Entsprechend waren auch die Ansprechpartner für die Shop Stewards nicht einheitlich verortet. Die Shop Stewards selbst traten auch in sehr verschiedenen Konstellationen in die Verhandlungen ein. So konnten einzelne Shop Stewards, Gruppen von Shop Stewards gemeinsam oder Convenors in Vertretung der übrigen Shop Stewards Verhandlungen führen. Schließlich war auch der Grad an Formalisierung sehr verschieden. Die Modi reichten von einfachen mündlichen Absprachen, die in formlosen Treffen zwischen Geschäftsleitung und Shop Stewards erfolgten, bis zu schriftlich festgehaltenen Kollektivvereinbarungen, die aus tarifverhandlungsähnlichen Prozessen hervorgingen.[982]

3.6.3 Arbeitszeit und Abwesenheit

Weiter befassten sich Shop Stewards mit den Arbeitszeiten der Arbeitnehmer, einschließlich der Pausen und der zeitlichen Lage.[983] Auch hier nutzten sie den Gestaltungsspielraum, den die Flächentarifverträge zuließen. So wirkten sie bei der Ausgestaltung von Schichtplänen und Pausenregelungen mit. Besonderes Interesse galt aber den Überstunden.[984] Die Shop Stewards wirkten teilweise aktiv an der Verteilung der anfallenden Überstunden auf die Arbeitnehmer

---

979 *Marsh,* Managers and Shop Stewards, in: *Marsh,* Managers and Shop Stewards, S. 18; *McCarthy,* The Role of Shop Stewards in British Industrial Relations, S. 10 f.

980 *Clegg,* The System of Industrial Relations in Great Britain, S. 266.

981 *McCarthy,* The Role of Shop Stewards in British Industrial Relations, S. 11.

982 Vgl. *Clegg,* The System of Industrial Relations in Great Britain, S. 248 ff.

983 *Goodman/Whittingham,* Shop Stewards in British Industry, S. 158, 162 f.; *Marsh,* Managers and Shop Stewards, in: *Marsh,* Managers and Shop Stewards, S. 18.

984 *Goodman/Whittingham,* Shop Stewards in British Industry, S. 158.

mit. In einigen Betrieben war es zudem nur mit der Zustimmung der Stewards möglich, Überstunden einzelner Arbeitnehmer bzw. der gesamten Belegschaft anzuordnen.[985]

Schließlich vertraten die Shop Stewards auch die Interessen ihrer Wähler, wenn diese aufgrund von Krankheit oder anderen persönlichen Gründen längere Abwesenheitszeiten von der Arbeit benötigten.[986]

Viele dieser Absprachen erfolgten zwischen den einfachen Shop Stewards und den unteren Geschäftsleitungsebenen. Daher waren sie oft weitgehend informeller Natur und erfolgten im Verlaufe des normalen Arbeitsprozesses.[987]

3.6.4 Kündigungen, Einstellungen und Versetzungen

Personelle Einzelmaßnahmen wie Versetzungen, Einstellungen und besonders Entlassungen gehörten traditionell zu einem der Bereiche, in denen die Geschäftsleitung eher zurückhaltend mit dem Zugestehen von Beteiligungsrechten war. Allerdings waren und sind personelle Einzelmaßnahmen, neben Lohnfragen, wohl auch am besten dazu geeignet, Arbeitnehmer zu motivieren, für ihre Interessen aktiv einzutreten. In der Praxis hatten Shop Stewards auf diesem Gebiet oft erhebliche Beteiligungsmöglichkeiten.[988] In vielen Betrieben war es üblich, dass die unteren Ebenen der Geschäftsleitung die von ihnen zu verantwortenden Maßnahmen vorher mit den Shop Stewards absprachen. Größere Maßnahmen wie Massenentlassungen, die auf einer höheren Geschäftsleitungsebene getroffen wurden oder betriebsweite Auswirkungen hatten, wurden mit den Convenors oder den Shop Stewards Comittees abgestimmt. Die Arbeitnehmervertreter hatten damit die Möglichkeit, mit der Geschäftsleitung über die geplanten Maßnahmen an sich oder über ihre konkrete Ausgestaltung zu verhandeln.[989]

In Betrieben in denen ein *closed shop* System[990] bestand war der Einfluss der Shop Stewards hingegen regelmäßig größer.[991] Soweit ihnen die Aufgabe der Überwachung der Gewerkschaftsmitgliedschaft der Arbeitnehmer oblag,

---

985 *Clegg,* The System of Industrial Relations in Great Britain, S. 277 f.; *McCarthy,* The Role of Shop Stewards in British Industrial Relations, S. 12.

986 *McCarthy,* The Role of Shop Stewards in British Industrial Relations, S. 13.

987 Vgl. *Clegg,* The System of Industrial Relations in Great Britain, S. 249.

988 Vgl. *Goodman/Whittingham,* Shop Stewards in British Industry, S. 162.

989 *Marsh,* Managers and Shop Stewards, in: *Marsh,* Managers and Shop Stewards, S. 18 f.; *McCarthy,* The Role of Shop Stewards in British Industrial Relations, S. 13.

990 Siehe oben 2.

991 Vgl. *McCarthy,* The Closed Shop in Britain, S. 146.

wirkten sie teilweise bei Einstellungen mit. Hierdurch überwachten die Gewerkschaften, dass nur organisierte Bewerber, oder solche die bereit waren sich zu organisieren, in den betroffenen Betrieben eingestellt wurden.[992]

Schriftlich niedergelegte Vereinbarungen gab es aber ebenfalls in den wenigsten Fällen. Gerade in diesem Bereich scheint es besonders der Geschäftsleitungsebene wichtig gewesen zu sein, die als Einschränkung ihrer unternehmerischen Entscheidungsprärogative empfundene Beteiligung der Arbeitnehmervertreter nicht noch zu dokumentieren.[993] In der Praxis hatten sich aber wohl dennoch recht feststehende Beteiligungsverfahren etabliert.

3.6.5 Betriebsstilllegungen

Ähnlich wie bei der Entlassung einzelner Arbeitnehmer wurden Shop Stewards in einigen Fällen auch bei der Stilllegung ganzer Betriebe oder Betriebsteile beteiligt. Sie waren, meist unterstützt durch hauptamtliche Gewerkschaftsvertreter, die Verhandlungspartner der Arbeitgeber. In den Verhandlungen ging es dabei nicht mehr um die Verhinderung der Betriebsstilllegung an sich, sondern vielmehr um ihre möglichst sozialverträgliche Ausgestaltung.[994] Das Ziel war, für die vertretenen Arbeitnehmer einen möglichst hohen Ausgleich für den Verlust ihres Arbeitsplatzes zu erreichen. Die zwischen den Shop Stewards und den Arbeitgebern vereinbarten Maßnahmen reichten von Versetzungsangeboten in andere Betriebe des Arbeitgebers, über Unterstützung bei der Arbeitsplatzsuche bis hin zur zeitlich begrenzten Aufstockung der Arbeitslosenunterstützung.[995] Kurzum, es handelte sich weitgehend um Maßnahmen, die man auch aus deutschen Interessenausgleichsvereinbarungen und Sozialplänen kennt.

3.6.6 Disziplinarmaßnahmen

Direkte Auswirkung hatte die Beteiligung der Shop Stewards bei personellen Einzelmaßnahmen auch auf den disziplinarischen Bereich. Soweit erstere als Konsequenz auf ein Fehlverhalten eines Arbeitnehmers erfolgten, berührten sie schließlich beide Bereiche. Der Shop Steward konnte sich neben seinem Beteiligungsanspruch aufgrund der Maßnahme an sich auch auf ein generelles

---

992 *McCarthy*, The Closed Shop in Britain, S. 20 ff.

993 *Clegg*, The System of Industrial Relations in Great Britain, S. 287 f.; *Goodman/Whittingham*, Shop Stewards in British Industry, S. 162.

994 *Clegg*, The System of Industrial Relations in Great Britain, S. 288.

995 *Clegg*, The System of Industrial Relations in Great Britain, S. 288 f.

Beteiligungsrecht in Disziplinarsachen berufen.[996] Die Arbeitgeber banden ihre Shop Stewards oft aktiv in ihre Disziplinarkonzepte ein. Shop Stewards wurden dabei insbesondere als Kanäle zum Weitergeben von allgemeinen Warnungen der Arbeitgeber über ein aufgetretendes Fehlverhalten genutzt.[997] Auch konnte die Geschäftsleitung die Shop Stewards über vermutete oder beobachtete Verstöße einzelner Arbeitnehmer informieren. Die Stewards wiederum konnten dann persönliche, inoffizielle Gespräche mit den Delinquenten führen und so ein offizielles Eingreifen der Geschäftsleitung in vielen Fällen überflüssig machen. Halfen diese Maßnahmen nicht, war es die selbstverständliche Aufgabe des Shop Stewards, auf Wunsch einen Arbeitnehmer bei Gesprächen mit der Geschäftsleitung zu begleiten. Zudem wurden Shop Stewards vor der Festlegung einer konkreten Disziplinarmaßnahme gehört.[998]

3.6.7 Beschwerden und Wünsche

Schließlich waren Shop Stewards die zentrale Anlaufstelle für die Beschwerden und Wünsche ihrer Wähler. Diese konnten entweder während einer Versammlung eines Shop Stewards mit seinen Wählern oder persönlich diesem gegenüber geäußert werden. Da die Stewards regelmäßig örtlich in enger Verbindung mit ihrer Wählerschaft arbeiteten, war ein schneller Zugang zu ihnen sichergestellt. Die Beschwerden und Wünsche konnten dabei allgemeine Dinge des Fabrikalltags wie Beschaffenheiten des Arbeitsplatzes oder den Arbeitsablauf betreffen. Die Shop Stewards waren aber auch Ansprechpartner für persönlichere, arbeitsplatzbezogene Dinge wie Konflikte mit Kollegen oder Vorgesetzten.[999]

Beschwerden und Wünsche bei den Shop Stewards und nicht bei den unmittelbaren Vorgesetzten anzusprechen, bedeutete in vielen Fällen eine Umgehung der eigentlich im Betrieb vorgesehenen Eingabenprozesse. Dennoch wurde dieses Vorgehen meist geduldet. Wenn es nicht um Probleme mit anderen Arbeitnehmern ging, dienten die Shop Stewards als Vermittlungsinstanz zwischen dem Beschwerdeführer und der Geschäftsleitung. Damit war ein sachlicherer Umgang gewährleistet und der Beschwerdeführer war besser vor etwaigen Repressalien betroffener Vorgesetzter geschützt. Zudem stand den Shop Stewards, oder zumindest den Convenors, regelmäßig der Zugang zu höheren

---

996 Vgl. *Marsh*, Managers and Shop Stewards, in: *Marsh*, Managers and Shop Stewards, S. 18 f.

997 *Goodman/Whittingham*, Shop Stewards in British Industry, S. 163 f.

998 Zu Allem *McCarthy*, The Role of Shop Stewards in British Industrial Relations, S. 12 f.

999 Vgl. *McCarthy*, The Role of Shop Stewards in British Industrial Relations, S. 13.

Geschäftsleitungsebenen offen. So konnten gewichtigere Probleme oder Vorschläge gleich auf der entscheidungskompetenten Geschäftsleitungsebene angesprochen werden. Dies gewährleistete sowohl für die betroffenen Arbeitnehmer als auch für die Arbeitgeber einen schnelleren und meist auch effizienteren Umgang mit den Eingaben.[1000]

3.7 Aufwandsentschädigung und Sachmittel

Shop Stewards übten ihr Amt nicht auf Geheiß der Arbeitgeber oder aufgrund einer rechtsverbindlichen Vereinbarung mit diesen aus. Daher hatten sie eigentlich weder einen Anspruch auf eine Freistellung von ihrer Arbeit noch auf die Überlassung von Sachmitteln gegenüber ihrem Arbeitgeber. Dennoch war es in den meisten Betrieben üblich, dass die Shop Stewards beides erhielten. In den Ausmaßen gab es aber große Unterschiede zwischen den einzelnen Betrieben. In den meisten Fällen konnten die Shop Stewards wohl zumindest einen Teil ihrer Vertretungstätigkeit während ihrer regulären Arbeitszeit verrichten. In einigen großen Betrieben gab es auch Convenors, die vollständig von ihren eigentlichen Arbeitsaufgaben freigestellt waren und sich vollumfänglich auf ihre Tätigkeit als Arbeitnehmervertreter konzentrierten.[1001] Etwaige Entgelteinbußen hielten sich daher meist in Grenzen.[1002] Oft waren die Freistellungsregelungen mit den Arbeitgebern sogar schriftlich vereinbart.[1003] Wo es aufgrund der Entgeltstruktur oder der Haltung des Arbeitgebers doch zu Entgelteinbußen kam, stockten teilweise die Gewerkschaften oder die Wähler der Shop Stewards deren Entgelt im Wege einer Umlage auf.[1004] Das Amt des Shop Stewards blieb aber Ehrenamt. Einen geldwerten Vorteil hatten die Stewards aus ihrer betrieblichen Tätigkeit nicht. Shop Stewards erhielten von ihren Arbeitgebern zudem regelmäßig Unterstützung in Form von Sachmitteln. Hierzu zählte einfacher Bürobedarf, Telefon- und Faxzugang, Schwarze Bretter, aber auch eigene Büros oder

---

1000 *Goodman/Whittingham*, Shop Stewards in British Industry, S. 163.

1001 *Clegg/Killick/Adams*, Trade Union Officers, S. 177; *Goodman/Whittingham*, Shop Stewards in British Industry, S. 132.

1002 Vgl. *Marsh/Evans/Garcia*, Trade Union Workshop Organization and Facilities in Engineering, in: *Marsh*, Managers and Shop Stewards, S. 130; *McCarthy/Parker*, Shop Stewards and Workshop Relations, S. 17.

1003 *Millward/Stevens/Smart u. a.*, Workplace Industrial Relations in Transition, S. 122.

1004 *Goodman/Whittingham*, Shop Stewards in British Industry, S. 4; *Marsh/Evans/Garcia*, Trade Union Workshop Organization and Facilities in Engineering, in: *Marsh*, Managers and Shop Stewards, S. 130; *McCarthy/Parker*, Shop Stewards and Workshop Relations, S. 17 f.

Sekretariatsdienste.[1005] Auch hierzu gab es in einem kleineren Teil der Betriebe schriftliche Vereinbarungen mit den Arbeitgebern.[1006] Schließlich finanzierten die Arbeitgeber auch Weiterbildungen für ihre Arbeitnehmervertreter.[1007] Wie weitgehend die Arbeitgeber bereit waren, ihre Shop Stewards zu unterstützen, hatte neben dem persönlichen Verhältnis zwischen der Geschäftsleitung und den Shop Stewards viel mit dem Organisationsgrad der Arbeitnehmer in dem konkreten Betrieb zu tun. Dort wo Gewerkschaft und Shop Stewards ein ernstzunehmendes Druckpotenzial gegenüber den Arbeitgebern aufbauen konnten, war die Kooperationsbereitschaft entsprechend größer. Dennoch bleibt festzuhalten, dass eine Totalverweigerung von Unterstützung durch den Arbeitgeber wohl die absolute Ausnahme war.[1008]

Neben der Unterstützung durch ihre Arbeitgeber konnte die Mehrzahl der Shop Stewards auf die Ressourcen ihrer Gewerkschaften zurückgreifen. Sie erhielten von ihnen Rechtsrat und anderen Informationen, konnten an gewerkschaftlichen Weiterbildungen teilnehmen oder außerbetriebliche Räumlichkeiten nutzen.[1009] Letzteres war gerade in Betrieben mit weniger kooperativen Arbeitgebern von großem Wert.

3.8 Schutz

Wie bei Freistellung und Sachmitteln hatten die Shop Stewards auch keinen Anspruch auf besonderen Schutz gegenüber ihrem Arbeitgeber. Als Arbeitnehmer waren sie dem Weisungs- und Disziplinarrecht des Arbeitgebers unterworfen. Sie genossen dabei weder einen gesetzlichen noch vertraglichen Diskriminierungs- oder gar Kündigungsschutz. Ihre dennoch weitgehend unabhängige Position beruhte zum einen auf dem Rückhalt, den sie von den anderen Arbeitnehmern und ihrer Gewerkschaft genossen. Einen Shop Steward zu disziplinieren oder gar zu kündigen bedeutete für den betroffenen Arbeitgeber, sich den Vergeltungsaktionen der Arbeitnehmer auszusetzen. Diese konnten die

---

1005 *Marsh/Evans/Garcia,* Trade Union Workshop Organization and Facilities in Engineering, in: *Marsh,* Managers and Shop Stewards, S. 132 f.; *Millward/Stevens/Smart u. a.,* Workplace Industrial Relations in Transition, S. 121.

1006 *Millward/Stevens/Smart u. a.,* Workplace Industrial Relations in Transition, S. 121.

1007 *Marsh/Evans/Garcia,* Trade Union Workshop Organization and Facilities in Engineering, in: *Marsh,* Managers and Shop Stewards, S. 132; *Millward/Stevens/Smart u. a.,* Workplace Industrial Relations in Transition, S. 120.

1008 Vgl. *Godfrey/Marchington,* Industrial Law Journal 1996, S. 339, 340; *Millward/Stevens/Smart u. a.,* Workplace Industrial Relations in Transition, S. 121 f.

1009 *Millward/Stevens/Smart u. a.,* Workplace Industrial Relations in Transition, S. 128.

ganze Palette an betrieblichen Druckmitteln umfassen und bis zu großangelegten Streikmaßnahmen weit über den einzelnen Betrieb hinausgehen.[1010] Zum anderen hatten aber auch die meisten Arbeitgeber ein Interesse daran, ihre Shop Stewards keinen übermäßigen Repressalien auszusetzen. Sie bevorzugten es, mit den Shop Stewards und nicht mit hauptamtlichen Gewerkschaftsfunktionären über betriebliche Angelegenheiten zu verhandeln.[1011]

Allerdings bedeutete dieser Rückhalt keineswegs die Unantastbarkeit der Shop Stewards. Denn erstens war das britische Arbeitsrecht meist auf der Seite der Arbeitgeber, so dass eine Disziplinierung bis hin zur Kündigung jederzeit hätte angewendet werden können. Zweitens waren auch die Gewerkschaften nur bereit, Shop Stewards zu unterstützen, deren betriebliches Handeln sich in einem rationalen Bereich bewegte.[1012] Shop Stewards, die sich innerhalb des Interessengleichgewichts der Arbeitnehmer, Gewerkschaften und Arbeitgeber bewegten, hatten im Allgemeinen keine Repressalien durch ihre Arbeitgeber zu befürchten.[1013]

4. Institutionelle Elemente und Verfahrenselemente

Wegen der weniger formalen Ausgestaltung der betrieblichen Beteiligung durch Shop Stewards sind die vorkommenden institutionellen Elemente und Verfahrenselemente nicht sehr prägnant definiert. Auch waren nicht in allen Betrieben alle Institutionen und Verfahren im gleichen Maße vorhanden. Der folgende Aufriss gibt daher einen Überblick über die häufigsten Formen und ihre Funktionsweisen. Im Unterschied zu den vorherigen Beteiligungsmodellen lässt sich dabei eine Unterscheidung zwischen den grundsätzlichen Funktionen der institutionellen Elemente und Verfahrenselemente nicht feststellen.

4.1 Institutionelle Elemente

Das Beteiligungsmodell war um die Institution des Shop Stewards herum entwickelt. Sie war als einzige in allen Betrieben, in denen das Modell bestand, vorhanden und damit das elementare Bindeglied. Daneben konnte es in dem Modell noch eine ganze Reihe anderer Institutionen geben. Dazu gehörten die

---

1010 Vgl. zu diesen *McCarthy*, The Role of Shop Stewards in British Industrial Relations, S. 19 ff.

1011 *Clegg/Killick/Adams*, Trade Union Officers, S. 174 f.

1012 Vgl. hierzu *McCarthy*, The Role of Shop Stewards in British Industrial Relations, S. 13.

1013 *Clegg/Killick/Adams*, Trade Union Officers, S. 175 f.

Convenors genauso wie die verschiedenen *Committees*, in denen sich die Shop Stewards berieten, und die gemeinsamen Versammlungen der Arbeitnehmer mit ihrem Shop Steward. Die Komplexität und Vielzahl der in einem bestimmten Betrieb bestehenden Institutionen lief meist parallel zu dessen eigener Komplexität und Größe, wobei neben den Strukturen des eigentlichen Betriebs auch die vorhandene Gewerkschaftslandschaft Einfluss hatte.

4.1.1 Shop Stewards und Convenors

Die Shop Stewards waren als Institution Quelle und auch hauptsächlicher Träger der Beteiligung in dem Beteiligungsmodell. Erst durch ihren Rückhalt in Arbeitnehmerschaft und Gewerkschaften wurde die Beteiligung überhaupt möglich. Sie vertraten die sie wählenden Arbeitnehmer gegenüber dem Arbeitgeber in praktisch allen betrieblichen Belangen. Insofern waren die Beteiligungsmöglichkeiten der Convenors nur von den Shop Stewards abgeleitet. Dennoch erfüllte auch diese Institution eine wichtige Aufgabe in dem Beteiligungsmodell. Sie gewährleistete durch die Bündelung der Vertretungskompetenzen der verschiedenen sie wählenden Shop Stewards eine ungleich größere Breite koordinierter betrieblicher Interessenwahrnehmung.

4.1.2 *Shop Stewards Committees* und Arbeitnehmerversammlungen

In ähnlicher Funktion bestanden auch die verschiedenen, in den Betrieben eingerichteten *Shop Stewards Committees*. Diese Institutionen dienten ebenfalls der Koordination und damit der Verbreiterung der betrieblichen Beteiligung durch Shop Stewards. Sie selbst hatten meist keine eigenständigen Vertretungsbefugnisse. Die bei den *Committee*sitzungen gefassten Beschlüsse mussten vielmehr durch die ihnen vorstehenden Convenors oder auch die einzelnen Shop Stewards durchgesetzt werden. Ihre Abhängigkeit von den Shop Stewards wird weiter dadurch deutlich, dass ihre Existenz von letzteren abhing. Denn auch wenn gerade in großen Betrieben starke Zweckmäßigkeitserwägungen für die Einführung verschiedener *Committees* sprachen, bestand kein Zwang dazu.

Die Versammlungen der einzelnen Shop Stewards mit den sie wählenden Arbeitnehmern spielten ebenfalls eine zentrale Rolle in dem Beteiligungsmodell. Es gab sie, wie die Shop Stewards selbst, in praktisch jedem Betrieb. Während der Versammlungen wurden die Shop Stewards in den meisten Fällen gewählt und mussten ihre Handlungen und Pläne erklären. Die versammelten Arbeitnehmer hatten praktisch jederzeit die Möglichkeit, den Shop Steward abzuberufen oder durch eine andere Person zu ersetzen.

4.1.3 *Joint Consultative Committees*

Nicht unmittelbar mit dem System der Shop Stewards verbunden waren die *Joint Consulative Committees*. Sie sollen hier dennoch kurz angesprochen werden, da diese Institution auch im Rahmen der betrieblichen Beteiligung durch Shop Stewards genutzt worden ist. *Joint Consultative Committees* setzten sich aus Vertretern der Geschäftsleitung und der Arbeitnehmer zusammen. In ihnen wurden verschiedene den Betrieb betreffende Themen gemeinsam beraten. Eine Entscheidungskompetenz kam den *Committees* dabei in den wenigsten Fällen zu. Vielmehr sollten sie die Geschäftsleitung bei deren Entscheidungsfindung nur unterstützen. Da die Arbeitnehmervertreter in diesen *Committees* gleichzeitig Shop Stewards waren, konnten sie diese Institution als zusätzliches Mittel zur Wahrnehmung der Interessen ihrer Arbeitnehmer nutzen.

4.2 Verfahrenselemente

Neben den institutionellen Elementen bestanden starke Verfahren, in denen der größere Teil der Beteiligung ablief. Zuvorderst gab es oft durch Flächentarifverträge festgelegte allgemeine Beschwerdeverfahren.[1014] Allerdings waren diese Verfahren häufig nicht auf das Shop Steward System abgestimmt und richteten sich primär an einzelne Arbeitnehmer. Shop Stewards bedienten sich daher regelmäßig nicht dieser vorgegebenen Verfahren, sondern nutzten andere, teilweise weitgehend informelle Wege.[1015]

4.2.1 Alleinentscheidung der Shop Stewards

Manchmal legten die unteren Ebenen der Geschäftsleitung einzelne Entscheidungen ganz in die Verantwortung der Shop Stewards. Dies konnte zum Beispiel die konkrete Einteilung von Arbeitnehmern zu Überstunden oder Pausenzeiten betreffen. Möglich war dies in Bereichen, wo es für den Arbeitgeber unerheblich war, wie eine von ihm vorher getroffene Entscheidung im Detail umgesetzt wurde, da das Ergebnis dadurch nicht verändert wurde. Der Arbeitgeber musste also als ersten Schritt in diesem Verfahren eine generelle Entscheidung treffen, die die Arbeitnehmervertreter dann in einem zweiten Schritt ausgestalteten.

4.2.2 Vereinbarung

Weit wichtiger als Verfahren zur Umsetzung der Beteiligung waren Vereinbarungen zwischen den Betriebsparteien. Diese konnten auf allen Ebenen sowohl

---

1014 *McCarthy/Parker*, Shop Stewards and Workshop Relations, S. 23.

1015 *McCarthy/Parker*, Shop Stewards and Workshop Relations, S. 23 f.

der Arbeitnehmervertreter als auch der Geschäftsleitung erfolgen. Kern dieses Verfahrens war das gemeinsame, teilweise durchaus konfrontative Aushandeln einer Lösung für ein konkretes Thema. Eine so getroffene Vereinbarung konnte schriftlich fixiert oder auch einfach durch das Handeln der Betriebsparteien praktiziert werden. Solche Vereinbarungen konnten jeden betrieblichen Bereich erfassen und konnten auch den Verfahrensrahmen für die Aushandlung zukünftiger Vereinbarungen vorgeben. Dominant war dieses Verfahren in Betrieben und Themenbereichen, in denen die Shop Stewards einen starken Stand gegenüber ihren Arbeitgebern hatten.

4.2.3 Beratung

Ein ebenfalls regelmäßig genutztes Beteiligungsverfahren war die gemeinsame Beratung eines Themas zwischen den Betriebsparteien. Anders als bei einer gemeinsamen Vereinbarung behielt die Arbeitgeberseite in diesem Fall ihre alleinige Entscheidungskompetenz. Die Arbeitnehmervertreter hatten aber die Möglichkeit, ihre Ideen oder Bedenken in den Entscheidungsprozess einzubringen. Dieses Verfahren wurde insbesondere in den *Joint Consultative Committees* genutzt. Es kam aber vor allem dort zum Einsatz, wo der Arbeitgeber erfolgreich eine Mitbestimmungskompetenz verhindert hatte. Zudem war es in den Bereichen üblich, die auch von den Arbeitnehmern als im Rahmen der arbeitgeberseitigen Entscheidungsprärogative liegend angesehen wurden, die aber dennoch mit den Arbeitnehmervertretern besprochen wurden.

4.2.4 Protest

In Bereichen, in denen die Arbeitgeber den Arbeitnehmervertretern eine präventive Beteiligung verweigerten, blieb letzteren der nachträgliche Protest. Die Shop Stewards konnten im Rahmen dieses Verfahrens die Beschwerden der Arbeitnehmer zu einer getroffenen Arbeitgeberentscheidung vortragen und Abhilfe verlangen. Dabei konnten sie auch konkrete Vorschläge machen.

4.2.5 Sanktionierung

Das Beteiligungsmodell durch Shop Stewards hielt weitgehend keine Streitschlichtungsmechanismen bereit. Dennoch gab es in vielen Fällen Verfahren zur Lösung aufkommender Konflikte. Allerdings bedeuteten sie meist eine weitere Eskalation des Konflikts, um dann durch dieses Kräftemessen die Kompromissbereitschaft der Verhandlungspartner zu erhöhen. Das Instrumentarium der Arbeitgeber reichte dabei von einer zeitweiligen Verweigerung der Kooperation mit den Shop Stewards auch in anderen Bereichen über eine Rücknahme freiwilliger Vergünstigungen für die Arbeitnehmer bis hin zu Kündigungen und wohl auch Aussperrungen. Shop Stewards konnten ebenfalls ihre Kooperation mit den Arbeitgebern insgesamt reduzieren oder einstellen. Wichtiger für sie war aber die Steuerung des Arbeitsverhaltens der Arbeitnehmer. Dabei konnten sie diese veranlassen nur noch „Dienst nach Vorschrift" zu machen, Überstunden zu verweigern, bei der Arbeit zu trödeln und in letzter Konsequenz zu streiken. Parallel zu oder anschließend an ein solches Verfahren gegenseitiger Sanktionierung verhandelten die Betriebsparteien miteinander, bis sie schließlich zu einer gemeinsamen Lösung kamen.

Konnte auch durch dieses Verfahren kein Kompromiss gefunden werden, blieb den Shop Stewards noch die Möglichkeit, den Konflikt aus dem Betrieb oder Unternehmen hinauszutragen und die Gewerkschaften um ein Eingreifen zu bitten. So konnten im Endergebnis betriebliche Konflikte auch zu regionalen oder branchenweiten Arbeitskämpfen führen.

5. Tragweite der Beteiligung

Tragweite und Tragfähigkeit der betrieblichen Beteiligung durch Shop Stewards sind differenziert zu sehen. Dies rührt schon aus der Tatsache, dass die Beteiligungsmöglichkeiten der Arbeitnehmervertreter in den verschiedenen Betrieben sehr unterschiedlich sein konnten. Theoretisch kann jeder Bereich betrieblicher Entscheidung Beteiligungssubjekt sein. Andererseits gab es in dem System keine rechtliche Garantie für den Bestand auch nur eines Minimums an Beteiligung.

Im Folgenden soll daher erst die thematische Breite der Beteiligung dargestellt und erklärt werden. Sodann soll auf die wichtigsten organisatorischen Besonderheiten des Systems eingegangen werden, aus denen sich dessen relative Instabilität ergibt, auf die als letztes eingegangen werden soll.

5.1 Thematische Beteiligungsbereiche

Rechtlich waren die Shop Stewards thematisch nicht eingegrenzt. Ihre Beteiligung beruhte schließlich weitgehend nicht auf formellen Vereinbarungen mit den Arbeitgebern, sondern war aus einem organischen Prozess gegenseitiger Verhandlung und tatsächlicher Übung hervorgegangen. Soweit es ihnen gelang, sich in diesem Prozess einen thematischen Bereich zu erschließen, war ihnen die Beteiligung möglich. Praktisch gab es aber doch Grenzen für die Ausdehnung der thematischen Beteiligung durch die Shop Stewards. Die offensichtlichste dieser Grenzen war die Linie unternehmerischer Entscheidungsprärogative, hinter die die Arbeitgeber nicht bereit waren zurückzufallen. Dies betraf vor allem die überbetriebliche Unternehmensleitung und betriebliche Entscheidungen in ausschließlich wirtschaftlichen Fragen. Wichtigste Reibungspunkte an dieser Grenzlinie waren Standortentscheidungen und betriebsbedingte Kündigungen.

Eine weniger offensichtliche, aber dennoch mindestens genauso wichtige Grenze für die thematischen Beteiligungsmöglichkeiten der Shop Stewards wurde durch ihre eigenen Gewerkschaften gezogen. Das System der betrieblichen Beteiligung durch Shop Stewards war in das größere, monistische System der britischen Arbeitsbeziehungen eingebettet. In diesem System waren die durch ihre hauptamtlichen Funktionäre handelnden Gewerkschaften für die Interessenvertretung der Arbeitnehmer in allen überbetrieblichen Belangen verantwortlich. Zudem waren die Gewerkschaften durch die Tarifverhandlungen auch für das Setzen von regionalen oder branchenweiten Mindeststandards für die Arbeitsverhältnisse ihrer Mitglieder verantwortlich. Solche galten für Entgelte, Arbeitszeiten und Urlaubsdauer. Die Shop Stewards waren daher gehalten, in diesen Bereichen nicht über die Vorgaben der einschlägigen Tarifverträge hinauszugehen, sondern sich auf die Ausgestaltung und Konkretisierung der darin enthaltenen Freiräume zu konzentrieren.[1016]

5.2 Organisatorische Besonderheiten

Betrachtet man das Beteiligungsmodell aus einer deutschen, an das hiesige Betriebsverfassungsrecht gewöhnten Warte, fallen einige Besonderheiten auf. Der augenscheinlichste Unterschied ist das Fehlen einer auch nur ansatzweise durchgehenden rechtlich formalisierten Grundlage für die Arbeit der Shop Stewards. Es fehlte in diesem System sowohl an entsprechenden gesetzlichen Normen als weitgehend auch an privatrechtlichen Vereinbarungen oder Satzungen. An deren Stelle trat eine Systemgrundlage, die vornehmlich auf tatsächlicher Übung beruhte und für einzelne Teilbereiche durch verschiedenartige Vereinbarungen ergänzt wurde.

Weiter vertraten die Shop Stewards nicht die gesamte Belegschaft eines Betriebes, sondern nur den kleinen Teil, der sie auch tatsächlich gewählt hatte. Dabei handelte es sich entweder um alle oder einen Teil der Arbeitnehmer, die derselben Gewerkschaft angehörten wie die Shop Stewards. In der zersplitterten britischen Gewerkschaftslandschaft gewährleistete damit erst die Existenz einer Anzahl von Shop Stewards in einem Betrieb die flächendeckende Vertretung der Arbeitnehmer. Nicht organisierte Arbeitnehmer blieben auch dann noch weitgehend außen vor. Ihre Interessen wurden daher nur mittelbar vertreten, wenn

1016 Vgl. oben 3.6.2.

sie, was wohl regelmäßig der Fall gewesen sein wird, denen der organisierten Arbeitnehmer entsprachen.

Hieraus wird auch eine weitere Besonderheit der Beteiligung durch Shop Stewards deutlich. Sie waren ein Teil der gewerkschaftlichen Interessenvertretung und damit zumindest formell eng an ihre jeweilige Gewerkschaft gebunden. In den meisten Fällen hatten sie aber in betrieblichen Belangen eine weitgehende Unabhängigkeit von der Bevormundung durch ihre Gewerkschaften erreicht.[1017] Folge dieser nicht vorhandenen Trennung zwischen der betrieblichen und gewerkschaftlichen Vertretung ist zudem, dass sich die Shop Stewards zur Durchsetzung der betrieblichen Arbeitnehmerinteressen der genuin gewerkschaftlichen Sanktionsmittel bedienten. Dies reichte bis hin zu von den Shop Stewards angeführten Streiks.[1018]

5.3 Defizite

Folge der organisatorischen Besonderheiten, insbesondere der weitgehend informellen Systemgrundlage, war eine relative Instabilität der Beteiligung durch Shop Stewards. Dabei scheint zwar das System selbst nie vollständig in Frage gestanden zu haben, seine Tragweite und genaue Ausgestaltung wurden aber durch eine ganze Reihe von Faktoren beeinflusst. Auf der Mikroebene wirkten auf das System ein der Organisationsgrad der Arbeitnehmer, die Mächtigkeit der im Betrieb vorhandenen Gewerkschaften, die Größe und damit Binnenkomplexität des Betriebs und Unternehmens, die Einstellungen der Arbeitgeber und ihrer Geschäftsleitung, die wirtschaftliche Lage des Betriebs oder Unternehmens, aber auch die Persönlichkeiten und Zielsetzungen der Shop Stewards selbst sowie die zwischenmenschlichen Beziehungen zwischen diesen und der Geschäftsleitung.[1019] Anders als in Beteiligungsmodellen, in denen eine feste, rechtlich verbindliche Grundlage bestand, war diese Wirkung unmittelbar systemverändernd. Diese Faktoren beeinflussten also nicht nur die Art, in der ein strukturstabiles Beteiligungsmodell in einem bestimmten Betrieb praktisch gelebt wurde, sondern modifizierte die Struktur des Modells selbst.

Auch auf der Makroebene setzte sich diese Instabilität fort. Der gesamtgesellschaftliche Einfluss, den die Gewerkschaften hatten, die Mehrheitseinstellung

1017 *Goodman/Whittingham*, Shop Stewards in British Industry, S. viii; siehe auch Shotton v. Hammond, The Times, 2. Dezember1976, S. 457.

1018 *Marsh* (Hrsg.), Managers and Shop Stewards, S. 51.

1019 *McCarthy*, The Role of Shop Stewards in British Industrial Relations, S. 14, vgl. auch S. 27.

in Arbeitgeberschaft und Gesellschaft, die politischen Rahmenbedingungen außerhalb konkreter gesetzlicher Veränderungen und, allen voran, die konjunkturelle Gesamtlage beeinflussten das Beteiligungsmodell unmittelbar. Bei einer starken Konjunktur, Vollbeschäftigung und einer damit verbundenen Stärke der Gewerkschaften war auch die Beteiligung durch Shop Stewards stark. Die Arbeitgeber waren darauf angewiesen, mit ihren Arbeitnehmern und deren Vertretern zu kooperieren und diese konnten vermehrt ihre Forderungen durchsetzen. Ansonsten drohten sie mit dem Abfluss der knappen Ressource menschlicher Arbeitskraft und damit Produktionsausfällen. Stieg hingegen in Zeiten schwacher Konjunktur die Arbeitslosigkeit, reduzierte sich die Notwenigkeit für eine Kooperation. Daher wurde auch die betriebliche Beteiligung durch Shop Stewards insgesamt schwächer. In beiden Fällen wirkten sich die Faktoren, wie schon für die Mikroebene dargestellt, direkt auf die Struktur des Beteiligungsmodells aus. Ein meist formalisierter und teilweise auch durchaus komplizierter Prozess zur Veränderung der rechtlichen Grundlage des Beteiligungsmodells ist nicht nötig. Vielmehr tritt die Veränderung schon durch das Handeln der betroffenen Akteure ein.

Dennoch ist diese Instabilität nur relativ. Sie ergibt sich aus der Inbezugsetzung des Shop Steward Systems mit anderen Beteiligungsmodellen, die eine formelle rechtliche Grundlage aufweisen. Trotz des Fehlens einer solchen besteht das Shop Steward System seit nunmehr über einhundertfünfzig Jahren. Die Struktur des Systems und damit die Intensität der Beteiligung haben sich in dieser Zeit verändert, aber ganz verschwunden ist die betriebliche Beteiligung durch Shop Stewards nie. Die grundlegenden Gestaltungsmerkmale haben sich in diesem Wandlungsprozess zudem bewahrt.

6. Bestand des Beteiligungsmodells

Wie in der Einleitung zu diesem Kapitel ausgeführt, bezieht sich die hiesige Darstellung auf die Shop Stewards wie sie in der Zeit vom Ende des Zweiten Weltkriegs bis in die frühen 1990er Jahre hinein bestanden. Mit dem Ende des wirtschaftlichen Aufschwungs in den 1970er Jahren und der anschließenden offen gewerkschaftsfeindlichen Politik der konservativen Regierung unter Margret Thatcher in den 1980er Jahren veränderten sich insbesondere die Rahmenbedingungen der Shop Stewards auf der Makroebene. Das System brach dabei nicht zusammen, wurde aber zurückgedrängt. Die statistischen Zahlen über die Verbreitung von Shop Stewards in der britischen Wirtschaft aus dieser Zeit zeigen dies.[1020] Über das Schicksal der betrieblichen Beteiligung durch Shop Stewards während der letzten zwanzig Jahre gibt es dagegen kaum verlässliche Studien. Dennoch zeigen die weiterhin zu diesem Thema verfassten wissenschaftlichen Abhandlungen, dass dieses Beteiligungsmodell noch existiert.

7. Fazit

Die meisten neueren Autoren, die sich wissenschaftlich mit den Shop Stewards befasst haben, standen dem Modell insgesamt positiv bis neutral gegenüber. In der allgemeinen Öffentlichkeit war die Meinung hingegen weniger günstig.[1021] Der Ursprung dieser Skepsis lag in der Rolle der radikaleren Teile der Shop Stewards Bewegung während des Ersten Weltkriegs.[1022] Damals waren die Shop Stewards mit ihren oft ins politische gehenden Forderungen und den von ihnen angeführten Streiks in den Augen der großen Mehrheit der Bevölkerung der kämpfenden Truppe in den Rücken gefallen und hatten damit den Kriegserfolg bedroht.[1023] In späterer Zeit konservierte sich dieser eher negative Einruck durch Presseberichte über weitere wilde Streiks, die von einigen Shop Stewards geführt wurden.[1024] Auch wenn solche Streiks in den Jahrzehnten nach dem Zweiten Weltkrieg nicht den Kern der Tätigkeit der Stewards ausmachten, fanden sie in der Gesellschaft deutlich mehr Beachtung als die anderen, weitgehend geräuschlosen Aktivitäten der großen Mehrheit der Shop Stewards. Interessanterweise zeigen die wissenschaftlichen Studien zu der Einstellung der Arbeitgeber, dass diese dennoch ihren Shop Stewards weitgehend positiv gegenüber standen.[1025] Dies wird insbesondere an dem Vergleich mit den hauptamtlichen Gewerkschaftsfunktionären deutlich. Die überwältigende Mehrheit der Arbeitgeber zog die Interaktion mit ihren Shop Stewards der mit den externen Gewerkschaftlern vor. Als Begründung nannten sie insbesondere die größere Sachnähe, Objektivität und Effizienz der Shop Stewards.[1026]

1020 *Millward/Stevens/Smart u. a.*, Workplace Industrial Relations in Transition, S. 142 f.

1021 *Goodman/Whittingham*, Shop Stewards in British Industry, S. v.

1022 Marsh, Introduction, in: Marsh, G. D. H. Cole, Workshop Organisation, S. (xi).

1023 Vgl. *Goodman/Whittingham*, Shop Stewards in British Industry, S. 28.

1024 *Goodman/Whittingham*, Shop Stewards in British Industry, S. vi; 182.

1025 *Clegg/Killick/Adams*, Trade Union Officers, S. 175; *Goodman/Whittingham*, Shop Stewards in British Industry, S. 190 f.; *Marsh*, Managers and Shop Stewards, in: *Marsh*, Managers and Shop Stewards, S. 31; *McCarthy/Parker*, Shop Stewards and Workshop Relations, S. 27 f.

1026 *Clegg/Killick/Adams*, Trade Union Officers, S. 175; *Marsh*, Managers and Shop Stewards, in: *Marsh*, Managers and Shop Stewards, S. 31 ff.

Das Beteiligungsmodell der Shop Stewards ist ein Produkt des britischen Systems industrieller Beziehungen. Durch den unangefochtenen Anspruch der Gewerkschaften, einziger rechtmäßiger Vertreter der Arbeitnehmer zu sein, konnte sich kein dualistisches System wie in Deutschland herausbilden. Um sich der komplexer werdenden Realität in den Betrieben anzupassen, musste dieses System eine Antwort auf die Forderung nach betrieblicher Beteiligung finden. Diese Antwort wurde durch das Shop Steward System gefunden. Als Fremdkörper in den tendenziell hierarchischen Gewerkschafts- und betrieblichen Führungsstrukturen erfuhr es kaum eine formelle Fixierung. Es wurde vielmehr in seiner praktischen Durchführung manifest und war so immer einem organischen Wandlungs- und Anpassungsprozess aufgrund äußerer Einflüsse unterworfen. Dennoch wurde das System über Jahrzehnte praktiziert und besteht wohl in einigen Betrieben bis heute.

Daraus lassen sich drei Schlussfolgerungen ableiten. Erstens, dass es in der hochkomplexen Wirtschaft, die in den demokratischen, westlichen Industriestaaten seit nunmehr über einhundert Jahren existiert, auch in dem so oft als beteiligungsfeindlich deklarierten Vereinigten Königreich eine Form der betrieblichen Beteiligung gab und gibt. Zweitens, dass sich ein solches Beteiligungsmodell auch weitgehend autark auf der betrieblichen Ebene entwickeln kann, ohne dass es dabei eines prägenden oder gar gestaltenden äußeren Einflusses bedarf. Drittens zeigt das Modell der Shop Stewards eine erhebliche Flexibilität sowohl auf der zeitlichen Ebene als auch zwischen den verschiedenen Betrieben und Gewerkschaften, ohne dass es dabei seinen prägenden Kern jemals verloren hätte.

E. Analyse

Betrachtet man die historische Entwicklung der betrieblichen Beteiligung in Deutschland, dem Vereinigten Königreich, der Europäischen Union und insbesondere die vier im Detail untersuchten Beteiligungsmodelle, so zeigt sich, dass über die letzten einhundertfünfzig Jahre teilweise sehr unterschiedliche, teilweise sehr ähnliche gestalterische Elemente, Konzepte und Methoden zur Verwirklichung betrieblicher Beteiligung entwickelt und eingesetzt wurden. Genauso vielseitig sind auch die Wirkungen, die diese hatten und teilweise heute noch haben. In den Modellen enthalten waren verschiedene institutionelle Elemente und Verfahrenselemente, wobei sich die Schwerpunktsetzung von Beteiligungsmodell zu Beteiligungsmodell teilweise erheblich unterschied. Im Folgenden werden die Elemente, Konzepte und Methoden, die sich aus den verschiedenen Beteiligungsmodellen ergeben, entlang der entwickelten Untersuchungskriterien und anhand der historischen Erfahrungen dargestellt und bewertet.

I. Institutionelle Elemente

Die institutionellen Elemente bildeten in den verschiedenen Beteiligungsmodellen die grundlegende Organisationsstruktur. Sie wichen teilweise deutlich von einander ab, in anderen Bereichen wiederum waren sie sich sehr ähnlich. Unterschiede und Ähnlichkeiten bestanden zum einen bei Ausgestaltung und Zusammensetzung der für die institutionelle Struktur bestimmenden Vertretungsgremien und zum anderen im Vorhandensein oder Fehlen von aufeinander aufbauenden Vertretungsebenen.

1. Gesamtversammlung

Die einfachste Organisationsstruktur der betrieblichen Beteiligung ist ein Austausch zwischen allen Arbeitnehmern des Betriebs oder zumindest eines Teils von ihnen in einer Gesamtversammlung. Eine solche Versammlung war in praktisch allen Beteiligungssystemen in der einen oder anderen Form vorhanden. Allerdings bildete sie in keinem der Beteiligungsmodelle dessen Kernelement. Vielmehr diente die Gesamtversammlung der Arbeitnehmervertretung als Vehikel zur Information der Arbeitnehmer und zum Austausch mit ihnen. Zudem wurden die meisten Arbeitnehmervertretungen auf Gesamtversammlungen gewählt.

Neben diese Gesamtversammlungen der Arbeitnehmer traten in vielen Fällen noch Gesamtversammlungen, an denen auch der Arbeitgeber und dessen Vertreter teilnahmen. Sie dienten dann einer direkten Information der Arbeitnehmer durch den Arbeitgeber und ermöglichten in begrenztem Maß auch einen direkten Diskurs zwischen diesen.

Beide Formen der Gesamtversammlung sorgen daher für eine Rückkoppelung der betrieblichen Beteiligung an die Arbeitnehmer und können abhängig von ihrer konkreten Ausgestaltung sogar basisdemokratische Züge tragen. Sie erfüllen daher eine wichtige Legitimationsfunktion für die Beteiligung. Aufgrund ihrer potenziellen Teilnehmerzahl und den mit ihnen verbundenen Einschränkungen des betrieblichen Produktionsprozesses sind sie aber für die meisten, insbesondere größeren Betriebe nicht als Kernorgan der Beteiligung sinnvoll.

2. Ausschüsse

Die wohl häufigste Organisationsform einer Arbeitnehmervertretung war die eines Ausschusses. In den meisten untersuchten Beteiligungsmodellen nahm dann auch das zentrale Organ der Arbeitnehmervertretung diese Form an, wenn sich auch die Terminologie unterschied. Eine Ausnahme stellen die Shop Stewards dar, deren Kernorgan die Shop Stewards als Einzelvertreter waren und sind. Allerdings schlossen und schließen auch sie sich in größeren Betrieben regelmäßig zu den *Shop Stewards Committees* genannten Ausschüssen zusammen. Ausschüsse haben den Vorteil, durch ihre kleinere Größe im Vergleich zu Gesamtversammlungen effektiver arbeiten zu können. Zudem weisen Mitglieder von Ausschüssen regelmäßig eine bessere Qualifikation für ihre Tätigkeit auf als der durchschnittliche Arbeitnehmer. Ergeben kann sich diese Qualifikation aus mitgebrachten Fähigkeiten, der Persönlichkeit des Mitgliedes und nicht zuletzt aus der durch eine längere Zugehörigkeit zu einem Ausschuss erworbenen Erfahrung.

Daneben haben Ausschüsse den Vorteil, dass ihre Größe synchron zur Betriebsgröße steigen kann. Damit können sie zum einen den meist ebenfalls mit der Betriebsgröße steigenden Arbeitsaufwand gut bewältigen und zum anderen heterogen zusammengesetzte Belegschaften oder räumlich zersplitterte Betriebe abbilden. In letzteren Fällen können auch – wie es zum Beispiel im Betriebsrätegesetz und den Betriebsverfassungsgesetzen geschehen ist – weitere Ausschüsse zur Repräsentation einzelner Arbeitnehmergruppen, zur Geschäftsführung der Arbeitnehmervertretungen oder zur Bearbeitung bestimmter Themengebiete gebildet werden.

Schließlich können sich die Ausschüsse hinsichtlich ihrer personellen Zusammensetzung unterscheiden. In den meisten Fällen werden nur Mitglieder des Betriebs Mitglieder des Ausschusses sein können. In Ausnahmefällen mag es aber auch sinnvoll sein, externe Personen zuzulassen. Dies kann zum Beispiel für Gewerkschaftsfunktionäre oder externe Berater des Arbeitgebers gelten. Allerdings waren solche Personen in den untersuchten Beteiligungsmodellen, wenn sie überhaupt erlaubt waren, auf eine beratende Rolle beschränkt. Die wichtigste strukturelle Unterscheidung ist aber die Entscheidung, ob der Arbeitgeber oder dessen Vertreter Mitglied des Beteiligungsausschusses sind oder ob es sich um einen reinen Arbeitnehmerausschuss handelt.

2.1 Gemeinsamer Ausschuss

Ausschüsse aus Vertretern der Arbeitnehmer und dem Arbeitgeber oder dessen Vertretern bildeten während des 19. Jahrhunderts die Regel unter den wenigen bestehenden Beteiligungsmodellen. Entsprechend war Heinrich Freese als Arbeitgeber Mitglied des Arbeiterausschusses in seiner Konstitutionellen Fabrik. Aber auch die zu Beginn des 20. Jahrhunderts konzipierten Whitley Committees sollten diese Form haben. Heute bilden solche Ausschüsse eher die Ausnahme. Im Betriebsrätegesetz und den Betriebsverfassungsgesetzen sind sie nicht vorgesehen, können aber durch die Betriebsparteien gebildet werden.[1027]

Gemeinsame Ausschüsse bieten sich in kleineren Betrieben und solchen mit einer kooperativen Betriebskultur oder einer flachen Hierarchie an. Hier können sie potenziell zu einer schnellen und effizienten betrieblichen Beteiligung führen und dabei doppelten Beratungen und Diskussionen vorbeugen und sofortige Entscheidungen im Gremium ermöglichen. Denn wo beide Betriebsparteien vertreten sind, laufen die Prozesse nicht zweistufig – erst als Entscheidungsfindung jeder Betriebspartei für sich und dann als Einigung zwischen den Parteien – ab. Auf der anderen Seite bergen sie die Gefahr, den Gegensatz zwischen den Betriebsparteien zu ignorieren. Daher ist es in einem Beteiligungsmodell, das primär auf einen gemeinsamen Ausschuss abstellt, sinnvoll, dass sich die Arbeitnehmervertreter des Ausschusses alleine besprechen können. Werden solche Vorbesprechungen verstärkt betrieben, kann die Grenze zwischen einem gemeinsamen Ausschuss und einem reinen Arbeitnehmerausschuss verschwimmen oder es kann zu Mischformen kommen.

1027 Vgl. § 28 II BetrVG; *Richardi*, in: *Richardi*, BetrVG, § 28 Rn. 26 ff.

2.2 *Arbeitnehmerausschuss*

Der strukturelle Schwerpunkt vieler, gerade neuerer Beteiligungsmodelle liegt auf einem nur aus Arbeitnehmervertretern bestehenden Ausschuss. Dies ist gilt für das Betriebsrätegesetz und die Betriebsverfassungsgesetze wie für die Auffangvorschriften der Europäischen Richtlinien. Gerade in großen Betrieben, Betrieben mit komplexeren Belegschaftsstrukturen oder einem weniger kalkulierbaren Verhältnis zwischen Arbeitnehmer- und Arbeitgeberseite, hat sich diese Form historisch bewährt. Sie gibt den Arbeitnehmervertretern die Möglichkeit, ihre eigenen Positionen intern und unabhängig zu diskutieren und abzustimmen und sie erst danach dem Arbeitgeber zu präsentieren. Zudem kann die Interaktion mit dem Arbeitgeber effizienter gestaltet werden, indem sie dem Vorsitzenden oder einem Sprechergremium des Ausschusses übertragen wird. Für die Arbeitgeberseite kann ein Arbeiterausschuss ebenfalls erhebliche Vorteile haben. So muss sich der Arbeitgeber nicht mit einer möglichen Pluralität an Ideen und Forderungen der verschiedenen Arbeitnehmervertreter auseinandersetzen, sondern sich lediglich mit der bereits ausdiskutierten Entscheidung der Arbeitnehmer befassen.

Schließlich ermöglicht auch diese Form des Ausschusses grundsätzlich eine Einbeziehung des Arbeitgebers in Sitzungen der Arbeitnehmervertretung, wenn diese erwünscht ist. In den gerade genannten untersuchten Beteiligungsmodellen ist so eine Teilnahme des Arbeitgeber auf Einladung der Arbeitnehmervertretung und als stimmrechtsloser Gast möglich.

3. Einzelne Arbeitnehmervertreter

Anstelle der Bildung von Ausschüssen kann ein repräsentatives Beteiligungssystem auch durch einzelne Arbeitnehmervertreter erreicht werden. Gerade in kleineren Betrieben und Kleinstbetrieben kann dies durchaus die beste Lösung sein. Entsprechend sahen und sehen das Betriebsrätegesetz und die Betriebsverfassungsgesetze für Kleinbetriebe auch die Wahl eines einzelnen Betriebsobmanns vor. Doch die Shop Stewards zeigen, dass auch in großen Betrieben ein auf Einzelvertreter aufbauendes Beteiligungsmodell funktionieren kann. Allerdings ist das Shop Stewards Modell insofern eine Mischform, als in größeren Betrieben regelmäßig die bereits erwähnten *Shop Stewards Committees* gebildet wurden und werden.

4. Mehrebenenmodelle

In großen Betrieben, in Unternehmen mit mehreren Betrieben und in Konzernen hängt die Effektivität der Beteiligung meist davon ab, dass sie nicht auf die unterste, betriebliche Ebene beschränkt bleibt. Wenn sie mit solchen Strukturen auf Arbeitgeberseite konfrontiert waren, haben die untersuchten Beteiligungsmodelle mit ihrer eigenen Organisationsstruktur weitgehend die Entscheidungshierarchien der Arbeitgeberseite nachvollzogen und so mehrere Beteiligungsebenen beinhaltet. Als klassische Struktur hat sich die Bildung von Arbeitnehmerausschüssen oberhalb der Betriebe auf Unternehmens- und Konzernebene durch die Entsendung von Vertretern der jeweils unteren Ebene historisch bewährt. Dieses Konzept hat der Gesetzgeber im Betriebsverfassungsgesetz vorgesehen, es hat sich aber auch im Wirkungsbereich mancher Shop Stewards entwickelt. Eine Struktur mit mehreren Ebenen erfordert eine Abgrenzung der Kompetenzen zwischen den Ebenen. Die Konzentration der Entscheidungskompetenzen auf die möglichst unterste, da entscheidungsnäheste Ebene hat sich dabei meist durchgesetzt.

5. Mischformen

Wie schon betont, verlaufen die Linien zwischen den verschiedenen hier beschriebenen Elementen nicht in allen Beteiligungsmodellen trennscharf. Genauso verhält es sich mit den Organisationsstrukturen der Beteiligungsmodelle. Häufig wurden daher Mischformen gebildet, die sich in der Praxis bewährten. So gibt es in den meisten Beteiligungsmodellen, deren Kernelement Ausschüsse sind, eine Gesamtversammlung. Genauso können die Vorstände und Sprecher von Arbeitnehmerausschüssen Kompetenzen erhalten, die ihnen fast den Status eines Einzelvertreters verleihen.

II. Verfahrenselemente

Die betriebliche Beteiligung läuft innerhalb der Beteiligungsmodelle anhand verschiedener Verfahren ab, die maßgeblich Intensität und Tragweite der Beteiligung bestimmen. Die genaue Ausgestaltung der Beteiligungsverfahren war und ist von Modell zu Modell verschieden. Dennoch lässt sich aus den historischen und zeitgenössischen Erfahrungen eine grundlegende Typisierung vornehmen. Die Verfahren reichen von einfachen Informationsrechten bis hin zu echter Mitbestimmung und so gut wie kein Beteiligungsmodell beschränkt sich auf nur eines davon. Vielmehr finden mehrere oder sogar alle Beteiligungsverfahren parallel Anwendung, wobei sie jeweils bestimmten Kompetenz- und Aufgabenbereichen der Arbeitnehmervertretung zugeordnet sind.

1. Informationsrechte

Die schwächste Form der Beteiligung ist die Einräumung von Informationsrechten. Sie verpflichtet den Arbeitgeber, die Arbeitnehmer über bestimmte Themenbereiche zu informieren. Eine direkte Reaktionsmöglichkeit der Arbeitnehmer ist nicht vorgesehen. Solche Beteiligungsverfahren finden sich vor allem im Zusammenhang mit Fragen, die den Kernbereich der unternehmerischen Entscheidungsprärogative berühren. Verfahren dieses Typs tasten das Alleinentscheidungsrecht des Arbeitgebers formell nicht an, geben den Arbeitnehmern gleichzeitig aber das Recht, über solche Entscheidungen zeitnah und umfassend informiert zu werden. Damit können sie durchaus einen faktischen Einfluss auf Entscheidungen des Arbeitgebers haben. Informationsrechte sind die älteste und am weitesten verbreitete Form der betrieblichen Beteiligung.

2. Anhörungs- und Beratungsrechte

Die nächste Stufe der Beteiligungsverfahren sind Anhörungs- und Beratungsrechte. In einem Anhörungsverfahren haben die Arbeitnehmervertreter neben dem Recht auf Informationen das Recht, zu den erhaltenen Informationen Stellung zu nehmen. In einem Beratungsverfahren ist der Arbeitgeber des weiteren verpflichtet, mit den Arbeitnehmervertretern über die sich stellenden Fragen in einen Diskurs zu treten. Es bleibt aber letztlich auch bei diesen Verfahren bei dem Alleinentscheidungsrecht des Arbeitgebers. Die Einbeziehung der Arbeitnehmer soll ihn aber zur stärkeren Berücksichtigung ihrer Belange anregen und den Erfahrungs- und Ideenschatz der Arbeitnehmer für die Betriebsleitung fruchtbar machen. In einigen Fällen sind Anhörungs- und Beratungsrechte mit einem Initiativrecht der Arbeitnehmervertretung verbunden. Dann darf diese zu bestimmten betrieblichen Fragen selbstständig mit Vorschlägen und Anregungen an den Arbeitgeber herantreten. Die Ausgestaltung solcher Verfahren kann sehr verschieden sein. Regelmäßig handelt es sich um Rechte auf mündliche Präsentation und Erörterung. In selteneren Fällen sind auch schriftliche Stellungnahmen vorgesehen.

3. Einspruchs- und Widerspruchsrechte

Noch einen Schritt weiter gehen Verfahren, in denen den Arbeitnehmervertretungen erlaubt wird, einer geplanten Maßnahme des Arbeitgebers oder der Ablehnung einer von der Arbeitnehmervertretung vorgeschlagenen Maßnahme zu widersprechen. Anders als bei bloßen Beratungsrechten löst die Ablehnung der Maßnahme durch die Arbeitnehmervertretung hier eine rechtliche Folge aus.

Häufig verhindert ein Widerspruch, dass der Arbeitgeber die Maßnahme sofort umsetzen kann. Statt dessen muss sie nochmals überprüft werden. Diese Prüfung kann durch eine höhere Leitungsebene innerhalb der arbeitgeberseitigen Leitungsstruktur erfolgen. So konnten die Arbeitnehmer in der Freeseschen konstitutionellen Fabrik manche Entscheidungen der Werkmeister mit Hilfe des Arbeiterausschusses einer Entscheidung durch Freese selbst zuleiten. Für die Prüfung kann jedoch auch ein obligatorisches Schlichtungs- oder Mediationsverfahren vorgesehen sein. Entsprechende Schlichtungsstellen gab und gibt es in vielen Beteiligungsmodellen.[1028] All diese Verfahren lassen das Alleinentscheidungsrecht des Arbeitgebers im Ergebnis formell unangetastet . Da sich der Arbeitgeber aber hier in einem mehrstufigen Verfahren über den erklärten Willen der Arbeitnehmervertretung hinweg setzten muss, kann der faktische Einfluss auf seine Entscheidungen, gerade im Vergleich zu Informations-, Anhörungs- und Beratungsrechten, erheblich sein.

4. Mitbestimmungsrechte

Die weitestgehenden Beteiligungsverfahren sind solche der echten Mitbestimmung. Hier verliert der Arbeitgeber sein Alleinentscheidungsrecht. Er ist auf die Zustimmung oder zumindest auf das Schweigen der Arbeitnehmervertretung angewiesen. Wird diese verweigert oder wird einer Maßnahme, die der Mitbestimmung unterliegt, widersprochen, muss der Arbeitgeber sie entweder aufgeben oder – soweit diese Möglichkeit vorgesehen ist – seinerseits Schlichtungs- oder Mediationsverfahren initiieren. Wie im Falle des Betriebsrätegesetzes und der Betriebsverfassungsgesetze kann in einem solchen Fall auch ein verbindlicher Schlichtungsspruch vorgesehen sein, der dann die Einigung zwischen den Betriebsparteien ersetzt. Während in Deutschland schon in der Konstitutionellen Fabrik Heinrich Freeses Elemente echter Mitbestimmung vorhanden waren und die späteren Gesetze diese jeweils aufnahmen und erweiterten, ist sie der Beteiligung im Vereinigten Königreich zumindest formell fremd. Allerdings konnten Shop Stewards in manchen Betrieben durchaus eine Machtposition erlangen, die zu einer faktischen Mitbestimmung führte.

Verstärkt werden kann die echte Mitbestimmung zusätzlich durch ein Initiativrecht für die Arbeitnehmervertretung. Aufgrund der damit verbundenen, sehr weitreichenden Eingriffsmöglichkeit der Arbeitnehmervertretung in die betriebliche Leitung ist ein solches aber nur für sehr eingegrenzte betriebliche

---

1028 Siehe unten E. VII. 2.

Fragen denkbar. Ein konkretes Beispiel hat sich innerhalb der Untersuchung denn auch nicht gefunden.

III. Art der Einführung

Schon die Art der Einführung der verschiedenen Beteiligungsmodelle war sehr unterschiedlich. Sie näher zu betrachten lohnt sich, da sie erheblichen Einfluss auf die Akzeptanz des Beteiligungssystems und damit auf dessen nachhaltigen Erfolg hatten.

1. Gesetzgeber

In Deutschland wurde mit dem Betriebsrätegesetz und den Betriebsverfassungsgesetzen der Weg einer verbindlichen Einführung betrieblicher Beteiligung per Gesetz gewählt. Die Stärke einer gesetzlichen Regelung liegt in ihrer umfassenden Geltung und der damit einhergehenden Vereinheitlichung der Beteiligungsstandards im gesamten Geltungsbereich der Regelung. Für die Umsetzung eines auf betriebliche Beteiligung gerichteten politischen Programms, wie es die deutsche Sozialdemokratie und Teile des bürgerlichen Lagers am Ende des Ersten Weltkriegs verfolgten, eignet sich die gesetzliche Einführung am besten. Potenziell kann sie allerdings den Nachteil haben, dass ihr eine nur geringe Akzeptanz bei den die Beteiligung umsetzenden Akteuren in den Betrieben zuteil wird. Eine entsprechende Einbindung der betroffenen Akteure in den Gesetzgebungsprozess, wie er in Deutschland nach dem Ersten sowie nach dem Zweiten Weltkrieg erfolgte, ist daher zentral für das Gelingen einer solchen Einführung.

Eine abgeschwächte Form der gesetzlichen Einführung ist die Schaffung einer weitgehend flexiblen Gesetzesregelung wie sie insbesondere die Europäischen Richtlinien gewählt haben. In ihrem Rahmen wird den Betriebsparteien zwar vorgeschrieben, dass sie betriebliche Beteiligung einführen müssen, die genaue Ausgestaltung bleibt ihnen aber weitgehend selbst überlassen. Ein solches Modell eignet sich zwar nicht zur Vereinheitlichung von Beteiligung, wohl aber zur Durchsetzung von Mindeststandards.

Noch eine Abstufung schwächer ist die Förderung betrieblicher Beteiligung durch unverbindliches *soft law* und anderweitige staatliche Unterstützungsmaßnahmen wie es die Regierung des Vereinigten Königreichs im Rahmen des Whitley Systems versucht hat. Der Gesetzgeber setzt lediglich einen weitgehend unverbindlichen Anreiz für die Einführung von Beteiligungssystemen. Zudem schafft er einen gesetzlichen Rahmen und bietet möglicherweise staatliche Unterstützung bei der Einführung an. Gerade im letzteren Fall ist eine erfolgreiche

Umsetzung eines so betriebenen politischen Programms sehr auf dessen positive Aufnahme durch die Betriebsparteien angewiesen. Im Fall des Whitley Systems führte die fehlende Unterstützung hingegen zum schnellen Ende dieses Modells.

2. Arbeitgeber

In Abwesenheit gesetzlicher Vorschriften liegt die Entscheidungsgewalt über die Einführung betrieblicher Beteiligung im kapitalistischen Wirtschaftssystem allein beim Arbeitgeber. Er kann einen Teil seiner betrieblichen Entscheidungskompetenzen mit den Arbeitnehmern teilen. Beispiel für ein so eingeführtes Beteiligungsmodell ist die Konstitutionelle Fabrik Heinrich Freeses. Für den Arbeitgeber können sich dabei ähnliche Probleme stellen wie für den Gesetzgeber. Auch er muss sich die Akzeptanz der Arbeitnehmer für das Beteiligungssystem sichern. Dennoch zeigt das Freesesche Modell, dass eine vom Arbeitgeber initiierte und geleitete Einführung ein sehr effektiver Weg zu einer wirkungsvollen betrieblichen Beteiligung sein kann. Nach dem Anschub durch Freese fanden Ausgestaltung und Einführung in einem kooperativen Prozess zwischen Arbeitgeber und Arbeitnehmern statt.[1029] Eine entsprechende gemischte Einführungsform würde man wohl allgemein bei solchen arbeitgeberseitig initiierten Beteiligungsmodellen erwarten. Durch die bestehenden europäischen Richtlinien ist diese Form der Einführung in den meisten Betrieben nur noch außerhalb der Europäischen Union denkbar.

3. Arbeitnehmer

Unabhängig von einer (fehlenden) rechtlichen Kompetenz können die Arbeitnehmer auf die Einführung eines betrieblichen Beteiligungssystems drängen. Die Initiative kann aus ihrer Mitte kommen, es können aber auch Gewerkschaften oder – wie es bei den Shop Stewards der Fall war – deren betriebliche Vertreter für sie aktiv werden. Damit eine solche Initiative von Arbeitnehmerseite erfolgreich ist, muss sie eine möglichst breite Zustimmung unter den Betriebsparteien erreichen. Dies heißt, dass primär die Arbeitnehmer selbst und sekundär ihre Gewerkschaften möglichst geschlossen hinter der Beteiligung stehen und zudem bereit sein müssen, sie notfalls kämpferisch durchzusetzen. Durch diesen Rückhalt erklärt sich der dauerhafte Bestand und Einfluss der Shop Stewards im Vereinigten Königreich, ohne dass sie je eine echte gesetzliche Grundlage gehabt hätten. Ansonsten kann eine Beteiligungsinitiative der Arbeitnehmer nur dann

1029 Siehe hierzu D. I. 3.

Erfolg haben, wenn der Arbeitgeber für sie gewonnen wird. Ist dies nicht der Fall, mögen zwar in Krisenzeiten oder bei größeren Umstrukturierungsprozessen kurzzeitig Beteiligungsmodelle wie die *Joint Consultative Committees* entstehen. Diese beruhen dann aber regelmäßig auf einer, auf die Bewältigung der konkreten Sondersituation gerichteten, Entscheidung des Arbeitgebers und nicht auf dessen Willen allgemein betriebliche Beteiligung einzuführen. Sobald die Sondersituation überwunden ist wird in aller Regel das Interesse des Arbeitgebers an der Aufrechterhaltung der Beteiligung schwinden, er seine weitere Mitwirkung verweigern und, sofern nötig, entsprechende Vereinbarungen kündigen. Mit der fehlenden Unterstützung des Arbeitgebers wird auch die Beteiligung, wie im Fall der *Joint Consultative Committees* geschehen, verschwinden.

4. Kooperation

Die harmonischste Art der Einführung von Beteiligung ist die eines kooperativen Prozesses zwischen den Betriebsparteien. Es mag Fälle geben, in denen schon der initiale Anschub für einen solchen Prozess eine gemeinsame Idee ist. Meist wird er aber auf die Initiative einer Betriebspartei oder Dritter zurück gehen. Entsprechend können die Vorgaben der Europäischen Richtlinien als Anstoß dienen. Einmal in Gang gekommen kann aus den Verhandlungen der Betriebsparteien so ein optimal auf die betrieblichen Bedürfnisse angepasstes Beteiligungsmodell entstehen sofern nicht außerbetriebliche Vorgaben, wie im deutschen Betriebsverfassungsrecht, zu beachten sind. Aber auch in solchen Fällen können durch einen kooperativen Ansatz mögliche Anpassungen im Rahmen der äußeren Vorgaben erfolgen, die das allgemeine System an die konkreten betrieblichen Bedürfnisse anpassen.

IV. Rechtliche Grundlage

Ein weiteres zentrales Unterscheidungsmerkmal zwischen den Beteiligungsmodellen waren die rechtlichen Grundlagen, auf denen sie beruhten. Sie reichten von rechtsverbindlichen Formen wie Gesetzen und Betriebsordnungen bis hin zur rein faktisch wirkenden, praktischen Übung der Betriebsparteien.

1. Gesetz

Die Fixierung durch Gesetz wurde mit dem Betriebsrätegesetz und den Betriebsverfassungsgesetzen in Deutschland gewählt. Sie wurde auch – mit geringerer Regelungsdichte – auf der europäischen Ebene verwandt. Durch eine gesetzliche Regelung wird allen in den gesetzlichen Anwendungsbereich fallenden Betriebsparteien zwingend das Beteiligungsmodell auferlegt. Sie muss einerseits abstrakt, andererseits detailliert genug sein, damit sie für alle erfassten Betriebe praktisch umsetzbar ist. Das Gesetz kann dabei, wie in Deutschland, die Beteiligung möglichst umfassend selbst regeln oder es kann sich, wie auf europäischer Ebene, darauf beschränken, einen Rahmen vorzugeben und die konkrete Ausgestaltung den Betriebsparteien zu überlassen. Eine umfassende gesetzliche Regelung ermöglicht eine weitgehendende Vereinheitlichung der Beteiligung im gesetzlichen Anwendungsbereich und eine maximale politische Steuerung ihrer Ausgestaltung. Erlaubt das Gesetz hingegen Gestaltungsräume, muss es Anreize und Sanktionen enthalten, die dafür sorgen, dass eine Gestaltung auch wirklich stattfindet, zum Beispiel mit Hilfe von Fristen- und Auffangregelungen, wie sie in den europäischen Richtlinien festgelegt sind. Unter dieser Voraussetzung ermöglicht die Kombination aus gesetzlicher Rahmenregelung und individueller betrieblicher Gestaltung die Schaffung unterschiedlicher Beteiligungsmodelle, die an konkrete betriebliche Umstände angepasst sind.

2. Betriebsordnung

Eine weitgehend einseitige Möglichkeit, betrieblicher Beteiligung eine rechtliche Grundlage zu geben, ist die Schaffung einer Betriebsordnung[1030] durch den Arbeitgeber. Die Betriebsordnung ist in diesem Fall eine vom Arbeitgeber schriftlich fixierte Regelung, die für alle Betriebsangehörigen verbindlich ist. Dabei kann die Bindung entweder gesetzlich angeordnet sein oder vertraglicher Natur sein.[1031] Diesen Weg haben Heinrich Freese und die meisten anderen Fabrikanten des 19. Jahrhunderts gewählt, die die betriebliche Beteiligung für ihre Arbeitnehmer einführten. Im Gegensatz zu einem Gesetz kann eine Betriebsordnung die Besonderheiten eines Betriebes besser abbilden und berücksichtigen. Wichtig sind klare, verständliche, eindeutig formulierte Regelungen, die keine potenziell problematischen Fragen offen lassen. Wie bei der Einführung von Beteiligung durch den Arbeitgeber ist auch bei der Schaffung einer Betriebsordnung darauf zu achten, dass eine möglichst große Akzeptanz für die in der Ordnung enthaltenen Regelungen im Betrieb besteht. Im Falle der Freeseschen Konstitutionellen Fabrik wurde diese Akzeptanz durch eine umfassende Mitwirkung der Arbeitnehmer bei der Aufstellung der Fabrikordnung sichergestellt. Schließlich muss gewährleistet sein, dass die Kompetenz zur Veränderung der Betriebsordnung, und damit des

---

1030 Synonym mit den Begriff „Betriebsordnung“ sind die, oben auch verwendeten, Begriffe „Fabrik-“ oder „Arbeitsordnung“.

1031 Vgl. oben D. I. 4.1.

Beteiligungsmodelles, klar geregelt ist. Es können sich insbesondere dann Glaubwürdigkeitsprobleme ergeben, wenn der Arbeitgeber sie jederzeit einseitig abändern kann. Heinrich Freese hatte daher in der Fabrikordnung auf sein einseitiges Änderungsrecht verzichtet und statt dessen einen kooperativen Prozess vorgesehen, was sie einer gemeinsamen Vereinbarung sehr annäherte.

3. Vereinbarung

Eine gemeinsame Vereinbarung der Betriebsparteien über die Arbeitnehmerbeteiligung trägt in ihrer Form den kooperativen Ansatz betrieblicher Beteiligung. Sie ist in den europäischen Richtlinien vorgesehen. Mit der gemeinsamen Vereinbarung können sowohl die Vorteile einer betriebsnahen, umfassenden und schriftlichen Regelung als auch die einer allgemein akzeptierten kooperativen Entscheidung verbunden werden. Ein Nachteil kann sich ergeben, da bereits die gemeinsame Vereinbarung auf einem Kompromiss beruhen kann und damit potentiell eine gewisse Unschärfe in den Regelungen droht. Durch ihren Charakter als zweiseitige Vereinbarung ist sie zwar vor der einseitigen Änderung durch eine Betriebspartei geschützt, allerdings kann sie, zumindest außerhalb der europäischen Richtlinien, regelmäßig einseitig gekündigt werden. Um diese Gefahr für die Beteiligung einzudämmen, sollte eine solche Vereinbarung ihre Laufzeiten, Änderungs- und Kündigungsmöglichkeiten regeln.

4. Praktische Übung

Die unschärfste Grundlage ist schließlich die praktische Übung, bei der eine formelle Fixierung der betrieblichen Beteiligung vollständig oder zumindest weitgehend fehlt. Sie ergibt sich einzig aus der praktischen Anwendung und Einhaltung gewisser Regelungen durch die Betriebsparteien. Diese Form war und ist die Grundlage der Beteiligung durch Shop Stewards. Durch eine fehlende schriftliche Fixierung der Beteiligung ist die Gefahr von Konflikten, und sei es nur aufgrund formaler Aspekte, groß. Dass die praktische Übung im Fall der Shop Stewards dennoch eine verlässliche Grundlage für die Beteiligung bot und bietet, konnte und kann auf das herrschende Kräftegleichgewicht und die drohenden Sanktionen bei Verletzungen der Übung durch die jeweils andere Betriebspartei zurückgeführt werden.

V. Auswahlprozess

Die Beteiligungsmodelle waren regelmäßig auf die Beteiligung aller im Betrieb angestellten Arbeitnehmer ausgerichtet. Daher wurden die Arbeitnehmervertreter in den allermeisten Fällen durch die Arbeitnehmer gewählt. Dennoch gab es Fälle, in denen alle oder einige Arbeitnehmervertreter vom Arbeitgeber oder dritter Seite einseitig bestellt wurden.

1. Bestellung

Die einseitige Bestellung von Mitgliedern einer Arbeitnehmervertretung ist insbesondere bei gemeinsamen Ausschüssen für die Vertreter des Arbeitgebers relevant. So hatte Heinrich Fresse neben seiner eigenen Mitgliedschaft in der Arbeitnehmervertretung auch das Recht, einen Teil der weiteren Mitglieder zu bestimmen. Denkbar ist auch eine einseitige Bestellung auf der Seite der Arbeitnehmervertreter. Insbesondere in gewerkschaftlich stark organisierten Betrieben können Arbeitnehmervertreter von den Gewerkschaften bestimmt werden, wie dies in seltenen Fällen für Shop Stewards galt. Eine abgemilderte Form ist eine Zustimmungspflicht oder, noch milder, ein Vorschlagsrecht der Gewerkschaften. Letzteres war und ist beispielsweise in den Betriebsverfassungsgesetzen vorgesehen.

2. Wahl

Die für die weitaus größte Zahl der Arbeitnehmervertreter anwendbare Lösung ist eine Wahl durch die zu vertretenden Arbeitnehmer. Die Wahlberechtigung kann an verschiedene Bedingungen geknüpft sein. Sie kann alleine an die Betriebsmitgliedschaft oder aber zusätzlich an eine Gewerkschaftsmitgliedschaft gebunden sein, die Dauer der Betriebsmitgliedschaft und schließlich das Alter der Arbeitnehmer können ebenfalls eine Rolle spielen. Dies gilt nicht nur für das aktive, sondern auch für das passive Wahlrecht. In den untersuchten Beteiligungsmodellen finden sich unterschiedlichste Varianten. So werden die gewerkschaftsbasierten Shop Stewards generell nur von Gewerkschaftsmitgliedern gewählt, während es in den gesetzlichen Beteiligungsmodellen meist formelle Wahlvoraussetzungen wie Betriebszugehörigkeit und Wahlalter gab.

Auch die Wahlverfahren selbst können stark divergieren. Sie können von Listenwahlen, über Mischformen bis zu direkten Wahlen reichen. Gleiches gilt für die Nominierungsverfahren, in deren Verlauf der Arbeitgeber und – wie für das Vorschlagsrecht schon angesprochen – die Gewerkschaften gewisse Einflussmöglichkeiten auf die Wahlvorbereitung haben. Insgesamt erfüllen die Wahlsysteme der meisten untersuchten Beteiligungsmodelle die Grundsätze einer geheimen, gleichen und freien Wahl. Einzig die Wahlen mancher Shop Stewards mögen hier Ausnahmen bilden.

VI. Aufgaben und Kompetenzen

Die Aufgabenbereiche der Arbeitnehmervertretungen in den verschiedenen Beteiligungsmodellen waren thematisch sehr ähnlich. Große Unterschiede gab es hingegen bei den Kompetenzen. Beide Bereiche zusammen bilden den inhaltlichen Kern der Beteiligung und sind entscheidend für deren Intensität.

1. Arbeitsgestaltung

Für die meisten Arbeitnehmervertretungen war die allgemeine Gestaltung der betrieblichen Arbeit eine ihrer zentralen Aufgaben. Dieser Bereich umfasst Entscheidungen über die zur Arbeit verwendeten Mittel und Werkzeuge, über die Anordnung der Einzelarbeitsplätze zueinander und zu den Arbeitsbereichen, bis hin zu den Fragen, ob in Gruppen gearbeitet werden soll, wie Arbeitsergebnisse zusammengetragen und überprüft werden oder wie das Arbeitsumfeld optisch gestaltet werden soll. Beteiligung bei der Arbeitsgestaltung bringt für beide Betriebsparteien gute und leicht erkennbare Vorteile.

Entscheidungen in diesem Bereich wirken sich unmittelbar auf die tägliche Arbeitsrealität der Arbeitnehmer aus. Hieraus folgt für die Arbeitnehmer ein hohes Interesse an Beteiligung. Doch auch unternehmerische Erwägungen sprechen offensichtlich für die Beteiligung. Die Arbeitnehmer sind meist besser mit ihrem Arbeitsplatz und den Arbeitsabläufen vertraut als der Arbeitgeber und kennen die Schwächen und Stärken der bestehenden Organisation. Aufgrund dieses Wissens können sie konstruktive Verbesserungsvorschläge einbringen. Zudem steigert eine ihnen angenehme Arbeitsumgebung ihre Motivation, was sich ebenfalls positiv auf die Produktivität auswirkt.

2. Arbeitszeit und Pausen

Auch die Gestaltung von Arbeitszeit und Pausen betrifft die Arbeitnehmer direkt in ihrer täglichen Arbeitswirklichkeit. Vom heutigen betrieblichen Standpunkt aus geht es dabei nicht um die Wochenarbeitszeit, sondern um deren Verteilung auf die einzelnen Wochentage, ihre zeitliche Lage am Tag und ihre Unterbrechung durch Pausen. Diese Trennung wurde historisch nicht eingehalten. So befassten sich Heinrich Freeses Arbeiterausschuss und einige Shop Stewards auch mit der Wochenarbeitszeit, also einer nach heutigem deutschen Verständnis der überbetrieblichen Beteiligung durch die Gewerkschaften vorbehaltenen Regelungsmaterie.

Für das Interesse der Betriebsparteien an der Beteiligung bei Arbeitszeiten und Pausen gilt ähnliches wie für die Arbeitsgestaltung. Sie liegt ebenfalls im gegenseitigen Interesse der Betriebsparteien. Die Arbeitszeitgestaltung hat großen Einfluss auf Effektivität, Motivation, Gesundheit und Freizeit der Arbeitnehmer. Sie wirkt bis in deren private Lebenswirklichkeit hinein. Da sie die Arbeitsrealität täglich erleben, können sie konstruktive Vorschläge bezüglich einer für alle Beteiligten vorteilhaften Arbeitszeit- und Pausenregelung machen. Entsprechend war auch dieser Aufgabenbereich in praktisch allen Beteiligungsmodellen erfasst.

3. Entlohnung

Eng verwandt mit Arbeitsgestaltung und Arbeitszeit sind betriebliche Fragen der Entlohnung. In der Vergangenheit wurden auch Fragen der Entlohnung durch betriebliche Arbeitnehmervertretungen behandelt, die heute der überbetrieblichen Vereinbarung durch die Gewerkschaften vorbehalten sind. So verhandelte Heinrich Freese die Akkord- und Zeitlöhne seiner Arbeitnehmer mit speziell gebildeten Gremien der Arbeitervertretung. Gleiches galt für manche Shop Stewards. Heutzutage werden nur Entlohnungsgrundsätze, Entlohnungsmethoden sowie die Festsetzung von Akkord- und Prämiensätzen auf der betrieblichen Ebene verhandelt. Damit soll der gegenüber den überbetrieblichen Akteuren bestehende Erfahrungsvorteil der Betriebsparteien genutzt werden. Die Verhandlung der eigentlichen Lohnhöhe ist hingegen weitgehend Aufgabe der überbetrieblichen Gewerkschaftsorgane.

4. Arbeitssicherheit

Anders ist die Interessenlage im Bereich der Arbeitssicherheit und des Arbeitsschutzes. Inhaltlich geht es erstens um die Ausarbeitung von Verhaltensanweisungen, die Festlegung von Schutzvorkehrungen, die Ausgestaltung von Trainings- und Schulungsmaßnahmen sowie die technische Gestaltung von Arbeitsplätzen. Zweitens geht es um die Überwachungsfunktionen, wie sie beispielsweise den gesetzlichen Arbeitnehmervertretern nach dem Betriebsrätegesetz und den Betriebsverfassungsgesetzen, aber auch den *Health and Safety Representatives* nach britischem Recht im Bereich der Arbeitssicherheit gegeben wurden.

Während sich das große Beteiligungsinteresse der Arbeitnehmer an diesem Thema naheliegend ist, ist die Interessenlage auf Arbeitgeberseite vielschichtiger. Zwar kann der Erfahrungsschatz der Arbeitnehmer gut für die Ausarbeitung und Umsetzung von Arbeitsschutz genutzt werden. Andererseits kann ein Arbeitgeber durchaus Bedenken gegen eine Überwachung der Arbeitssicherheit durch die Arbeitnehmervertreter haben. Für den Staat hingegen kann diese Form der Beteiligung ein sehr effizientes Mittel zur Gesetzesdurchsetzung sein mit deren Hilfe staatliche Stellen entlastet werden, während sich gleichzeitig die Überwachung des Arbeitsschutzes erhöht. Folgerichtig waren und sind es vor allem die gesetzlichen Beteiligungsmodelle, die eine umfassende Beteiligung – insbesondere unter Gewährung von Überwachungsrechten – im Bereich der Arbeitssicherheit vorsehen. Dennoch fehlte sie auch in den meisten anderen Beteiligungsmodellen nicht völlig, sie beschränkte sich dort aber weitgehend auf den präventiven Bereich.

5. Kündigung und Einstellung

Weit kontroverser ist der Bereich der Kündigungen, Einstellungen und Versetzungen. Die Entscheidungskompetenz personeller Angelegenheiten liegt deutlich näher am Kernbereich der unternehmerischen Entscheidungsprärogative als die vorgenannten Aufgabenfelder. Gleichzeitig sind die Arbeitnehmer – gerade bei Kündigungen und Versetzungen – persönlich besonders stark betroffen. Ihr Interesse an einem Mitspracherecht ist daher selbstredend. Einstellungen haben darüber hinaus Auswirkungen auf die Stammbelegschaft sowohl bezüglich der Eingliederung der neuen Mitarbeiter in die bestehende Belegschaft als auch der Veränderungen im allgemeinen Qualifizierungsniveau. Daraus ergibt sich erneut ein großes Beteiligungsinteresse der Arbeitnehmer. Für den Arbeitgeber bedeutet eine Beteiligung der Arbeitnehmer zuallererst eine Einschränkung seiner Entscheidungsgewalt. Diese Einschränkung mag etwas kompensiert werden, wenn Kündigungen durch die Zustimmung der Arbeitnehmervertretung gegenüber den Betroffenen oder den bleibenden Arbeitnehmern an Legitimität gewinnen. Insgesamt verlangt eine Beteiligung in diesem Bereich jedoch ein deutlich ausgeprägteres Verständnis des Arbeitgebers über den weitergehenden Sinn und Zweck der betrieblichen Beteiligung.

Bei Kündigungen, Einstellungen und Versetzungen kann sich eine Beteiligung der Arbeitnehmer auf eine einzelne Person oder auf eine Vielzahl von Personen beziehen. Es ergeben sich verschiedene Interessenlagen, die unterschiedliche Probleme aufweisen und Lösungen erfordern.

Bei Einstellungen kommt eine Beteiligung meist schon im Vorlauf der eigentlichen Einstellung in Betracht. Man kann die Arbeitnehmer an der Ausarbeitung allgemeiner Anforderungsprofile und Einstellungsrichtlinien beteiligen anhand derer spätere Einstellungen vorgenommen und gemessen werden. Zusätzlich kann den Arbeitnehmern die Überwachung der Anwendung der vereinbarten Profile und Richtlinien gestattet sein. Diesen Weg haben die Betriebsverfassungsgesetze der Bundesrepublik Deutschland gewählt. Schließlich kann die weitgehende Einbeziehung von Arbeitnehmervertretern in den gesamten Auswahlprozess in Frage kommen. Im Vereinigten Königreich hatten die Arbeitnehmervertretungen bis in die 1980er Jahre teilweise sehr weitgehenden Einfluss auf Einstellungen. Dies galt besonders dort wo Shop Stewards und Gewerkschaften *closed shops* durchgesetzt hatten.[1032]

Im Falle von Kündigungen und Versetzungen muss differenziert werden. Bei Massenentlassungen, deren Grundlage regelmäßig eine wirtschaftliche Entscheidung ist, kann eine Beteiligung bereits bei der Ausarbeitung von Auswahlrichtlinien beginnen.[1033] Entsprechend sieht das heutige deutsche Betriebsverfassungs- und Kündigungsschutzrecht die Beteiligung des Betriebsrats bei der Sozialauswahl vor. Daneben kann sich die Beteiligung auf die Umsetzung der Auswahlrichtlinien und auf die Abfederung der sozialen Folgen der Massenentlassung erstrecken. Beides ist ebenfalls im heutigen deutschen Recht vorgesehen.

Geht es hingegen um die anlassbezogene Kündigung eines einzelnen Arbeitnehmers aus personen- oder verhaltensbedingten Gründen, ist die Schutzrichtung der Beteiligung eine andere. Es geht nicht primär um den Schutz der Arbeitnehmerschaft als Ganzes, sondern um den des individuell betroffenen Arbeitnehmers. Insofern griff und greift hier die Beteiligung streng genommen wie im Fall der Wochenarbeitszeit über den betrieblichen Bereich hinaus. Dennoch ist auch dieses Feld der Beteiligung sowohl in den deutschen Beteiligungsmodellen wie auch bei den Shop Stewards zu finden. Dabei stellen insbesondere die gesetzlichen Vorgaben des Betriebsrätegesetzes und der Betriebsverfassungsgesetze detaillierte Verfahren auf, nach denen die Beteiligung der Arbeitnehmervertreter bei Kündigungen abläuft. Allen Modellen ist gemein, dass der Arbeitgeber sein Recht auf Kündigung behält, sie ihm aber entweder erschwert wird oder der betroffene Arbeitnehmer durch die Unterstützung der Arbeitnehmervertretung einen erhöhten sozialen Schutz erfährt.

6. Wirtschaftliche Angelegenheiten

Mit dem Bereich der wirtschaftlichen Angelegenheiten des Betriebs berührt die Beteiligung den Kernbereich der unternehmerischen Entscheidungsprärogative. Erfasst sind die wirtschaftlichen Kennziffern, Entscheidungen und Strategien, mit denen der Betrieb unternehmerisch geführt wird. Sie sind entscheidend für Erfolg und Misserfolg des betrieblichen Unterfangens und können erhebliche Auswirkungen auf die Arbeitnehmer haben. Entsprechend war die Beteiligung in diesem Bereich in praktisch allen Beteiligungsmodellen auf die Themen

---

1032 Hierzu siehe oben C. V. 5. und D. IV. 3.6.4.

1033 Zur Beteiligung an der wirtschaftlichen Entscheidung selbst siehe unten E. VI. 6.

beschränkt, die direkte Auswirkungen auf die Arbeitnehmer haben. Zudem blieb und bleibt die Beteiligungsintensität deutlich reduziert und beschränkte sich weitgehend auf – dann allerdings der Entscheidung vorgelagerte – Informations- und Anhörungsrechte.

7. Weitere Beteiligungsfelder

Neben den vorgenannten inhaltlichen Beteiligungsfeldern gab es in den verschiedenen Beteiligungsmodellen noch weitere Bereiche, in denen Beteiligung stattfand.

Historisch von erheblicher Wichtigkeit war die Verwaltung verschiedener betrieblicher Einrichtungen, die dem sozialen Nutzen der Arbeitnehmer dienten. Sie konnten von der Werkskantine über Freizeitstätten, Kinderbetreuungseinrichtungen und Schulen bis hin zu Betriebswohnungen, -kassen und -versicherungen reichen. Mit einer zunehmenden Übernahme vieler dieser Einrichtungen durch Staat und Gesellschaft hat dieser Bereich an Wichtigkeit verloren. Eine Beteiligung auf diesem Gebiet ist aber in den meisten bestehenden Beteiligungsmodellen weiter vorgesehen. Dort, wo sie existierte und existiert, weist eine Beteiligung die gleichen Vorteile auf wie bei Arbeitsgestaltung und Arbeitszeit. Denn auch bei sozialen Einrichtungen sind die Arbeitnehmer meist näher an der Materie als der Arbeitgeber.

Ein ebenfalls geschichtlich sehr relevanter Aufgabenbereich war das Betriebsstrafwesen. Im 19. Jahrhundert konnte der Arbeitgeber für alle möglichen verschiedenen Verfehlungen seiner Arbeitnehmer Strafen gegen diese verhängen. In den meisten Fällen handelte es sich um kleinere Geldbußen. In den frühen Beteiligungsmodellen war daher eine Beteiligung der Arbeitnehmervertretung an der Verhängung der Strafen von großem Interesse für die Arbeitnehmer. Heinrich Freese ging dabei soweit, dass er der Arbeitervertretung das Letztentscheidungsrecht bei allen Fabrikstrafen gab. Durch die immer stärkere gesetzliche Einschränkung des Betriebsstrafwesens im 20. Jahrhundert verlor dieser Bereich allmählich an Relevanz. Dennoch sieht nach herrschender Meinung auch das heutige Betriebsverfassungsgesetz die Mitbestimmung des Betriebsrats im Betriebsstrafwesen vor.[1034]

Immer mehr Relevanz gewinnt die Beteiligung der Arbeitnehmer hingegen in den Bereichen der Informationstechnologie und elektronischen Datenverarbeitung. Betroffen sind sowohl die Ausarbeitung von Bestimmungen über die

1034 *Richardi,* in: *Richardi,* BetrVG, § 87 Rn. 213 f. mit kritischen Anmerkungen.

dienstliche und private Nutzung von Seiten der Arbeitnehmer als auch die Überwachung der Nutzung durch den Arbeitgeber.

Schließlich gab und gibt es Aufgaben und Kompetenzen, die an einzelne Beteiligungsmodelle oder einzelne Betriebe gebunden und nur dort von Wichtigkeit sind.

VII. Konfliktlösungsmechanismen und Sanktionen

Betriebliche Beteiligung beruht zuvorderst auf der Kooperation zwischen den Betriebsparteien. Die aufgrund der innerbetrieblichen Interessendialektik zwangsläufig auftretenden Konflikte erfordern Lösungen für zwei Problemfelder. Zum einen sind Konfliktlösungsmechanismen gefordert, die in Gang gesetzt werden können, sobald eine kooperative Einigung der Betriebsparteien scheitert. Zum anderen müssen Sanktionen entwickelt werden, die verhindern, dass sich eine der Betriebsparteien der Beteiligung verweigert. Die betrieblichen Beteiligungsmodelle haben verschiedene Lösungen bereitgestellt. Die Whitley Commission beschloss, die Problemfelder insgesamt zu ignorieren und setzte allein auf die Kooperation zwischen den Betriebsparteien. In den anderen Beteiligungsmodellen findet sich dagegen eine Vielzahl von themen- und situationsabhängigen Konfliktlösungsmechanismen und Sanktionen. Sie hingen von den betroffenen Aufgaben und Kompetenzbereichen sowie den rechtlichen Grundlagen ab. So sahen die gesetzlichen Beteiligungsmodelle einen größeren Pool an teilweise sehr weitgehenden Mechanismen vor, während diese in den nicht staatlichen Beteiligungsmodellen stärker beschränkt waren.

1. Keine Lösungsmechanismen

Solange zwischen den Betriebsparteien ein gutes, kooperatives Verhältnis besteht und es gelingt, Konflikte durch Kompromisse zu lösen, kann die Frage nach Konfliktlösungsmechanismen und Sanktionen eigentlich unbeantwortet bleiben. Sobald konsensuelle Lösungen scheitern oder eine Betriebspartei ihr Interesse an dem Beteiligungssystem verliert, gerät ein Beteiligungsmodell ohne Konfliktlösungsmechanismen jedoch in die Gefahr disfunktional zu werden oder ganz zu scheitern. Ein gutes Beispiel für diesen Fall ist das Schicksal der Whitely Committees, aber auch die freesische Konstitutionelle Fabrik tendierte in diese Richtung.[1035]

1035 Zu den Whitely Committees siehe oben D. II. 8., zur Konstitutionellen Fabrik siehe oben D. I. 8.

2. Nicht staatliche Konfliktlösung

Die meisten Beteiligungsmodelle sahen eine neutrale Stelle zur Konfliktlösung vor. In erster Linie waren dies Vermittlungs- oder Schlichtungsstellen, die nach im Beteiligungsmodell festgelegten Grundsätzen geschaffen wurden. Sie konnten den Parteien durch Vermittlung helfen, eine Einigung zu finden oder durch Schlichterspruch deren Einigung ersetzen. Welche dieser beiden Alternativen Anwendung fand, hing davon ab, welches Beteiligungsverfahren für den Konflikt anwendbar war. Grundsätzlich wurden dabei Entscheidungen, bei denen das Letztentscheidungsrecht beim Arbeitgeber lag, einer Vermittlung zugeführt. Scheiterte sie ebenfalls, entschied der Arbeitgeber alleine. Durfte der Arbeitgeber hingegen nicht ohne Zustimmung der Arbeitnehmervertretung entscheiden, wurde die Einigung der Betriebsparteien durch die Entscheidung der Schlichtungsstelle ersetzt. Diese entschied also den Konflikt für beide Betriebsparteien verbindlich.

Die nicht staatlichen Schlichtungsstellen waren in aller Regel mit betriebsfremden Personen besetzt. Meist handelte es sich um mehrköpfige Gremien, wobei Arbeitnehmervertreter und Arbeitgeber die gleiche Anzahl von Mitgliedern benennen durften. Dazu kam noch eine neutrale Person, die meist den Vorsitz des Gremiums führte. Sie konnte auf verschiedene Weise bestimmt werden. Entweder verständigten sich die Betriebsparteien oder die von ihnen benannten Mitglieder auf sie oder ein Gericht oder eine Behörde bestimmte sie von staatlicher Seite. Solche Einrichtungen waren und sind besonders in Deutschland vorgesehen. Sie gehen bis ins 19. Jahrhundert zurück und haben ihre erste gesetzliche Fixierung in den Vermittlungsausschüssen des Gesetzes über den vaterländischen Hilfsdienst von 1916 gefunden. Mit den Einigungsstellen des Betriebsverfassungsgesetzes bestehen sie bis heute.

Vermittlungs- und Schlichtungsstellen wurden auf Dauer oder einzelfallbezogen gebildet. Der Vorteil einer auf Dauer gebildeten Schlichtungseinrichtung liegt vor allem in ihrer Schnelligkeit, da ihre Mitglieder sofort an die Problemlösung gehen können und nicht erst zusammengesucht werden müssen. Nachteilig kann sein, dass ihre – in aller Regel nicht hauptamtlichen – Mitglieder des öfteren verhindert sein können. Ein Vorteil von ad hoc gebildeten Schlichtungsstellen ist, dass ihre Mitglieder in Hinblick auf den jeweils zu behandelnden Konflikt ausgesucht werden können.

Neben Schlichtungsstellen sahen die Beteiligungsmodelle teilweise auch andere Möglichkeiten der Konfliktlösung vor. So war es für die Shop Stewards in großen Unternehmen üblich, Konflikte, die auf unteren Beteiligungsebenen nicht gelöst werden konnten, an die jeweils höhere Ebene abzugeben. So konnten betriebliche Konflikte sogar das betroffene Unternehmen verlassen und zu einer von den Gewerkschaften gegenüber dem Arbeitgeber zu vertretenden Sache werden.

3. Staatliche Konfliktlösung

Ein weiterer möglicher Konfliktlösungsmechanismus besteht in der Anrufung staatlicher Stellen in Form von Gerichten oder Aufsichtsbehörden. Staatliche Stellen haben den Vorteil, dass sie keiner Einrichtung durch die Betriebsparteien bedürfen und ihnen weitgehende Neutralität unterstellt werden kann. Sie haben aber den entscheidenden Nachteil, in den meisten Fällen zu weit von der betrieblichen Realität entfernt zu sein. Gesetzliche Beteiligungsmodelle sahen diese Form der Konfliktlösung häufig vor. Nicht staatlichen Modellen war eine solche Konfliktlösung meist versperrt, da für sie keine kompetente staatliche Stelle existierte.

4. Nichtigkeit von Entscheidung

Gesetzliche Beteiligungsmodelle sahen als Sanktion vor, dass Entscheidungen, die ohne die nötige Beteiligung der betroffenen Parteien ergingen, nichtig waren. Für die nicht auf Gesetz beruhenden Beteiligungsmodelle war diese Art der Sanktionierung hingegen regelmäßig nicht oder nur durch privatrechtliche Regelung möglich, obwohl sie sehr effizient und sinnvoll ist. Sie ist unabhängig von der Beteiligungsintensität des betroffenen Falls und befördert besonders die Einhaltung von Informations- und Anhörungsrechten .

5. Buß- und Strafbewehrung

Eine in allen Beteiligungsmodellen mögliches Sanktionsmittel ist die Anordnung von Bußen und Strafen. Sie kann bei einer Verletzung der Beteiligung entweder durch den Gesetzgeber in einem Bußgeld- oder Straftatbestand getroffen werden oder durch Vertrag zwischen den Betriebsparteien vereinbart sein. In den deutschen Gesetzen waren und sind bei schweren Verstößen gegen die Beteiligungsgebote neben Geldstrafen auch Gefängnisstrafen angedroht. Aufgrund des an sich kooperativen Charakters der Beteiligung wurden die gesetzlichen oder vertraglichen Strafen allerdings selten angewandt.

6. Arbeitskampf

Schließlich diente in machen Beteiligungsmodellen der Arbeitskampf als mögliche Konfliktlösung oder Sanktion. Die Shop Stewards hatten die Möglichkeit, sowohl zur Durchsetzung ihrer Beteiligungsansprüche im Allgemeinen als auch zur Herbeiführung einer Entscheidung Arbeitsniederlegungen oder -verzögerungen einzusetzen. Dabei ersetzte der Arbeitskampf die mangels gesetzlicher oder vertraglicher Grundlage fehlenden anderweitigen Konfliktlösungsmechanismen und Sanktionen. Den übrigen Beteiligungsmodellen war ein betrieblicher Arbeitskampf hingegen fremd. In den deutschen Gesetzen war und ist eine Beteiligung der Arbeitnehmervertretung an ihm sogar ausdrücklich verboten. Dennoch war und ist auch diese Sanktion eine insgesamt effektive Möglichkeit zur Durchsetzung von Beteiligung.

F. Fazit

Ausgangspunkt dieser Arbeit war der innereuropäische Gegensatz zwischen Deutschland und dem Vereinigten Königreich auf dem Gebiet der betrieblichen Arbeitnehmerbeteiligung. Betrachtet man die untersuchten Beteiligungsmodelle und die historische Entwicklung beider Länder, muss dieser Gegensatz relativiert werden. Richtig ist, dass im Vereinigten Königreich außerhalb der europäischen Vorgaben praktisch keine gesetzlich fixierte betriebliche Beteiligung existiert und existierte. Im Lauf der Geschichte gab es jedoch diverse Ansätze betrieblicher Beteiligung. Mit den Shop Stewards etablierte sich ein Beteiligungsmodell, das von seiner rechtlichen und tatsächlichen Ausgestaltung teilweise stark vom deutschen Bild betrieblicher Beteiligung abweicht. Die Shop Stewards erfüllen und erfüllten trotz dieser Unterschiede größtenteils die gleichen Funktionen wie die Arbeitnehmervertretungen der deutschen Beteiligungsmodelle.

Die deutschen Beteiligungsmodelle wiesen ebenfalls unterschiedliche Ausgestaltungen auf, deren Ursachen und Gründe in den gesellschaftlichen, politischen und betrieblichen Rahmenbedingungen lagen. Insgesamt bilden sie aber eine stringente historische Entwicklung.

In allen untersuchten Modellen beruht die Beteiligung auf der Idee, die schon Heinrich Freese zur Einführung seines Arbeiterausschusses veranlasste und die heute in den Freiheitsrechten und dem Sozialstaatsprinzip des deutschen Grundgesetzes ihren Niederschlag gefunden hat.[1036] In einem konstitutionellen Staat soll die Beteiligung der Bürger an den sie betreffenden Entscheidungen nicht vor den Betriebstoren enden. Zur Umsetzung dieser Idee haben die Beteiligungsmodelle unterschiedliche und – mit Ausnahme der Whitley Committees – funktionierende Antworten aufgezeigt. Betriebliche Beteiligung kann demnach verschieden ausgestaltet sein, einen Königsweg gibt es nicht.

Das Scheitern des Whitley Modells leitet über zu einer weiteren Lehre, die aus den historischen Betrachtungen dieser Arbeit gezogen werden kann. Betriebliche Beteiligung kann nur dann erfolgreich sein, wenn sie für beide Betriebsparteien

1036 *Biedenkopf/u.a.*, Mitbestimmung im Unternehmen, S. 56 f.; *Däubler*, Das Grundrecht auf Mitbestimmung, S. 129 ff.; *Brox/Rüthers/Henssler*, Arbeitsrecht, S. 288, 290; *Fitting/Engels/Schmidt/Trebinger/Linsenmaier*, BetrVG, § 1 Rn. 4; *Richardi*, in: *Richardi*, BetrVG, Einleitung Rn. 43; mit stärkerer Betonung der aus den Freiheitsrechten abgeleiteten Privatautonomie *Reichold*, Betriebsverfassung als Sozialprivatrecht, S. 486 ff., insbesondere S. 526 ff.

Relevanz hat und über ein Mindestmaß an Durchsetzungsmechanismen verfügt. Ein sorgfältig organisatorisch und formell ausgestaltetes betriebliches Beteiligungsmodell ist nur der halbe Weg. Neben strukturellen Voraussetzungen müssen relevante und sinnvolle Aufgaben und Kompetenzen für die Arbeitnehmervertretung definiert werden. Es muss ein Gleichgewicht zwischen der unternehmerischen Entscheidungsprärogative des Arbeitgebers und dem Beteiligungsinteresse der Arbeitnehmer an sie betreffenden Entscheidungen gefunden werden. Beteiligung muss Themen erfassen, die sich auf die Arbeitswirklichkeit der Arbeitnehmer auswirken. Es darf nicht ausschließlich um Banalitäten wie den Speiseplan der Kantine oder die Farbe der Bürowände gehen, wenn es nicht zum Desinteresse der Arbeitnehmer und damit zum Scheitern der Beteiligung kommen soll. Die Aufgaben- und Kompetenzfelder sollten daher von einigem Gewicht sein und dürfen auch nicht vor der unternehmerischen Entscheidungshoheit des Arbeitgebers haltmachen. Auf der anderen Seite darf betriebliche Beteiligung nicht so weit gehen, dass der Arbeitgeber Entscheidungen nicht mehr selbstständig treffen kann, die dem Kernbereich seiner unternehmerischen Entscheidungsprärogative zuzurechnen sind. In letzter Konsequenz könnte der Arbeitgeber ansonsten das Interesse an seinem Unternehmen verlieren. Ein Interessenverlust droht auch, wenn der Beteiligung die Durchsetzungsmechanismen fehlen. Ein Beispiel für ein solches, zahnloses Beteiligungsmodell waren die Whitley Committees. Wenn der Arbeitgeber sich jederzeit über die Beteiligung hinwegsetzen kann, wird im ungünstigsten Fall keine der Betriebsparteien langfristiges Interesse und Vertrauen gegenüber dem Beteiligungsmodell entwickeln. Auch bei unkooperativen Betriebsparteien muss deshalb dafür gesorgt sein, dass Konfliktlösungen gefunden werden und eine Totalverweigerung verhindert wird.

Nimmt man nun die Ergebnisse dieser Arbeit und überträgt sie auf die Situation in Deutschland, dem Vereinigten Königreich und der europäischen Ebene, so ergeben sich folgende Perspektiven für die zukünftige Entwicklung.

Der Gegensatz zwischen der betrieblichen Beteiligung in Deutschland und dem Vereinigten Königreich, der mehr als dreißig Jahre mit ursächlich für die Blockade der Einführung einer Europäischen Aktiengesellschaft war, erscheint bei einer funktionalen Betrachtung weniger markant. Dieser Befund lässt hoffen, dass in Zukunft die Haltung des Vereinigten Königreichs zur Reform der europäischen Beteiligungsrichtlinien und zur Einführung einer Europäischen Privatgesellschaft weniger ablehnend sein wird, als sie es in der Vergangenheit war. Gleichzeitig zeigt die Diversität der verschiedenen Beteiligungsmodelle, – die lediglich ein Ausschnitt dessen sind, was im Europa der letzten 200 Jahre an Beteiligung vorhanden war und noch heute vorhanden ist – dass eine starre

Vereinheitlichung der Beteiligung in Europa weder nötig noch wirklich erstrebenswert ist. Vielmehr sollte der flexible Ansatz der europäischen Richtlinien so weiterentwickelt werden, dass er eine höhere Beteiligungsintensität ermöglicht, ohne dabei übermäßige Vorgaben zur genauen Ausgestaltung der Beteiligung zu machen. Geht man diesen Weg konsequent weiter, kann es zu einer Vereinheitlichung des Inhalts und der Tragweite der betrieblichen Beteiligung in der Europäischen Union kommen, ohne dass dabei nationale und betriebliche Besonderheiten und Traditionen ignoriert werden.

Für die deutsche Betriebsverfassung ergibt sich als Ergebnis dieser Arbeit kein Reformbedarf. Allerdings wäre es sowohl vermessen als auch verfehlt zu meinen, das heutige deutsche Beteiligungsmodell wäre das einzig Richtige oder auch nur das Bestmögliche. Vielmehr wäre eine Flexibilisierung der starren gesetzlichen Regelungen der Betriebsverfassung durchaus möglich, ohne dabei die betriebliche Beteiligung in Frage zu stellen. Insofern erscheint die Möglichkeit, die § 3 Betriebsverfassungsgesetz den Tarifparteien zur Schaffung angepasster Beteiligungsmodelle eröffnet, ein interessanter Ansatz zu sein, der durch Politik und Gesellschaft weiterverfolgt werden kann.

Ebenso erscheint vor dem Hintergrund der Einsichten, die diese Arbeit gewährt, die Skepsis wenig konsequent, mit der weite Teile der britischen Industrie und Politik, aber auch Teile der Gewerkschaften, einer Ausweitung der europäischen Arbeitnehmerbeteiligung begegnen. Es wäre produktiver, wenn man im Vereinigten Königreich die europäische Rechtsentwicklung auf dem Gebiet der betrieblichen Beteiligung als Chance begreifen würde. So könnte man die bisher weitgehend außerhalb des gesetzlich geregelten Bereichs bestehende Beteiligung auf eine solide rechtliche Grundlage stellen und für alle Beteiligten verlässlicher und kalkulierbarer machen. Das Shop Steward Modell hat sich zwar bis heute gehalten, im einzelnen Betrieb ist es aber in seinem Bestand und der Intensität seiner Beteiligung zu sehr abhängig von äußeren, beteiligungsfremden Einflüssen.

Der Befund Franz Gamillschegs von 1991 hat auch heute noch seine Gültigkeit: Die betriebliche Beteiligung in Deutschland hat sich bewährt.[1037] Aufgrund der Erkenntnisse dieser Arbeit lässt er sich – wenn auch in abgeschwächter Form – über Deutschland hinaus auf die Europäische Union und sogar auf das Vereinigte Königreich übertragen.

1037 *Gamillscheg*, Arbeit und Recht 1991, S. 272, 272.

Literaturverzeichnis

Annuß, Georg, Schwierigkeiten mit § 3 I Nr. 3 BetrVG?, Neue Zeitschrift für Arbeitsrecht 2002, S. 290–294.

Arbeitervertretung der Fabrik von *Heinrich Freese,* Geschäftsbericht der Arbeitervertretung der Fabrik von Heinrich Freese, Berlin 1894.

Arbeiter-Vertretung der Hamburg-Berliner Jalousie-Fabrik, Geschäfts-Bericht der Arbeiter-Vertretung der Hamburg-Berliner Jalousie-Fabrik (Heinrich Freese) 1884–1894, Berlin 1894.

Axhausen, Günther, Utopie und Realismus im Betriebsrätegedanken, Eine Studie nach Freese und Godin, Berlin 1920.

Babbage, Charles, The Works of Charles Babbage, The Economy of Machinery and Manufactures, London 1989.

Barnard, Catherine, The Changing Shape of Worker Representation in the United Kingdom, The Influence of European Community Law, Australian Journal of Labour Law (12) 1999, S. 1–17.

Becker, Martin, Arbeitsvertrag und Arbeitsverhältnis in Deutschland, Vom Beginn der Industrialisierung bis zum Ende des Kaiserreichs, Frankfurt am Main 1995.

Bellace, Janice R., The European Works Councils Directive, Transnational Information and Consultation in the European Union, Comparative Labour Law Journal (18) 1997, S. 325–361.

Bercusson, Brian, The European Social Model Comes to Britain, Industrial Law Journal (31) 2002, S. 209–244.

Berthelot, Marcel, Die Betriebsräte in Deutschland, Mannheim, Berlin, Leipzig 1926.

Bieber, Hans-Joachim, Die Rolle von Gewerkschaften und Wirtschaftsverbänden bei der Entstehung des Arbeitsrechts, in: *Nutzinger,* Die Entstehung des Arbeitsrechts in Deutschland, Eine aktuelle Problematik in historischer Perspektive, Marburg 1998, S. 15–69.

—, Zwischen Kasernenhof und Rätesystem, Der schwierige Weg zu gesetzlichen Regelungen industrieller Mitbestimmung in Deutschland vom 19. Jahrhundert bis 1933, in: *Nutzinger,* Perspektiven der Mitbestimmung, Historische Erfahrungen und moderne Entwicklungen vor europäischem und globalem Hintergrund, Marburg 1999, S. 11–125.

Bieber, Roland/Epiney, Astrid/Haag, Marcel, Die Europäische Union, 10. Aufl., Baden-Baden 2013.

Biedenkopf, Kurt/u. a., Mitbestimmung im Unternehmen, Bericht der Sachverständigenkommission zur Auswertung der bisherigen Erfahrungen bei der Mitbestimmung (Mitbestimmungskommission), 1970, BT-Drs. 6/334.

Blanke, Thomas, Recht und Praxis der Europäischen Betriebsräte, Zur Effektivität „weicher" Regulierung für die Integration der Arbeitsbeziehungen in Europa, Kritische Justiz (32) 1999, S. 497–525.

Blanpain, Roger, European Labour Law, 11. Aufl., Austin, Boston, Chicago u. a. 2008.

Brors, Tobias, Das System der Arbeitnehmer-Beteiligungs-Richtlinien, Grundlage für eine Europäische Betriebsverfassung?, Baden-Baden 2005.

Brox, Hans/Rüthers, Bernd/Henssler, Martin, Arbeitsrecht, 18. Aufl., Stuttgart 2011.

Bryson, Alex/Freeman, Richard B., What voice do British workers want?, in: *Freeman/Boxall/Haynes,* What Workers Say, Employee Voice in the Anglo-American Workplace, Ithaca 2007, S. 72–96.

Buschmann, Rudolf, Workers Participation and Collective Bargaining in Germany, Comparative Labour Law Journal (15) 1993, S. 26–35.

Carley, Mark/Hall, Mark, The Implementation of the European Works Councils Directive, Industrial Law Journal (29) 2000, S. 103–124.

Clegg, Hugh A., The System of Industrial Relations in Great Britain, 3. Aufl., Oxford 1976.

Clegg, Hugh A./Killick, A. J./Adams, Rex, Trade Union Officers, A Study of Full-Time Officers, Branch Secretaries and Shop Stewards in British Trade Unions, Cambridge 1961.

Clynes, J. R., Chapter II, in: *Chapman,* Labour and Capital after the War, London 1918, S. 17–36.

Cole, G. D. H., Workshop Organisation, in: *Marsh,* G. D. H. Cole, Workshop Organisation, Nachgedruckt der 1. Aufl. von 1923. 2. Aufl., London 1973.

Daly, George F., Industrial Relations, Comparative Aspects, With a Particular Reference to Ireland, Cork 1968.

Däubler, Wolfgang, Das Arbeitsrecht 1, Die gemeinsame Wahrung von Interessen im Betrieb, Leitfaden für Arbeitnehmer, Reinbek bei Hamburg 2006.

—, Das Grundrecht auf Mitbestimmung und seine Realisierung durch tarifvertragliche Begründung von Beteiligungsrechten, Frankfurt am Main 1973.

Däubler, Wolfgang/Kittner, Michael/Klebe, Thomas/Wedde, Peter, Betriebsverfassungsgesetz, Kommentar, 13. Aufl., Frankfurt am Main 2012 (zitiert: *Däubler/Kittner/Klebe/Wedde*, BetrVG).

Davis, Paul, A Challenge to the Single Channel, Industrial Law Journal (23) 1994, S. 272–285.

Davis, Paul/Kilpatrick, Claire, UK Worker Representation After Single Chanel, Industrial Law Journal (33) 2004, S. 121–151.

Degen, Günther R., Shop Stewards, Ihre zentrale Bedeutung für die Gewerkschaftsbewegung in Großbritannien, Frankfurt am Main, Köln 1976.

Deutscher Bundestag (Hrsg.), Fragen an die deutsche Geschichte, Ideen Kräfte Entscheidungen von 1800 bis zur Gegenwart; historische Ausstellung im Reichstagsgebäude in Berlin; Katalog, 15. Aufl., Bonn 1989.

Deutscher Gewerkschaftsbund, Beschluss DGB-Kongress Mai 2006, Mitbestimmung und Teilhabe – Mitbestimmung für die Zukunft 2006.

Deutscher Reichstag, Stenographische Berichte über die Verhandlungen des Reichstags, VIII. Legislaturperiode. I. Session 1890/91, 4. Band, Berlin 1891.

Deventer, Klaus, Arbeitsrecht im Nationalsozialismus, Juristische Schulung 1988, S. 13–20.

Dunn, Stephen/Gennard, John, The Closed Shop in British Industry, London 1984.

Eichelsbacher, Franz, Betriebsrätegesetz mit den Nebengesetzen, den Wahlordnungen und Ausführungsbestimmungen, 3. Aufl., München 1929.

Feig, Johannes/Sitzler, Friedrich, Betriebsrätegesetz, Betriebsbilanzgesetz und Aufsichtsratsgesetz, 11. und 12. Aufl., Berlin 1928 (zitiert: *Feig/Sitzler*, BRG).

Fitting, Karl/Engels, Gerd/Schmidt, Ingrid/Trebinger, Yvonne/Linsenmaier, Wolfgang, Betriebsverfassungsgesetz, Handkommentar, 25. Aufl., München 2010 (zitiert: *Fitting/Engels/Schmidt/Trebinger/Linsenmaier*, BetrVG).

Flatow, Georg/Kahn-Freund, Otto, Betriebsrätegesetz, Kommentar, 13. Aufl., Berlin 1931 (zitiert: *Flatow/Kahn-Freund*, BRG).

Fleischer, Holger, Der Einfluss der Societas Europea auf die Dogmatik des deutschen Gesellschaftsrechts, Archiv für die civilistische Praxis (204) 2004, S. 502–543.

Foenander, Orwell Ruyter de, Shop Stewards and Shop Committees, A Study in Trade Unionism and Industrial Relations in Australia, Melbourne 1965.

Forsyth, Anthony, The "Translatability" Debate Revisited, Can European Social Partnership be Exported to Australia?, Comparative Labour Law and Policy Journal (27) 2006, S. 305–356.

Freese, Heinrich, Das konstitutionelle System im Fabrikbetriebe, Eisenach 1900.

—, Die konstitutionelle Fabrik, 4. durchges. Aufl., Jena 1922.

Fuchs, Maximilian/Marhold, Franz, Europäisches Arbeitsrecht, 3. Aufl., Wien, New York 2010.

Gabbert, Karl Wilhelm, Heinrich Freese, Göttingen 1970.

Gamillscheg, Franz, Hundert Jahre Betriebsverfassung, Arbeit und Recht (39) 1991, S. 272–274.

—, Kollektives Arbeitsrecht, Grundlagen/Koalitionsfreiheit/Tarifvertrag/ Arbeitskampf und Schlichtung, Band I, München 1997.

—, Kollektives Arbeitsrecht, Betriebsverfassung, Band II, München 2008.

Godfrey, Graham/Marchington, Mick, Shop Stewards in the 1990s: Research Note, Industrial Law Journal (27) 1996, S. 339–344.

Goodman, J. F. B./Whittingham, T. G., Shop Stewards in British Industry, London 1969.

Gürteler, Alfred, Betriebsrätegesetz vom 4. Februar 1920 nebst Wahlordnung, Ausführungsverordnung und Ergänzungsgesetzen, 2. Aufl., Hamburg, Berlin, Leipzig 1929 (zitiert: *Gürteler,* BRG).

Hall, Mark, Assessing the Information and Consultation of Employees Regulations, Industrial Law Journal (34) 2005, S. 103–126.

—, A Cool Response to the ICE Regulations?, Employer and Trade Union Approaches to the New Legal Framework for Information and Consultation, Industrial Relations Journal (37) 2006, S. 456–472.

Harth, Angela/Taggert, Andrew, Arbeitsrecht in Großbritannien, in: *Henssler/ Braun,* Arbeitsrecht in Europa. 2. Aufl., Köln 2007, S. 511–572.

Haßler, Konrad Dietrich (Hrsg.), Verhandlungen der Deutschen Verfassunggebenden Reichsversammlung zu Frankfurt am Main, Frankfurt am Main 1848/1849.

Heinze, Meinhard, Europarecht im Spannungsverhältnis zum nationalen Arbeitsrecht, Von formaler Verdichtung zur offenen Arbeitsrechtsordnung, Zeitschrift für Arbeitsrecht (23) 1992, S. 331–359.

—, Probleme der Mitbestimmung und Betriebsverfassung bei einer grenzüberschreitenden Umstruktutierung von Unternehmen im Binnenmarkt, Zeitschrift für Unternehmes- und Gesellschaftsrecht (23) 1994, S. 47–65.

—, Der Europäische Betriebsrat, Die Richtlinie und ihre Alternativen, Die Aktiengesellschaft (40) 1995, S. 385–402.

Hennige, Susanne, Das Verfahrensrecht der Einigungsstelle, Köln 1996.

Henssler, Martin, Mitbestimmungsrechtliche Konsequenzen einer Sitzverlegung innerhalb der Europäischen Union, Inspirationen durch „Inspire Art", in: *Söllner/Gitter/Waltermann u. a.,* Gedächtnisschrift für Meinhard Heinze, München 2005, S. 333–355.

—, Arbeitsrecht der Europäischen Union, in: *Henssler/Braun,* Arbeitsrecht in Europa. 2. Aufl., Köln 2007, S. 1–56.

Hepple, Bob/Fredman, Sandra, Labour Law and Industrial Relations in Great Britain, 2. Aufl., Deventer 1992.

Herdegen, Matthias, Europarecht, 15. Aufl., München 2013.

Hitze, Franz, Aufruf an die Industriellen und Arbeiterfreunde des katholischen Deutschlands, Arbeiterwohl – Organ des Verbandes katholischer Industrieller und Arbeiterfreunde (1) 1881, S. 1–40.

—, Das Aeltesten-Collegium in der Fabrik, Arbeiterwohl – Organ des Verbandes katholischer Industrieller und Arbeiterfreunde (1) 1881, S. 85–100.

Hoyningen-Huene, Gerrick von, Betriebsverfassungsrecht, 6. Aufl., München 2007.

Hromadka, Wolfgang, Rechtsfragen zum Eurobetriebsrat, Der Betrieb 1995, S. 1125–1131.

Huber, Ernst Rudolf, Deutsche Verfassungsgeschichte seit 1789, Band IV: Struktur und Krisen des Kaiserreichs, Stuttgart 1969.

Hueck, Alfred, Deutsches Arbeitsrecht, Ein Grundriss, Berlin 1938.

Hueck, Alfred/Nipperdey, Hans Carl/Dietz, Rolf, Gesetz zur Ordnung der nationalen Arbeit, Kommentar. 3. Aufl., München, Berlin 1939 (zitiert: *Hueck/Nipperdey/Dietz,* AOG).

Hueck, Alfred/Nipperdey, Hans Carl, Lehrbuch des Arbeitsrechts, Band I, 1. Aufl., Mannheim, Berlin, Leipzig 1928.

—, Lehrbuch des Arbeitsrechts, Band II, 1. Aufl., Mannheim, Berlin, Leipzig 1930.

—, Lehrbuch des Arbeitsrechts, Band I, 7. Aufl., Berlin, Frankfurt am Main 1963.

Iankova, Elena/Turner, Lowell, Building the New Europe, Western and Eastern Roads to Social Partnership, Industrial Relations Journal (35) 2004, S. 76–92.

Jacobi, Erwin, Betrieb und Unternehmen als Rechtsbegriffe, Leipzig 1926.

—, Einführung in das Gewerbe- und Arbeitsrecht, Ein Grundriß, 5. Aufl., Leipzig 1926.

Jacobs, Antoine, Arbeitnehmer und Selbständige, Einige Bemerkungen aus internationaler Sicht, Neue Zeitschrift für Arbeitsrecht 1999, S. 23–26.

Jansen, Dorothea, Der neue Institutionalismus, Speyerer Vorträge, Heft 57, Speyer 2000.

John, Jürgen, „Autoritäre“ und „Konstitutionelle“ Fabriken im deutschen Kaiserreich, Zeitschrift für Geschichtswissenschaft (35) 1987, S. 589–600.

Jones, Lloyd, The Life, Times, and Labours of Robert Owen, London 1890.

Kania, Thomas/Klemm, Claudia, Möglichkeiten und Grenzen der Schaffung anderer Arbeitnehmervertretungsstrukturen nach § 3 Abs. 1 Nr. 3 BetrVG, Recht der Arbeit 2006, S. 22–27.

Kieschke, Werner/Syrup, Friedrich/Krause, Arthur Bernhard, Betriebsrätegesetz vom 4. Februar 1920 (RGBl. S. 147) mit Wahlordnung, Betriebsbilanzgesetz, Gesetz über die Entsendung von Betriebsratsmitgliedern in den Aufsichtsrat, Ausführungsverordnungen und sonstigen einschlägigen Gesetzen und Verordnungen, 6. Aufl. Berlin 1928 (zitiert: *Kieschke/Syrup/Krause,* BRG).

Kittner, Michael, Arbeitskampf, Geschichte, Recht, Gegenwart, München 2005.

Kommission Mitbestimmung (BDA/BDI), Mitbestimmung Modernisieren, Bericht der Kommission Mitbestimmung 2004.

Kommission Mitbestimmung (BS/HBS), Mitbestimmung und neue Unternehmenskulturen, Bilanz und Perspektiven, Empfehlungen zur zukünftigen Gestaltung der Mitbestimmung, Gütersloh 1998.

Konstitutioneller Schnickschnak, Vorwärts – Berliner Volksblatt (20) 26.01.1911, S. 1.

Köstler, Roland, Die Beteiligung der Arbeitnehmer in der Europäischen Aktiengesellschaft nach den deutschen Umsetzungsgesetzen, Deutsches Steuerrecht 2005, S. 745–750.

Krause, Rüdiger, Gewerkschaften und Betriebsräte zwischen Kooperation und Konfrontation, Recht der Arbeit (2009), S. 129–143.

Kroeschell, Karl, Deutsche Rechtsgeschichte, Band 3: Seit 1650, 4. Aufl., Köln Weimar Wien 2005.

Kübler, Friedrich, Mitbestimmungsfeindlicher Missbrauch der Societas Europaea?, in: *Damm/Heermann/Veil,* Festschrift für Thomas Raiser, zum 70. Geburtstag am 20. Februar 2005, Berlin 2005, S. 247–258.

Kunz, Frithjof/Thiel, Wera/u. a., Arbeitsrecht, Lehrbuch, 3. Aufl., Berlin 1986.

Küster, Martin, Ein kostitutioneller Fabrikmonarch, Der Berliner Sozialreformer Heinrich Freese, Berlinische Monatschrift 1999, S. 36–43.

Lange, Friedrich Albert, Die Arbeiterfrage, Ihre Bedeutung für Gegenwart und Zukunft, 3. Aufl., Winterthur 1875.

Langenscheidt, Handwörterbuch Englisch, Berlin 2009.

Laufs, Adolf, Rechtsentwicklungen in Deutschland, 6. Aufl., Berlin 2006.

Lerner, Shirley W./Bescoby, John, Shop Steward Combine Comittees in the British Engineering Industry, British Journal of Industrial Relations (4) 1966, S. 154–164.

Lorber, Pascal, National Works Councils, „Opening the Door on a New Whole Era in United Kingdom Employment Relations"?, The International Journal of Comparative Labour Law and Industrial Relations (19) 2003, S. 297–319.

Löwisch, Manfred, Vertragsstrafe und Betriebsstrafe im Arbeitsrecht, Juristische Schulung (10) 1970, S. 261–267.

Mansfeld, Werner, Betriebsrätegesetz mit den einschlägigen Nebengesetzen, Kommentar, 3. Aufl., Mannheim, Berlin, Leipzig 1930 (zitiert: *Mansfeld,* BRG).

Marsden, David, Shop Stewards in Great Britain West Germany and France, Employee Relations (2) 1980, S. 2–5.

Marsh, Arthur, Introduction, in: *Marsh,* G. D. H. Cole, Workshop Organisation, Nachgedruckt der 1. Aufl. von 1923. 2. Aufl., London 1973, S. (vii)–(xiv).

—, Managers and Shop Stewards, in: *Marsh,* Managers and Shop Stewards, Shop floor revolution?, London 1973, S. 9–49.

Marsh, Arthur (Hrsg.), Managers and Shop Stewards, Shop floor revolution?, London 1973.

Marsh, Arthur/Evans, E. O./Garcia, P., Trade Union Workshop Organization and Facilities in Engineering, in: *Marsh,* Managers and Shop Stewards, Shop floor revolution?, London 1973, S. 121–134.

Mävers, Gunther, Die Mitbestimmung der Arbeitnehmer in der Europäischen Aktiengesellschaft, Baden-Baden 2002.

McCarthy, W. E. J., The Closed Shop in Britain, Oxford 1964.

McCarthy, W. E. J., The Role of Shop Stewards in British Industrial Relations, A Survey of Exisiting Information and Research, London 1966.

McCarthy, W. E. J./Parker, S. R., Shop Stewards and Workshop Relations, The Results of a Study undertaken by the Government Social Survey for the Royal Commission on Trade Unions and Employers' Associations, London 1968.

Miller, Doug, Social Partnership and the Determinants of Workplace Independence in West Germany, British Journal of Industrial Relations (20) 1982, S. 44–66.

Millward, Neil/Stevens, Mark/Smart, David/Hawes, W. R., Workplace Industrial Relations in Transition, The ED/ESRC/PSI/ACAS Surveys, Aldershot 1992.

Ministry of Labour, Industrial Relations Department, Report on the Establishment and Progress of Joint Industrial Councils, 1917–1922, London 1923.

Ministry of Reconstruction, Industrial Councils, The Whitley Scheme, London 1919.

Mohl, Robert von, Über die Nachteile, welche sowohl den Arbeitern selbst als dem Wohlstande und der Sicherheit der gesamten bürgerlichen Gesellschaft von dem fabrikmässigen Betriebe der Industrie zugehen und über die Notwendigkeit gründlicher Vorbeugungsmittel, in: *Rau,* Archiv der politischen Ökonomie und Polizeiwissenschaft, Heidelberg 1835, S. 141.

—, Die Vergangenheit, Gegenwart und Zukunft der politischen Ökonomie, (anonym erschienen), Deutsche Vierteljahrs Schrift 1840, S. 1–72.

Müller-Jentsch, Walther, 1848–1916 Wie die Gewerkschaften zur Mitbestimmung kamen, Geschichte der Mitbestimmung, Teil 1, Magazin Mitbestimmung 2007, S. 52–58.

Nansen, Hugo, Die konstitutionelle genossenschaftliche Fabrik, Berlin Lachmann 1919.

Neal, Alan C., Co-Determination in the Federal Republic of Germany: An External Perspective from the United Kingdom, British Journal of Industrial Relations (25) 1987, S. 227–245.

Neuloh, Otto, Die deutsche Betriebsverfassung, und ihre Sozialformen bis zu Mitbstimmung, Tübingen 1956.

Neumayer, Karl H., Grundriß der Rechtsvergleichung, in: *Grasmann/David/Jauffret-Spinosi,* Einführung in die grossen Rechtssysteme der Gegenwart. 2. Aufl., München 1988, S. 1–78.

Niedenhoff, Horst-Udo, Mitbestimmung in der Bundesrepublik Deutschland, 13. Aufl., Köln 2002.

Nörr, Knut Wolfgang, Grundlinien des Arbeitsrechts der Weimarer Republik, Zeitschrift für Arbeitsrecht (17) 1986, S. 403–447.

—, Zwischen den Mühlsteinen, Eine Privatrechtsgeschichte der Weimarer Republik, Tübingen 1988.

Pflüger, Norbert, Das betriebliche Repräsentativsystem, Frankfurt am Main, Berlin 1996.

Plaut, Theodor, Entstehung, Wesen und Bedeutung des Whitleyismus des englischen Typs der Betriebsräte, Jena 1922.

Plumpe, Werner, Betriebliche Mitbestimmung in der Weimarer Republik, Fallstudien zum Ruhrbergbau und zur chemischen Industrie, München 1999.

Ramsay, Harvie, Fool's Gold? European Works Councils and Workplace Democracy, Industrial Relations Journal (28) 1997, S. 314–322.

Rehberg, Markus, Die missbräuchliche Verkürzung der unternehmerischen Mitbestimmung durch die Societas Europaea, Zur Bedeutung, Reichweite und nationalen Umsetzung von Art. 11 sowie Erwägungsgrund 18 der SE-Richtlinie, Zeitschrift für Unternehmens- und Gesellschaftsrecht (34) 2005, S. 859–893.

Rehm, Hermann, Die verwaltungsrechtliche Bedeutung der Fabrikordnung, Annalen des deutschen Reichs 1984, S. 132–156.

Reichold, Hermann, Betriebsverfassung als Sozialprivatrecht, Historisch-dogmatische Grundlagen von 1848 bis zur Gegenwart, München 1995.

Richardi, Reinhard, Arbeitsrecht als Teil freiheitlicher Ordnung, Von der Zwangsordnung im Arbeitsleben zur Arbeitsverfassung der Bundesrepublik Deutschland, Baden-Baden 2002.

—, Gliederung nach Berufszugehörigkeit und Arbeitsaufgabe, in: *Richardi/Wißmann/Wlotzke u. a.*, Münchener Handbuch zum Arbeitsrecht. 3. Aufl., München 2009.

—, Betriebsverfassungsgesetz mit Wahlordnung, Kommentar. 13. Aufl., München 2012 (zitiert: *Richardi*, BetrVG).

Riesenhuber, Karl, Europäisches Arbeitsrecht, Eine systematische Darstellung, Heidelberg, München, Landsberg, u. a. 2009.

Roesler, Max, Arbeiterbeteiligung an Führung, Ertrag und Besitz von Gewerbebetrieben, Dresden 1914.

Rückert, Joachim/Friedrich, Wolfgang, Betriebliche Arbeiterausschüsse in Deutschland, Großbritannien und Frankreich im späten 19. und frühen 20. Jahrhundert, Eine vergleichende Studie zur Entwicklung des kollektiven Arbeitsrechts, Frankfurt am Main, Bern, LasVegas 1979.

Rüthers, Bernd, Die Betriebsverfassung im Nationalsozialismus, Arbeit und Recht (18) 1970, S. 97–109.

Schiek, Dagmar, Europäisches Arbeitsrecht, 3. Aufl., Baden-Baden 2007.

Schippel, Max, Arbeitsgemeinschaften, Betriebsräte und Gewerkschaften in England, Dresden 1920.

Schmoekel, Mathias, Rechtsgeschichte der Wirtschaft, Tübingen 2008.

Schmoller, Gustav, Über Wesen und Verfassung der grossen Unternehmungen, München 1890.

Seitz, Karsten, Europäisches Rahmenrecht für eine Europäische Betriebsverfassung, Stand und Perspektiven, Tübingen 2004.

Senne, Holger, Das Heinrich-Freese-Seminar, Auf der Suche nach der gestalteten Kooperationskultur, in: *Beer*, Heinrich-Freese-Seminar, Münster 2007, Tagungsband, Meldorf 2008, S. 13–16.

Senne, Petra/Köhler, Pascal/Krauskopf Martin, Heinrich Freese und sein Modell der konstitutionellen Fabrik, in: *Beer*, Heinrich-Freese-Seminar, Münster 2007, Tagungsband, Meldorf 2008, S. 17–40.

Sering, Max, Arbeiter-Ausschüsse in der deutschen Industrie, Gutachten, Berichte, Statuten, Leipzig 1890.

Seymour, John Barton, The Whitley Councils Scheme, London 1932.

Siemann, Wolfram, Vom Staatenbund zum Nationalstaat, Deutschland 1806–1871, München 1995.

Sinzheimer, Hugo, Das Rätesystem, Zwei Vorträge zur Einführung in den Rätegedanken, Frankfurt am Main 1919.

—, Grundzüge des Arbeitsrechts, 2. Aufl., Jena 1927.

Sterzenbach, Ralph, Die konstitutionelle Fabrik in Deutschland, Berlin 1921.

Stitt, James Wilson, Whitley Councils, Their Conception and Adoption During W.W.I, Ann Arbor 1976.

Teuteberg, Hans Jürgen, Geschichte der Industriellen Mitbestimmung in Deutschland, Ursprung und Entwicklung ihrer Vorläufer im Denken und in der Wirklichkeit des 19. Jahrhunderts, Tübingen 1961.

Thiel, Wera, Arbeitsrecht in der DDR, Ein Überblick über die Rechtsentwicklung und der Versuch einer Wertung, Opladen 1997.

Thoma, Georg F./Leuering, Dieter, Die Europäische Aktiengesellschaft – Societas Europaea, Neue Juristische Wochenschrift 2002, S. 1449–1454.

Towers, Brian, Running the Gauntlet: Britisch Trade Uninons under Thatcher, 1979–1988, Industrial and Labor Relations Review (42) 1989, S. 163–188.

Waltermann, Raimund, Rechtsetzung durch Betriebsvereinbarung zwischen Privatautonomie und Tarifautonomie, Tübingen 1996.

Weber, Ralph, Vom Klassenkampf zur Partnerschaft, Die Entwicklung zum Grundsatz der vertrauensvollen Zusammenarbeit im Betriebsverfassungsrecht, Frankfurt am Main u. a. 1995.

Wedderburn, Consultation and Collective Bargaining in Europe, Success or Ideology?, Industrial Law Journal (26) 1997, S. 1–34.

Weiss, Jochen, Von den Gewerbegerichten zu den Arbeitsgerichten, in: Die Arbeitsgerichtsbarkeit, Festschrift zum 100jährigen Bestehen des Deutschen Arbeitsgerichtsverbandes, Neuwied, Kriftel, Berlin 1994.

Weiss, Manfred, Workers' Participation in the European Union, in: *Davies/Lyon-Caen/Sciarra u. a.,* European Community Labour Law, Principles and Perspectives, Liber Amicorum Lord Wedderburn of Charlton, Oxford 1996, S. 213–236.

Wendt, Bernd-Jürgen, Whitleyism – Versuch einer Institutionalisierung des Sozialkonflikts in England am Ausgang des Ersten Weltkriegs, in: *Stegmann/Wendt/Witt,* Industrielle Gesellschaft und politisches System, Beiträge zur politischen Sozialgeschichte, Festschrift für Fritz Fischer zum siebzigsten Geburtstag, Bonn 1978, S. 337–353.

Wißmann, Hellmut, Arbeitsrecht und Europarecht, Recht der Arbeit (52) 1999, S. 152–158.

Wölbling, Paul/Schultz, Ludwig/Sell, Karl, Betriebsrätegesetz nebst Wahlordnung, Ausführungsbestimmungen des Reiches und Nebengesetzen, 2. Aufl., Berlin, Wien 1929 (zitiert: *Wölbling/Schultz/Sell,* BRG).

Zweigert, Konrad/Kötz, Hein, Einführung in die Rechtsvergleichung auf dem Gebiete des Privatrechts, 3. Aufl., Tübingen 1996.

Schriften zum Arbeitsrecht und Wirtschaftsrecht

Herausgegeben von Abbo Junker

Band 1 Christoph-N. Lerche: Der Europäische Betriebsrat und der deutsche Wirtschaftsausschuß. Eine vergleichende Analyse der betrieblichen Mitwirkung der Arbeitnehmer vor dem Hintergrund der Globalisierung der Märkte. 1997.

Band 2 Christian Walter Mecke: Zur rechtlichen Verbindlichkeit kollektiver Vereinbarungen in England. 1997.

Band 3 Katja Francke: Die betriebliche Mitwirkung der Arbeitnehmer in Belgien. Unter Berücksichtigung vergleichender Aspekte zum deutschen Betriebsverfassungsrecht. 1997.

Band 4 Christian Schulze: Die Zulässigkeit einstweiliger Verfügungen gegen Betriebsänderungen. 1998.

Band 5 Stefan Miersch: Die Rechtsfolgen mitbestimmungswidriger Maßnahmen für das Arbeitsverhältnis. Eine zivilrechtsdogmatische Untersuchung. 1998.

Band 6 Heike Wegner: Internationaler Verbraucherschutz beim Abschluß von Timesharingverträgen: § 8 Teilzeitwohnrechtegesetz. 1998.

Band 7 Julia Wichmann: Dienstleistungsfreiheit und grenzüberschreitende Entsendung von Arbeitnehmern. 1998.

Band 8 Johann-Volker Peter: Société par actions simplifiée (S.A.S.). Die Vereinfachte Aktiengesellschaft in Frankreich, eine Rechtsform für die Kooperation von Unternehmen. 1999.

Band 9 Sylvia Schnelle: Der Europäische Betriebsrat in Spanien. Zugleich eine Einführung in das spanische Recht der Arbeitnehmervertretung. 1999.

Band 10 Viktoria Bornhagen: Die Zumutbarkeit als Rechtsgedanke im Arbeitsrecht. 1999.

Band 11 Thorsten Schacht: Der Übereilungsschutz beim arbeitsrechtlichen Aufhebungsvertrag. Arbeitnehmerschutz bereits de lege lata? 2000.

Band 12 Marcus Hellmann: Immobilienkauf nach spanischem Recht. 1999.

Band 13 Nicolaus Johannes Ehinger: Die juristischen Personen des öffentlichen Rechts als herrschende Unternehmen. 2000.

Band 14 Alexander Lentz: Das kollektive Arbeitsrecht der Republik Südafrika. Eine Untersuchung mit Bezügen zum deutschen Recht. 2000.

Band 15 Michaela Brunssen: Der Arbeitgeberverbandswechsel. Tarifrechtliche und arbeitskampfrechtliche Konsequenzen. 2000.

Band 16 Morten Petersenn: Das Recht des Grundstückskaufs in Südafrika. 2000.

Band 17 Stefan Krüger: Die umwandlungsrechtliche Haftungsregelung bei der Betriebsaufspaltung und ihre Analogiefähigkeit. 2001.

Band 18 Jürgen Kitzinger: Der GmbH-Geschäftsführer zwischen Arbeits- und Gesellschaftsrecht. Im Blickpunkt: Zuständigkeit der Arbeitsgerichte. 2001.

Band 19 Anja Ruge: Die Lohnersatzansprüche ehemaliger Zwangsarbeiter gegen deutsche Industrieunternehmen. 2001.

Band 20 Michael Knoll: Die Sozialauswahl im Arbeitsrecht. 2001.

Band 21 Britta Albrecht: Mediation im Arbeitsrecht. Individualarbeitsrecht und Betriebsverfassungsrecht. 2001.

Band 22 Annusch Barten: Das System der Arbeitnehmervertretung in Frankreich. 2001.

Band 23 Diane Westera: Der Wiedereinstellungsanspruch nach wirksamer Kündigung. 2001.

Band 24 Kristin Doerlich: Die Tariffähigkeit der Gewerkschaft. Eine Analyse der Mächtigkeitsrechtsprechung des Bundesarbeitsgerichts im Lichte neuerer Erfahrungen. 2002.

Band 25 Tina Witten: Vertragsgestaltung und Gesetzesbindung im Recht der Zeitarbeit. 2002.

Band 26 Martin Hellfeier: Die Leistungszeit im Arbeitsverhältnis. Eine Untersuchung zum Fixschuldcharakter der Arbeitspflicht und zu den Folgen ihrer Nichterfüllung. 2003.

Band 27 Almut Maulshagen: Betriebliche Arbeitskampfregelungen. 2003.

Band 28 Maren Band: Tarifkonkurrenz, Tarifpluralität und der Grundsatz der Tarifeinheit. 2003.

Band 29 Manuela Schulz: Der Bereitschaftsdienst in öffentlich-rechtlich organisierten Krankenhäusern. Eine rechtliche Bewertung. 2003.

Band 30 Felix Benedikt: Die Kürzung von Tariflöhnen zur Sanierung. Eine verfassungskonforme Auslegung des § 3 III TVG entsprechend § 626 BGB. 2003.

Band 31 Tim Kaden: Individuelle Bündnisse für Arbeit und Günstigkeitsprinzip. 2003.

Band 32 Simone Kreiling: Die Erstreckung betrieblicher und betriebsverfassungsrechtlicher Tarifnormen auf Außenseiter. 2004.

Band 33 Carsten Beck: Betriebliche Mitbestimmung und Kündigungsschutz. Die Funktionen betrieblicher Mitbestimmung im und deren Einfluß auf den Kündigungsschutz nach dem KSchG. 2004.

Band 34 Jost Eder: Die Regelungsabrede als Alternative zur Betriebsvereinbarung bei der Gestaltung materieller Arbeitsbedingungen. 2004.

Band 35 Christian Pfab: Wirkungsweise und Reichweite tarifvertraglicher Öffnungsklauseln. 2004.

Band 36 Julia Amlang: Die unternehmerische Entscheidungsfreiheit bei „betriebsbedingten Kündigungen" im europäischen Rechtsvergleich. Kündigung aus wirtschaftlichen Gründen in Deutschland, Frankreich, Spanien, Großbritannien und Schweden. 2005.

Band 37 Alida Milthaler: Das Fragerecht des Arbeitgebers nach den Vorstrafen des Bewerbers. 2006.

Band 38 Doreen Peter: Nebentätigkeiten von Arbeitnehmern. Interessenkollisionen von Arbeitgebern und Arbeitnehmern. 2006.

Band 39 Julia V. C. Bartlog: Das Verhältnis von Gesetz und Tarifvertrag. 2006.

Band 40 Michael Fuhlrott: Der geschädigte Arbeitnehmer. Zur Verfassungsmäßigkeit des Ausschlusses von Schmerzensgeld in der Unfallversicherung sowie zur Herleitung der Haftung bei Eigenschäden im Hinblick auf das Verschuldensprinzip. 2006.

Band 41 Femke Reinecke: Leistungsbestimmung des Arbeitnehmers. 2006.

Band 42 Maria M. Bausback: Der Bestandsschutz des Arbeitsverhältnisses auf europäischer und internationaler Ebene. Entwicklungen vom Mittelalter bis zur Gegenwart. Teil 1 / Teil 2. 2007.

Band 43 Jens Günther: AGB-Kontrolle von Arbeitsverträgen. Analyse der deutschen Rechtslage nach der Schuldrechtsreform und vergleichende Betrachtung des österreichischen Kontrollsystems. 2007.

Band 44 Claudiana Triskatis: Ethikrichtlinien im Arbeitsrecht. 2008.

Band 45 Annette Bruder: Die Weitergabe von Insiderinformationen durch Arbeitnehmervertreter. 2008.

Band 46 Ute Dietrich: Nichtraucherschutz am Arbeitsplatz. 2008.

Band 47 Markus Ebert: Übertragung und Zuordnung von Versorgungsverpflichtungen gegenüber Arbeitnehmern im Rahmen einer umwandlungsrechtlichen Spaltung. 2008.

Band 48 Susanne Schneider: Broad-based Black Economic Empowerment in der Republik Südafrika. 2008.

Band 49 Mandy Reichel: Die Einbeziehung des Außenseiter-Arbeitgebers in den Verbandsarbeitskampf. 2008.

Band 50 Abbo Junker (Hrsg.): Betriebsübergang in Europa. Symposion aus Anlass des 10-jährigen Bestehens der Schriften zum Arbeitsrecht und Wirtschaftsrecht am 10.10.2008 in München. 2009.

Band 51 Till Bender: Vorschläge zur Neuordnung des Sonderkündigungsschutzes nach MuSchG und SGB IX. 2009.

Band 52 Manuela Rauch: Die geschlechtsbezogene Diskriminierung am Arbeitsplatz nach kalifornischem Recht. 2009.

Band 53 Tina Luise Allenberg: Das französische règlement intérieur d'entreprise. Die Arbeitsordnung im französischen Arbeitsrecht. 2009.

Band 54 Bernd Haas: Anwaltliches Mandatsverhältnis zum Betriebsrat. 2009.

Band 55 Martin Fröhlich: Die erweiterte Weisungsbefugnis des Arbeitgebers im spanischen Recht. 2009.

Band 56 Stefanie Lorenzen: Inhaltskontrolle beim Betriebsübergang. Die Anpassung tariflicher Arbeitnehmerpflichten nach Privatisierungen. 2009.

Band 57 Oliver E. Aldea: Das französische Kündigungsrecht im Spannungsfeld von Abfindungen und Bestandsschutz. 2010.

Band 58 Wolfgang Stock: Die Einsetzung einer Transfergesellschaft. Unter besonderer Berücksichtigung betriebsverfassungs- und arbeitsförderungsrechtlicher Vorgaben. 2010.

Band 59 Claudia Hagedorn: Zulässigkeit und Grenzen von Tarifsozialplänen. 2010.

Band 60 Daniela Quink: Inhaltskontrolle von Freiwilligkeitsvorbehalten in Arbeitsverträgen. 2010.

Band 61 Kathrin Kentner: Arbeitskampfmittel der Arbeitgeber. 2010.

Band 62 Angela Nunes Fernandes Gil Wolf: Arbeitnehmereinsatz im Ausland. Das auf doppelte Arbeitsverhältnisse anwendbare Recht am Beispiel der Vertragsgestaltung eines internationalen Konzerns. 2010.

Band 63 Annemarie Berthold: Whistleblowing in der Rechtsprechung des Bundesarbeitsgerichts. 2010.

Band 64 Malte Koch: Die Beteiligung von Arbeitnehmervertretern an Aufsichtsrats- und Verwaltungsratsausschüssen einer Europäischen Aktiengesellschaft. 2011.

Band 65 Agnes Maria Kollerbaur: Die französische Arbeitsinspektion. Eine Untersuchung unter besonderer Berücksichtigung ihrer Rolle bei Kündigungen. 2011.

Band 66 Marcus Christian Leinenweber: Landesschlichtungsgesetze? 2011.

Band 67 Frederike Cathérine Gärtner: Die gesetzliche Regulierung von Bahnstreiks in Frankreich. Arbeitskampf vs. Kontinuität öffentlicher Dienstleistungen. 2011.

Band 68 Carolin van Straelen: Der Rollenkonflikt des Arbeitnehmervertreters zwischen Betriebsratsmitglied und Gewerkschaftsfunktionär. 2012.

Band 69 Anna Maria Jordan: Entgeltdiskriminierung in Frauenberufen? 2012.

Band 70 Dominic Köstner: Compliance-Richtlinien im Unternehmen. Arbeits- und datenschutzrechtliche Implementierungsaspekte. 2012.

Band 71 Michael Kobler: Fremdeinflüsse auf die tarifliche Willensbildung. 2012.

Band 72 Anne Kraas: Zulässigkeit und Grenzen der arbeitsvertraglichen Entgeltflexibilisierung. 2012.

Band 73 Melanie Amann: Die Belegschaftsabstimmung. 2012.

Band 74 Christina Mennemeyer: „Dritter Weg" und rechtliche Grenzen der Flexibilisierung des Arbeitsrechts der katholischen Kirche. 2012.

Band 75 Joël Philipp Hofmann: Rechtsmissbrauch und Verwirkung bei Widerspruch gegen den Übergang des Arbeitsverhältnisses nach § 613a BGB. 2013.

Band 76 Jennifer Junker: Das Recht der Arbeitnehmerüberlassung in Japan. 2013.

Band 77 Gabriele Geiselhart: Tarifliche Regelungsmacht bei Haustarifverträgen und Unternehmerfreiheit. Dargestellt am Beispiel von Standortgarantien und Zeitarbeitsquoten. 2013.

Band 78 Lorenz Sylvester Mitterer: AGB-Korrektur in Dauer- und Langzeitschuldverhältnissen. 2013.

Band 79 Janina Morgenweck: Die Arbeitsgerichtsbarkeit in England. 2013.

Band 80 Christoph B. Kistler: Die Rechtmäßigkeit von Spartenstreiks. Alte Kriterien in neuem Licht. 2013.

Band 81 Julia Strasser: Die Haftung bei Lohnwucher im Arbeitsrecht der USA. 2014.

Band 82 Stephanie Amschler: Constructive dismissal. Fingierte Arbeitgeberkündigung im englischen Kündigungsschutzrecht. 2014.

Band 83 Felix Berding: Die Urabstimmung im britischen Arbeitskampfrecht im Licht der EMRK. 2014.

Band 84 Christine Kumpf: Multinationalität der SE-Mitbestimmungsordnung. 2014.

Band 85 Florian Schiffer: Der Leistungsmaßstab im Arbeitsverhältnis. 2014.

Band 86 Stefan Hoffmann: Unterrichtungspflicht und Widerspruchsrecht bei Betriebsübergang gemäß § 613a Abs. 5 und 6 BGB – Grenzen, weitere aktuelle Rechtsprobleme und Strategien zur Risikominimierung. 2015.

Band 87 Marie-Theres Boetzkes: Die Konzernmutter als Mitarbeitgeberin im französischen Recht. 2015.

Band 88 Ines Kranz: Landesarbeitskampfgesetze? 2015.

Band 89 Hendrik Schulte-Wrede: Die Beteiligung der Arbeitnehmer in der Europäischen Privatgesellschaft – SPE. 2015.

Band 90 Kathrin Charlotte Enke: Beteiligungsvereinbarungen nach § 21 SEBG. 2015.

Band 91 Tom Christopher Pröstler: Modelle betrieblicher Arbeitnehmerbeteiligung. Ein historisch-europäischer Rechtsvergleich zwischen Deutschland und dem Vereinigten Königreich. 2015.

www.peterlang.com